Début d'une série de documents
en couleur

ENFANTS NATURELS

RECONNAISSANCES — ADOPTIONS — SUCCESSIONS

DÉSAVEU DE PATERNITÉ — ENREGISTREMENT — RECRUTEMENT

MIS EN RAPPORT AVEC LA DOCTRINE, LA JURISPRUDENCE

ET LE DERNIER ÉTAT DE LA LÉGISLATION

PAR

J.-L. ALLARD

NOTAIRE, JUGE DE PAIX SUPPLÉANT

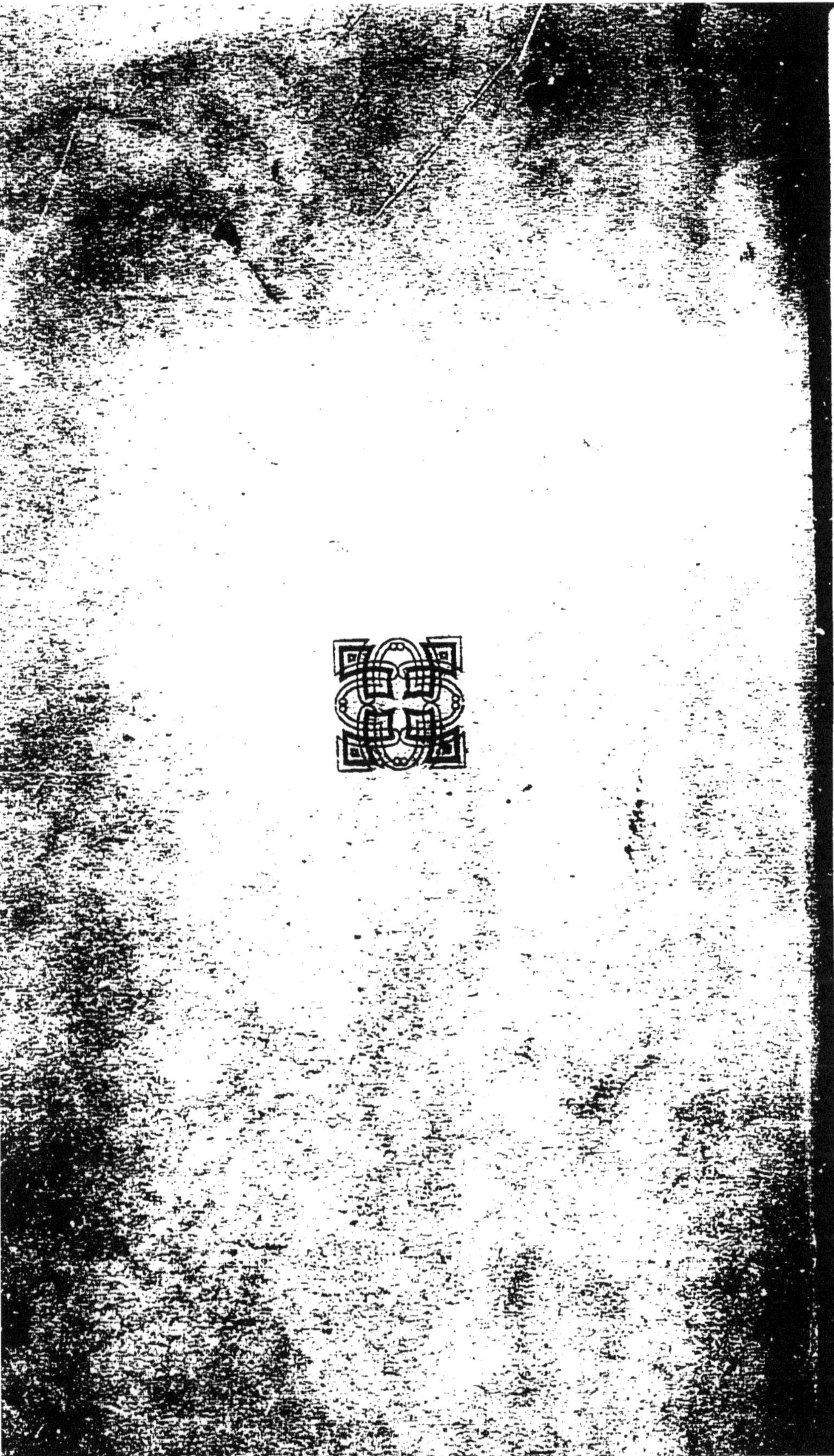

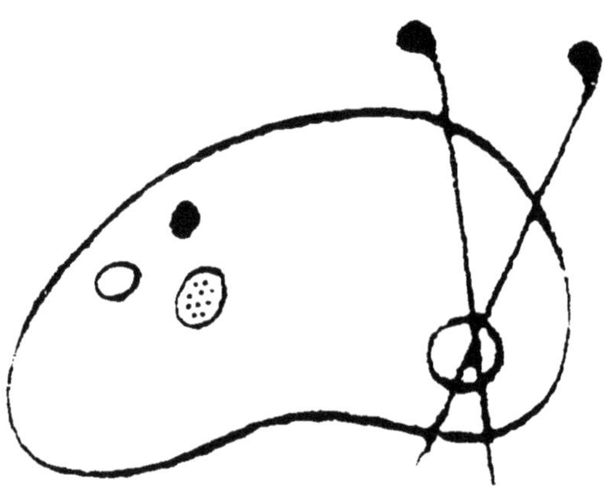

Fin d'une série de documents
en couleur

DES ENFANTS NATURELS

DES

ENFANTS NATURELS

RECONNAISSANCES — ADOPTIONS — SUCCESSIONS

DÉSAVEU DE PATERNITÉ — ENREGISTREMENT — RECRUTEMENT

MIS EN RAPPORT AVEC LA DOCTRINE, LA JURISPRUDENCE
ET LE DERNIER ÉTAT DE LA LÉGISLATION

PAR

J.-L. ALLARD

NOTAIRE, JUGE DE PAIX SUPPLÉANT

BAR-LE-DUC

Typ. des Célestins — BERTRAND

36, rue de la Banque, 36

PARIS

BLOUD et BARRAL, Libraires

18, rue Cassette, 18

1878

A

MAITRE LUCIEN BOUVET

LICENCIÉ EN DROIT. NOTAIRE

*Hommage à la bonté de cœur, à l'élévation des sentiments
de l'homme public et privé*

*Témoignage d'estime pour son esprit de justice
et son profond discernement*

J.-L. ALLARD

AVANT-PROPOS

« Il y a des gens ». dit Pascal, « qui voudraient qu'un auteur ne parlât jamais des choses dont les autres ont parlé ; autrement on l'accuse de ne rien dire de nouveau. Mais, si les matières qu'il traite ne sont pas nouvelles, la disposition en est nouvelle. Quand on joue à la paume, c'est une même balle dont on joue l'un et l'autre ; mais l'un la place mieux (1) ».

Loin de moi la prétention de croire que je la place mieux ; mais il me semble qu'en réunissant en un seul volume tous les principaux matériaux qui peuvent concerner la classe, malheureusement très-nombreuse, des enfants-naturels, en donnant sur chaque objet, notamment sur leurs droits et sur l'enregistrement, des développements et des exemples aussi succincts et aussi clairs que possible, en rappelant, à leur sujet, les discours de la dernière Assemblée et le dernier état de la jurisprudence, mon travail sera nouveau par ses dispositions et par son genre.

Mon but aurait été, en écrivant ce livre, de faire entrevoir, au-dessus de l'exégèse de cette partie restreinte de nos lois, que les points les plus délaissés

---

(1) Pascal, *Pensées diverses de philosophie et de littérature*, IX, 115.

peuvent avoir sur la marche de la civilisation une influence dont on ne se doute pas. Mais ces considérations échappent à notre sujet : elles appartiennent à la philosophie et à la morale qui sont riches sur cette matière.

Rappelons cependant les principes qui doivent servir de fondement à tous les ouvrages de ce genre.

Un point qu'on ne saurait trop graver dans son esprit c'est que toutes les lois émanent de Dieu (1). Devant lui tous les hommes naissent libres et égaux. Mais, tout en subissant directement sa volonté divine sur les points généraux et immuables, tels que la naissance et la mort, il laisse à sa nature subir indirectement des modifications particulières telles que la vertu et le vice.

Les lois immuables qui émanent directement de Dieu sont appelées *lois naturelles*.

Celles qui en émanent indirectement sont faites par une autorité nécessaire, légitime, qui est comme l'image et le reflet de la puissance divine : elles sont appelées *lois positives*.

Les lois positives règlent l'ordre des sociétés humaines, comme les lois naturelles règlent l'ordre de l'univers.

C'est donc très-sensément que les anciens philosophes pensaient que les législateurs sont les délégués de la

---

(1) Saint Paul, Rom., c. XIII, ℣ 1 ; Encyclop. Migne, t. XXXV, p. 404 ; Théol. Bergier. Dieu avait prononcé la peine de mort contre quiconque résisterait à la sentence du juge ou du souverain magistrat de la nation juive. (Deut., c. XXVII, ℣ 12.) Il avait défendu d'en médire et de l'outrager de paroles.

puissance divine. A ce titre les principes qui émanent d'eux subissent les obligations de la loi naturelle.

Cependant la prospérité matérielle ou morale d'un peuple exige quelquefois que le droit positif s'écarte du droit naturel. C'est ainsi que les enfants issus d'un légitime mariage et les enfants nés en dehors de ses liens, quoique égaux devant la loi naturelle, sont profondément séparés par la loi positive.

C'est parce que la première condition pour la conservation de la société était la conservation de la famille civile, conservation basée sur d'éternels principes de morale qui forment les premiers éléments de l'ordre, du progrès et de la civilisation.

Il fallait nécessairement encourager le mariage et détourner de l'immoralité.

Malheureusement, pour atteindre ce but, il a fallu créer une inégalité : combler de faveurs les enfants légitimes et punir les enfants naturels, innocents, de la faute de leurs parents.

Cette situation, de tous temps, a créé les plus grands embarras à nos législateurs ; et, suivant l'esprit de certaines époques, cette législation a brusquement varié d'une extrémité à l'autre.

C'est ainsi que l'ancien droit, sans respect pour la loi naturelle, non-seulement écartait systématiquement l'enfant naturel de la succession de ses auteurs, mais poussait l'injustice jusqu'à le priver de ses droits civils et politiques.

L'ouragan révolutionnaire vint anéantir cette législation ; mais, par un excès tout opposé, funeste à la constitution de la famille civile, elle proclama l'égalité absolue entre ces deux catégories d'enfants.

Les rédacteurs du Code ont su éviter ces deux extrémités. Une législation tempérée, tout en privant l'enfant naturel des prérogatives de la légitimité, lui accorde du moins une partie du patrimoine de ses auteurs et le relève de tout avilissement.

Est-ce à dire que ces deux écueils ont été évités complétement ?

Telle n'est pas mon opinion.

Le législateur a eu beau s'agiter pour déterminer la quotité d'un droit dont le principe repose sur la nature, l'arbitraire n'a pu disparaître entièrement.

Toutefois il faut reconnaître que l'autorité publique a peu d'action sur les mœurs d'un peuple, surtout à cette époque où les germes d'une indépendance mal comprise prennent sur l'esprit un empire funeste à la marche régulière de notre vocation et de nos immortelles destinées.

Cependant, si les régimes passés exagéraient leurs prérogatives sur ce point important, il ne faudrait pas que les législateurs de nos jours manquassent de confiance dans leurs forces et dans leurs droits.

La législation moderne a fait d'incontestables progrès ; mais, en cela moins sage que l'ancienne, elle a trop longtemps perdu de vue les seules règles capables d'enrayer le penchant grandissant vers l'immoralité.

Je veux parler, on l'a deviné, de la religion, dont les préceptes exercent sûrement les effets les plus puissants de moralisation. La vue d'un ouvrage admirable produit à l'esprit l'idée d'admiration pour l'architecte qui l'a conçu. comme les bienfaits de la morale révèlent à l'esprit l'idée de la religion qui lui donne la vie.

Je désirerais. puisque l'autorité a tant fait que d'établir des inspecteurs soit pour le travail des enfants dans les manufactures. soit pour visiter les enfants en nourrice, soit pour d'autres objets aussi utiles à la salubrité qu'aux mœurs publiques. que. dans tous les grands foyers de corruption principalement. des mesures soient prises pour y faire pénétrer les salutaires rayons de la foi qui illumine le monde et prouve au genre humain que les préceptes de la religion forment la pierre angulaire des sociétés.

C'est surtout dans les Etats libres. comme le nôtre. que la religion est nécessaire. C'est là. dit Polybe, que. pour n'être pas obligé de donner un pouvoir dangereux à quelques hommes. la plus forte crainte doit être celle des Dieux (1).

Les mesures matérielles ne sauraient venir qu'après; je sais qu'il n'est pas facile d'en découvrir. Il en existe cependant: accorder au mariage des faveurs nouvelles, par exemple, je n'ose pas dire une pension, un secours aux parents d'une très-nombreuse famille, le budget n'est déjà que trop grevé, mais des emplois, une distinction convenue.

N'est-il pas au moins singulier de voir décerner une récompense, souvent importante, à un propriétaire, à un habile éleveur de bœufs ou de volailles, quand

_____

(1) Portalis, *Discours sur l'organisation des cultes.*

l'honnête père de nombreux enfants, bien élevés et bien portants, en voyant ses besoins s'accroître, quelquefois ses forces diminuer avec ses revenus, n'est l'objet d'aucune mesure bienveillante.

Pour lui l'encouragement ne lui vient que des douceurs qu'il éprouve au sein de sa famille.

Mais cette famille que Dieu lui a donnée n'est pas à lui tout seul, elle appartient aussi à l'Etat. Elle est même plus utile à l'Etat qu'au père de famille. Pourquoi alors l'Etat serait-il indifférent à sa prospérité, en ne faisant absolument rien pour elle ?

Quand je dis absolument rien, je me trompe ; car la loi du 27 juillet 1872, sur le recrutement, leur accorde bien quelques faveurs. Il y a, notamment, article 44, une disposition portant que les hommes en disponibilité ou en réserve qui seront pères de quatre enfants passent de droit dans l'armée territoriale.

Mais pourquoi cet esprit de sollicitude, utile à la dignité du mariage, ne va-t-il pas chercher le père de famille partout où il se trouvera ?

Les livrets de famille, récemment créés et dont nous parlons dans notre ouvrage, pourraient aussi avoir leur influence.

Je sais qu'il existe un peuple, dont le nom m'échappe en ce moment, qui prive les mauvais citoyens de leur inscription sur le registre de famille tenu par le chef de chacune d'elle.

Il paraît, et c'est très-vraisemblable, que c'est pour eux une terrible punition qui voue les coupables à un profond mépris, à une véritable infamie.

Concluons que chez tous les peuples les ouvrages des hommes ont toujours des défauts à réparer.

Attendons avec respect des puissances qui nous gouvernent de sages améliorations, en attendant d'éprouver un jour les effets d'une législation parfaite qui ne viendra pas des hommes.

J.-L. ALLARD.

Sournia, février 1878

DES ENFANTS NATURELS

CHAPITRE I.

Des Enfants illégitimes.

PRINCIPES GÉNÉRAUX.

1. On les divise en trois classes.
2. Enfant naturel simple,
3. Enfant adultérin,
4. Enfant incestueux.
5. Cette dénomination est fort ancienne. Les règles des adultérins sont communes aux incestueux.
6. L'enfant naturel porte le nom du père qui l'a reconnu.
7. Ne serait pas forcé de changer de nom s'il avait la possession d'état. — *Quid* s'il est adultérin ? *Quid* si ce sont des enfants abandonnés ?
8. Cas où il usurperait un nom. — Prénoms.
9. En quel cas il a la qualité nationale de sa mère ou de son père.
10. Est inhabile à déposer comme témoin contre le mari de sa mère.
11. Obligation réciproque de venger la mort l'un de l'autre.
12. L'état de l'enfant est fixé par l'époque de la conception.
13. L'adultère et l'inceste proscrits de tout temps.
14. Les adultérins et incestueux ne jouissent pas des mêmes avantages que les enfants naturels simples. — Enfants exposés.
15. Enfants des personnes engagées dans les Ordres. — Note sur le mariage des prêtres.
16. Les enfants naturels n'ont point les honneurs ni les droits de famille.
17. Mais les rapports sont les mêmes qu'entre les enfants légitimes.
18. Il est le parent légitime de sa descendance.
19. Il est soumis à la puissance paternelle. Qui en a la garde ?

20. Le magistrat décide.
21. Qui le garde quand il est en bas-âge ?
22.   *Idem*   quand il est dans un âge plus avancé ?
23. Cas de contestation.
24. Les père et mère peuvent placer l'enfant sous la garde d'un
tiers. — Faire des conventions.

1. — On divise les enfants naturels en trois classes qui
sont : les enfants naturels simples, les enfants adultérins
et les enfants incestueux.

2. — L'enfant naturel simple est celui qui est né de
deux personnes libres et qui pouvaient, lors de la conception, contracter ensemble un mariage légitime.

3. — L'enfant adultérin est celui dont l'un au moins
des père et mère était, lors de la conception, uni par
mariage à une autre personne.

4. — L'enfant incestueux est celui qui est né de deux
personnes libres, mais qui sont parentes ou alliées à un
degré rapproché qui forme un empêchement légal à leur
mariage.

5. — La dénomination d'enfant naturel est fort ancienne ; on la trouve dans les écrits du jurisconsulte
Paul (1). Elle est employée par Constantin (au Code, *de
natural. liberis*), qui fut le premier Empereur chrétien
qui pourvut à leur sort (Code Théodosien, l. 4, tit. 6,
n° 1). On l'a donnée ainsi pour faire entendre que l'enfant
naturel ne tient à ceux dont il est issu que par les
liens de la nature, tandis que les enfants légitimes tiennent à leurs parents par les liens de la loi et par ceux de
la nature.

Toutes les règles sur les droits des enfants adultérins
sont communes aux enfants incestueux. (762-763, C. c.)

6. — De ce lien naturel il résulte : 1° Que l'enfant naturel porte le nom du père qui l'a reconnu, sinon celui de
sa mère (2). Toutefois l'enfant naturel ne peut porter le

---

(1) Loi 6 ff., *de in jus vocando*, art. 17181, f. n.
(2) Toullier, t. II, n. 973.

nom de sa mère que lorsqu'elle l'a légalement reconnu. Il ne peut être à cet égard suppléé. par la possession d'état, à la reconnaissance légale (1).

7. — Cependant l'enfant naturel ne serait pas forcé de changer de nom. s'il avait été par hasard inscrit sous le nom de son père sans en être reconnu et qu'il eût la possession d'état. Si l'enfant naturel n'a été reconnu ni par l'un ni par l'autre de ses père et mère il ne peut porter que les prénoms énoncés dans son acte de naissance (2).

Les enfants adultérins ou incestueux. ne pouvant prouver leur filiation que par des jugements rendus dans les circonstancs prévues par la loi. ainsi que nous le verrons (3), ne peuvent que d'après ces jugements être admis à prendre le nom soit de leur père. soit de leur mère, soit de tous les deux. C'est inutilement qu'ils invoqueraient une possession trentenaire et l'aveu de la famille (4).

Les enfants trouvés sont des enfants naturels non reconnus. Ils ne peuvent porter que les prénoms mentionnés dans le procès-verbal dressé au moment de leur remise à l'officier de l'état civil (5).

8. — Si l'enfant naturel usurpait un nom, les tribunaux pourraient, sur la plainte de celui qui le porte, en ordonner la suppression avec dommages et intérêts (6).

A la suite des abus qui avaient eu lieu pendant l'effervescence révolutionnaire, et des noms les plus baroques étant donnés aux enfants, la loi du 11 germinal an II (7), vint limiter les espèces de prénoms que chacun peut prendre dans la vie civile. En voici les dispositions qu'il peut être utile de connaître :

« Art. 1ᵉʳ. — A compter de la publication de la présente loi, les noms en usage dans les différents calendriers, et

---

(1) C. c., 334. Tribunal de la Seine, 26 juillet 1861, art. 17181 j. n.
(2) Cass., 2 brumaire an xii et 28 janv. 1806.
(3) V. *infra*, n. 174 et suiv.
(4) Douai, 26 déc. 1835. *Dict. du Not.*, V. *Noms et Prénoms*, n. 8.
(5) *Dict. du Not.*, ibid., n. 9.
(6) Bruxelles, 5 janv. 1807.
(7) *Bull. des L.*, 3ᵉ série, n. 2614.

ceux des personnages connus de l'histoire ancienne, pourront seuls être reçus, comme prénoms, sur les registres de l'état civil destinés à constater la naissance des enfants, et il est interdit aux officiers d'en admettre aucun autre dans leurs actes.

« Art. 2. — Toute personne qui porte actuellement comme prénoms, soit le nom d'une famille existante, soit un nom quelconque qui ne se trouve pas compris dans la désignation de l'article précédent, pourra en demander le changement, en se conformant aux dispositions de ce même article.

« Art. 3. — Le changement aura lieu d'après un jugement du tribunal de l'arrondissement, qui prescrira la rectification de l'acte de l'état civil. Ce jugement sera rendu, le commissaire du gouvernement entendu, sur simple requête présentée par celui qui demandera le changement, s'il est majeur ou émancipé, et par les père et mère ou tuteur, s'il est mineur ».

9. — L'enfant naturel a la qualité nationale de sa mère, si le père est inconnu. Ainsi, l'enfant né en pays étranger d'une mère française et d'un père inconnu, est français (1).

Il est français s'il est né d'un français en pays étranger, même hors mariage, pourvu qu'il soit légalement reconnu (2).

Mais l'enfant naturel issu d'une mère française et reconnu par un père étranger, n'est pas Français (3). Si la reconnaissance est frauduleuse, il pourra la contester (4), et s'il est né sur notre territoire, il pourra invoquer, dans l'année qui suivra sa majorité, le bénéfice de l'art. 9 du Code civil.

Bien que les enfants naturels n'aient point de famille légitime, il existe cependant une parenté, une alliance naturelle d'où dérivent :

---

(1) Toullier, t. I, n. 260.
(2) *Ibid.*, n. 259.
(3) Duvergier, sur Toullier, note *a* du n. 259, t. I.
(4) V. *infra*, n. 166.

10. — 1° L'inhabileté de l'enfant à déposer comme témoin contre le mari de sa mère (1).

11. — 2° L'obligation réciproque, pour les père ou mère et l'enfant naturel de venger la mort l'un de l'autre ; et même le droit d'en recevoir ces intérêts civils, lorsque les héritiers légitimes négligent les poursuites (2).

12. — Il est très-important de remarquer que l'état de l'enfant est fixé par l'époque de la conception ; en sorte que si, depuis la conception, mais avant sa naissance, son père se mariait à une autre femme que la mère, l'enfant ne serait pas adultérin, quoique né pendant le mariage de son père ; et si, au contraire, le père était marié à l'époque de la conception, l'enfant resterait adultérin, quoique le père fût libre au moment de sa naissance (3).

13. — L'adultère et l'inceste ont, de tout temps, été proscrits chez tous les peuples civilisés et rangés, par la plupart des législateurs, au nombre des délits et punis par les peines les plus graves. L'empereur Auguste permettait à tous les citoyens de le dénoncer et d'en demander vengeance (4). Constantin le punissait de mort (5). Les enfants nés d'un tel commerce étaient voués à l'infamie et sans aucune action en aliments : *Nec alendi, nec naturales nominandi erant.*

14. — Ces enfants malheureux n'ont jamais joui des mêmes avantages que les enfants naturels nés de l'union de deux personnes libres, qui ont vécu dans un concubinage illicite, il est vrai, et réprouvé par la morale, mais dont le scandale peut être réparé par un mariage légitime. La loi écoute leur repentir ; elle le provoque, en accordant la légitimité dans toute sa plénitude, aux enfants issus de cette union, mais avant le mariage (6).

Autrefois les enfants exposés dont on ne connaissait ni

---

(1) Cass., 6 av. 1809.
(2) Parl. de Paris, 16 déc. 1808. *Dict. du Not.*, V. *Enf. nat.*, n. 8.
(3) Toullier, t. II, n. 917.
(4) L. Julia, *Adult.*
(5) L. 30 C., *eod. tit.*
(6) Toullier, t. II, n. 918.

la mère ni le père, étaient réputés légitimes (1) dans le but de les soustraire aux incapacités dont étaient frappés les bâtards. Aujourd'hui que ces incapacités n'existent plus, cette légitimité est sans utilité et nous avons vu (2) comment sont considérés les enfants trouvés (3).

15. — Autrefois encore les enfants des personnes engagées dans les ordres sacrés étaient réputés adultérins et incestueux à la fois. Cette fiction du droit canon n'a plus aucune autorité sous l'empire du code civil et des lois modernes, nonobstant la prohibition qui frappe les ecclésiastiques (4).

---

(1) Toullier. t. II, n. 918 *bis*.

(2) *Supra*, n. 7.

(3) Duvergier, sur Toullier, *ibid.*, note 1.

(4) La question du mariage des prêtres, encore soulevée de nos jours par les passions politiques (voir la proposition de loi présentée à la Chambre des députés par M. Raspail, session de 1876 à 1877, et les Conférences [avril 1877] de M. Loyson, ex-Père Hyacinthe, aujourd'hui marié), a été gravement controversée. Sans sortir du droit civil, les partisans du mariage des prêtres ont soutenu que le Code civil ne contient pas d'empêchement, que la question doit être décidée exclusivement par le texte des lois civiles, que les lois canoniques et le Concordat qui les a consacrées ne peuvent constituer que des empêchements de conscience ; qu'ils ne s'occupent d'ailleurs que des prêtres exerçant les fonctions sacerdotales, et que tout prêtre qui veut se marier est conséquemment interdit. (Merlin, *Répert.*, V. *Célibat*, n. 2 et 3 ; Vazeille, V. *Mariage*, n. 95; Demolombe, n. 131.) M. le procureur général Dupin avait conclu en ce sens. (Arrêt de rej., du 21 fév. 1833 ; *Dict. du Not.*, V. *Mariage*, n. 49.) La loi du 20 septembre 1792, ne plaçant pas l'engagement dans les Ordres sacrés au nombre des empêchements de mariage, suppose, dit Toullier, que les prêtres peuvent se marier, et il ajoute (v. 1, n. 560) « que, tant qu'il n'existe point de loi prohi- « bitive, le mariage des prêtres, s'ils en contractaient, ne serait point nul aux « yeux de la loi ; il produirait tous les effets civils, et les enfants qui en naî- « traient seraient légitimes ». Duvergier, note sur le n° 560, dit que cette opinion lui semble incontestable et ne comprend même pas la doctrine opposée. (*Sic* Valette, sur Proudhon. t. I, p. 415.)

Mais la jurisprudence est contraire à cette opinion. (Bordeaux, 20 juillet 1807 ; Paris, 18 mai 1818, 27 déc. 1828, 14 janv. 1832, rendu après partage et contrairement aux conclusions de M. le procureur général Persil ; — Cassation, 21 fév. 1833, ci-dessus rappelé.) « Attendu », dit ce dernier arrêt, « qu'il ré- « sulte des art. 6 et 26 de la loi organique du Concordat de germinal an x, que « les prêtres catholiques sont soumis aux canons qui alors étaient reçus en « France, et par conséquent à ceux qui prohibaient le mariage aux ecclésiasti- « ques engagés dans les Ordres sacrés ; que le Code Napoléon et la Charte ne « renfermant aucune dérogation à cette législation spéciale, l'arrêt attaqué, en « interdisant le mariage, n'a violé aucune loi ». (Limoges, 17 janv. 1846 ; Cass., 23 fév. 1847; Circ. min. just., 14 janv. 1806, 20 janv. 1807 ; Favart,

16. — C'est le mariage seul qui forme les familles ; les enfants naturels étant réputés n'appartenir à aucune, ainsi que nous venons de le dire (1), ils n'ont point les honneurs ni les droits de famille et ils ne sont parents, légalement, que du père ou de la mère qui les a reconnus (2).

17. — Toutefois cette maxime ne s'applique qu'aux rapports civils : les rapports naturels qui résultent de la liaison du sang entre les enfants naturels ou leurs descendants, et les parents des père et mère sont les mêmes qu'entre les enfants légitimes et les parents de leurs père et mère : *Jura sanguinis nullo jure civili dirimi possunt* (3).

18. — La question de savoir si l'enfant naturel qui se marie est le parent légitime de sa descendance, ne saurait faire le moindre doute : jouissant d'ailleurs de tous les droits civils, il devient le chef de sa famille légitime au même titre que l'enfant légitime.

19. — L'art. 383 C. c., déclare « les art. 376, 377, 378 et 379 communs aux enfants naturels reconnus ». Par suite, l'enfant naturel est soumis à la puissance paternelle. Toutefois quand le père et la mère en réclament la garde, les tribunaux doivent prendre pour base de leur décision le plus grand intérêt de l'enfant, en le conciliant avec les

---

V. *Mariage*, § 1 ; Duranton, t. II, n. 201 ; Zachariæ, t. III, p. 285, § 464, 3° ; Marcadé, sur l'art. 164, n. 6 ; *Dict. du Not.*, V. *Mariage*, n. 50. V. ces arrêts à leurs dates dans le *Journal du Palais* et dans le *Journal des Notaires*.)

Un arrêt du tribunal d'Agen, du 6 juillet 1860, met en lumière d'une façon remarquable les motifs qui font déclarer être d'une nullité absolue le mariage contracté avec un prêtre catholique. Ce mariage, ainsi contracté par la femme dans l'ignorance de la prêtrise du futur époux, est encore nul pour erreur sur la personne. (C. c., 180.)

Les tribunaux français sont compétents pour prononcer la nullité d'un mariage contracté par une Française avec un étranger en pays étranger. (C. c., 14, 18, 19.) Agen, 6 juillet 1860. Art. 17016, j. n. Colmar, 6 déc. 1811. (Erreur sur la personne ; femme qui avait épousé un ex-capucin). *Dict. de Droit*, abbé Migne, p. 889, V. *Mariage*.

(1) *Supra*, n. 9.

(2) *Dict. du Not.*, V. *Enf. nat.*, n. 5.

(3) L. 8, ff., *de R. J.* ; Toullier, t. I, n. 531.

droits de la puissance paternelle. Car ce n'est que dans le cas d'un mariage existant que la loi donne la prépondérance au mari et au père l'exercice exclusif de l'autorité paternelle. (373, 374.)

20. — La garde des enfants nés hors du mariage ne fait l'objet d'aucune disposition législative. L'art. 302, C: c., sur le divorce, aboli par la loi du 8 mai 1816, — qui comprit que l'homme ne pouvait désunir ce que Dieu avait uni, — donnait au magistrat le pouvoir de décider à qui seraient confiés les enfants pour leur plus grand avantage. C'était le seul article dont on pût, par l'espèce d'analogie des cas, tirer d'analogues conséquences.

21. — La nature donne à la mère, qui est toujours certaine, la garde de son enfant en bas âge : On ne peut sans contrarier la nature ôter la mère à l'enfant (1).

22. — Mais, dans un âge plus avancé, c'est à celui des père ou mère que sa moralité ou sa fortune en rendent le plus digne. C'est l'intérêt de l'enfant que les juges consultent à cet égard (2).

23. — Lorsque la mère d'un enfant naturel conteste la paternité de celui qui s'en dit le père, et qu'il s'agit de décider à qui de la mère ou du père l'éducation et la garde de l'enfant doivent être confiées, la mère doit être préférée, sans qu'elle soit obligée d'indiquer le véritable père de l'enfant ; car, si la contestation seule ne suffit pas pour priver l'enfant de l'avantage qu'il peut retirer de la reconnaissance faite par celui qui s'en dit le père, la simple allégation de celui-ci ne peut suffire pour dépouiller de son droit la mère, qui est certaine, et qui doit être con-

---

(1) Toullier, t. I, n. 1076.

(2) L. 1 et 5. *D.*, *ubi pupill. educ.* ; Merlin, *Répert.*, V. *Education*, § 2 ; Nouv. Denisart, V. *Bâtard*, § 5 ; Loiseau, *des enfants naturels*, p. 530 ; Delvincourt, t. I, p. 251 ; Favart, *Répert.*, V. *Enfant naturel*, § 1, n° 6 ; Magnin, *des minorités*, n° 505 ; Marcadé, sur l'art. 383, n° 2 ; Demolombe, t. VI, n° 630 ; Agen, 16 frim. an xiv ; Pau, 13 févr. 1822 ; Caen, 27 août 1828 ; Bruxelles, 23 déc. 1830 ; Paris, 4 juillet 1836 ; Riom, 26 juillet 1854 ; Lyon, 8 mars 1859 ; Paris, 10 av. 1872. V. ces arrêts à leurs dates au *Journ. des Notaires* pour les deux derniers art. 16734-20420 ; *Dict. du Not.*, V. *Enf. nat.*, n° 10 ; Seine (1er ch.), 24 déc. 1875.

sidérée comme étant en possession de la garde de l'enfant
à qui elle a donné le jour (1).

Mais il ne faudrait pas induire de ces principes que les
tribunaux puissent être liés par une semblable contestation de la part de la mère. En effet, il suffirait alors à la
mère, pour avoir la certitude de garder l'enfant, de contester la paternité.

Les éléments de la cause fourniront au magistrat ses
propres inspirations. La moralité du père, l'immoralité
de la mère, en dehors du cas particulier qui a donné naissance à l'enfant, l'intérêt de l'enfant lui-même, sont autant de causes dont il faut tenir compte pour ne point
laisser dégénérer en abus des prétentions quelquefois injustes, toujours scandaleuses.

24. — Rien n'empêche les père et mère de convenir
que leur enfant naturel sera placé sous la garde d'un tiers.
On a maintenu des conventions passées entre le père et
les parents de la mère défunte, conformément au vœu
manifesté par cette dernière en mourant, conventions que
d'ailleurs la justice a trouvées conformes à l'intérêt de
l'enfant en même temps qu'elles remplissaient le vœu
originairement exprimé par les parties (2).

---

(1) Toullier, t. I, 1076. V. le Nouv. Denisart, V. *Education*, p. 431.
(2) Caen, 27 août 1828.

CHAPITRE II.

De la Légitimation.

Section 1. — DE SON ORIGINE.

25. Introduite par les empereurs romains.
26. Principes du droit canonique suivis en France.
27. Rejetée en Angleterre.
28. Qui en présenta le projet et à quelle époque.
29. Est un bénéfice de la loi et non un effet nécessaire du mariage.
30. Opinion d'un jurisconsulte allemand.
31. Opinion de Toullier.
32. Examen critique sur la fiction.
33. L'effet n'est pas rétroactif.

25. — La légitimation fut introduite par les empereurs romains (1). L'empereur Zénon ordonna l'exécution de la constitution de Constantin (2) qui institue la légitimation; mais il ne l'ordonna qu'à l'égard des enfants nés, ne permettant pas que ceux qui naîtraient par la suite pussent être légitimés par le mariage légitime, que leur père contracterait depuis avec leur mère, parce qu'il devait s'imputer n'avoir pas contracté d'abord avec elle un mariage légitime. La constitution de Constantin fut, dans la suite, rétablie par Justinien (3), qui en étendit l'application (4).

---

(1) Au cinquième siècle.
(2) Rappelée dans la loi 5, c. *de naturalibus liberis.*
(3) L. 10 et 12, *eod. tit.*
(4) Par ses Novelles, XII, cap. 4 et 18, *cap. fin.*; Pothier, *Traité du mariage*, n°s 408 et 409; Duvergier, sur Toullier, t. I, n° 919, note.

26. — Elle fut adoptée sous l'ancien droit canonique, dont les principes suivis en France, notamment depuis la décrétale du pape Alexandre III (1), furent considérés comme un effet de la puissance et de la sainteté du mariage propre à favoriser le repentir et le retour aux bonnes mœurs, par un pardon absolu, basé sur la justice et sur la morale même.

27. — Car ce serait peu connaitre l'humanité et ses faiblesses que de la rejeter avec dédain, comme en Angleterre, où on la considère comme propre à favoriser le concubinage et à troubler l'ordre des familles (2).

28. — Ce fut M. Bigot de Préameneu qui fut chargé de présenter le projet de l'art. 331 C. c. au Corps législatif (3) et d'en soutenir la discussion (4). Ce projet ayant été communiqué officiellement par le Corps législatif au Tribunat (5), M. Lahary en fit le rapport (6) à l'assemblée générale et le 2 germinal an II (23 mars 1803), le Corps législatif, après la discussion approfondie, en sa présence, des orateurs du gouvernement et du Tribunat, votait, dans l'intérêt des mœurs, ce projet préparé avec talent et harmonie.

29. — La légitimation n'est pas un effet nécessaire du mariage, mais un bénéfice de la loi. Je me range à l'opinion des auteurs qui prétendent qu'elle est fondée sur la supposition que, lorsque le père et la mère de l'enfant ont eu le commerce illicite dont il est né, ils avaient, dès lors, l'intention de contracter mariage ; que ce commerce est une espèce d'anticipation du mariage qu'ils se proposaient de réaliser, et qui, effectivement a eu lieu depuis.

30. — Un profond jurisconsulte allemand, Bœhmer, a combattu cette fiction qui n'est due, dit-il, qu'aux efforts des interprètes du droit canonique, pour délivrer la légi-

---

(1) XIIe siècle.
(2) Toullier, t. II, n° 920. V. *infra*, n° 72.
(3) Séance du 20 vent. an XI (11 mars 1803).
(4) Le 2 germ. suiv.
(5) 21 vent. an XI.
(6) Le 28 vent. an XI.

timité d'un principe unique, celui d'un mariage existant.
Ajoutant que cette fiction, le plus souvent contraire à la
vérité, et détruite par la loi même qui introduisit la légitimation par mariage subséquent, ne peut s'appliquer au
cas où il y a eu mariage intermédiaire; c'est-à-dire lorsque
le père, abandonnant sa concubine, épouse une autre
femme, après la mort de laquelle, il épouse la mère de son
fils naturel.

31. — A son tour, Toullier (1) combat avec force cette
doctrine de la fiction : « La fiction », dit-il, « est la ressource de la faiblesse ou de l'impuissance. La loi ne feint
rien : elle n'a pas besoin de feindre. Elle commande : elle
donne aux enfants naturels légalement reconnus tous les
droits de la légitimité, lorsque leurs père et mère réparent,
en contractant un mariage solennel, le scandale qu'ils ont
donné à la société : elle n'examine point si, dans le principe, leur faute fut excusée par l'intention de former une
union légitime. Quand ils n'auraient pas eu cette louable
intention, *licet non ab initio affectione maritali*, dit la
loi 11. Cod., *de nat. lib.*, leurs enfants n'en jouiraient pas
moins du bienfait que la loi leur confère, en retour du
repentir de leurs père et mère. Il faut donc écarter une
fiction inutile qui n'a existé que dans l'esprit des commentateurs et dont les conséquences pourraient égarer ».

32. — C'est donc à tort que les auteurs du *Dictionnaire
du Notariat* (2) s'appuient, implicitement il est vrai, de
l'autorité de Toullier sur cette fiction.

Que l'on admette une restriction dans le sens enseigné
par ce savant auteur pour le cas, que nous examinerons (3), où il s'agit de la légitimation, par mariage
subséquent des père et mère de l'enfant incestueux, rien
de plus juste; mais, dans les autres cas, je ne vois pas
en quoi les conséquences de la fiction pourraient égarer :
« la loi ne feint rien ; elle commande ». Mais elle com-

---

(1) T. II, n° 922.
(2) V. *Légitimation*, n° 5.
(3) *Infra*, n° 43.

mande quoi ? Que les enfants légitimés par le mariage subséquent aient les mêmes droits que s'ils étaient nés de ce mariage. (Art. 333 C. c.)

Mais l'effet dont on bénéficie peut-il empêcher de faire remonter, par une fiction, sa cause à l'époque de la conception ? Et quelle qu'ait été la position du père ou de la mère, depuis cette époque, peut-on empêcher que la fiction ne vienne effacer ce temps intermédiaire ?

Car la fiction n'est qu'un terme dont l'esprit seul peut s'emparer pour en arriver, comme dans l'espèce, à une conséquence raisonnable et morale.

D'ailleurs on ne peut guère douter que le législateur de 1803 qui, dans son article 739, définit la représentation *une fiction de la loi,* n'en ait pas parfaitement saisi et l'esprit et le sens.

33. — Et cela ne veut pas dire que l'effet soit rétroactif et puisse remonter à l'époque de la conception, puisque la légitimation n'opère son effet que du moment où existe le mariage qui l'a produite. Cependant on en doutait autrefois (1).

SECTION 2. — DE LA MANIÈRE DONT ELLE S'OPÈRE.

34. Elle s'opère à quelque époque que le mariage ait été contracté.
35. Mais ne s'opère plus de plein droit.
36. Cas où elle serait postérieure au mariage.
37. Opinion du Premier Consul.

34. — La légitimation s'opère à quelque époque que le mariage ait été contracté, quand même il ne l'aurait été que peu de jours avant la mort ou *in extremis* (2). Lors même qu'il y aurait eu un mariage intermédiaire entre la

---

(1) V. Lebrun, *des successions,* liv. I, ch. 2, sect. I, dist. 1, n° 22, p. 23 ; Duparc-Poullain, *Principes de Droit,* t. I, p. 143 ; Dumoulin, *sur l'ancienne Coutume de Paris,* art. 8, édition de 1576, fol. 190 ; Duvergier, sur Toullier, t. II, n° 929, V. *infra,* n° 69.

(2) Locré, t. V, pages 205 et suiv., édition in-8° ; Merlin, *Nouv. Répert.,*

conception de l'enfant naturel et le mariage de ses père et mère. Le code ne distingue point et telle est la doctrine des auteurs (1).

35. — Mais la légitimation ne s'opère plus de plein droit, comme dans l'ancienne jurisprudence ; il est indispensable aujourd'hui que l'enfant soit d'abord reconnu pour être ensuite légitimé. Le Code exige même que la reconnaissance, dont nous traiterons ci-après (2) avec plus de développement. précède le mariage ou qu'elle soit faite dans l'acte même de célébration (331).

36. — La reconnaissance postérieure au mariage ne serait pas nulle (art. 337) ; elle ne pourrait conférer à l'enfant les droits de légitimité, mais seulement les droits d'enfant naturel sur les biens des deux époux (3).

37. — Lors de la discussion de la loi, le Premier Consul fit prévaloir son opinion, en déclarant qu'il n'y avait point à craindre que les époux se concertassent avant le mariage ou au commencement de la célébration, pour introduire, par une reconnaissance simulée, un enfant étranger dans leurs familles. tandis que ce concert est possible, après le mariage, entre deux époux qui ont perdu l'espérance d'avoir des enfants : ce serait laisser les familles dans l'incertitude. et donner aux époux la faculté de créer des enfants par consentement mutuel (4). La loi ne permet la légitimation par mariage subséquent que pour faire cesser l'exemple scandaleux du concubinat.

V. *Légitimation*, p. 758 ; Toullier et son annotateur Duvergier, t. II, n° 923 ; Favard, § 2, n° 4 ; Demolombe, n° 358.

(1) Favard, Pothier, Demolombe, n° 360, *Dict du Not.*, V. *Légitimation*, n° 11.

(2) *Infra*, n° 94 et suiv.

(3) Toullier, t. II, n° 960.

(4) Locré, t. V, p. 239, édit. in-8° ; Duranton, t. III, n° 178 ; Zachariæ, t. III, § 548, note 7 ; Douai, 13 mai 1816 ; Sirey, 16, 2, 337 ; Toullier et son annotateur Duvergier, t. II, n° 924.

SECTION 3. — DES ENFANTS QUI PEUVENT ÈTRE LEGITIMES.

38. — Les enfants nés dans les cent quatre-vingts jours qui suivent la célébration du mariage n'ont pas besoin d'ètre légitimés, car la loi les considère comme légitimes, tant que le mari de la mère ne les a pas désavoués (1). (Art. 314.)

39. — La légitimation n'est applicable qu'aux enfants naturels simples : elle ne s'applique point aux enfants nés d'un commerce adultérin ou incestueux.

40. — L'époque de la conception fixe, nous l'avons vu, l'état de l'enfant naturel. Ce qui forme moralement la . base de la légitimation, c'est, comme nous venons de l'expliquer, et suivant la généralité des auteurs, la fiction que le père et la mère ont célébré leur mariage au moins de vœu et de désir à l'époque de la conception. Fiction qui ne peut avoir lieu lorsque l'un d'eux est marié à un

______

(1) V. *infra, Désaveu de paternité.*

autre; car alors ils ne peuvent pas régulièrement espérer de contracter mariage. Cette exception dérive naturellement de l'art. 331 C. c. (1).

41. — Un arrêt de la Cour de cassation, du 22 janvier 1812, a décidé que le mariage d'un prêtre. contracté en l'an II. avait pu légitimer un enfant naturel que ce prêtre avait eu en 1778. étant déjà engagé dans les ordres sacrés. Mais nous avons démontré (2) que celui qui est engagé dans les ordres sacrés ne peut contracter mariage.

42. — Le mariage *putatif*, c'est-à-dire contracté de bonne foi par les époux ou par l'un d'eux. produit tous ses effets civils à l'égard des enfants conçus depuis le mariage. (201-2268-2269 C. c.) En conséquence les enfants conçus après la découverte de la cause de nullité et avant la sentence. jouiront des droits d'enfants légitimes.

Mais ce mariage ne légitime point les enfants légalement reconnus nés des deux époux avant sa célébration (3). Cependant, pour des raisons que j'expliquerai, ci-après (4). il me paraît juste d'admettre une distinction.

43. — Une question sur laquelle les cours continuent d'être très-partagées est celle de savoir si les enfants nés d'un commerce incestueux (entre l'oncle et la nièce, la tante et le neveu, le beau-frère et la belle-sœur) peuvent être légitimés par le mariage subséquent célébré avec dispenses.

L'ancien article 164 C. c. n'accordait de dispenses qu'entre l'oncle et la nièce, la tante et le neveu, mais cet article, modifié par la loi du 16 avril 1832, étend ces dispenses entre le beau-frère et la belle-sœur.

Bien qu'il soit de jurisprudence : 1° de refuser la dispense aux hommes avant dix-sept ans accomplis, aux

---

(1) Parlem. de Paris, 10 mai 1773 ; Demolombe, cours de C. N., t. v, n° 346 ; *Dict. du Not.*, V. *Légitimation*, n° 6.

(2) *Supra*, V. note du n° 15.

(3) Toullier, t. II, n° 934 ; d'Aguesseau dit qu'on n'est jamais de bonne foi dans le concubinage ; Merlin, *ubi supra*, p. 759, n° 4 et p. 764, n° 10.; C. Cass., 22 janv. 1812 ; Sirey, an XII, 161. V. cependant Duvergier, sur Toullier, t. II, note n° 657.

(4) N° 64.

femmes avant quatorze ans accomplis ; 2° de refuser toutes demandes lorsque l'homme est de quelques années plus jeune que la femme (1). Les mariages entre le beau-frère et la belle-sœur sont devenus très-fréquents de nos jours et la question de légitimation des enfants conçus avant ces mariages forme de nombreux éléments de controverse qui divisent la doctrine et la jurisprudence. Essayons de donner sur ces éléments une idée aussi exacte que possible.

44. — Un fait qui parait évident malgré l'opinion d'un grand nombre de cours (2), c'est que le texte de la loi est contraire à la légitimation. Si, par des considérations d'un ordre public élevé et puissant. ce texte demeurait inflexible, il faudrait bien convenir que le but du légis-lateur eût été manqué dans sa partie la plus morale et la plus juste.

C'est pour ces motifs que le Procureur général Dupin disait à la Chambre des députés (3) : « On verrait des enfants nés du même père et de la même mère, dans la même maison, à la même table. qui, en présence des premiers, n'auraient ni état. ni droit, ni partage. Et, à moins que les parents ne voulussent les punir d'un crime qui ne serait pas le leur, il faudrait que le même foyer ralliât des enfants légitimes et des enfants incestueux ».

L'état le plus ordinaire de ces enfants, lorsque leurs père et mère obtiennent des dispenses, c'est qu'ils sont en bas âge. Ils peuvent, n'ayant aucun souvenir de l'époque de la célébration du mariage, grandir sous des exemples moralisés par des dispenses. Dans tous les cas, les inspi-rations de la légitimité forment cette partie saine des citoyens qui ne peut rien reprocher à la société.

Dans le cas contraire n'a-t-on pas à craindre que cette espèce d'inégalité, de flétrissure éternelle : incestueux, n'inspire des sentiments de jalousie et de haine qui finissent par corrompre le cœur ?

---

(1) Circ. minist. just., 10 mai 1834.
(2) V. *infra*, nᵒˢ 46 et 48, les notes.
(3) 29 janv. 1833.

Que peut espérer la société, en vouant à une perpétuelle réprobation un innocent qui aurait pu tout ignorer ? Ne lui donne-t-elle pas, en quelque sorte, le droit d'avoir pour elle la même ingratitude ?

Ce serait mal connaître l'humanité que d'espérer, par cette inutile rigueur, mettre un frein à des penchants honteux. Je prétends même que ce système produit inévitablement des résultats contraires.

En effet, les seuls coupables sont les parents. Ce serait eux qu'il faudrait atteindre. Ne le pouvant pas, ce sera les enfants nés de leur commerce illicite. Où peut-on trouver que cette punition ait le mérite d'atténuer l'effet de ces dérèglements ?

C'est comme si les père et mère qui ont plusieurs enfants, tous également dissipés, s'acharnaient à n'en frapper qu'un seul, et toujours le même, pour toutes les fautes que les autres commettraient.

Dira-t-on qu'on détourne de ce crime ? Mais l'impunité est assurée aux coupables. Ils ne se préoccupent guère des suites de leurs relations qui, d'ailleurs, pourraient bien demeurer stériles. Si un enfant vient à naître, ce sera lui, lui seul, qui aura le mépris de la loi. Tandis que les parents pourront, tout au plus, avoir quelque peine morale, lui les éprouvera toutes. Il lui faudra plus de raison qu'aux autres pour ne pas manifester ses sentiments de haine.

S'il est légitimé, il viendra au partage au même titre que ses frères qui auront tout ignoré ; la société aura tout oublié. Sinon, à l'ouverture de la succession, son état se déclarera. L'intérêt, avec ses mille formes plus ou moins retentissantes, pourra éveiller certaines idées déshonnêtes qui, sans cela, ne seraient même pas nées. Les tribunaux pourraient, à ce sujet, nous en dire bien long. Pour la paix de certaines familles, comme pour le bien de la société, je pense que la légitimation doit être admise.

45. — Voici, dans ce sens, un arrêt de la cour d'Amiens du 14 janvier 1864.

« Considérant que les dispenses accordées dans les

cas prévus par le C. N. et par la loi du 16 avril 1832, en faisant disparaître la prohibition légale qui empêche deux personnes parentes ou alliées de s'unir, enlèvent à leurs rapports tout caractère incestueux et les replacent dans la condition des personnes non parentes ni alliées, pouvant librement entre elles contracter mariage ;

« Considérant que, l'inceste civil se trouvant pleinement effacé pour les père et mère admis à la faculté de s'unir, on doit en conclure que l'obstacle levé par eux doit l'être également en ce qui concerne la reconnaissance et la légitimation des enfants issus de leurs précédentes relations ; — qu'on ne peut prétendre que les dispenses n'ont aucune action rétroactive et ne doivent avoir d'effet que pour l'avenir ; — qu'il serait injuste et illogique de faire retomber sur les enfants les conséquences d'une faute n'ayant d'autre origine qu'une prohibition qui, en cessant par le bienfait des dispenses, fait disparaître la faute elle-même ; — que le législateur ne peut pas avoir voulu que les enfants issus du même père et de la même mère fussent, selon la date de leur naissance, les uns incestueux et flétris par la loi, et les autres jouissant des avantages et de la faveur de la légitimité ; — que, du moment où le Souverain, après un examen scrupuleux des causes sur lesquelles s'appuie la demande de dispenses, consent, malgré l'existence de rapports antérieurs et la naissance des enfants, à user de la faculté que lui donne la loi, et à rendre légitime l'union des requérants, la réhabilitation doit être entière et ne pas laisser au front des enfants une souillure dont sont relevés leurs auteurs ;

« Considérant que si le C. N. paraît consacrer, dans l'art. 331, un principe différent, l'examen attentif des discussions qui ont précédé et accompagné la rédaction de cet article, donne la conviction que les termes qu'ils représentent ne rendent pas la pensée qui a présidé à cette disposition ; — qu'en effet la rédaction originaire portait simplement que « les enfants nés hors mariage, d'un père et d'une mère libres, pouvaient être légitimés », ce qui n'excluait que les enfants adultérins : mais que, dans ce même projet primitif, un autre article ne proscrivant que la reconnaissance des enfants adultérins et laissant subsister, par cela même, quelque danger pour l'ordre public, au point de vue des relations illicites qui pouvaient s'établir entre parents et alliés à un degré prohibé, l'interdiction de la reconnaissance, sur les observations faites à cet égard, fut appliquée aux enfants incestueux, comme le porte l'article 345 C. N.; — que là semblait devoir s'arrêter la modification admise ; mais qu'elle fut étendue, sans qu'aucun motif en soit donné, à la légitimation elle-même, qui, ne pouvant s'effectuer que par les dispenses qui effaçaient l'inceste et par le mariage subséquent, ne devait, á aucun titre, être confondue avec la simple reconnaissance, qui, non précédée de dispenses et non suivie de mariage, n'était plus qu'un moyen de proclamer une violation de la loi et de perpétuer un scandale ;

« Considérant qu'en rapprochant ainsi des textes primitifs la disposition de l'article 331, la rigueur apparente de ses termes doit fléchir devant une interprétation que réclament hautement la raison, la justice, l'honneur des familles et l'intérêt d'enfants nés d'une faute qui n'est plus et dont les dispenses, par une fiction bienveillante, enlèvent jusqu'au souvenir ; — infirme ».

46. — Les partisans de la légitimation argumentent de l'esprit de la loi et de l'ancienne jurisprudence. Préoccupé, dit-on, de la similitude établie partout entre les enfants incestueux et adultérins, le législateur n'a pas songé à faire dans l'art. 331 une distinction qui l'eût conciliée avec l'art. 164, et qui était dans la nature des choses. Comment autoriser le mariage sans la légitimation ? L'une n'est-elle pas la conséquence nécessaire de l'autre ? Quand le crime est aboli dans le coupable, on perpétuera la peine dans la victime ! L'empêchement au mariage une fois levé, on ne le réputera pas non avenu ! En quoi la morale serait-elle ici blessée ? L'inceste dont il s'agit n'a pas son fondement dans la nature, mais dans un fait accidentel, arbitraire et qui, suivant les temps et les lieux, s'écrit ou s'efface dans les codes, qui, en France même, n'a pas toujours été un obstacle au mariage (1). Le scandale, s'il existe, est bien plutôt dans la non-légitimation (2).

47. — Contre la légitimation on invoque spécialement le texte exprès de la loi qui prohibe la légitimation des enfants incestueux et, à cet effet, Duvergier dit... « D'ailleurs on ne peut nier que les enfants nés hors mariage, d'un oncle ou d'une nièce, d'un beau-frère et d'une belle-sœur, ne soient incestueux. L'art. 331 s'oppose donc à leur légitimation. Ajoutons que l'art. 331 s'applique nécessairement aux enfants incestueux issus de parents ou alliés qui peuvent obtenir du gouvernement des dispenses pour contracter mariage ; car, dans tous les autres cas où la parenté ou l'alliance peuvent constituer l'inceste, comme le mariage est absolument interdit, la question de légitimation ne peut pas même se présenter. Maintenant que l'on dise que la loi est trop rigide, qu'elle présentera dans l'application des inconvénients sérieux, cela peut se soutenir ; mais elle existe, ses termes sont clairs et formels et les tribunaux lui doivent obéissance tant qu'elle n'aura pas été modifiée (3) ».

48. — Les partisans de cette doctrine disent encore : « A cette raison de texte se joignent deux considérations :

---

(1) Loi 20 septembre 1792.

(2) Loiseau, *des enf. nat.*, p. 261 ; Pont, *Revue de législ.*, t. VIII, p. 150 ; Toullier, t. II, n° 933 ; *Dict. du Notariat*, V. *Légitimation*, n° 10 ; Grenoble, 8 mars 1838 ; Paris, aud. solen., 14 juin 1858, art. 16366 j. n. (oncle et nièce), 20 juillet 1867, art. 18960 j. n. (beau-frère et belle-sœur) ; Cass., 22 janv. 1867, trois arrêts (beaux-frères), art. 18713 j. n. ; Amiens, 14 janv. 1864, 18136 j. n. dont je donne plus haut le texte ; Aix, 22 août 1867, 19381 j. n. ; Seine, 24 août 1869, 19796 j. n. ; Douai, 29 mars 1873, 20783 ; Cass. 27 janv. 1874, 20884 j. n. Ce der   ir arrêt décide, en outre, que, si les contestations sur l'état civil des personnes doivent être portées aux audiences solennelles, il en est autrement lorsque la question d'état n'est soulevée qu'incidemment et comme moyen de défense à une action se rattachant à des intérêts pécuniaires ; dans ce dernier cas la contestation doit être jugée en audience ordinaire. Décr. du 30 mars 1808, art. 22.

(3) Duvergier, sur Toullier, t. II, n° 933, note.

1° Si l'on ôte toute espérance de légitimer plus tard le fruit de l'inceste, on détourne de ce crime ; 2° La légitimation repose sur une fiction rétroactive. On suppose que les père et mère avaient l'intention de se marier dès l'époque de la conception de l'enfant. Or, la loi ne peut se prêter à cette fiction, puisque, à l'époque de la conception, les père et mère ne pouvaient se marier sans une dispense (1) ».

49. — Picot (2) dit encore : « Voici, d'ailleurs, une raison péremptoire qui a sans doute échappé à la sagacité de la Cour de cassation : En disposant que les enfants nés d'un commerce adultérin ou incestueux ne peuvent être légitimés par *mariage subséquent,* notre article suppose évidemment que le mariage est *légitime* ; car, si le mariage n'était que *putatif,* il ne légitimerait pas même les enfants naturels simples, selon une opinion très-probable ; il ne pourrait donc point, à plus forte raison, ainsi que tous le reconnaissent, légitimer des enfants adultérins ou incestueux. Or, l'époux adultère ne peut former une union légitime qu'après le décès de son conjoint. Les parents ou alliés incestueux ne peuvent se marier ensemble qu'après dispense accordée par l'empereur ; or, c'est pour ce cas, qui est seul et unique, que notre article dispose que le mariage contracté avec dispense ne pourra cependant point légitimer les enfants nés d'un commerce incestueux. La Cour de cassation est donc directement en opposition avec l'esprit et avec les termes de la loi ; elle fait une loi contre la loi ».

50. — Un arrêt de la Cour de Colmar (3), remarquable en ce qu'il examine par des considérants longuement mo-

---

(1) Proudhon et Valette, t. II, p. 165 et 169 ; Delvincourt, t. I, note 4, p. 91 et 374 note 12 ; Zachariæ, t. III, § 348, p. 672 ; observations de M. Cabanton sur arrêt c. Grenoble, 8 mars 1838 ; Sirey, 38, 2, 145 ; Valette, *Rev. de législ.,* p. 37 ; Merlin, n° 9 ; Marcadé, sur 331, n° 2 ; Demolombe, *Traité de la paternité et de la filiation,* p. 334 ; Orléans, 25 août 1833 ; Sirey, 33, 2, 322 ; Douai, 1ᵉʳ juillet 1864, 18136 j. n. ; Colmar, 13 mars 1866, 18485 j. n. (Ces deux dernier arrêts cassés le 22 janv. 1867, art. 18713 j. n.)

(2) Sur l'art. 331.

(3) 13 mars 1866, art. 18485 j. n.

tivés, la question sous toutes ses faces, s'est rallié à cette doctrine : mais, cet arrêt ayant été cassé (1), nous jugeons inutile de le citer ici.

Quoi qu'il en soit, et malgré cette vive controverse, la jurisprudence tend chaque jour, dans un esprit de paix auquel on ne peut qu'applaudir, à favoriser la légitimation (2).

51. — On connaissait autrefois une seconde espèce de légitimation, qui s'opérait par lettres du Prince. Elle avait pour objet de faire cesser, en faveur des impétrants, l'incapacité dont étaient frappés tous les enfants naturels que les anciennes lois déclaraient incapables de remplir des dignités et des emplois.

Mais cette incapacité, dit Toullier, a été regardée comme une proscription injuste et même nuisible à l'ordre social, contre des enfants à qui on ne peut reprocher le vice de leur naissance.

Le préjugé qui tenait les enfants naturels dans l'avilissement a été détruit par la raison et par l'humanité. Ils jouissent aujourd'hui de tous les droits politiques et civils, à l'exception des droits de famille, que ne pouvait leur donner la légitimation par lettres du Prince, laquelle a disparu de notre législation, comme devenue parfaitement inutile (3).

52. — L'art. 332 C. c. porte : « La légitimation peut avoir lieu, même en faveur des enfants décédés qui ont laissé des descendants : et, dans ce cas, elle profite à ces descendants ».

Quand il a laissé des descendants, pas de difficulté. Mais, si l'enfant naturel est mort sans laisser de descendants, ses père et mère ne pourraient le légitimer. Cependant, et, bien que la question soit gravement controversée, je pense, sauf quelques restrictions que j'expliquerai (4),

---

(1) Cass., 22 janv. 1867, 18713 j. n.
(2) V. les arrêts cités à la note 2 du n° 46 *supra*.
(3) Toullier, t. II, n° 935.
(4) *Infra*, n° 98.

qu'ils pourraient encore le reconnaître et être par là admis à recueillir sa succession, surtout à l'égard de la mère qui a été désignée dans l'acte de naissance de l'enfant, ainsi que nous le verrons plus loin (1).

SECTION 4.

DES CONDITIONS REQUISES POUR LA LÉGITIMATION.

53. Il faut que les enfants aient été légalement reconnus avant ou dans l'acte de célébration du mariage.
54. Après le mariage la légitimation ne peut plus avoir lieu.
55. Quand même l'enfant aurait sa possession d'état.
56. L'enfant doit être reconnu par les deux époux à la fois.
57. Inutile, lorsque la reconnaissance a eu lieu avant, de la mentionner dans l'acte de célébration.
58. Comment doit être la reconnaissance ?
59. Que décider d'une indication de la mère, dans l'acte de naissance, faite par le père ?
60. La légitimation de l'enfant reconnu a lieu de plein droit.
61. Comment avait-elle lieu autrefois et comment a-t-elle lieu sous le Code ?
62. Conséquence.
63. La loi du 12 brumaire an II renvoie aux dispositions du Code.
64. Il faut que le mariage soit valable.
65. Suite.
66. Suite.

53. — Pour que les enfants naturels puissent jouir de la légitimation, la loi exige qu'ils aient été légalement reconnus avant le mariage de leurs père et mère, ou qu'ils le soient dans l'acte même de célébration. (331 C. c.)

Ces prescriptions, basées sur des considérations d'ordre public, sont absolues. Ainsi, il a été jugé par la Cour de Metz (2), que la légitimation ne peut avoir lieu au profit d'un enfant naturel qui n'a été reconnu qu'après le ma-

---

(1) *Infra*, nᵒˢ 98, 311, 450.
(2) 11 janv. 1870, art. 19871 j. n.

riage, lors même que l'acte de mariage et l'acte de reconnaissance sont du même jour.

54. — Dans l'espèce, l'intervalle entre les deux actes n'était que de deux heures, et, quelque rigoureuse que puisse paraître cette décision, elle n'en est pas moins cependant parfaitement juridique. L'art. 331 C. c. est formel : il ne souffre aucune tolérance ni interprétation variable des faits. Il est d'ailleurs conforme à l'ancienne jurisprudence qui était suivie même avant le Code (1).

55. — C'est en vain que l'enfant naturel exciperait de sa possession d'état : cette circonstance serait insuffisante pour faire fléchir la disposition irritante de la loi qui veut que la reconnaissance soit antérieure ou tout au moins concomitante au mariage (2).

56. — Il faut de plus que les deux époux aient reconnu l'enfant avant le mariage ou tout au moins dans l'acte de célébration ; car, si un seul l'avait reconnu ainsi, la reconnaissance faite par l'autre époux depuis le mariage ne pourrait opérer la légitimation (3).

57. — Du moment que la loi autorise la reconnaissance avant le mariage et n'en prescrit point la mention dans l'acte de célébration, il s'ensuit que cette reconnaissance peut être tenue secrète, après toutefois qu'elle aura été faite par acte authentique, ainsi que le veut l'art. 334 C. c. (4). C'est ce qui a été reconnu au Conseil d'Etat (5).

Voici, à ce sujet, comment s'exprime Toullier (6) : « Si des motifs particuliers, que le législateur ne doit pas prendre en considération, empêchaient les époux de reconnaître publiquement leur enfant naturel au moment de leur mariage, la loi indulgente leur laisse une ressource.

---

(1) Nimes, 15 juillet 1819, 3560 j. n. *Dictionn. du Not.*, V. *Légitimation*, n° 14.

(2) Douai, 15 mai 1816, 2004 j. n. ; Cass. 8 nov. 1870, 20033 j. n., rejet contre l'arrêt de Metz sus-rappelé, du 11 janv. 1870, 19871 j. n.

(3) Toullier, t. II, n° 925.

(4) V. *infra*, n°° 96 et suiv.

(5) *Esprit du C. c.*, t. IV, p. 170 ; *Dict du Not.* V. *Légitimation*, n° 16.

(6) T. II, n° 926.

Elle ne leur défend pas de tenir leur reconnaissance
secrète (1), et l'enfant qui aurait en sa faveur un acte
secret, mais authentique et antérieur au mariage, pourrait être reconnu par ses père et mère après leur mariage,
et, s'ils refusaient de le reconnaître, il lui serait permis de
faire valoir son titre et de prendre la qualité d'enfant
légitime (2) ».

58. — Dans tous les cas, la reconnaissance doit être
expresse. Cependant, si la mère s'était abstenue de faire
la reconnaissance avant le mariage et que l'enfant pour-
suivit postérieurement la recherche de la maternité, le
jugement qui interviendrait aurait l'effet de suppléer à
la reconnaissance de la mère et la légitimation s'ensui-
vrait (3). « En effet », dit Duranton (4), « cet enfant a
toujours eu le droit, dès sa naissance, de rechercher sa
mère. Celle-ci n'a pu, par son mariage, le lui ravir : c'est
un droit imprescriptible, inaliénable, indépendant par
conséquent de la volonté d'autrui; et le jugement qui
reconnait la maternité n'est que *déclaratif* de ce fait. Ce
jugement remonte, quant à ses effets, au jour de la naissance de l'enfant, il est censé l'expression d'une déclaration libre, spontanée, de maternité faite à cette époque ;
dès lors l'enfant a, en sa faveur, la double reconnaissance
du père et de la mère, antérieure au mariage, et réunit
ainsi en sa personne toutes les conditions exigées par
l'art. 331 (5) ».

---

(1) Locré, t. V, p. 230 et 231.

(2) Je ne vois pas pourquoi l'enfant régulièrement reconnu, dans ce cas, avant
le mariage, et, par suite, devenu légitime, pourrait demander à être de nouveau
reconnu après le mariage. L'auteur suppose-t-il qu'il n'avait pas la possession
d'état? Mais, dans ce cas même, une nouvelle reconnaissance me paraît inutile.
L'enfant, légitimé par le mariage subséquent de ses père et mère, n'a plus à
être reconnu : avec son titre, qu'il peut faire valoir, il se trouve placé au rang
de la légitimité, il doit jouir des mêmes prérogatives que l'enfant légitime.
Art. 331, 333, C. c.; Seine, 18 mai 1865, V. cependant, *infra.* n° 141.

(3) Proudon, t. II, p. 108 ; Toullier, t. II, n° 927 : *Dict. du Not.,* V. *Légitimation,* n° 18.

(4) T. III, n° 180.

(5) Paris, 15 déc. 1834 ; Sirey, 35, 2, 5 ; Rej. 22 janv. 1839 ; *Journ. du
Palais,* t. I, 1839, p. 74 ; Paris, 20 et 27 av. 1839 ; *Journ. du Pal.,* t. I, 1839,
p. 537 et 539 ; Sirey, 39, 2, 249 ; *Dict. du Not.,* V. *Légitimation,* n° 18.

Demolombe (1) combat très-énergiquement le système de la rétroactivité du jugement appliqué à la légitimation (2) et l'appuie sur les termes rigoureux de la loi qui veut que la reconnaissance précède le mariage.

59. — Mais il est de jurisprudence aujourd'hui que l'indication de la mère d'un enfant naturel, faite dans l'acte de naissance de l'enfant par le père, qui le reconnait, indication confirmée ensuite par l'aveu de la mère, emporte, de la part de celle-ci, reconnaissance suffisante de l'enfant comme lui appartenant. Cet aveu n'a pas besoin d'être exprès : il peut résulter des circonstances de la cause, souverainement appréciées par les juges du fait.

Dans ces conditions, le mariage subséquent du père et de la mère de l'enfant aura pour effet de le légitimer, quoiqu'il n'existe pas de reconnaissance authentique de la mère, antérieure au mariage (3), même si l'enfant naturel est né après la loi du 12 brumaire an II, de père et mère qui se sont ensuite mariés sous l'empire de cette même loi (4).

60. — La légitimation, une fois l'enfant naturel reconnu, a lieu de plein droit par le mariage subséquent de ses père et mère, sans qu'il soit besoin, ainsi que nous venons de le voir (5), d'une déclaration expresse à cet égard dans l'acte de célébration du mariage.

61. — Autrefois, elle s'opérait même de plein droit et bien que la filiation de l'enfant ne fût prouvée que par des actes postérieurs au mariage (6), ou lors même que les père et mère, mariés avant la loi du 12 brumaire an II,

---

(1) N° 363.
(2) Paris, 15 déc. 1834, sus cité.
(3) Paris, 21 nov. 1853 et 2 fév. 1864 ; Cass., 2 fév. 1865 et 30 nov. 1868 ; *Revue du Not.*, n°* 1338 et 2437 ; Lyon, 21 août 1868 ; Seine, 24 août 1869, art. 18218 et 19796 j. n. ; Cass., 26 mars 1866 ; Paris, 17 fév. 1868 ; Sirey, 66, 143, 68, 2, 314 ; Demolombe, 364 et 480 ; Rolland de Villargues, V. *Aveu de maternité*, n° 3, et *Recon. d'enf. nat.*, n° 28 ; *Dict. du Not.*, V. *Légitimation*, n° 19, et *Recon. d'enf. nat.*, n°* 41 et suiv.
(4) V. *infra*, n° 63 ; Cass., 7 juillet 1824 ; Seine, 18 mai 1865, art. 18295, j. n.
(5) *Supra*, n° 57.
(6) Bordeaux, 20 mars 1830 ; *Dict. du Not.*, V. *Légitimat.*, n° 20.

étaient décédés sous l'empire du Code (1). « La légitimation », dit Pothier (2) », des enfants nés du commerce
charnel que les parties ont eu avant le mariage, se fait
par la seule force et efficace du mariage que leur père et
mère contractent. Il n'est donc pas nécessaire que le consentement du père et de la mère intervienne pour cette
légitimation ; il n'est pas en leur pouvoir de priver leurs
enfants du droit que la loi leur donne, par l'effet qu'elle
donne au mariage de leurs père et mère de les légitimer ».
Il en est de même sous le Code ; en effet, c'est la loi elle-
même qui les légitime (3).

62. — Comme conséquence, il en résulte nécessairement que la légitimation s'opère sans le consentement des
enfants et malgré eux. « Ils peuvent bien contester leur
reconnaissance, en combattant la paternité ou la maternité de ceux qui les ont reconnus ; mais, lorsque leur filiation est constante, ils sont inadmissibles soit à attaquer
la reconnaissance, soit à s'opposer à la légitimation (4) ».

63. — La loi du 12 brumaire, en posant les bases d'un
droit nouveau, a renvoyé, par son art. 10, aux dispositions
du C. c., alors projeté, la fixation de l'état et des droits
des enfants nés *hors mariage* et dont les père et mère
existaient encore à l'époque de la promulgation du Code.
Dès lors, d'après les termes de la loi, la légitimation qui
tient éminemment à l'état de l'enfant né *hors mariage*,
doit être réglée par le C. c. (5) qui veut, ainsi que nous
l'avons expliqué (6), que la reconnaissance précède ou
accompagne le mariage (7).

64. — Il faut encore, pour opérer la légitimation, que
les père et mère contractent entre eux un mariage va-

---

(1) Cass., 7 juill. 1824 ; Seine, 18 mai 1865 ; ibid. n° 21.
(2) *Traité du contr. de mariage*, n° 422.
(3) Delvincourt, t. I, p. 86, note 12 ; Duranton, t. III, n° 179 ; Valette, t. II,
p. 167 ; Demolombe, t. V, n° 365 ; Seine, 18 mai 1865, 18295 j. n.
(4) Favard, § 2, n° 4 ; Merlin, *Répert.*, V. *Légitimation*, § 2, n° 11 ; Duranton, n° 189 ; Paris, 28 déc. 1811 ; Demolombe, n° 365 ; j. n., art. 18295.
(5) Nîmes, 15 juill. 1819 ; Cass., 12 av. 1820.
(6) V. *supra*, n° 52.
(7) *Dict. du Not.*, V. *Légitimation*, n° 22.

lable. S'il est nul. les effets de la bonne foi ne s'étendraient pas. ainsi que je l'ai dit (1), aux enfants nés d'une cohabitation antérieure au mariage putatif (2). On ne pourrait même pas invoquer, pour la légitimation. l'exception introduite par l'art. 201 C. c. à l'égard de ce mariage : car on ne peut jamais être de bonne foi dans le concubinage (3).

65. — Cela n'empèche pas à plusieurs auteurs d'avoir une opinion contraire. quand il ne s'agit, bien entendu, que des enfants naturels simples. Qu'est-ce. en effet, disent-ils. que la bonne foi en cette matière ? C'est l'ignorance, au moment de la célébration. des vices dont le mariage se trouve entaché. Un concubinage antérieur au mariage n'exclut donc pas la bonne foi exigée par les articles 201 et 202. Enfin. si la légitimation n'avait pas lieu, les époux de bonne foi ne recueilleraient point d'une manière complète le bénéfice des effets civils du mariage. Ils n'auraient pas l'usufruit légal des biens de leurs enfants, qu'ils avaient cru légitimer : ils ne pourraient leur laisser la totalité de leur succession à l'exclusion de leurs autres parents ; ils seraient privés de l'avantage le plus important peut-être qu'ils attendaient de leur union.

66. — Mais, si la bonne foi était évidente et que la légitimation des enfants fût reconnue une des causes déterminantes du mariage, il me semble que le juge aurait de graves motifs pour maintenir la légitimation (4).

---

(1) *Supra*, n° 42.

(2) D'Aguesseau, t. VI, p. 277 ; Toullier, t. II, n° 657.

(3) Proudhon, *Cours de droit*. t. II, p. 110; Favard, *Répert.*, V. *Légitimation*, § 2, n° 3 ; Merlin. n° 4 ; Toullier, n° 934 ; Vazeille, t. I, n° 275 ; Parlem. de Bordeaux, 14 fév. 1617 : de Paris, 15 mars 1674 ; Proudhon, édit. Valette, p. 170 ; Pothier, *Traité du contr. de mariage*, n° 441.

(4) Dans ce sens Duranton, t. II, n° 356 ; Delvincourt, t. I, note 4, p. 75 ; Valette, sur Proudhon, t. II, p. 171 ; Zacbariæ, t. III, § 460 ; Demolombe, n° 359 ; Duvergier, sur Toullier, t. II, n° 657, note.

Section 5. — DE SES EFFETS.

67. — Art. 333 C. c. : « Les enfants légitimés par le mariage subséquent auront les mêmes droits que s'ils étaient nés de ce mariage ».

La concision et la clarté de cet article ne saurait donner lieu à de longs commentaires : entre l'enfant naturel légitimé et l'enfant légitime il n'y a aucune distinction ; par suite, il faut appliquer au premier, tant pour la personne que pour les biens, toutes les règles et toutes les dispositions relatives aux enfants légitimes (1).

68. — En conséquence : 1° la substitution, faite en termes généraux au profit des enfants, profite à l'enfant naturel légitimé (2).

2° L'enfant légitimé fait cesser la condition *si sine liberis* opposée à une substitution, comme s'il était légitime (3).

3° Si l'auteur de la substitution avait exprimé formellement que les enfants dont l'existence la ferait cesser devraient être nés en *légitime mariage*, il en serait de même (4).

69. — L'effet de la légitimation, avons-nous dit (5), n'est point rétroactif ; ce point est incontestable. La légitimation

---

(1) Demolombe, n° 367.
(2) Arrêt de 1558 ; Merlin, V. *Répert.*, § 3.
(3) Ordonn. de 1747, tit. 1er, art. 23.
(4) Arrêt du conseil ; Merlin, *ibid.*
(5) *Supra*, n° 33.

n'opère son effet que du moment où existe le mariage qui l'a produite et ne remonte ni à la conception ni à la naissance de l'enfant. Tout ce qui est antérieur au mariage reste étranger aux enfants légitimés par ce mariage. D'ailleurs la loi l'exprime d'une manière énergique, en disant que les enfants légitimés par mariage subséquent auront les mêmes droits que s'ils étaient *nés de ce mariage* (1).

70. — Donc l'enfant légitimé ne devient capable de succéder qu'à compter du jour de la célébration du mariage de ses père et père. S'il est réputé né pour tout ce qui lui est avantageux, tout ce qu'on fait de plus en sa faveur, c'est de lui accorder tous les droits qu'il aurait eus s'il était né au moment de sa conception. Or, il n'était alors qu'un enfant naturel, capable d'être légitimé par mariage subséquent, mais non capable de succéder (2).

71. — On concluait, dans l'ancienne jurisprudence, que dans le cas d'un mariage intermédiaire dont il était issu des enfants mâles, ceux-ci conserveraient le droit d'aînesse (3) sur leur frère consanguin légitimé subséquemment, quoique né avant eux. Cette observation reçoit, de nos jours, son application en matière de majorats (4).

72. — La légitimation n'étant pas admise en Angle-

---

(1) Tribun Duveyrier ; Toullier, n° 929 ; Duranton, n° 183 ; Demolombe, n° 369 ; *Dict. du Notariat,* V. *Légitimation,* n° 30.

(2) La cour d'Orléans avait jugé dans un sens différent ; mais son arrêt fut cassé sur les conclusions de M. Merlin ; Cass., 11 mars 1811, rapporté par Sirey, an 1811, p. 129. Dans l'espèce : Primus épouse Prima ; de ce mariage naît Secundus. Primus meurt et son fils meurt deux ans après lui. Le 27 juillet, quinze jours après la mort de ce dernier, sa mère se remarie et accouche, le 1er janvier suivant, d'un fils réputé conçu avant la mort de Secundus : son frère utérin ne pouvait participer à la succession. V., dans ce sens, Paris, 21 déc. 1812 ; *Journ. du Palais,* à sa date ; Riom, 3 juill. 1810 ; Sirey, 40, 2, 362 ; Toullier et son annotateur Duvergier, t. II, n° 930.

(3) V. le *Nouv. répert.,* V. *Légitimation,* p. 774, n° 5 ; Lebrun pensait le contraire *(des successions,* p. 22) ; mais son opinion fut rejetée. V. Duparc-Poullain, *Principe du Droit,* t. I, p. 143 ; le Nouv. Denisart, au mot *Aînesse,* § 6, n° 4, p. 387 ; Duvergier, t. II, n° 930, note.

(4) Favard, § 3, n° 3 ; Toullier, t. II, 930 ; Merlin et Duranton, *ibid.;* Demolombe, n° 370 ; *Dict. du Not.,* V. *Légitimation,* n° 31.

terre (1), si des Français y contractaient mariage et que l'enfant rentrât en France, il devrait être considéré comme légitime (2).

73. — Mais, si ce sont des Anglais qui ont contracté mariage en France, leur enfant doit être tenu pour bâtard, même en France.

74. — Ces décisions sont fondées sur le principe admis chez toutes les nations que les lois concernant l'état et la capacité des personnes régissent leurs nationaux même résidant en pays étranger (3).

---

(1) V. *supra*, n° 27.

(2) Arrêt du 21 juin 1668, rapporté *Journ. des audiences.*

(3) C. c., art. 3; j. n., art. 1737; Boullenais, *des statuts*, t. I, p. 62; Loiseau, p. 816; Caen, 18 fév. 1852.

CHAPITRE III.

Filiation.

75. — La filiation est la descendance du fils ou de la fille à l'égard du père et de ses aïeux (1).

La paternité ou la filiation sont deux termes opposés et corrélatifs qui signifient, l'un la qualité de père, l'autre celle de fils ou d'enfant. La filiation vient de la naissance que nous recevons d'un tel père ou d'une telle mère. Il y

______
(1) *Dict. du Not.*, V. *Filiation.*

a trois sortes de paternité. comme il y a trois sortes de filiation. l'idée du père supposant nécessairement celle d'enfant : la filiation légitime. la filiation naturelle et la filiation adoptive.

Pour prouver leur filiation. les enfants légitimes ont leur acte de naissance. qui ne prouve cependant pas la légitimité (1) ; mais les enfants naturels ne peuvent prouver la filiation que par la reconnaissance du père et de la mère.

76. — Cette reconnaissance. proscrite par le Droit romain. qui refusait. même aux enfants naturels. tout droit à des aliments (2). était permise sous l'ancien Droit français (3).

77. — Dans l'ancien Droit une fille était libre de diriger une action en déclaration de paternité contre celui qu'elle croyait ou qu'elle disait être le père de son enfant.

78. — On comprend qu'une semblable législation, en ouvrant à la spéculation un champ libre. exposait les tribunaux aux débats les plus scandaleux et aux jugements les plus arbitraires. « Pour une infortunée ». dit Toullier (4) « qui réclamait des secours au nom et au dépens de l'honneur. mille prostituées spéculaient sur la publicité de leurs désordres. cherchaient un père à l'enfant que vingt pères pouvaient réclamer, et cherchaient toujours le plus honoré ou le plus riche. pour taxer le prix du silence au taux du scandale ».

79. — Mais la loi du 12 brumaire an II fit cesser ces abus et l'art 340 C. c. interdit d'une manière absolue la recherche de la paternité. En vain la mère désignerait le père ; les officiers de l'état civil doivent refuser de constater une telle désignation (5).

---

(1) Seine, 12 nov. 1874, art. 21074 j. n.
(2) Loiseau, *des enf. nat.*, p. 48.
(3) *Dict. du Not.*, V. Recon. *d'enfant nat.*, n° 3.
(4) Toullier, t. II, n° 937.
(5) Demolombe, t. V, n° 383 : C. c.. 35 : Rielf. n° 28 : Grün. n° 119 : cependant une lettre du proc. de la république près le tribunal de la Seine du 17 sept. 1849, dit qu'il ne peut refuser de recevoir une déclaration de paternité.

80. — Cette interdiction est absolue, sans distinction, dans l'intérêt comme au préjudice de l'enfant. Ainsi des héritiers ne seraient pas autorisés, pour faire réduire une libéralité, à prouver que le disposant est père naturel du donataire ou légataire, quoique, en ce cas, il y ait violation de l'art. 908 C. c. (1).

81. — L'enfant ne pourrait rechercher la paternité pour réclamer même des aliments (2), ni la mère pour avoir des dommages-intérêts (3).

Elle ne pourrait intenter cette dernière action que s'il y avait séduction et dans les limites dont nous parlerons (4).

82. — Le père ne peut être forcé à reconnaître son enfant. Cependant ce principe, aux termes du même art. 340, reçoit exception dans le cas d'enlèvement et rapt (5) auquel on assimile le détournement et le viol : dans ce cas, si l'époque de l'enlèvement de la mère, du détournement ou du viol, coïncide, conformément à la présomption établie par l'art. 312, avec l'époque de la conception, le tribunal pourra, en égard aux circonstances (6), en appréciant les mœurs irréprochables de la mère et sur la demande des parties intéressées, déclarer que le ravisseur est le père de l'enfant naturel (7).

L'art. 340 C. c. devrait recevoir son application même

---

par exemple sous prétexte que le fait ne serait pas possible, et, par exemple, la reconnaissance par un homme de dix-neuf ans d'un enfant âgé de quatre ans et demi, sauf d'ailleurs les droits du tiers d'attaquer cette déclaration dans les formes de droit. *Dict. du Not.*, V. *Acte de l'état civil*, n° 17.

(1) Merlin, *Répert.*, V. *Filiation*, n° 4 ; Toullier, t. II, n° 939 ; Duranton, t. III, n° 233 ; Zachariæ, t. IV, p. 68 ; Demolombe, t. V, n° 485 *bis* ; Cass., 24 mai 1810, 14 mai 1811, 17 déc. 1816, 1er avril 1818, 1er août 1827 ; Toulouse, 15 avril 1834 ; Merlin, *Paternité*, § 1 ; Grenier, Donat., t. I, p. 130 ; Delvincourt, t. I, note 6, p. 93.

(2) Cass., 26 mars 1806 ; Limoges, 27 août 1811.

(3) Cass., 5 niv. an XIII, 10 mars 1808 ; Demolombe, *ibid.*

(4) *Infra*, n° 193.

(5) C'est le crime que commet celui qui enlève une femme ou une fille du lieu de sa demeure pour la corrompre ou pour l'épouser. L'enlèvement d'une mineure est puni de réclusion, de travaux forcés à temps ou d'emprisonnement. Art. 354 et suiv. du Code pénal.

(6) Toullier, V. I ou t. II, n° 941 ; Demolombe, n° 487.

(7) Picot, sur l'art. 340 C. c.

dans le cas où il s'agirait de l'enlèvement d'une femme majeure. La loi ne distingue pas (1), ainsi qu'au cas où la femme mineure a consenti à l'enlèvement (2).

83. — Par contre le ravisseur peut proposer tous les moyens qui peuvent tendre à prouver qu'il n'est pas le père de l'enfant (3). Peu importerait que le père eût été indiqué sur le registre de naissance ; qu'il eût la possession d'état conforme à cette désignation ; qu'il y eût une reconnaissance sous seing privé du père (4).

84. — Mais la recherche de la maternité est admise. L'art. 341 porte : « La recherche de la maternité est admise. — L'enfant qui réclamera sa mère sera tenu de prouver qu'il est identiquement le même que l'enfant dont elle est accouchée. Il ne sera reçu à faire cette preuve par témoins que lorsqu'il y aura déjà un commencement de preuve par écrit ».

La grossesse et l'accouchement sont, à la différence de la paternité, des signes physiques, évidents, susceptibles de preuves précises qui peuvent conduire à la preuve certaine de l'identité de la mère (5). La maternité résulte de deux faits qui sont à prouver : l'accouchement de la mère et l'identité entre le réclamant et l'enfant né de cet accouchement (6).

85. — L'article 341 garde le silence sur la manière dont sera faite la preuve de l'accouchement ; mais on peut invoquer, et les tribunaux peuvent admettre comme prouvant l'accouchement de la prétendue mère, les mentions de l'acte de naissance de l'enfant, même rédigées sans l'aveu de celle dont on prétend qu'il est l'enfant. C'est un point aujourd'hui constant (7).

---

(1) Duvergier, sur Toullier, t. II, n° 940.

(2) Paris, 28 juillet 1821 ; Sirey. 21, 2, 235 ; Valette, sur Proudhon. t. II, p. 139. *Contra* : Zachariæ, t. IV, § 569 ; Duvergier, *ibid*.

(3) Toullier, t. II, n° 941.

(4) Montpellier, 28 janv. 1806 ; *Dict. du Not.*, V. *Enf. nat.*, n° 31.

(5) Demolombe, n° 496.

(6) Toullier, t. II, n° 942.

(7) C. c., art. 56, 57, 341 ; Cass., 1er juin 1851, 1er juin 1862, 19 nov. 1856, 23 nov. 1868 ; Paris (1e ch.), 30 déc. 1875.

86. — On avait soutenu que la recherche de la maternité pouvait avoir lieu sans commencement de preuve par écrit. Cette doctrine a été condamnée par la jurisprudence (1). Il ne peut y être suppléé par des présomptions ou indices graves résultant de faits constants, comme cela a lieu dans le cas de preuve de filiation légitime (2) (323 C. c.).

87. — L'art. du projet auquel correspond l'art. 341 du Code civil était ainsi conçu : « L'enfant méconnu par sa mère aura la facilité de prouver contre elle sa filiation. Cette filiation ne pourra résulter que de l'accouchement de la mère et de l'identité du réclamant avec l'enfant dont la mère est accouchée. L'enfant ne pourra être admis à la preuve testimoniale de ces faits, s'il n'a un commencement de preuve par écrit ou une possession constante de la qualité de fils naturel de la mère qu'il réclame. Le registre de l'état civil qui constatera la naissance d'un enfant né de la mère réclamée, et duquel le décès ne sera pas prouvé, pourra servir de commencement de preuve par écrit ».

Si cet article eût été adopté en ces termes, le registre de l'état civil qui constate la naissance d'un enfant né de la mère réclamée et dont le décès n'est pas prouvé, aurait pu servir de commencement de preuve par écrit.

Cette disposition fut retranchée comme donnant trop de facilité pour prouver la filiation contre une mère de famille ou une fille honnête dont la faiblesse serait ignorée. Un aventurier, disait-on, qui trouvera sur les registres l'inscription d'un enfant dont le décès ne sera pas prouvé, prétendra qu'il est cet enfant, et, à l'aide de quelques témoins subornés, il réussira dans sa demande (3).

Il faut un commencement de preuve par écrit (341), et, s'il existe, bien que la question divise les auteurs, je crois que la preuve testimoniale peut être admise pour prouver l'*accouchement* comme l'*identité* (4).

---

(1) Cass., 13 avril 1864 ; Duranton, t. III, n° 240.
(2) Cass., 28 mai 1810 ; Sirey, 1810, p. 195, 202.
(3) *Dict. du Not.*, V. *Enf. nat.*, n° 38 ; Toullier, t. II, n° 946.
(4) Locré, t. VI, p. 214 ; Duranton, t. III, n° 240 ; Zachariæ, t. III, § 570 ;

88. — Mais quel doit être le caractère de ce commencement de preuve par écrit ? Doit-il nécessairement, pour être pris en considération, émaner de la partie contre laquelle le droit contesté serait né, suivant le principe général de l'art. 1347 C. c., ou, en d'autres termes, de la prétendue mère ? Ou doit-on appliquer en matière de filiation naturelle l'exception introduite en matière de filiation légitime par l'art. 324 C. c., d'après lequel on peut considérer comme commencement de preuve écrite les titres de famille, les registres et papiers domestiques du père ou de la mère, et les actes publics ou même privés émanés d'une partie engagée dans la contestation ou qui y aurait intérêt si elle était vivante, ou autrement dit, l'art. 324 est-il applicable à la filiation naturelle comme à la filiation légitime ?

C'est dans le sens affirmatif que cette dernière question est adoptée par la généralité des auteurs et consacrée par la jurisprudence (1).

89. — L'enfant naturel né avant le mariage de sa mère peut la réclamer même après le mariage qu'elle a contracté avec un autre individu que le père (2). On ne peut admettre une exception ou limitation qui n'existe dans le Code que pour le cas où il en résulterait une maternité incestueuse ou adultérine (3).

90. — La plus vive controverse existe sur la question

Duvergier, sur Toullier, après la note 1 du n° 942, t. II. Comparez Merlin, *Quest. de Droit*, V. *Maternité* ; Delvincourt, t. I, note 10, p. 93. *Contra :* Toullier, t. II, n° 942, qui prétend qu'on ne peut prouver par témoins que le fait de l'identité et non celui de l'accouchement.

(1) Paris, 7 juillet 1838 et 30 avril 1859 ; comp. Paris, 28 janv. 1876 ; *Gazette des Clercs de not.*, n° 147 ; Caen, 19 janv. 1867. V. aussi un arrêt de la C. de cass. du 2 fév. 1814, cité par M. Pont dans une note où il approuve entièrement un arrêt, dans ce sens, de la C. de cass. du 23 nov. 1868 ; *Rev. du Not.*, n° 2402, note ; en sens contraire, V. *Dict. du Not.*, n° 38, V. *Enf. nat.* ; Locré, t. IV, p. 221 ; Duranton, t. III, n° 237 ; Demolombe, n° 504 ; Cass., 28 mai 1810 ; Toulon, 10 mars 1875 ; *Gazette des Clercs de notaires*, 1876, n°s 49 et 110.

(2) Conseil d'Etat, séance du 26 brumaire an 10 ; Locré, t. V, p. 301, édit. in-8.

(3) Toullier, t. II, n° 197 ; Duranton, t. III, n° 255 ; Merlin, V. *Maternité*, n° 7 ; Amiens, 9 août 1821.

de savoir si l'on doit appliquer aux enfants naturels les dispositions de l'art. 320 sur la possession d'état de l'enfant légitime. Les uns enseignent que la possession d'état ne prouve la filiation naturelle ni à l'égard du père ni à l'égard de la mère (1). Les autres admettent la possession d'état à l'égard de la mère seulement (2). Enfin une troisième catégorie admet la possession d'état pour prouver soit la maternité, soit la paternité.

91. — Cette dernière doctrine me paraît la plus juste. « Toutes les fois », disait Portalis, « qu'on jouit de son état constamment, publiquement et sans trouble, on a le plus puissant de tous les titres. Il serait donc absurde de présenter cette possession comme un simple commencement de preuve, puisqu'elle est la plus complète de toutes les preuves ».

D'ailleurs, ce ne serait pas contraire au principe que la recherche de la paternité est interdite, puisque l'enfant naturel en possession de son état n'a rien à rechercher ni à prouver (3). C'est le plus puissant de tous les titres, le seul même qu'on puisse invoquer dans le plus grand nombre de cas, pour établir son état civil, sa qualité de français, ses droits de citoyen, etc. (4).

92. — Mais cette opinion n'a point prévalu devant la Cour de cassation qui paraît aujourd'hui disposée à rejeter absolument la possession d'état comme preuve de filiation naturelle (5).

93. — La recherche de la maternité qui n'a pas été

---

(1) Toullier, t. II, n° 970 ; Zachariæ, t. IV, p. 14 ; Marcadé, sur l'art. 340, n° 6 ; Bourges, 2 mai 1837 et 4 janv. 1839.

(2) Delvincourt, t. I, p. 90 ; Proudhon, t. II, p. 114 ; Duranton, t. III, n° 238 ; Paris, 28 juin 1812 ; Rouen, 20 mai 1829 et 19 déc. 1844 ; Cass., 13 mars 1847 ; Bordeaux, 10 janv. 1831 ; Paris, 26 juillet 1849.

(3) Demolombe, n° 480 ; Valette, sur Proudhon, t. II, p. 150.

(4) *Dict. du Not.*, V. *Enf. nat.*, n° 44.

(5) Rolland de Villargues, V. *Enf. nat.*, n°⁵ 24 et 36 ; *Dict. du Not.*, ibid., n° 41 ; Cass., 17 fév. 1852 ; Agen, 27 nov. 1866 ; Pau, 10 déc. 1866 ; Grenoble 24 juin 1869 ; Seine, 26 juillet 1861 ; id., 1875, Dubois c. Jousse ; Paris, 28 janv. 1876, n° 147 ; *Gazette des Clercs de notaires.*

exercée de son vivant par l'enfant naturel, n'appartient pas à ses héritiers (1).

On comprend ce qu'il y aurait d'immoral à recevoir la demande de tiers qui, pour des intérêts pécuniaires, proposent de ternir la mémoire d'une parente qui n'est plus, et qui, si elle vivait, se disculperait peut-être du soupçon d'inconduite (2). D'ailleurs la recherche de la maternité autorisée par l'art. 341 C. c. n'a été introduite que dans l'intérêt et au profit de l'enfant et non contre lui. Le législateur, on ne saurait le contester, ne s'est préoccupé que du cas le plus ordinaire, c'est-à-dire l'abandon de l'enfant naturel, mais non des intérêts de la famille de sa mère (3).

---

(1) Cass., 20 nov. 1843, 29 juill. 1861, 10 mars 1864, 12 fév. 1868, 3 avril 1872, art. 20389 j. n.

(2) *Dict. du Not.*, V. *Enf. nat.*, n° 47. Cette question est vivement controversée. Dans le sens des arrêts cités en note du n° 92 qui précède, et notamment en ce qui concerne la réduction des avantages excessifs faits à l'enfant, il faut ajouter : Duranton, 3, 242 ; Marcadé, sur l'art. 341, n° 8 ; Demolombe, 527 ; Valette, *Explication sommaire*, p. 185, n° 22 ; Colmar, 4 mai 1844 ; Cass. requête 3 fév. 1851 ; Orléans, 8 fév. 1855 ; Caen, 1er mars 1860 ; Defrenois et Vavasseur, n° 1109, note 4. *Contra :* Chardon, *du dol et de la fraude*, III, 392 ; Richefort, 3, 337 et 338 ; Pont, *Rev. de législ.*, 1844, XIX, p. 254 ; Zachariæ, § 570, texte et note 1 ; Baudot, *Revue pratique*, 1857, III, p. 337 ; Aubry et Rau, 4e édit., § 570, p. 199.

(3) Tribunal de la Seine, Dubois c. Jousse : *Gazette des Clercs de not.*, an. 1875, n° 357.

CHAPITRE IV.

Reconnaissance.

94. Deux sortes de reconnaissance.

94. — La reconnaissance des enfants naturels peut être volontaire ou forcée.

SECTION 1. — DE LA RECONNAISSANCE VOLONTAIRE.

95. — La reconnaissance est volontaire quand elle émane de la libre volonté des père et mère.

L'art. 334 porte : « La reconnaissance d'un enfant naturel sera faite par acte authentique, lorsqu'elle ne l'aura pas été dans son acte de naissance ».

96. — Cette disposition est générale : elle s'applique aussi bien au père qu'à la mère. La reconnaissance doit être authentiquement constatée et ne peut avoir lieu que dans l'acte de naissance ou par acte authentique.

97. — La reconnaissance a lieu dans l'acte de naissance, lorsque les père et mère, présents à l'acte, déclarent que l'enfant leur appartient, signent l'acte ou déclarent ne savoir signer (1).

Il ne suffit pas, pour opérer la reconnaissance, que les père et mère soient désignés par les témoins : les déclarations des témoins ne peuvent constater qu'un fait : l'accouchement (2). Encore convient-il de remarquer que la constatation de ce fait par les témoins, n'est, le plus souvent, que de pure forme : car, dans tous les cas ordinaires, l'accouchement n'est réellement constaté que par les médecins et sages-femmes. (56 C. c.)

Il convenait, par suite, de ne faire dépendre que de preuves authentiques l'état de l'enfant naturel.

98. — La question de savoir si l'enfant naturel peut être reconnu après son décès, par son père ou sa mère, *dans le but d'appréhender sa succession*, est vivement controversée.

Certains auteurs pensent que cette reconnaissance est nulle.

La reconnaissance, dit-on, a pour objet principal et essentiel, l'intérêt de l'enfant. Cet intérêt disparaît lorsque l'enfant prédécède sans postérité. Il ne serait ni juste ni moral d'admettre à la succession de cet enfant les père et mère qui n'ont rempli le devoir de la reconnaissance que pour recueillir ses biens (3).

Ces auteurs reconnaissent, toutefois, que, si la mère

---

(1) Bruxelles, 4 juin 1811 ; Favard, § 3, art. 1 ; *Dict. du Not.*, V. *Recon. d'enf. nat.*, n° 31.

(2) Locré, *Esprit du Code*, t. V, p. 244 ; *Dict. du Not.*, *ibid.* n° 32.

(3) Nancy, 26 juillet 1830 ; Paris, 25 mai 1835 et 26 avril 1852 ; Vazeille, art. 765, t. II ; Duranton, t. III, p. 363 ; Zachariæ, § 167, note 2 ; Rolland de Villargues, V. *Reconn.*, n° 32 ; Aubry et Rau, 4e édition, § 568, texte et note, n° 32.

avait été indiquée dans l'acte de naissance et que, par les soins donnés à l'enfant, elle eût confirmé cette indication, il y aurait de graves motifs pour admettre l'efficacité, à son profit, d'une reconnaissance formelle de maternité faite après le décès de l'enfant.

Dans le système contraire on répond : la reconnaissance est déclarative et non attributive de la filiation ; les effets en remontent au jour même de la naissance de l'enfant. Si la reconnaissance peut être faite valablement après le décès de l'enfant, ce serait violer l'art. 765 du C. c. que de refuser un droit de succession au père ou à la mère de qui elle émane. Or, aucun texte de loi ne limite le délai durant lequel un enfant naturel peut être reconnu : donc la reconnaissance est possible même après le décès de l'enfant. Cette reconnaissance peut ne pas être faite dans le but unique d'appréhender la succession : elle a pu être retardée par des circonstances particulières indépendantes des père et mère. Si elle paraît suspecte, elle pourra être contestée par ceux qui y ont intérêt : mais, jusque-là, elle doit produire ses effets ordinaires (1).

Les auteurs sont tous d'accord que cette reconnaissance postérieure au décès de l'enfant produira tous ses effets en faveur de ses descendants et de ses frères et sœurs.

99. — Le père peut se faire représenter par un fondé de procuration, mais à la condition expresse que cette procuration soit à la fois *authentique* et *spéciale*.

100. — Le mandat notarié pour la reconnaissance d'un enfant qui n'est encore que conçu, doit contenir la dé-

---

(1) Cass., 17 janv. 1852 ; Douai, 20 juill. 1852 ; Caen, 24 mai 1858 ; Paris, 6 mai 1876 ; *Gazette des Clercs de not.*, an 1877, n° 55 ; Seine, 13 fév. 1877, *ib.*, n° 312, 417, 421. Dans cette question délicate je suis d'avis qu'il faut laisser aux tribunaux le soin d'examiner si, par leur conduite dénaturée, un calcul sordide, vis-à-vis de leur enfant naturel qu'ils ont laissé dans l'abandon, les père ou mère ne doivent pas être exclus des avantages qu'une semblable reconnaissance validée leur procurerait. Dans tous les autres cas cette reconnaissance me paraît valable. V. Vazeille, art. 765, n° 2 ; Paris, 25 mai 1835 ; Ancelot, sur Grenier, note du n° 676, p. 361 ; Paris, 14 août 1875, art. 21462 j. n. ; Lyon, 26 fév. 1875 ; Conf. des avocats de Paris, 7 juillet 1877 ; *Gazette des Clercs de not.*, n° 259.

signation précise de l'enfant par l'indication de la personne enceinte des œuvres du mandant. Une simple communication verbale faite confidentiellement par le mandant au mandataire est insuffisante (1).

La spécialité de la reconnaissance comporte comme l'un de ses éléments essentiels l'indication précise de l'enfant. indication qui se confond. lorsque l'enfant n'est pas encore né. avec celle de la mère qui le porte dans son sein. De plus. il est permis de reconnaitre un enfant par mandataire. tous les éléments de la reconnaissance n'en doivent pas moins émaner directement du père. et le mandataire ne doit être qu'un simple instrument. Il faut donc que la procuration qui lui est donnée. ne lui laisse aucune latitude sur le rôle précis et déterminé qu'il aura à jouer. Autrement le mandat est incomplet et la reconnaissance est nulle (2).

101. — Le contraire avait été jugé le 30 mai 1866 par la Cour impériale d'Aix : mais cet arrêt a été cassé par la Cour suprême. le 12 février 1868 et le 24 juin 1869. la Cour de Grenoble. à laquelle l'affaire a été renvoyée. s'est conformée à la doctrine de la Cour de cassation.

102. — Pour la même raison. la procuration doit contenir la désignation précise de l'enfant qui serait né. ainsi que l'indication de la personne qui l'aurait mis au monde.

103. — Sous la loi du 25 ventôse an II. quelques auteurs pensaient que. lorsque la reconnaissance était faite devant notaire. on rentrait dans les termes généraux du droit et que le pouvoir sous seing privé suffisait. s'il était spécial (3) et annexé à l'acte. Cette opinion n'était pas généralement admise (4).

104. — Mais. depuis la loi du 24 juin 1843. les procurations pour reconnaitre les enfants naturels doivent être

---

(1) Cass., 12 fév. 1868 ; Grenoble, 24 juin 1869 ; *Rev. du Not.* n° 2582.

(2) *Rev. du Not.*, n° 2582. note ; Rolland de Villargues, V. *Reconn. d'enf. nat.*. n°s 7 et 8.

(3) C. c.. 1985.

4) Locre et Favard, *ibid.*; Riom, 26 fév. 1817 ; Paris. 1er fév. 1812.

authentiques et soumises à la présence réelle du notaire en second ou des témoins (1).

105. — La procuration peut être délivrée en brevet. il n'est pas nécessaire qu'il en reste minute (2). La loi du 24 juin 1843 n'innove pas en cette matière.

106. — Il ne faut pas confondre la procuration avec l'acte de reconnaissance, qu'il est prudent, ainsi que nous le verrons (3) d'établir en minute.

107. — Une simple lettre ne saurait conférer un mandat suffisant. Une reconnaissance a été déclarée nulle dans ce cas. quoique la lettre eût été déposée par le tiers et annexée à l'acte par l'officier de l'état civil (4).

108. — La reconnaissance produit des effets rigoureusement limités entre celui qui reconnait, et l'enfant qui est reconnu. Par application des principes généraux. elle ne peut nuire ni profiter aux tiers. (Art. 1165.) La mère assiste rarement à la déclaration de naissance qui doit se faire dans les trois jours de l'accouchement. (C. c. 55.) Aussi, à son égard, la reconnaissance ne résulte pas d'une manière complète de l'acte de naissance où elle est indiquée comme mère (5).

109. — L'art. 336 porte : « La reconnaissance du père, sans l'indication et l'aveu de la mère, n'a d'effet qu'à l'égard du père ».

Picot (6) prétend que le sens de notre article est celui-ci : Un homme peut reconnaître un enfant naturel sans l'aveu de la mère ; mais celle-ci peut attaquer en justice la reconnaissance faite ainsi sans son aveu et prouver que celui qui a reconnu l'enfant n'en est pas le père.

110. — Cette dernière disposition se conçoit en tant

---

(1) *Dict. du Not.*, V. *Reconn. d'enf. nat.*, n° 35.

(2) Paris, 1er fév. 1812.

(3) *Infra*, n° 123.

(4) Riom. 26 fév. 1817 ; *Dict. du Not.. ibid.*, n° 24.

(5) Favard, V. *Reconn. d'enf. nat.*, sect. i, § 1 ; *Dict. du Not., ibid.*, n° 37, V. cependant *supra*. n° 85.

(6) Sur l'art. 336 ; en ce sens Toullier. t. II. n° 956 ; Maleville, t. I, n° 333 ; *Dict. du Not., ibid.*, n° 48.

que la maternité elle-même n'est pas avouée : mais, si la
mère est reconnue, le père peut reconnaître son enfant
sans l'aveu de cette dernière (C. c. 336), et celle-ci ne peut,
par son seul témoignage, désavouer le père qui reconnait.
Certaines considérations pourraient porter la femme à un
désaveu mensonger (1).

111. — Cette disposition, adoptée contre l'avis du Premier Consul, et qui a plusieurs fois occasionné le specta-
cle scandaleux d'un enfant réclamé par plusieurs pères (2),
ne pouvait être, quant à la forme, assimilée à l'acte de
célébration de mariage pour lequel le consentement des
deux parties est rigoureusement nécessaire.

112. — Mais, pour une cohabitation à la suite de laquelle il y a conception, ne faut-il pas, à moins de viol ou
de détournement, qu'il y ait également consentement des
deux parties ? Pourquoi alors ne pas imposer ces deux
consentements pour une reconnaissance d'enfant naturel ?

La chose, répondra-t-on, est facile à dire ; mais, dans la
pratique, elle rencontrerait trop d'obstacles, entre autres
celui-ci : le père, après la conception, quitte le plus souvent la mère. Celle-ci, après son accouchement assiste,
ainsi que je le dis plus haut (3), rarement à la déclaration. Par suite, cette déclaration, quoique régulière au
fond, peut être entachée de certains vices quant aux
noms.

D'un autre côté, si le père est présent, et s'il n'éprouve
aucun scrupule, il peut bien reconnaitre l'enfant, lors de
la déclaration ; mais comment faire pour la mère qui se
trouve au lit ?

Ces arguments et tous ceux qu'on pourrait opposer, ne
me paraissent pas sérieux : Si le père veut, ainsi qu'il le

---

(1) Bigot de Preameneu, p. 24, *Expose des motifs*, édit. de Didot: Locre,
t. V, p. 272.
(2) Toullier, t. II, n° 956 : Riom, 26 juillet 1854 et 18 mars 1868 ; Cass., 10 fév.
1847 ; Douai, 6 juin 1851 ; Paris, 23 juillet 1853 : Lyon, 22 mai 1862 ; Bastia,
10 déc. 1864 ; Colmar, 15 fév. 1866.
(3) N° 108.

peut (1). reconnaitre l'enfant avant la naissance. et s'il est sur les lieux. rien de plus facile que de la faire établir conjointement avec celle de la mère : s'il est absent, il peut constituer un mandataire.

Ce mode pourrait, de plus. avoir cet avantage que. si. au moment de la naissance. pour des raisons particulières, le père et la mère ou l'un des deux. ne pouvaient ou ne voulaient point se faire connaitre (2), ils auraient un moyen facile pour faire établir plus tard la filiation.

Si le père ne veut reconnaitre l'enfant qu'après la naissance. quoi de plus juste que de l'obliger à demander l'aveu. le concours de celle qu'il a délaissée.

Pourrait-on craindre qu'une aventurière pût exploiter une semblable demande ? Rien ne le fait supposer ; car l'entrave qu'elle apporterait tournerait le plus souvent contre elle-même. Pourrait-on craindre un refus. des complications de la part d'une personne honnète ? Mais. sous la législation actuelle le champ est bien plus vaste. bien plus libre pour la contestation. Du moment qu'on s'est entendu pour créer. que l'on s'entende pour reconnaitre ; et peut-être que ce nouveau rapprochement. public cette fois, du moins quant à ses effets, exercera une influence décisive sur les conclusions d'un mariage différé, ou difficultueux, que sollicitent la société et les bonnes mœurs.

113. — Il serait à désirer qu'une mesure législative vint sanctionner cette opinion et prescrire ; de plus, qu'à

---

(1) Valette, sur Proudhon, t. II, p. 149 ; Delvincourt, t. I, note 3, p. 94 : Duranton, t. III, n° 211 ; Zachariæ. t. IV, § 568, *in fine* ; Aix, 10 fév. 1806, et 3 déc. 1807 ; Cass., rej., 16 déc. 1811 ; Paris, 1er fév. 1812 : Colmar, 11 mars 1819 ; Metz, 19 août 1824 ; Toullier, t. II, n° 955. Il est permis de reconnaitre. un enfant naturel absent.

(2) Trois arrêts de la C. de cassation, 16 sept. 1843. 1er juin 1844, 1er août 1845, ont décidé que le médecin accoucheur n'est pas tenu de faire connaitre à l'officier de l'état civil la mère de l'enfant dont il déclare la naissance. Je ferai remarquer que la disposition ne s'applique pas au cas où la mère se trouverait, par exemple, chez une accoucheuse, loueuse de maison garnie, ou chez un aubergiste, hôtelier ou logeur, auquel cas elle serait tenue de donner ses noms, qualités et domicile habituel, pour être inscrits sur le registre tenu en conformité des prescriptions du § 2 de l'art. 475 du Code pénal.

l'avenir, ainsi d'ailleurs que cela se pratique, fort irrégulièrement, il faut le dire, depuis quelque temps en France, pour faire une déclaration quelconque à l'officier de l'état civil, le déclarant devra être muni du livret *dit de Famille* (1) qui est appelé à jouer un rôle important, et à rendre d'immenses services tant sous le rapport de la régularité des inscriptions et des noms, qu'en cas de perte du registre de l'état civil : car, remarquons-le en passant, parmi les pertes que la France déplore à l'occasion de nos derniers désastres, figure la destruction des registres de l'état civil de la ville de Paris. On ne saurait assez flétrir les incendiaires de la Commune insurrectionnelle qui, par leur criminelle conduite ont, je ne dis pas ruiné tant de citoyens, les pertes matérielles peuvent plus ou moins se réparer, mais détruit un état civil qui peut leur infliger de véritables tortures morales.

Sans doute, la loi du 12 février 1872 est venue atténuer ce déplorable malheur. Mais, quelque régulière que soit la reconstitution de ces actes, elle ne sera jamais complète et ne fera que calmer d'impérissables regrets.

Revenons à notre sujet :

114. — L'aveu que fait la mère postérieurement, lorsqu'elle a été ainsi indiquée dans l'acte de naissance, opère une reconnaissance parfaite (2).

On a supposé avec raison que cet aveu, dont la loi n'a point déterminé la forme, avait pu être consigné dans un acte sous seing privé. En effet, il est le complément de la reconnaissance du père, s'identifie avec elle, et participe ainsi à son authenticité (3).

---

1) Ce livret est délivré d'habitude aux époux lors de la célébration du mariage. Le père doit ensuite le représenter à toutes déclarations de naissance ou de décès que l'officier de l'état civil a soin d'y enregistrer et de signer en y apposant le sceau de la mairie. Il est recommandé aux municipalités par une circulaire du ministre de l'intérieur, du 18 mars 1877, et cette institution est approuvée par une circulaire du garde des sceaux aux procureurs généraux, du 18 novembre 1876. Le prix est de 0 fr. 12 au plus pour une livraison de 20000. Les maires devront, chaque fois qu'ils en seront requis, porter gratuitement sur les livrets qui leur seront présentés la mention des actes reçus en leur mairie.

2) *Dict. du Not.*, V. *Reconn. d'enf. nat.*, n° 39.

3) *Ibid.*, n° 42 ; Duranton, t. III, n° 246 ; Cass., 22 juin 1813.

Que cet aveu résulte même suffisamment de toutes les circonstances tendant à établir que la mère a avoué sa maternité, et notamment des soins qu'elle a donnés à l'enfant ou de la possession d'état (1).

115. — Par suite le mariage postérieur du père et de la mère produit de droit la légitimation de l'enfant (2).

116. — Quant à la filiation. qu'il ne faut pas confondre, la preuve n'en est pas admise par la possession d'état (3).

117. — Si la reconnaissance n'a pas été faite dans l'acte de naissance, elle ne peut plus se faire que par acte authentique, c'est-à-dire dans les formes tracées par l'art. 1317 du C. c.

118. — Les fonctionnaires publics ayant le droit de recevoir ces actes sont : les maires. notaires. juges de paix, et non des fonctionnaires d'un autre ordre, tels que garde champêtre, préposé des contributions. préfet, sous-préfet, commissaire de police. maire hors des fonctions d'officier de l'état civil, ces fonctions étant étrangères à l'acte dont il s'agit (4).

119. — L'officier de l'état civil est incontestablement compétent pour constater l'état des citoyens ; les actes de son ministère ayant tout le caractère d'authenticité voulu par la loi (5), il s'ensuit que la reconnaissance faite devant lui est valable, en tant seulement qu'elle est faite après la naissance de l'enfant ; car, certificateur de naissances, il ne l'est point de conceptions ; la loi, en l'appelant à recevoir l'acte de reconnaissance. suppose nécessairement

---

(1) *Ibid.*, nᵒˢ 43 et suiv. ; Duranton, t. III, nᵒ 245 : Zachariæ. t. IV. § 568 *bis, in fine* ; Rej., 22 juin 1813 ; Sirey, 13, 1, 281 : Douai. 23 janv. 1819 ; Sirey. 20. 2, 102 : Cass., 26 av. 1824 : Sirey, 24, 1, 317 ; Bordeaux. 19 janv. 1830 : Sirey, 31, 2, 231 ; *Id.*, 15 fév. 1832 ; Sirey, 32. 2, 412 et les arrêts cités à la note du nᵒ 927 ; Paris, 2 fév. 1864 : Seine. 17 mars 1869 ; Duvergier, sur Toullier, t. II, nᵒ 956. V., toutefois, Valette, sur Proudhon, t. II, p. 142.

(2) Même annot. et V. *supra*, nᵒ 60.

(3) V. *supra*, nᵒ 92.

(4) Merlin, *Répert.*, V. *Filiation* ; Favart, V. *Reconn. d'enf. nat.*, sect. 1, § 1 ; Dijon, 24 mai 1817 ; Demolombe, nᵒˢ 400 et suiv.: *Dict. du Not.*, V. *Reconn. d'enf. nat.*, nᵒ 53.

(5) Exposé des motifs : *Dict. du Not.*, *ibid.*, nᵒ 54.

la préexistence d'un acte de naissance, puisqu'elle rattache le premier au second par la mention à faire en marge de ce dernier aux termes de l'art. 62 du Code civil (1).

120. — Mais les notaires sont plus spécialement institués pour donner l'authenticité aux conventions et aux actes auxquels on veut donner cette forme et ce caractère (2), pour en garder le dépôt sous le nom de minutes, et pour en délivrer des expéditions. Ils peuvent recevoir la reconnaissance dès l'époque de la conception. Dépositaires des secrets de familles, ils sont éminemment propres à recevoir les actes de ce genre et c'est par eux en effet que le plus grand nombre de reconnaissances d'enfants naturels est reçu (3). Dans ce cas, ainsi que je le dis plus haut pour les procurations (4), l'acte de reconnaissance est soumis à la présence réelle du second notaire ou des témoins.

121. — Depuis l'annexion de la Savoie à la France (1860), il a été jugé, le 14 janvier 1868, par la Cour de Chambéry, que les curés n'avaient pas, en Savoie, qualité pour recevoir un acte de reconnaissance d'enfant naturel. Voici cet arrêt :

« La Cour : — Attendu que les lettres patentes du 20 juin 1837 et le règlement qui y est annexé, en chargeant les curés de tenir les registres des actes de naissances, de mariages et de décès, suivant la forme qui est prescrite, ne leur avait point, pour autant, conféré la qualité d'officier de l'état civil : — que la mission qui leur était confiée était toute spéciale et ne pouvait s'étendre au delà des limites étroites dans lesquelles elle était circonscrite : — que les actes mêmes qu'ils étaient chargés de recevoir ne faisaient foi, comme actes publics, que s'ils étaient dressés conformément au mode établi par le dit

---

(1) Hutteau d'Origny, *de l'état civil*, p. 185 ; *Dict. du Not.*, V. *Reconn. d'enf. nat.*, n° 55.

(2) L. 25 vent. an XI, art. 1.

(3) Favard, *ibid.*, sect. I, § 3, art. 2, *Dict. du Not.*, *ibid.*, n° 56.

(4) *Supra*, n° 104.

règlement (art. 61 Code civil sarde) : — qu'il est donc évident qu'en dehors des déclarations insérées dans l'acte de naissance lui-même, les curés n'avaient pas qualité pour recevoir l'acte authentique de reconnaissance exigé par l'art. 180 du dit Code :

Par ces motifs et ceux des premiers juges, confirme ».

122. — Une question controversée était celle de savoir si l'acte de reconnaissance reçu par un notaire pouvait être délivré en brevet : « Un acte aussi précieux », disait Lahary au tribunat, et qui doit servir de titre à l'enfant naturel et aux héritiers de son père, « ne peut être abandonné à une frêle garantie ; il est digne de la sollicitude du législateur qu'il soit conservé dans les dépôts publics (1) ». Mais la jurisprudence paraît s'être fixée dans un sens contraire et il a été jugé que la reconnaissance d'enfant naturel peut résulter d'une procuration authentique, *même en brevet*, aux termes de laquelle le père ou la mère déclare consentir au mariage de « son enfant (2) ».

123. — Malgré cette jurisprudence, d'ailleurs à l'abri de toute critique, si l'on songe aux garanties imposées par le législateur par la présence réelle du second notaire ou des témoins, les notaires, d'accord du reste avec la doctrine, feront bien de ne point délivrer en brevet des actes de cette nature, à moins d'une réquisition expresse des parties. Il est de leur devoir de prévenir les conséquences incalculables qui pourraient résulter de la fragilité d'un acte délivré en brevet.

124. — La loi n'exige aucune expression sacramentelle pour constater la reconnaissance d'un enfant naturel : elle peut résulter par induction ou des faits établis ou des termes employés dans l'acte, bien que cet acte ne soit pas spécialement fait pour une reconnaissance.

Ainsi, indépendamment du cas qui précède, il a été jugé que la reconnaissance résultait légalement d'une transaction dans laquelle avait été donné à l'individu, avec

---

(1) L. 25 vent. au XI, art. 20, 68 ; Demolombe, n° 396.
(2) C. Paris, 22 juin 1872.

lequel on contractait. le titre d'enfant naturel (1) : d'une procuration générale dans laquelle cette qualification était donnée à un individu (2) : d'un contrat de mariage dans lequel un individu se disait enfant naturel d'un particulier qui le signait et y comparaissait comme partie intéressée (3) : d'un testament ou d'une donation où il est dit : « Je donne ou lègue à tel ou telle. mon *enfant naturel* (4) » : d'une simple déclaration de grossesse. lorsque les énonciations de l'acte de naissance viennent la compléter (5) : d'une requête présentée par la mère pour obtenir l'envoi en possession des biens de son enfant naturel décédé (6) : du consentement à son mariage donné par la mère de l'enfant devant l'officier de l'état civil (7).

125. — Cependant la Cour de Bourges. dans un cas analogue. le 6 juin 1860. a jugé dans un sens différent. Voici cet arrêt :

« Considérant que la procuration à l'effet de reconnaitre un enfant naturel ne peut valoir au même titre que la reconnaissance elle-même : — qu'autrement la reconnaissance ne serait plus nécessaire : que la procuration n'aurait d'effet que pour faire inscrire matériellement un acte de reconnaissance sur les registres avec mention en marge de l'acte de naissance: — que si Alfred Signoret pouvait reconnaitre l'enfant le jour même où il a donné la procuration en ne chargeant le mandataire que de simples formalités à remplir ultérieurement . il est constant en fait et en droit qu'il n'a donné qu'une procuration à l'effet de reconnaitre: — qu'il n'a voulu conférer à l'enfant *hic* et *nunc* aucun droit incontestable : qu'il s'est dès lors implicitement réservé, comme il en avait le droit. la possibilité d'une révocation. ou l'éven-

---

(1) Bruxelles, 17 juin 1807.
(2) Agen, 1er av. 1816 et 16 av. 1822.
(3) Riom, 29 juillet 1809.
(4) Paris, 2 janv. 1819.
(5) Grenoble, 13 janv. 1840.
(6) Nimes, 11 juillet 1827, art. 6586 j. n.
(7) Paris, 23 mai 1873. art. 20666 j. n.

nalité de tous événements ultérieurs qui pourraient se
placer entre la procuration et la reconnaissance effec-
tuée : — que toute procuration à l'effet de reconnaître
un enfant naturel ne peut être fondée que sur une énonciation relative à la paternité : que si cette énonciation,
d'après ces termes, est subordonnée à l'accomplissement
d'un acte ultérieur, elle ne peut valoir par elle-même,
qu'elle subit le sort de l'acte auquel elle est liée, et ne
peut subsister qu'autant que cet acte subsiste dans son
effet légal et prévu d'une manière conditionnelle : —
qu'en fait, la paternité n'a été admise que conditionnellement par Alfred Signoret : et adoptant au surplus les
motifs des premiers juges : — confirme (1) ».

A la rigueur, on pourrait trouver que cet arrêt, quant à
la forme, est à l'abri de toute critique.

Mais au fond il n'en est pas de même : en effet, aux
termes de l'art. 1356 C. c., l'aveu est indivisible. Il ne peut
être révoqué, à moins qu'on ne prouve qu'il a été la suite
d'une erreur de fait. Il ne pourrait être révoqué sous prétexte d'une erreur de droit. C'est pourquoi, ainsi que nous
allons le voir (2), la reconnaissance contenue dans un
testament public est valable alors même que le testament
serait révoqué.

Dans l'espèce, Alfred Signoret, par acte en brevet reçu
par M⁰ Tulle, notaire à Moulins, le 3 août 1858, a constitué un mandataire, dont le nom a été laissé en blanc,
« à l'effet de, pour lui et en son nom, *reconnaître pour son
fils naturel* l'enfant inscrit sur les registres de l'état civil
de la ville de Nevers à la date du 23 juin 1858, sous le
nom de Paulin-François Chevrier : *consentir à ce que le
dit enfant portât le nom de Signoret*, et que la mention
en fût faite sur tous registres ou actes, et partout où
besoin serait ».

Or, ainsi que je le dis plus haut, la loi ne dit pas dans
quels termes la reconnaissance doit être faite : il suffit

---

(1) Art. 16923, j. n.
(2) *Infra*, n⁰ 131.

donc, comme dans l'espèce, que l'aveu soit clairement reçu et contenu dans l'énonciation de l'acte authentique, pour que cette reconnaissance devienne irrévocable, quand il n'est pas prouvé qu'il y a erreur de fait.

C'est cette doctrine, comme nous l'avons vu, qui est suivie par la jurisprudence (1).

126. — Mais la reconnaissance ne serait point valable, si le père n'avait pas signé de son nom de famille dans l'acte de naissance (2) ou si elle était faite par un acte sous seing privé : elle ne donnerait même pas à celui en faveur de qui elle est faite le droit de réclamer des aliments. La cause de l'action, la paternité, n'est pas censée exister dans ce dernier cas (3).

127. — Néanmoins, si, outre cette reconnaissance, le prétendu père s'est engagé à pourvoir à l'éducation de l'enfant, les tribunaux peuvent sanctionner cet engagement comme ayant sa cause dans une obligation naturelle (4).

128. — Le testament olographe n'étant qu'un acte privé, la reconnaissance qu'il renferme est nulle (5).

129. — Cependant de graves raisons font comprendre que cette opinion ait été partagée. En effet « celui qui, dans un acte en forme de testament, commande à l'avenir, et dispose pour un temps où il ne sera plus, exerce en quelque sorte la puissance législative », ce qui a fait dire à la loi romaine : *Disponat testator, et erit lex*. La loi place momentanément le testateur dans la classe des fonctionnaires publics (6). Son testament vaut comme acte

---

(1) V. les notes des n°s 122 et 124, *supra*, et Cass., 3 janv. 1808.

(2) Paris, 11 juillet 1868, art. 20556 j. n.

(3) Rouen, 18 fév. 1809 ; Dijon 24 mai 1817 : Cass., 4 oct. 1812 ; Toullier, t. II, n° 951, § 7, et les arrêts qu'il cite.

(4) Montpellier, 7 déc. 1843.

(5) Favard, *Reconn. d'enf. nat.*, sect. II, § 1 ; Delvincourt, t. I, p. 94 ; Duranton, n° 2, 5 ; Duvergier, sur Toullier, t. II, n° 953 ; Demolombe, n° 404 : Cass., 11 juin 1810 ; Limoges, 6 juillet 1832 ; Cass., 7 mai 1833 : Nîmes, 2 mai 1837 : Cass., 7 déc. 1840 ; Cass., 18 mars 1862, cité par Picot, sur 334 : Agen, 27 nov. 1866.

(6) *Dict. du Not.*, V. *Testament*, n° 461.

public (1) et solennel (2). Il fait foi de sa date (3) et ajoute Troplong (4) « il est tellement solennel que la reconnaissance d'un enfant naturel y est valablement faite ». Touiller (5) s'exprime dans le même sens et cite à l'appui de son opinion un arrêt de rejet de la Cour de cassation du 3 septembre 1806 (6).

Mais l'écriture n'en est pas moins écriture privée (999) et l'acte n'étant pas authentique, cette jurisprudence n'a point prévalu.

130. — Il n'en est pas ainsi, si la reconnaissance est faite dans un testament public. Cet acte est authentique et la reconnaissance est valable (7).

131. — Elle est valable alors même que le testament est révoqué (8) ou qu'il est déclaré nul, pourvu qu'il ait conservé des formes suffisantes pour constituer un acte notarié ordinaire (9) et même quand elle est faite dans tout autre acte public; car une fois faite, elle est irrévocable : l'enfant naturel a acquis des droits dès l'instant qu'elle a été constatée dans la forme légale : l'aveu a eu lieu, il doit produire ses effets (10).

132. — Quant au testament mystique, la question est controversée : les uns prétendent que la reconnaissance n'est pas valable parce que l'acte de suscription seul est authentique (11). Les autres valident cette reconnaissance par la raison que l'acte de suscription, étant authentique,

---

(1) Orléans, 30 déc. 1847 : Devill., 48, 2, 286.

(2) Coutume d'Orléans, art. 289.

(3) Douai, 15 av. 1845 : S. Devill., 45, 2, 463 : Nancy, 15 juillet 1843 ; Devill., 43, 2, 469 ; Cass., 11 juin 1810 : Dalloz, t. V, p. 631.

(4) *Donat. et testaments*, n° 1498, t. III, p. 57.

(5) T. II, n° 953.

(6) Rapporté par Merlin, *Nouv. Répert.*, V. *Filiation*, p. 247, n° 3, et par Sirey, an 1806, p. 414.

(7) Favard, *ibid*.

(8) Duranton, t. III, n° 249 ; Bastia, 5 juillet 1826 ; *Dict. du Not.*, V. *Reconn. d'enf. nat.*, n° 70 ; Angers, t. II, p. 575.

(9) Favard, *ibid.*; *Dict. du Not.*, *ibid.*, n° 71.

(10) Cass., 3 janv. 1808.

(11) Picot, sur l'art. 334 : Zachariæ, t. IV, § 568 *bis*, note 18 : Valette, sur Proudhon, t. II, p. 149.

imprime, en quelque sorte, l'authenticité à l'écrit présenté au notaire : « le danger », disent-ils, « des surprises et des séductions, motifs de la disposition de l'art. 334, ne se fait d'ailleurs pas sentir dans un acte présenté comme un testament à un officier public en présence de six témoins (1) ».

Cette dernière opinion, qui est généralement suivie, me paraît préférable.

133. — La reconnaissance par acte privé déposée chez un notaire est valable, si le dépôt a été fait par l'auteur de la reconnaissance, parce qu'alors l'acte déposé et l'acte de dépôt, dressé par le notaire, se sont identifiés et n'ont plus formé qu'un seul et même acte (2).

Mais il est surprenant que ce cas puisse se produire. En effet, dans cette hypothèse, l'auteur de la reconnaissance privée n'a aucun intérêt à la déposer, puisqu'elle ne peut avoir date certaine que du jour du dépôt et il s'expose à plus de frais. Il me paraît plus simple de prévenir toute difficulté, en faisant dresser, par le notaire, un acte de reconnaissance pur et simple. Si le dépôt n'a pas été fait par l'auteur de la reconnaissance, l'écrit demeure privé d'authenticité, par suite, la reconnaissance est inefficace (3). Et si, malgré l'avertissement que ne manquerait pas d'en donner le notaire, ce dépôt s'effectuait, il ne pourrait avoir pour but que la conservation d'une pièce historique.

134. — Garnier-Deschesnes (4) enseigne que les notaires seuls peuvent recevoir la reconnaissance d'un enfant naturel, s'il ne l'a pas été dans son acte de naissance, parce que, dit-il, « acte authentique signifie toujours un acte notarié, lorsque la loi ne s'exprime pas autrement ».

---

(1) Delvincourt, t. I, note 3, p. 94 ; *Dict. du Not.*, V. *Reconn. d'enf. nat.*, n° 67 ; Duvergier, sur Toullier, n° 953, note *a* ; Duranton, t. III, n° 217 ; Loiseau, p. 466.
(2) Favard, *Reconn. d'enf. nat.*, sect. I, § 1 ; Cass., 3 sept. 1806, 11 juill. 1815 ; Bruxelles, 11 janv. 1808 ; Paris, 2 janv. 1819.
(3) Favard, *ibid.* ; Cass., 3 sept. 1808, 11 juillet 1815.
(4) *Du notariat*, p. 36, 2ᵉ édit.

Ce moyen. en effet. est le plus commode. parce qu'on trouve plusieurs notaires dans chaque canton : il est le plus simple et celui qui ne présente aucune difficulté (1).

135. — Mais il est certain qu'on peut la faire devant le juge de paix (2) ou la faire constater dans un de ses jugements (3).

Hors de ses fonctions de juge conciliateur. la question est controversée (4). En l'absence du juge de paix. on peut la faire devant son greffier (5). malgré les objections de certains auteurs (6). Elle est valable quant elle est faite devant l'autorité judiciaire (7). ou. enfin. devant le maire de la commune ou devant son adjoint (8).

136. — Mais est-ce par l'officier de l'état civil. dépositaire de l'acte de naissance. ou par celui du domicile des parents qu'il faudrait la faire établir.

137.— Il n'est pas nécessaire. mais seulement plus utile de s'adresser au premier. tout officier de l'état civil étant compétent pour recevoir un acte de cette nature (9). La loi. en ne spécifiant l'officier d'aucun domicile. d'aucune résidence. a voulu qu'un acte aussi important pût être passé aussitôt que les parents y seraient disposés. sans qu'ils fussent retenus par la répugnance qu'ils éprouveraient quelquefois à faire leur déclaration dans le lieu de leur habitation. C'est donc à tort qu'on se permet de les renvoyer devant l'officier de ce lieu (10) ou réciproquement devant l'officier dépositaire de l'acte de naissance.

138. — Si c'est ce dernier qui la reçoit. il l'écrit sur ses

---

(1) Augan, t. II. p. 574.
(2) Maleville, t. I. p. 332.
(3) Grenoble, 15 therm. an XIII ; Cass., 6 janv. 1808 ; Loiseau, p. 457 ; Favard. *ibid.* ; Duranton, nos 212 et 221. *Contra :* Demolombe. no 400.
(4) Pour : Loiseau et Duranton, n° 212. Contre : Favard et Merlin, *ibid. :* Demolombe, *ibid. : Dict. du Not., ibid.,* n° 64.
(5) Amiens, 2 août 1821 ; Cass., 15 juin 1824 : Rej. civ., 15 juillet 1824 : Suay, 24, 1, 338.
(6) Merlin, V. *Reconn. d'enf. nat. ;* Demolombe. n° 401.
(7) Favard, *ibid. ; Dict. du Not., ibid.,* n° 61.
(8) Metz, 19 août 1824 ; S. v. 25, 2, 296.
(9) Hutteau d'Origny, p. 189.
(10) Art. 4903 j. n.; *Dict. du Not., ibid.,* n° 84.

registres à la date de la réception. Si elle a été reçue par tout autre fonctionnaire que lui, une expédition en forme authentique en est présentée à l'officier de l'état civil qui transcrit sur ses registres cette expédition à la date où elle lui est remise. (C. c., 49.) Mention de la reconnaissance est faite en marge de l'acte de naissance de l'enfant (1). (C. c., 62.) Toutefois cette dernière disposition ne s'applique qu'autant que la reconnaissance a lieu devant l'officier de l'état civil (2).

L'extrait qui est délivré de cet acte de naissance doit toujours être suivi de l'acte de reconnaissance.

139. — L'acte doit être transcrit sur les deux registres, s'ils sont encore à la possession de l'officier de l'état civil. S'il n'en a plus qu'un, il y fera la mention prescrite et en donnera avis, dans les trois jours, au procureur de la république qui veillera à ce que la mention soit faite d'une manière uniforme sur les deux registres (C. c., 49) : mais cette transcription n'a pas été requise à peine de nullité et une reconnaissance serait valable quoiqu'elle fût écrite sur une feuille volante, si elle était authentique. L'ignorance ou la négligence de l'officier de l'état civil n'autorisent pas à prononcer une nullité qui n'est pas dans la loi (3).

140. — D'ailleurs, l'état des personnes ne saurait être, sans de graves inconvénients, anéanti par l'inobservation de formalités que le législateur a suffisamment prévenues par les amendes dont se rend passible l'officier de l'état civil peu vigilant.

Section 2. — DE LA RECONNAISSANCE FORCEE.

---

(1) *Dict. du Not.*, *ibid.*, nᵒˢ 81 et 82 : Toullier, nᵒ 955, t. II.
(2) Zachariæ, t. IV, § 568 *bis.*, nᵒˢ 8 et 9 : Duvergier, sur Toullier, nᵒ 955, note *a*.
(3) Metz, 19 août 1824 : V. note 7 du nᵒ 138. *supra*.

144. Le ravisseur peut être déclaré père de l'enfant, sans qu'il y ait violence.

145. Même si la femme mineure a consenti. Distinction entre recherche de paternité et action en dommages et intérêts.

146. L'étranger, enfant naturel reconnu, peut intenter une action devant les tribunaux français.

147. Cas d'un individu portant le même nom que le père qui aurait déclaré ne savoir signer.

148. La recherche de maternité est admise.

149. En quel cas elle ne serait pas admise.

141. — Dans certains cas, l'enfant naturel peut contraindre juridiquement son père ou sa mère à le reconnaitre. Dans ce cas, la reconnaissance est forcée.

142. — Mais, avant tout, il importe de remarquer que la recherche de la paternité, hors le cas d'enlèvement, de détournement ou de viol, est absolument interdite (C. c., 340), que, seule, la recherche de la maternité est admise (C. c., 341) et que ni l'enfant incestueux ni l'enfant adultérin ne peuvent poursuivre judiciairement ni la déclaration de paternité ni la déclaration de maternité. (335 et 342.)

143. — Le père ou la mère de l'enfant naturel, s'il a été reconnu par l'un ou l'autre, son tuteur, ou l'enfant lui-même, pourront intenter l'action en reconnaissance. Et notamment le père pour rechercher la maternité au nom de l'enfant, afin de lui faire fournir des aliments par sa mère. Cette action peut être intentée par lui tant qu'il n'a pas été déclaré sur la prétention de la mère que sa reconnaissance est frauduleuse et mensongère, la présomption étant en faveur de cette reconnaissance (1).

144. — Le ravisseur peut être déclaré père de l'enfant, sans qu'il y ait violence : il suffit qu'il y ait eu séduction envers une fille mineure placée sous la puissance de ses père et mère (2). Nous avons vu (3) que, dans le cas où il

---

(1) Riom, 26 juillet 1854 : *Dict. du Not.*, V. *Reconn. d'enf. nat.*, n°ˢ 114 et 122.

(2) Cass., 29 mars 1821.

(3) *Supra*, n° 82.

s'agirait d'une femme majeure. le ravisseur peut même être déclaré père de l'enfant. Les juges civils ne sont pas liés en cette matière par les qualifications de la loi pénale: parce que l'enlèvement est considéré sous deux points de vue différents. sous le rapport de la criminalité absolue de l'acte et sous le rapport de la présomption de paternité (1).

145. — Il peut même être déclaré père au cas où la femme mineure a consenti à l'enlèvement (2). La paternité peut encore être déclarée et des dommages-intérêts accordés à la mère. sans que l'époque de l'enlèvement coïncide avec celle de la conception : il suffit que. depuis l'enlèvement jusqu'à la conception. la fille séduite et son ravisseur n'aient pas cessé d'être dans les rapports où ils se trouvaient au moment de l'enlèvement (3).

Il faut distinguer de la recherche de paternité. qui est absolument interdite. l'action civile en dommages-intérêts qui peut être intentée aux termes de l'art. 1382 C. c. Il suffit. pour qu'il y ait lieu d'intenter cette dernière action. qu'une fille honnête ait été trompée par l'un quelconque des mille moyens que peut exercer la séduction. surtout quand elle est suivie de grossesse. Le mérite de ces réclamations doit être scrupuleusement examiné : car si. d'un côté. la paix des familles et de la société réclame une répression. — qui doit être d'autant plus rigoureuse qu'elle peut échapper à l'action criminelle. — d'une conduite libertine et licencieuse qui ne recule. pour assouvir ses passions, devant aucun mensonge. aucune lâcheté. il y a lieu. d'un autre côté. de ne pas étendre ces principes, en ce sens que toute femme ou fille séduite, puis abandonnée. puisse réclamer le prix de sa faiblesse ou de son immoralité. Ce serait alors encourager le vice et donner une prime aux relations illicites.

---

(1) Duvergier, sur Toullier, n° 940, t. II. note *a*.
(2) Paris, 28 juillet 1821 : Valette, sur Proudhon, t. II. p. 139. *Contra : Zacha*rie. t. IV, § 369 ; Duvergier, *ibid.*
(3) Cass.. 29 mars. 1821. V. *supra*. n° 82.

Cette opinion est sanctionnée par la jurisprudence (1), surtout dans les cas d'inexécution de promessse de mariage (2).

146. — Un étranger peut invoquer la qualité d'enfant naturel reconnu qui lui a été attribuée par décisions de son pays rendues en exécution des lois qui y autorisent la recherche de la paternité, pour exercer une action devant les tribunaux français (3).

147. — L'enfant inscrit à l'état civil comme né d'un père qui a déclaré ne savoir signer, être marié avec la mère de cet enfant et habiter dans le lieu de la naissance, ne peut être admis à prouver qu'il a pour père un individu du même nom que le déclarant, mais dont la veuve et les enfants soutiennent qu'aucune des circonstances énoncées en l'acte de naissance n'est applicable à leur auteur (4).

148. — Quant à la recherche de la maternité, l'enfant, ainsi que nous l'avons vu (5), pour être admis à la preuve testimoniale, est seulement tenu de justifier d'un commencement de preuve par écrit tendant à établir : 1° que la femme qu'il désigne comme sa mère est accouchée. 2° Qu'il est l'enfant dont elle est accouchée.

149. — Toutefois l'enfant né d'une femme avant son mariage d'un autre que de son mari, ne peut rechercher la maternité naturelle, même après la dissolution du mariage, s'il existe des enfants légitimes, lorsqu'elle se fonde sur une possession d'état acquise et sur une reconnaissance faite pendant le mariage (6).

---

(1) Metz, 20 avril 1866, art. 18657 j. n. : Nimes, 2 janv. 1867, art. 18719 j. n.; Dijon, 8 janv. 1868, art. 19185 j. n.; Angers, 2 déc. 1868, art. 19559 j. n.; Montpellier, 16 janv. 1871, art. 20298 j. n.; Chambéry, 20 déc. 1872, art. 20730 j. n.

(2) Bordeaux, 17 juin 1875, art. 21377 j. n.

(3) Paris, 20 déc. 1866. En Portugal, la filiation des enfants naturels peut être déclarée par jugement.

(4) Cass., 18 jui. 1851, art. 14388 j. n.

(5) Supra, 84, 85, 86.

(6) Cass., 17 fév. 1851 et 19 nov. 1856.

SECTION 3. PAR QUI PEUT ÊTRE FAITE LA RECONNAISSANCE

150. — Pour faire une reconnaissance, il faut : 1° Être sain d'esprit, 2° pouvoir, selon les lois de la nature, être père ou mère de l'enfant reconnu (1). Or, un homme ne peut être pubère avant dix-huit ans, une femme avant quinze. Toutefois, suivant les circonstances, les magistrats décideront si la paternité ou la maternité a été possible (2).

151. — Un mineur peut, même non émancipé, même sans

---

(1) Favard, V. *Reconn. d'enf. nat.*, sect. 1, § 1.

(2) *Id.*

l'assistance de son tuteur ou curateur, reconnaître un enfant naturel. Il confesse un fait qui lui est personnel, un délit qu'il veut réparer, c'est l'accomplissement d'un devoir ; la suite d'une obligation naturelle à laquelle il ne faut pas étendre l'incapacité prononcée contre les mineurs par l'art. 1124 (1).

152. — Mais cette reconnaissance, même faite par les majeurs, doit être entièrement libre, c'est-à-dire dégagée de toute espèce de dol et exempte de violence ou d'erreur. Le mineur serait facilement admis à prouver le contraire. La Cour de Rouen, le 18 mars 1815, a annulé une telle reconnaissance parce qu'il résultait des circonstances qu'elle était le fruit de la contrainte imposée par simples menaces de poursuites judiciaires.

153. — L'interdit, s'il se trouve dans un intervalle lucide (2) : l'individu placé sous l'assistance d'un conseil judiciaire (3) : celui qui est sous le coup d'une interdiction légale (4) : un prêtre (5), peuvent reconnaître un enfant naturel.

Le mort civil ne le pouvait pas. (C. c., 25.) Mais la mort civile a été abolie par la loi du 31 mai 1854.

154. — L'art. 1124 C. c. ne déclare les femmes mariées incapables de contracter, que dans les cas exprimés par la loi ; par suite, la femme mariée n'a pas besoin, pour

---

(1) Cass., rej., 22 juin 1813 ; Aix, 3 déc. 1807 ; Bruxelles, 12 janv. 1808 : Cass., rej., 4 nov. 1835 ; Demolombe, t. V, n° 338 ; Toullier, t. II, n° 962 ; Delvincourt, t. I, p. 238 et t. I, note 3 de la page 94 ; Favard, *ibid.* ; Douai, 17 mars 1840 ; Duranton, t. III, n° 258 ; Merlin, V. *Paternité*, § 2 ; Zachariæ, t. IV, § 568 ; Cass., rej., 22 juillet 1813 ; Sirey, 13, 1, 281 ; Rouen, 10 mars 1815.

(2) Assimilé au mineur, C. c., 509 ; Favard, *ibid* ; Saint-Omer, 15 fév. 1861.

(3) Favard, *ibid.* (Art. 2724 et 3504 j. n.)

(4) Loiseau, p. 489 ; Rief, 149 ; Hutteau d'Origny. *De l'état civil,* p. 186. Le condamné à une peine afflictive peut contracter mariage avec l'autorisation du Gouvernement, en vertu de la décision du 26 mars 1852, art. 4, Michaux. *Contr. de mar.,* n° 114 ; *Gazette des Clercs de not.,* n° 299 de 1872 ; et peut aussi, dans certains cas, conserver la tutelle de ses enfants mineurs, H. d'Origny, *ibid.*

(5) Grenoble, 14 vent. an II ; Favard, *ibid.* Toutefois les lois religieuses qualifiaient l'enfant d'incestueux. V. *supra,* n° 15 et la note.

faire cette reconnaissance, de l'autorisation de son mari (1).

155. — La femme remariée peut aussi, sans l'autorisation du mari, consentir au mariage d'un enfant, même mineur, né de sa première union (2).

156. — « A plus forte raison », dit Augan (3), « la femme qui, avant son mariage aurait donné naissance à un enfant naturel, peut consentir seule au mariage de cet enfant ».

157. — L'art. 337 porte : « La reconnaissance faite, pendant le mariage, par l'un des époux, au profit d'un enfant naturel qu'il aurait eu, avant son mariage, d'un autre que de son époux, ne pourra nuire ni à celui-ci, ni aux enfants nés de ce mariage. — Néanmoins elle produira son effet après la dissolution de ce mariage, s'il n'en reste pas d'enfants ».

On comprend la juste indignation de l'époux auquel serait faite la révélation de la naissance d'un enfant né de son conjoint avant son mariage. La reconnaissance par celui-ci ne peut qu'irriter la susceptibilité de celui-là et porter un trouble perpétuel au sein de l'union conjugale. C'est pour cette raison que le législateur en a atténué les déplorables effets.

158. — La question de savoir si notre article est applicable aussi bien à la reconnaissance volontaire qu'à la reconnaissance judiciaire est controversée.

159. — Plusieurs auteurs pensent qu'il ne doit pas s'appliquer au cas d'une reconnaissance forcée, parce que, disent-ils, l'enfant naturel pouvant réclamer sa mère même après le mariage qu'elle a contracté avec un autre homme que le père, le jugement qui la force à le reconnaître ne doit pas rester sans effet (4) et, par suite, l'enfant

---

(1) Malleville, motifs ; Toullier, t. II, n° 961 ; Favard, *ibid.* ; Demolombe n° 388.

(2) Hutteau d'Origny, p. 227 ; Favard, V. *Mariage*, sect. I, § 3.

(3) T. II, p. 132.

(4) Toullier, t. II, n° 958 ; ainsi jugé par la Cour d'appel de Rennes, le 22 mars 1810, pour des aliments, et, dit Toullier, « quoique cet arrêt soit resté sans exécution, parce que l'arrêt qui jugeait la maternité a été cassé, *le prin-*

reconnu a le droit de réclamer. contre la mère et contre le
mari de celle-ci. des aliments. bien qu'il existât du mariage des enfants légitimes. par le motif que celui qui met
un enfant au monde s'engage envers la société à le
nourrir (1).

160. — Mais. indépendamment de ce que nous avons
vu au n° 149. cette opinion semble en opposition avec le
texte de notre article. C'est ainsi que le décide l'arrêt
suivant de la Cour de cassation du 16 décembre 1861 :

« Attendu que l'arrêt attaqué (2) a néanmoins voulu
écarter l'application à la cause de l'art. 337, en faisant
une distinction entre la reconnaissance volontaire et la
reconnaissance judiciaire d'un enfant naturel :

« Attendu que cette distinction ne résulte ni du texte
ni de l'esprit de la loi ; qu'elle attribue des effets identiques à l'une et à l'autre reconnaissance, que l'une n'accorde pas plus de droits que l'autre. et que ni l'une ni
l'autre ne sauraient produire un effet quelconque contre
le mari et les enfants légitimes entièrement étrangers à
l'enfant naturel. auquel ils ne peuvent devoir des aliments,
quelle que soit la forme de cette reconnaissance : que leur
imposer cette obligation, serait blesser à la fois les principes du droit, la morale publique et la dignité du mariage ;

« … Attendu, enfin, que les principes généraux, relatifs
aux charges et aux dettes de la communauté, principes
invoqués encore par la Cour impériale de Paris, sont ici
sans application, puisqu'il a été précisément dérogé à ces
principes par la disposition spéciale de l'art. 337, qui ne
permet pas de confondre la dette exceptionnelle dont il
s'agit avec les dettes ordinaires de la femme, pour lesquelles les art. 1409 et 1410 ont disposé.

---

cipe reste ». Duvergier, sur Toullier, t. II, n° 958 ; Duranton, t. III, n° 255 ;
Chabot, *Traité des successions*, sur l'art. 756 ; Valette, sur Proudhon, t. II,
p. 146 ; Zachariæ, t. IV, § 568 *quate* ; Paris, 17 juillet 1844 ; *Journ. du Palais*, t. II, 1841, p. 187.

(1) Cass., 27 août 1811 ; *Dictionn. du Not.*, V. *Reconn. d'enf. nat.*, n° 92.
(2) Paris, 9 mars 1860.

« De tout quoi il résulte que l'arrêt attaqué, en condamnant le demandeur à fournir des aliments à l'enfant naturel que sa femme avait eu d'un autre que de lui avant le mariage, et qui aura été reconnu depuis, a faussement appliqué les art. 1409 et 1410 et expressément violé l'art. 337 du Code Napoléon...: Casse, etc. » (1).

161. — Bien que cet article ne parle que de la reconnaissance faite pendant le mariage, il s'applique également à la reconnaissance faite après la dissolution du mariage, s'il existe des enfants légitimes (2).

162. — S'il n'en existe pas, cette reconnaissance produira ses effets (337).

163. — Les enfants naturels, issus des deux époux, mais reconnus après le mariage, ne peuvent plus, ainsi que nous l'avons vu au n° 36, être légitimés : mais ils ont tous les droits que la loi attribue aux enfants naturels.

164. — La reconnaissance une fois faite dans les formes légales est, ainsi que nous l'avons vu (3), irrévocable. Il n'y a que l'inscription de faux qui puisse autoriser le père à refuser des aliments (4). A moins qu'elle ne soit consignée dans un testament public et pendant la vie du testateur : car, après sa mort, elle doit produire ses effets nonobstant la révocation (5).

165. — La Cour de Bastia a jugé que l'enfant pourrait, pendant la vie du testateur, exiger un extrait de ce testament (6).

Cette décision me paraît contraire à l'esprit de la loi du 22 frimaire an VII, art. 21, qui veut que les testaments ne

___

(1) 17324 j. n.; dans ce sens, Lyon, 17 mars 1863 ; Demolombe, t. XV, n° 472 et 446: Delvincourt, t. I, note 10, p. 94.

(2) Lyon, 17 mars 1863. Cependant Toullier, t. II, n° 959, prétend le contraire par le motif que, l'art. 337 ne parlant que de la reconnaissance faite pendant le mariage, on ne peut étendre ses dispositions au cas d'une reconnaissance faite après la dissolution. Il cite, à l'appui, un arrêt de la Cour de Paris, du 3 prairial an XII.

(3) *Supra*, n° 131.

(4) Toulouse, 24 juillet 1810.

(5) Amiens, 9 fév. 1826; Durauton, t. III, n° 220 ; *Dict. du Not.*, V. *Reconn. d'enf. nat.*, n° 93 et suiv.

(6) 5 juillet 1826.

soient enregistrés que dans les trois mois du décès du
testateur. En effet, bien que la reconnaissance qu'il contient soit acquise, le testateur peut changer de volonté.
Ses dispositions n'engendreront aucun droit avant sa
mort; il convient, jusque-là, qu'elles restent secrètes.

La loi ci-dessus (1) qui prescrit la communication aux
employés de la régie de tous les actes et répertoires dont
les notaires sont dépositaires, en excepte cependant, par
son art. 7, les testaments et autres actes de libéralité à
cause de mort, du vivant des testateurs.

Le *Protocole des notaires* (2) défend aux notaires de
grossoyer aucun testament que le testateur ne soit décédé,
et il est de règle dans le notariat, à cause du secret qui
doit entourer les dispositions testamentaires, de ne délivrer aucune expédition à moins que le testateur, person-
nellement, ne l'exige. Dans ce cas seulement elle lui est
délivrée avec un style au bas indiquant la date de la délivrance et la réquisition du testateur. Cela se pratique
également pour les donations entre époux pendant le
mariage, lesquelles sont révocables comme les testaments (3).

D'ailleurs la loi du 25 ventôse an II, art. 23, défend aux
notaires de délivrer des expéditions à d'autres qu'aux
personnes intéressées en nom direct, héritiers ou ayants-
droit, sauf l'exécution des lois et règlements sur l'enregistrement. Or, de son vivant, le testateur est seul intéressé à son testament qu'il peut seul refaire; la régie
même respecte son secret, et ce secret peut précisément
pour lui être cette reconnaissance d'enfant naturel qu'il
veut laisser ignorer jusqu'après sa mort. Jusque-là d'ailleurs l'enfant est censé ignorer la disposition qui le concerne.

---

(1) L. 22 frim. an VII, art. 52 et 54; L. 10 juin 1824, art. 10.
(2) 1550, p. 90 et 91; *Dict. du Not.*, V. *Expédition*, n°s 38 et 39.
(3) *Dict. du Not., ibid.*, n° 40.

Section 4. — PAR QUI ELLE PEUT ÊTRE CONTESTÉE.

166. — L'art. 339 porte : « Toute reconnaissance de la part du père ou de la mère, de même que toute réclamation de la part de l'enfant, pourra être contestée par tous ceux qui y auront intérêt ».

La reconnaissance, par elle-même et par la faculté de légitimation qu'elle donne, introduit dans la famille de celui qui l'a faite des charges et des modifications de droits qui touchent aux intérêts pécuniaires ou moraux de tous ses membres.

167. — La disposition de cet article est générale et sans limites : il suffit donc d'avoir un intérêt moral ou d'argent. pour contester cette reconnaissance. Les personnes qui peuvent principalement avoir intérêt à la contester sont :

1° L'enfant lui-même : sa présence n'étant pas nécessaire à sa reconnaissance. il peut être reconnu sans le savoir : cette reconnaissance peut lui nuire et déjà peut-être a-t-il réclamé ou trouvé un autre père (1).

2° Tout autre individu que celui qui reconnaît : on peut se sentir plus de tendresse pour l'enfant. ou se croire plus de raisons de s'en dire le père.

Cependant le tribunal de la Seine (1re Chambre), le 4 août 1876. a admis l'auteur d'une reconnaissance à prouver qu'elle était mensongère : et la preuve peut résulter de présomptions graves. précises et concordantes, notamment de l'aveu de la mère. — « Attendu ». est-il dit. — « que tout ce qui se rattache directement à l'état civil des citoyens tient à l'ordre public. et. à ce titre. ne peut faire l'objet d'une convention particulière. entraînant une dérogation à la loi : — qu'il n'est pas loisible davantage de renoncer. par avance. à l'exercice d'un droit intéressant l'état civil d'une personne déterminée : que. dès lors. le fait de reconnaître un enfant naturel n'entraîne pas pour

---

(1) Favard, V. *Reconn. d'enf. nat.*. sect. I, § 5, art. 1 ; Riom, 18 mars 1868. — Toullier, t. II. n° 964, note 1. en cite un exemple sous l'ancienne jurisprudence : Marie Aurore. qui avait été baptisée comme fille légitime de Jean-Baptiste de la Rivière, bourgeois de Paris, et de Marie de Rinteau, sa femme, demanda à être dégradée de la qualité de fille légitime pour être réduite à celle de bâtarde du comte de Saxe. — Les noms du père et de la mère étaient réellement supposés; elle était l'un des fruits de l'incontinence du maréchal. Un comte de Horne consentit à l'épouser, mais sous la condition qu'elle serait reconnue bâtarde du maréchal de Saxe, et que son acte de naissance serait rectifié : ce qui fut fait. V. le Nouveau Denisart, au mot *Bâtard*, § 2, p. 276. — « Tant », ajoute Toullier avec raison, « la vanité l'emporte, dans les esprits à préjugés, sur le véritable honneur et sur la morale ! » Cependant il faut convenir que ceux qui vivent sous des apparences mensongères, surtout si elles sont publiquement connues, éprouvent des contrariétés morales qui peuvent singulièrement troubler les familles. Le proverbe dit bien que toute vérité n'est pas bonne à dire, et je suis de cet avis. Mais il faut en atténuer les effets immoraux, quand des circonstances qu'il n'est pas toujours permis d'apprécier procurent, par la révélation de la vérité et ses suites, un soulagement moral et la paix des familles.

l'auteur de la reconnaissance la renonciation anticipée au
droit de poursuivre la nullité de cet acte, lorsqu'il consacre une filiation contraire à la vérité, et par conséquent
contraire à la loi (1) ».

3° La mère : elle peut croire les intérêts de son enfant
lésés par la reconnaissance d'un homme qu'elle sait n'en
être point le père : elle peut elle-même se trouver flétrie
ou calomniée par cette reconnaissance.

4° Le père, à l'égard de celle qui se déclare mère : il doit
la connaître et peut croire, d'ailleurs, la position de son
enfant aggravée par cette déclaration.

5° Les héritiers légitimes de celui qui reconnaît : car
elle nuira toujours à leurs intérêts, puisqu'elle diminuera
leurs droits successifs (2).

6° L'ascendant de l'auteur de la reconnaissance (3).

168. — L'action des plus proches parents collatéraux
(des oncles par exemple) est-elle recevable ?

À leur égard la reconnaissance et la légitimation n'ouvrent pas contre eux, ainsi que contre l'ascendant, le
droit aux aliments direct ou indirect, ni le droit à une
réserve. Mais elles n'en produisent pas moins des résultats immédiats d'une grande importance, tant pour l'intérêt pécuniaire que pour la dignité et l'honneur de la
famille. N'y a-t-il pas, pour la société, intérêt à combattre
la fraude, de quelque manière qu'elle se produise ? S'il
n'en était pas ainsi, un homme sans successeur légitime,
mais qui aurait des parents collatéraux au degré successible, pourrait, à son gré, reconnaître le premier venu
pour son fils naturel, pour qu'il portât un nom auquel il
n'a aucun droit de prétendre. Qu'il dispose de sa fortune,
la loi l'y autorise ; mais, en introduisant dans la famille
un membre qui ne saurait légalement y prétendre, il
blesse les intérêts moraux des autres membres, indépen-

---

(1) Seine, 4 août 1876, art. 21545, j. n., et n° 30, an 1877, de la *Gazette
des Clercs de not.*

(2) *Dictionn. du Not.*, V. Reconn. d'enf. nat., n°° 98 et suiv.

(3) Cass. (civ.) 17 mai 1870, art. 20049 j. n. ; Seine, 4 août 1876,
art. 21545 j. n.

damment des intérêts pécuniaires dont une exhérédation (1) seule, peut les priver. C'est ce qui a été reconnu,
quoique implicitement, par l'arrêt de la Cour de cassation
du 17 mai 1870 (2).

169. — S'il s'élève une contes...ion entre deux individus qui ont reconnu le même enfant naturel, le tribunal déclarera que celui-là en est le père, qui réunit en sa
faveur les plus grandes présomptions de vérité; quand
les présomptions sont égales, l'intérêt de l'enfant sera
pris en considération et fera décider que la paternité appartient à celui des deux qui a le plus d'honneur, de considération et de fortune (3). Ici ne s'applique pas le principe que la recherche de paternité est interdite. Et, dans
ce cas, le mariage subséquent de l'un des deux prétendus
pères avec la mère n'a pas pour effet de rendre sa reconnaissance inattaquable, surtout si ce mariage, célébré
depuis le procès, a pu n'avoir pour objet que de créer une
fin de non-recevoir contre la demande de l'auteur de la
seconde reconnaissance (4).

170. — Mais il importe de remarquer que cette contestation ne saurait dégénérer en abus : il faut prouver que
l'acte lui-même est irrégulier dans sa forme, que la reconnaissance a eu lieu sous l'empire du dol ou de la violence,
qu'elle est contraire à la vérité ou que le père ou la mère
n'étaient pas pubères au moment de la conception (5).

La nullité de la reconnaissance entraîne la nullité de la
légitimation à laquelle elle a servi de base.

171. — La Cour de cassation ne donne aucun effet à la
reconnaissance qui, à une époque où les poursuites judiciaires en déclaration de paternité naturelle étaient per-

---

(1) La Cour de cass., 10 février 1869, art. 19568 j. n., a jugé que l'exhérédation, faite par un testateur, de quelques-uns de ses successeurs, dans un testament qui institue un légataire universel, reste valable, malgré la renonciation
du légataire universel. Mais remarquons que, pour être valable, cette mesure
de rigueur ne peut être encourue que par des héritiers non réservataires.
(2) Art. 21545 j. n.
(3) Picot, sur l'art. 339.
(4) Cass., 10 fév. 1847.
(5) Favard, *ibid.*, art. 2 ; *Dict. du Not.*, *ibid.*, nᵒˢ 105 et 106.

mises (1), a été faite dans une transaction sur procès né ou à naitre. Le père a pu être déterminé à cette reconnaissance par la crainte d'un procès scandaleux dans lequel il était probable qu'il succomberait : cet acte n'est pas le résultat de la conviction de paternité (2).

172. — Toutefois, on ne saurait considérer comme entachée de violence ou de dol la reconnaissance qui aurait été provoquée par des poursuites judiciaires ou extra-judiciaires, quand il n'est pas prouvé que ces poursuites sont injustes ou contre les bonnes mœurs et que, par conséquent, elles sont dégagées de violence ou de dol. Dans ce cas, la reconnaissance me parait valable (3), surtout si elle a été faite depuis que la recherche de paternité est interdite : car alors, n'ayant à craindre aucune poursuite de ce chef, il est censé agir librement (4).

173. — Mais on n'admettrait pas une demande tendant à prouver qu'un enfant reconnu par un père libre est adultérin du côté de sa mère, restée inconnue (5); ni une enquête pour prouver que l'enfant est adultérin et qu'en conséquence la reconnaissance est nulle (6). Ainsi la reconnaissance d'un enfant naturel faite par le père n'est pas attaquable sous prétexte qu'il résulte de cet acte et d'autres pièces que cet enfant est adultérin du côté de sa mère (7).

173 *bis.* — La reconnaissance, en pays étranger, d'un enfant adultérin par contrat de mariage d'une Française, ne serait pas moins nulle que si elle avait été faite en France. Les lois sur la capacité des personnes suivent les Français en tout lieu. Il en serait de même de la légitimation d'un tel enfant par un prince étranger (8).

---

(1) Avant la loi du 12 brum. an II.

(2) Cass., 13 vend., 5 term. an V ; 18 flor., 1er mess. an XIII ; 5 août 1807 ; *Dict. du Not.*, *ib.*, n° 108.

(3) En ce sens, Duvergier, sur Toullier, t. II, n° 963, note 2 ; L. 3, § 1, *Quod metus causa*, V. t. VI, n° 81 ; Duranton, t. III, n° 220 ; Zachariæ, t. IV, § 568.

(4) Cass., 6 janv. 1808 ; Favard, *ibid.*

(5) Toullier, t. II, n° 969 ; Locré, t. V. p. 277, édit. in-8°.

(6) Toullier, t. II, n° 965 ; *Dict. du Not.*, V. *Reconn. d'enf. nat.*, n° 105.

(7) Pau, 27 juill. 1822 ; *Dict. du Not.*, V. *Enf. adult.*, n° 23.

(8) Paris, 11 fév. 1808 ; *Dict. du Not.*, *ibid.*, n° 26.

174. — Les termes de l'art. 335 qui porte que : « la reconnaissance ne pourra avoir lieu au profit des enfants nés d'un commerce incestueux ou adultérin ». paraissent, quant à la forme, d'une application facile. Mais. au fond, cet article a laissé subsister des doutes qui ont fait naitre les plus vives controverses.

En effet. comparé à l'art. 342 qui interdit aux adultérins ou incestueux la recherche soit de la paternité, soit de la maternité. et aux articles 762 et 763 qui accordent à ces enfants des aliments, on s'est demandé comment. aux yeux de la loi. leur état pouvait être constaté ; car, s'ils ne peuvent rechercher ni le père ni la mère, par qui pourront-ils se faire donner des aliments ?

175. — Les uns prétendent qu'en disant qu'un enfant adultérin ou incestueux ne peut être reconnu par acte authentique, l'art. 335 a pour objet d'empêcher que cette reconnaissance ne lui confère les droits de succession irrégulière que les art. 757 et 758 assurent aux enfants naturels légalement reconnus ; mais qu'il n'entend point par là dispenser ceux qui ont reconnu un enfant de l'obligation naturelle de le nourrir. Qu'ainsi la reconnaissance d'un enfant adultérin ou incestueux ne peut lui conférer les droits de succession irrégulière. mais *qu'elle peut fonder une action en aliments*. Qu'il est nécessaire de conserver cette distinction conforme à l'ancien droit ; car enfin, disent-ils, les enfants adultérins ou incestueux n'en sont pas moins des hommes et tout homme a droit de recevoir au moins des aliments de ceux qui lui ont donné la vie (1).

176. — Les autres trouvent bien difficile cette conciliation en présence des termes de l'art. 335 qui prohibe d'une manière absolue la reconnaissance des enfants incestueux ou adultérins : « Cette reconnaissance », disent-ils. « ne peut être invoquée ni par cet enfant ni contre lui. Les art. 762 et 908 ne s'appliquent qu'aux espèces où, par la force des choses et des jugements, la preuve de la

---

(1) Toullier, t. II, n° 967 ; Merlin. *Nouv. Répert.,* V. *Filiation,* p. 249, n° 21 ; Siméon, *Exposé des motifs* sur les art. 762-763, C. c.

filiation adultérine ou incestueuse est acquise en justice ».
et cette preuve peut. ajoutent-ils. « se trouver légalement
établie par la force même des choses dans les hypothèses
suivantes : 1° lorsqu'un enfant est issu d'un mariage qui.
contracté de mauvaise foi. en contravention aux art. 147.
161. 162 et 163. a. depuis. été annulé pour cause de bigamie
ou d'inceste : 2° lorsque. dans les cas prévus par les
art. 312. alinéa 2. 313 et 325. il a été judiciairement déclaré
qu'un enfant conçu par une femme mariée n'a point pour
père le mari de sa mère : 3° selon M. Zachariæ (1).
lorsqu'un jugement. non susceptible d'être réformé. a. par
erreur de fait ou de droit. admis une recherche de paternité dont le résultat a été de constater une filiation incestueuse ou adultérine : 4° lorsqu'il y a eu enlèvement
suivi de grossesse ».

Que c'est pour ces diverses hypothèses seules que la loi
a accordé à l'enfant adultérin l'action en aliments (2).

177. — C'est cette doctrine qui est adoptée par la Cour
de cassation.

D'après la jurisprudence de cette Cour une telle reconnaissance est entièrement nulle. Elle n'existe pas aux
yeux de la loi. « Il y a bien obligation *naturelle* de nourrir
ses enfants : mais. pour que cette obligation soit la source
d'une action judiciaire. il ne faut pas qu'elle repose sur
une cause *illicite;* or. telle est la clause *contraire aux
bonnes mœurs et à l'ordre public* (3) ». qu'il suit de là que
la recherche de la paternité et de la maternité est interdite
(porte un arrêt de la Cour de cassation du 5 février 1841).
que l'art. 762. en leur accordant des aliments. ne s'applique qu'aux seuls cas où la preuve de la filiation adultérine ou incestueuse est acquise en justice par la force

---

(1) T. IV, p. 572.

(2) Delvincourt. t. I. note 1. p. 94 ; Duranton. t. III. n°ˢ 195 à 209 : Chabot.
Traité des successions. art. 762. n°ˢ 3 et 4. t. II. p. 276 à 313 : Marcadé. sur
l'art. 335. n° 2 ; Duvergier. sur Toullier, t. II. note du n° 967. p. 153. 154
et 155.

(3) C. c.. 1133 ; Paris, 13 août 1812 ; Cassation, 28 juin 1815, 6 av. 1820.
4 déc. 1837 : *Dict. du Not.,* V. *Enfants adult..* n° 10.

des choses ; et non au cas où, commé dans l'espèce, la preuve de la filiation ne résultait que d'une simple reconnaissance que la loi prohibe expressément ».

178. — Cette jurisprudence, à laquelle nous aurons occasion de revenir (1), est loin d'être satisfaisante sur tous les points : il me semble que la Cour de cassation, en s'attachant à la lettre de l'art. 335 et, par suite, en rejetant d'une manière absolue toute reconnaissance illégale, c'est-à-dire volontaire, s'est écartée de son esprit quand elle la repousse également lorsqu'elle est la preuve la plus manifeste d'une vérité sur laquelle un malheureux pourrait baser une demande d'aliments.

179. — « Supposons, par exemple », dit Troplong (2), « l'espèce suivante qui, malheureusement pour les mœurs et la pudeur publique, s'est souvent réalisée : un enfant adultérin est reconnu par son père dans un acte public. Ce dernier décède et le laisse dans la misère. Est-ce que cette qualité flétrissante que le père a sciemment donnée à cet enfant ne vaudra pas du moins pour lui conférer, en compensation, le droit d'exiger des aliments de la part de la succession de celui qui a avoué sa faute ? Est-ce que la Cour de cassation voudrait que cette reconnaissance fût tellement nulle, qu'elle ne l'assurât pas de ce secours nécessaire ? Où serait l'humanité ? Où serait la justice ? C'est là cependant qu'il faudrait aller pour rester dans la logique de sa jurisprudence ».

180. — Duvergier (3) n'est-il pas trop absolu dans son opinion quand, à ce sujet, et à propos des discours des tribuns Siméon et Jaubert rappelés ci-après, il dit : « A ces arguments, il faut répondre que l'art. 335 est précis : qu'on doit l'exécuter sans avoir égard aux inconvénients que son application peut entraîner et dont le législateur est seul juge ».

181. — Il faut exécuter pareillement l'art. 342 qui

---

(1) *Infra,* nᵒˢ 278 et suiv.
(2) *Donat. et testaments*, nᵒ 630, p. 38.
(3) Duvergier, sur Toullier, t. II, p. 154, nᵒ 967, note 1.

interdit formellement la recherche soit de la paternité. soit de la maternité.

182. — Dans ce cas, je veux aller plus loin que l'illustre premier président de la Cour de cassation : Supposons une femme qui met au monde un enfant adultérin. Cet enfant, d'ailleurs parfaitement conformé. ne demande qu'à vivre ; mais sa mère, qui se sait à l'abri de toute recherche par l'art. 342, et qui. par suite. ne doit pas les aliments accordés par l'art. 762, lui refuse le sein et l'enfant meurt.

Cette mère dénaturée. conformément à cette jurisprudence, n'aura à encourir aucune responsabilité légale.

Est-ce que le législateur pouvait se dispenser de baser les exigences de la société avec les lois de la nature ? Ne dit-il pas, art. 762, que cet enfant n'aura droit qu'à des aliments, mais enfin qu'il aura droit à des aliments ? Or, en prescrivant cette mesure, absolument nécessaire, a-t-il voulu que son application fût rendue impossible pour certains cas où la filiation n'est pas moins évidente que dans d'autres ?

183. — Cette hypothèse est inadmissible. Lors de la discussion des art. 762, 763. 764, on s'est demandé comment la qualité d'enfant adultérin ou incestueux pourrait être établie, puisque la reconnaissance en était défendue par l'art. 335. On a répondu que cette qualité pourrait résulter soit de procédures et jugements, soit de *reconnaissances illégales*. « Un enfant », disait M. Siméon, orateur du tribunat (1), « aura été valablement désavoué par un mari ; il aura été jugé le fruit de l'adultère de l'épouse ; le crime de sa mère ne saurait la dispenser de lui donner des aliments. Un homme aura signé comme père un acte de naissance, sans faire connaître qu'il est marié à une autre femme ou que la mère est sa sœur, il aura voulu faire fraude à la loi ; l'enfant, ignorant le vice de sa naissance, se présentera dans la succession pour y exercer le droit d'un enfant naturel. On le repoussera par

____

(1) Fenet, t. XII, p. 231 ; Troplong, *Donat. et testam.*, t. II, n° 629, p. 34.

la preuve qu'il est né d'un père qui ne pouvait légalement l'avouer. *Mais l'aveu de fait, écrit dans son acte de naissance, lui restera et lui procurera des aliments* ».

A son tour le tribun Jaubert, sur l'art. 908, disait (1): « Quant aux adultérins ou incestueux, dans les cas rares et extraordinaires où il pourra s'en découvrir par suite, ou de la nullité d'un mariage, ou d'un désaveu de paternité, ou d'une reconnaissance illégale, ils ne pourront non plus recevoir que des aliments ».

184. — Heureusement que la Cour de cassation elle-même a remarqué les embarras créés par son système (2). Un arrêt de la Chambre civile, du 15 juillet 1846, admet formellement que la qualité d'enfant adultérin peut valablement être établie, sinon par un acte de reconnaissance, du moins *par les circonstances de la cause* (3).

185. — Je dirai comme M. Troplong (4) : « A la bonne heure ! et je n'en demande pas davantage pour sauvegarder la morale et la vérité. Tout mon système se réduit à soutenir que le vrai ne doit pas être étouffé par la fiction, dans l'intérêt de l'immoralité. Maintenant qu'on accorde que le vrai peut se rechercher dans les circonstances de la cause, je ne discute plus, et je crois qu'en bonne logique la question de droit est résolue dans un sens qui est le mien (5) ».

186. — Par contre, nous verrons (6) que les conséquences de cet état de choses peuvent placer les enfants incestueux ou adultérins dans des conditions beaucoup plus favorables que les enfants naturels simples, puisqu'ils pourront, dans certains cas, recueillir, par testament ou donation, la totalité de la fortune de leur père.

Mais, la question des aliments nécessitant quelque développement, nous allons la traiter dans le chapitre suivant.

---

(1) Fenet, *id.*, p. 583 et Troploug, *id.*, p. 38.
(2) Cass., 13 juill. 1826, rappelé *infra*, n° 219.
(3) *Archives du Not.*, 1846, n° 829. En ce sens, Cass., 26 juillet 1864, rappelé *infra*, n° 194 (j. n., art. 18090); Chambéry, 29 av. 1871, art. 20355 j. n.
(4) V., dans ce sens, Toullier, t. II, n° 967 et les auteurs qu'il cite ; *contra*, son annotateur.
(5) *Infra*, n° 283 et suiv.

CHAPITRE V.

Aliments dus et que peuvent réclamer
les enfants naturels.

187. Pour exercer l'action en aliments, il faut que l'enfant ait été reconnu.
188. L'action ne s'étend pas au delà des père et mère.
189. L'auteur de la reconnaissance ne peut plus les refuser.
190. Même depuis son mariage avec un autre que le père ou la mère.
191. Le mari, comme maître de la communauté, ne doit pas des aliments à l'enfant que sa femme a eu avant son mariage.
192. Mais il les devrait si la communauté avait l'usufruit des biens de l'enfant.
193. L'obligation de celui qui, sans s'avouer père de l'enfant, s'engage à lui fournir des aliments, a été reconnue valable.
194. A *fortiori*, s'il l'avouait par écrit.
195. Les aliments restent soumis, quant à la fixation, aux éléments que le tribunal a pris en considération.
196. Les tribunaux décident si les parents, qui offrent de prendre l'enfant, peuvent être dispensés de payer une pension alimentaire.
197. Controverse sur la question de savoir s'ils sont dus à titre de réserve.

187. — Malgré le silence involontaire de la loi, on s'accorde unanimement à décider que l'enfant naturel peut demander des aliments à ses père et mère (1).

L'action en aliments ne peut être exercée par l'enfant naturel que lorsqu'il a été légalement reconnu. Nous venons de voir dans quelles circonstances ces aliments sont dus à l'enfant adultérin ou incestueux.

---

(1) Vazeille, art. 761, n° 13 ; Ancelot, sur Grenier, *Traité des donations*, n° 675, note de la page 359.

L'enfant non reconnu ne pourrait exercer aucune action par la raison qu'il n'existe entre lui et ses parents aucun lien légal.

188. — Le lien établi par la reconnaissance authentique ne s'étend pas au delà des père et mère ; l'action n'a plus d'extension que parce qu'elle peut être intentée aux père ou mère ou à leur succession et non à des ascendants. Il ne serait pas juste d'ailleurs que l'on pût grever ceux-ci par des déclarations de paternité imprudentes et frauduleuses peut-être, de l'obligation de fournir des aliments à tous les enfants qu'il plairait de reconnaître (1).

189. — Mais, la reconnaissance une fois établie, son auteur ne peut se refuser à la demande d'aliments, à moins qu'il ne s'inscrive en faux contre la reconnaissance (2).

190. — Il doit des aliments, même depuis son mariage avec un autre que le père ou la mère de l'enfant ; mais, dans ces conditions, c'est l'auteur seul de la reconnaissance qui doit des aliments.

191. — Cependant la question de savoir si le mari, comme maître de la communauté, est tenu de pourvoir à l'entretien et aux frais d'éducation de l'enfant naturel que sa femme a eu, avant son mariage, d'un autre que de lui, est controversée.

Les uns prétendent que la communauté est passible des aliments que chacun des époux est obligé de fournir, soit à ses ascendants, soit à ses descendants, dans les cas prévus par la loi (3). (384 et 385 C. c.) Mais la majorité des auteurs et la jurisprudence de la Cour de cassation repoussent cette prétention (4). L'arrêt que nous avons cité de cette Cour, du 16 décembre 1861 (5), a, par ses

---

(1) Cass., 7 juillet 1817 ; Chabot, t. II, p. 148 ; Delvincourt, t. II, p. 22, note 2 ; Duranton, t. VI, n° 268 ; Loiseau, *Des enfants naturels*. p. 558. *Contra* : Voët, *ad Pandectas*, liv. 25, tit. 3 ; *Dict. du Not.*, V. *Enf. nat.*, n° 59.

(2) Toulouse, 24 juillet 1810 ; V. *supra*, n° 164.

(3) *Dict. du Not.*, V. *Enf. nat.*, n° 57 ; j. n., art. 3907 et *supra*, n° 159.

(4) V. *supra*, note du n° 160.

(5) *Supra*, n° 160.

motifs, basés sur une saine interprétation de l'art. 337, compris l'injustice qu'il y aurait à frapper l'époux innocent, en le condamnant à un service d'aliments propre à raviver, par sa périodicité, des souffrances morales, causes certaines de troubles au sein de la vie conjugale.

192. — Toutefois la question changerait si la communauté avait l'usufruit des biens de l'enfant naturel jusqu'à l'âge de dix-huit ans. Dans ce cas, et par réciprocité, elle serait tenue de nourrir cet enfant et de pourvoir à son entretien (1).

193. — L'obligation de celui qui, sans s'avouer père de l'enfant, s'engage par écrit privé à lui fournir des aliments, a été reconnu valable (2). La cause de l'obligation qui, dans les conventions ordinaires, n'a pas même besoin d'être exprimée (C. c. 1132), laisse aux tribunaux une interprétation morale d'un grand secours au profit de la vérité des faits.

Conformément à cette jurisprudence, la Cour de Paris, le 20 novembre 1860, avait rendu l'arrêt suivant :

« Considérant que de l'ensemble de la correspondance de Mont avec la fille Bloch, pendant l'année 1856, non déniée par Mont, et des faits et des circonstances de la cause, il résulte que Mont, librement et formellement, par des motifs licites, pour satisfaire à des obligations de for intérieur, a contracté l'engagement, accepté et invoqué par la fille Bloch pour ses enfants mineurs, de pourvoir aux besoins des deux aînés des enfants de la fille Bloch ; — que cet engagement civil, valable, justifie l'action intentée par cette fille ».

Pourvoi en cassation pour violation des art. 334, 340, 1131, 1134, et 931. C. N. ; mais, le 27 mai 1862 (ch. civ) :

« La Cour : Attendu… qu'en ordonnant l'exécution de cette promesse, l'arrêt attaqué n'a contrevenu ni aux art. 334 et 340 C. N., puisqu'il n'a pas eu à se prononcer sur

---

(1) *Dict. du Not.*, *ibid*.

(2) Cass., 10 mars 1808 ; 15 janv. 1873, art. 20572 j. n.; Merlin, *ibid.*, n° 9 ; Duranton, n° 229 ; *Dict. du Not.*, *ibid.*, n° 54.

la paternité du demandeur ; ni aux art. 1131 et 1134, puisque la convention n'est pas moins valable, *quoique la cause n'en soit pas exprimée*, et que l'accomplissement d'un devoir de conscience est une cause suffisante et très-licite d'une promesse de cette nature ; ni à l'art. 921, parce que les formalités qu'il exige pour la validité des donations entre vifs ne sont pas applicables à un écrit contenant reconnaissance d'une dette naturelle ; Rejette ».

194. — Il est certain que, si l'écrit contenait l'aveu de paternité, cette circonstance ajouterait plutôt à la force de l'obligation devenue moralement naturelle (1). La question n'est pas une recherche de paternité prohibée par la loi, mais l'exécution d'une promesse ordinaire, librement consentie (2).

La jurisprudence, qui avait varié sur ce point (3) paraît aujourd'hui fixée : quand l'engagement résulte de lettres écrites à la mère de l'enfant, même à un tiers, ou de toute autre manière certaine, on peut, sans violer l'art. 340 qui défend la recherche de la paternité, allouer à titre de dommages-intérêts, une somme d'argent et une pension alimentaire à une fille et à ses enfants, pour le dommage à elle causé par la séduction d'un homme (4).

C'est ce qui a été jugé par la Cour de cassation, le 26 juillet 1864. Dans l'espèce, la question délicate était de savoir si dans l'état des faits il n'y avait pas une véritable recherche de paternité, d'autant moins admissible qu'il s'agissait d'une paternité adultérine. Mais l'arrêt attaqué et la Cour de cassation elle-même, évitant les embarras qu'aurait pu créer l'obligation naturelle, ont réduit la difficulté à une pure question de dommage matériel, que le défendeur lui-même avait promis de réparer (5), promesse qui rendait civile l'obligation ainsi consentie.

---

(1) Angers, 11 août 1871.
(2) Duranton, n° 229, *Dict. du Not.*, V. *Enf. nat.*, n° 55.
(3) *Contra :* Merlin, *Répert.*, V. *Aliments*, § 1, art. 2, n° 9 ; Paris, 22 juill. 1811, art. 668 j. n., Demolombe, n° 425.
(4) V. *supra*, n° 145.
(5) C'est dans le même sens qu'on a jugé que, lorsqu'une promesse de ma-

En fait. la demoiselle G. avait actionné le sieur L. en dommages-intérèts pour l'avoir séduite, dès sa première jeunesse, et avoir établi avec elle des rapports de concubinage d'où sont nés six enfants, qu'elle prétendait reconnus par le sieur L., sinon légalement. puisqu'il était engagé dans les liens du mariage, mais par de nombreux écrits privés. Elle étayait sa demande sur un testament olographe par lequel il lui avait légué 10.000 fr., et sur une correspondance soit avec elle. soit avec la sage-femme chez laquelle elle avait fait ses couches. — Le sieur L. était riche. marié et dans une position importante.

Un jugement du 11 juillet 1861, le condamna à payer à la demoiselle G. 2000 fr. en capital et à lui servir une rente viagère de 500 fr. ; en outre. à faire, à chacun des six enfants, une pension de 500 fr. jusqu'à leur dix-huitième année révolue, laquelle pension ne serait plus, après cet âge, que de 250 fr. par tète. ou transformée en un capital de 3000 fr. une fois payé.

Le sieur L. a interjeté appel de cette décision et conclu préjudiciellement à ce qu'on ne pùt lire aux débats le testament et la correspondance ci-dessus indiqués.

Mais ces conclusions ont été repoussées par un premier arrèt de la Cour impériale de Caen, du 3 juin 1862.

L'affaire ayant été ensuite plaidée au fond, le 10 juin 1862, le jugement fut confirmé en élevant toutefois à 4000 fr. les 2000 fr. alloués à la fille G. en plus de ses 500 fr. de rente viagère. Par cet arrèt, la Cour de Caen déclarait que le testament n'était invoqué que comme contenant la reconnaissance d'un fait et que les lettres missives adressées à un tiers étaient destinées à parvenir aux mains de la demanderesse, et, par suite, pouvaient être invoquées contre le défendeur.

---

riage a pour objet de réparer un préjudice et spécialement celui qui résulte pour la femme de sa grossesse, l'inexécution de cette obligation peut donner lieu à des dommages-intérèts. (Bordeaux, 16 mars 1849.) Ce n'est pas là rechercher la paternité, mais seulement constater un fait préjudiciable de la part de celui qui a fait la promesse. (Demolombe, *Cours C. c.*, t. III, n° 30.) *Dict. du Not.*, V. *Promesse de mariage*, n° 5.

Pourvoi en cassation; mais, le 26 juillet 1864. Rejet (1).

195. — Quoique le tribunal ait fixé la quotité de la pension alimentaire et les parts de ceux qui doivent la payer, l'art. 209 porte que : « Lorsque celui qui fournit ou celui qui reçoit des aliments est replacé dans un état tel, que l'un ne puisse plus en donner ou que l'autre n'en ait plus besoin en tout ou en partie, la décharge ou réduction peut en être demandée ».

Par suite, cette fixation reste soumise encore à toutes les variations des éléments que le tribunal a pris en considération.

196. — Les tribunaux sont appréciateurs souverains du point de savoir si le père ou la mère qui offre de recevoir dans sa demeure l'enfant à qui il doit des aliments peut être dispensé de payer une pension alimentaire (2).

197. — La question de savoir si le droit alimentaire constitue une réserve armée de toutes les prérogatives qui sont attachées par la loi aux affectations de cet ordre divise la doctrine. On ne conteste pas que le droit alimentaire des enfants adultérins et incestueux ne puisse atteindre la succession des parents, quand leur existence n'a pas été assurée du vivant de ceux-ci; mais, si, par exemple, les biens existants au décès sont insuffisants pour une prestation alimentaire, les enfants de cet ordre pourront-ils agir en retranchement contre les tiers donataires ou légataires du *de cujus?* MM. Merlin, Malpel et Duranton tiennent pour l'affirmative. On trouve dans le sens opposé MM. Chabot, Dalloz et Vazeille. Je dirai, comme M. Ancelot (3), que : « dans des questions de ce genre, il faut s'emparer du doute en faveur de l'humanité, qu'il faut reconnaître un titre alimentaire inviolable au profit d'enfants que les rigueurs de la loi et de l'opinion frappent d'une disgrâce déjà si terrible. Comment ad-

---

(1) Art. 18090 j. n.
(2) Art. 211 C. c.; Grenoble, 1er avril 1870.
(3) Sur Grenier, p. 364, n° 677.

mettre que la morale trouve une sanction digne d'elle dans l'inhumanité d'un refus d'aliments ? »

« A l'égard des père et mère de ces enfants. il est logique et convenable d'admettre que des subsides leur sont dus par ces derniers ; mais, eux, ne méritent pas que ce soit à titre de réserve ».

J'ajouterai que du moment que l'art. 762, quoique n'accordant que des aliments. donne droit à des aliments. Il faut que ces prescriptions s'exécutent. Or. qui veut la fin veut les moyens. Comment l'adultérin pourra-t-il se faire fournir les aliments, si une réserve. proportionnée bien entendu aux droits du réclamant, ou une créance (qu'on lui donne le nom qu'on voudra, car il est certain qu'au fond la division ne porte que sur le mot) ne frappait pas les biens de l'hérédité, pour assurer le service de cette dette sacrée ? L'enfant naturel simple n'est pas héritier et il a pourtant droit à une réserve. Si l'analogie n'est pas écrite expressément, elle dérive suffisamment, je le répète. des prescriptions du dernier paragraphe de l'art. 762 du Code civil (1).

____

(1) *Contra : Dict. du Not., V. Enfants adult.,* n° 28.

CHAPITRE VI.

Adoption.

Section 1. — ADOPTIONS ORDINAIRES, RÉMUNÉRATOIRES ET TESTAMENTAIRES.

198. — L'adoption est un acte solennel par lequel la loi crée des rapports civils de paternité et de filiation entre l'adoptant et l'adopté.

Sous l'ancienne jurisprudence, l'adoption était inconnue. A part les adoptions qui furent faites par des rois et des princes et qui n'étaient, à proprement parler, que des désignations de successeurs, ou la déclaration de leur majorité, dans des temps où ces objets n'étaient réglés par aucune loi (1), certaines *affiliations* n'étaient usitées dans les coutumes de Saint-Jean-d'Angély et des ci-devant provinces du Nivernais et du Bourbonnais que comme une forme de disposer de son bien, à laquelle a succédé celle des institutions par contrats de mariage ou par associations (2).

Cependant l'adoption était très-fréquente parmi les anciens peuples, notamment chez les Grecs et les Romains. Mais, chez ces derniers, elle donna lieu à des abus, auxquels Justinien dut remédier (3).

***

(1) D'après un usage des Germains, Gontran voulant déclarer majeur son neveu Childebert, et, de plus, l'adopter, lui dit : « J'ai mis ce javelot dans tes mains comme un signe que je t'ai donné mon royaume », et, se tournant vers l'assemblée : « Vous voyez que mon fils Childebert est devenu un homme, obéissez-lui ». (Montesquieu, *Esprit des lois*, liv. XXVIII, ch. 28.) (Grenier, *Discours historique sur l'adoption*, p. 511.)

(2) Grenier, *ibid.*, p. 515. Le mot adoption a encore été employé pour un usage qui se pratiquait à l'hôpital de la charité et aumône générale de la ville de Lyon. Des lettres patentes de nov. 1672, enregistrées au parlement en 1673, confirmatives d'autres lettres patentes de 1560 et de 1643, autorisent les *recteurs* du dit hôpital à adopter les enfants orphelins des pauvres habitants de la ville, depuis l'âge de sept ans jusqu'à celui de quatorze, en leur donnant tous les droits de la puissance paternelle comme aussi le droit de succéder, par le dit hôpital, aux dits adoptifs. Ces lettres patentes ont été confirmées par de nouvelles de septembre 1729, enregistrées en 1731. Elles sont toutes rapportées dans Henrys, liv. VI, chap. 5, quest. 35, avec deux arrêts en faveur de l'hôpital de Lyon, concernant l'exécution de ces mêmes lettres patentes, l'un de 1647, l'autre de 1733. Au fond, cet usage était dans l'intérêt de l'enfant comme dans l'intérêt de la discipline de ce grand établissement, en donnant aux administrateurs une grande autorité sur ces orphelins. La ville de Lyon, régie par les lois romaines, voyait ainsi son établissement bénéficier de l'usufruit des biens des enfants que la loi accordait au père. Il paraît que le même usage avait lieu à Paris dans les hôpitaux du Saint-Esprit et des Petites-Maisons. (Grenier, notes, p. 547.)

(3) Loi 10 du titre *de Adoptionibus*, qui est un des plus intéressants sur cette matière.

Un décret de l'Assemblée nationale du 18 janvier 1792, ainsi conçu : « L'Assemblée nationale décrète que son comité de législation comprendra dans son plan général des lois civiles celles relatives à l'adoption », en introduisit le principe, sans en déterminer la forme ni les effets.

Ce ne fut que par la loi du 3 mars 1808, que l'adoption fut, après d'assez vives discussions (1), introduite dans le Code civil.

199. — On distingue trois sortes d'adoption : l'adoption *ordinaire*, l'adoption *rémunératoire* et l'adoption *testamentaire*. (C. c., 366.)

200. — Six conditions, sans lesquelles l'adoption doit être rejetée, sont requises pour l'adoption ordinaire :

1° Quel que soit le sexe de l'adoptant, il faut qu'il soit âgé de plus de cinquante ans : ainsi un homme ne voudra pas rester célibataire pour le seul espoir de faire une adoption, s'il vit jusqu'à cet âge.

2° Il faut qu'il n'ait à l'époque de l'adoption, ni enfants ni descendants légitimes : s'il a des enfants légitimes son vœu est rempli. Mais un premier enfant adoptif ni les enfants naturels reconnus ne feraient point obstacle à l'adoption d'autres enfants (2).

La survenance d'enfant légitime n'annullerait l'adoption que si l'enfant était conçu au moment de la formation du contrat devant le juge de paix et naissait au plus tard le trois centième jour après, durée de la plus longue gestation admise par la loi (3).

3° Qu'il ait au moins quinze ans de plus que l'adopté : la fiction doit imiter la nature.

4° Que l'autre conjoint, s'il est marié, y consente. Si ce n'est dans le cas de l'adoption testamentaire (4) : un acte

---

(1) Locré, t. I, p. 398 ; Demolombe, nº 5; *Dict. du Not.*, V. *Adoption*, nº 2.

(2) Art. 348 C. c., qui suppose qu'on peut avoir plusieurs enfants adoptifs. D'ailleurs le Code ne le défend pas.

(3) Ancelot, sur Grenier, *Traité de l'adoption*, note de la page 556, 1re partie.

(4) V. *infra*, nºˢ 208 et suiv.

de cette importance. fait contre le vœu de l'autre époux. exposerait le ménage au trouble et à la désunion. D'ailleurs c'est l'époux seul. auquel le consentement est donné. qui est l'adoptant.

5° Que l'adoptant ait donné à l'adopté. pendant qu'il était mineur. des soins et des secours non interrompus pendant six ans au moins : temps d'épreuve nécessaire pour garantir des sentiments d'affection qui doivent exister entre l'adoptant et l'adopté.

6° Que l'adoptant jouisse d'une bonne réputation. Cette condition. dans la partie spéciale des enfants naturels. que nous traiterons, doit, ainsi que nous le verrons. jouer un rôle important en présence du pouvoir censorial confié aux tribunaux qui sont dispensés d'énoncer les motifs de rejection (356).

201. — Trois conditions seulement sont requises pour pouvoir être adopté :

1° La majorité de l'adopté : l'adoption étant irrévocable, le mineur n'aurait pas cette capacité pleine et entière qui n'appartient qu'au majeur de se lier par un acte qui tient à l'état des personnes et qui. par suite, doit être immuable.

2° Le consentement de ses père et mère, s'ils sont encore vivants, ou le consentement du survivant, si l'adopté n'a pas encore atteint l'âge de vingt-cinq ans accomplis. celui des autres ascendants n'étant point nécessaire. S'il est majeur de vingt-cinq ans. il n'est tenu qu'à requérir le conseil de ses père et mère ou du survivant des deux ; mais cette réquisition n'a pas besoin d'être renouvelée (1).

La loi ne veut pas que l'enfant, malgré ses père et mère, soit libre de contracter un engagement qui le lie comme le mariage. Son intention a été de maintenir tous les droits de la puissance paternelle.

3° Il faut que l'adopté ne l'ait pas déjà été par une autre personne. On ne peut, pas plus fictivement que naturellement, avoir plusieurs pères. Mais les deux époux peuvent

---

(1) C. c., **346**; Delvincourt, t. I, p. **99**.

adopter la même personne. Si elle eût été permise à un homme et à une femme qui ne sont pas époux, elle aurait pu détourner du mariage les père et mère d'un enfant naturel et priver celui-ci des bienfaits de la légitimation (1).

202. — Les deux époux peuvent faire l'adoption d'une ou de plusieurs personnes, (2) par le même acte ou par des actes séparés ; à la même époque ou à des époques différentes.

Quelques auteurs pensent (3) que le mari, pour être adopté, a besoin du consentement de sa femme ; mais la loi garde le silence à cet égard et cette opinion n'est pas suivie. Mais la femme, pour être adoptée, a besoin de l'autorisation de son mari ou de celle de la justice (4).

203. — L'adoption rémunératoire n'a lieu qu'en faveur de celui qui a sauvé la vie à l'adoptant, soit dans un combat, soit en le retirant des flammes ou des flots.

204. — L'art. 345, qui autorise cette adoption, n'est pas limitatif : on peut l'appliquer à des circonstances analogues où l'adopté aurait arraché l'adoptant à un péril flagrant et actuel, et en s'exposant lui-même à la mort, comme s'il s'agit d'une attaque de brigands, d'un bâtiment qui s'écroule, d'une asphyxie au fond d'un puits ou d'une mine (5).

Mais cet article serait inapplicable au dévouement d'un médecin ou d'un avocat qui aurait sauvé la vie à son client dans une maladie ou une accusation capitale (6).

---

(1) Valette, sur Proudhon, t. II, p. 194 ; Duvergier, sur Toullier, t. I, n° 987, note *a.*

(2) C. c., 348 ; Grenier, *de l'Adoption*, n° 10 ; Toullier, t. II, n° 986, Bourges, 21 frim. an XII. Toutefois les magistrats doivent se montrer rigoureux sur les motifs qui peuvent engager l'adoptant à faire des adoptions successives, Demolombe, n° 18.

(3) Delvincourt, t. I, p. 99, n° 10.

(4) Duranton, t. III, n° 292.

(5) Grenier, *de l'Adoption*, n° 9 et note d'Ancelot ; Duranton, n° 284 ; Valette, sur Proudhon, p. 147 ; Zachariæ, t. IV, § 560. Duvergier, sur Toullier, note *a*, sous le n° 989 ; Marcadé, sur 325, n° 7 ; Demolombe, n° 59. *Contra* : Proudhon, t. II, p. 196 et 197 ; Toullier, n° 989.

(6) Demolombe, n° 60. Cependant Duranton, t. III, n° 284, n'hésite pas à

205. — Cette adoption, qui est le prix d'un service qu'il est impossible d'apprécier et qu'il était impossible de prévoir, reste bien soumise aux règles de l'adoption ordinaire ; mais il est inutile que l'adopté ait reçu aucun service de l'adoptant, ni que l'adoptant ait cinquante ans passés, ni qu'il y ait une différence de quinze ans au moins entre son âge et celui de l'adopté. Il suffit que l'adoptant et l'adopté soient tous deux majeurs, à cause de l'irrévocabilité du contrat, et que le dernier soit plus jeune que le premier à cause de l'institution même qui tend à imiter la nature (1).

206. — Ainsi les formes de l'adoption *ordinaire* ou de l'adoption *rémunératoire* sont les mêmes. Il faut passer un acte devant le juge de paix (353 C. c.), en remettre, dans les dix jours (2), une expédition au ministère public (354). Le tribunal vérifie, en la chambre du conseil, si les conditions sont remplies. Il admet ou rejette l'adoption sans énoncer ses motifs (356). Dans le mois suivant le jugement est soumis à la Cour d'appel, qui prononce aussi sans énoncer de motifs (357). L'arrêt doit être inscrit sur les **registres** de l'état civil dans les trois mois, sans quoi l'adoption reste sans effet (359). Elle n'est opérée que par cette inscription. Mais alors l'adoption ne peut être révoquée, même d'un consentement mutuel (353 et suiv.) (3).

207. — L'adopté comme l'adoptant peuvent-ils se faire représenter devant le juge de paix par un fondé de pouvoirs ?

On peut conclure, d'après les termes de l'art. 353, que soit l'adoptant soit l'adopté, ils doivent comparaître en

---

penser que le médecin qui aurait exposé ses jours pour le salut d'un malade, serait en droit d'invoquer le principe de l'adoption rémunératoire.

(1) Grenier, *de l'Adoption*, n° 9 ; C. c., 345 et 346.

(2) Grenier, n° 18 ; Picot, sur 354. V. toutefois Delvincourt, t. I, p. 102, n° 3, note, en sens opposé. Il paraît, en effet, plus raisonnable de laisser au pouvoir judiciaire le soin d'apprécier les circonstances du retard, et Duvergier, sur Toullier, note *c* du n° 1004, est d'avis qu'elle peut être remise même après le décès de l'adoptant.

(3) *Dict. du Not.*, V. *Adoption*, n° 25.

personne pour un acte aussi important : mais la Cour d'appel de Bruxelles, par arrêt du 22 avril 1807, rendu contre les conclusions de M. Merx, substitut du procureur général près cette Cour, a déclaré qu'il y avait lieu à l'adoption de Pierre François Debruyac, quoiqu'il eût été représenté devant le juge de paix par un fondé de pouvoirs (1).

208. — L'adoption *testamentaire* n'est valable que : 1° si le tuteur·officieux ne laisse point d'enfant légitime. L'existence d'enfants naturels ne fait donc pas obstacle à l'adoption (2) ; 2° s'il décède avant la majorité de l'enfant : 3° s'il s'est écoulé au moins cinq ans depuis le commencement de la tutelle jusqu'à la date du testament.

209. — Il faut remarquer : 1° que cette adoption n'est permise qu'à celui qui s'est rendu tuteur officieux d'un mineur dans les formes indiquées par la loi et que nous verrons (3) ; 2° qu'elle peut être faite en faveur d'un mineur : 3° qu'elle peut être faite par un acte testamentaire soit public, soit mystique ou olographe ; 4° que l'adoptant n'a pas besoin du consentement de l'autre époux comme pour l'adoption ordinaire et rémunératoire (4) ; 5° qu'il n'est nécessaire ni de la faire homologuer par les tribunaux, ni de l'inscrire sur les registres de l'état civil (5).

210. — Une question des plus controversées, et qui se rattache d'une manière spéciale au sujet que nous traitons, est celle de savoir si on peut adopter son propre enfant naturel ; et, quand je dis enfant naturel, je veux dire enfant naturel reconnu ; car, aux yeux de la loi, il n'en existe pas d'autre.

Je n'ai pas la prétention de venir jeter la lumière sur cette question que tant d'auteurs plus compétents ont

---

(1) *Recueil de jurispr. du C. c.*, p. 319, t. VIII, cité par Grenier, *de l'Adoption*, n° 18.

(2) Cass., 3 juin 1861 ; Picot, sur 345.

(3) *Infra*, n° 229.

(4) Toullier, t. II, n° 992.

(5) *Dict. du Not.*, V. *Adoption*, n° 27 ; Seine, 26 nov. 1872, art. 20502 j. n. ; Toullier, t. II, n° 1005 ; Paris, 8 mai 1874, art. 20932 j. n.

approfondie et embrassée dans tous ses détails. Après en avoir fait l'historique sommaire, je me bornerai à signaler un point qui me paraît avoir été trop souvent perdu de vue.

211. — Dès les premiers temps du Code. les partisans de la négative ne manquaient pas de raisons à l'appui de leurs opinions. On disait : « L'adoption est une institution morale : elle a pour but de faciliter les bienfaits sans favoriser le vice. de consoler de la privation d'enfants légitimes . sans offrir pour consolation la faculté de donner leur place à ceux nés du concubinage. La loi qui a organisé l'adoption attache un tel prix à la pureté de sa source, qu'elle charge. en termes formels. les tribunaux de vérifier si la personne qui se propose d'adopter jouit d'une bonne réputation. Ne serait-ce pas encourager au concubinage, et par conséquent au célibat. que d'admettre les fruits d'un commerce illégitime à jouir des avantages d'une institution aussi précieuse ? La loi sur les successions établit un droit particulier pour les enfants naturels. sur les biens de leurs père et mère. et l'art. 908 porte que les enfants naturels ne pourront. par donation entre vifs ou par testament, rien recevoir au delà de ce qui leur est accordé au titre des successions. En permettant aux père et mère d'adopter leurs enfants naturels, ne serait-ce pas fournir un moyen d'éluder toutes ces dispositions législatives ? Car l'enfant naturel. une fois adopté, recueillerait, en vertu de la disposition relative aux adoptés, une part égale à celle de l'enfant légitime né depuis l'adoption.

Si cette réduction prononcée contre les enfants naturels a un but moral, pourquoi l'affaiblir par l'effet de l'adoption qui élève l'enfant naturel au rang de l'enfant légitime ? et cet abus serait cependant le seul qui aurait déterminé le père à adopter son enfant naturel ; car, en sa qualité, il est le tuteur et le protecteur de son fils, il lui doit des aliments. En un mot l'adoption de l'enfant naturel ne pourrait avoir d'autre but que d'en faire un véritable héritier : ce que la loi défend (1) ».

---

(1) Grenier, *de l'Adoption*, n° 35.

212. — M. Merlin (1) développait, dans ce sens, d'autres raisonnements de la plus grande force et, en rappelant certains arrêts (2) qui rejétaient des adoptions d'enfants naturels, disait que, quoique ces arrêts n'eussent point été motivés, conformément à l'art. 357, il avait su, à n'en pas douter, que tous avaient été déterminés par la défense que la Cour avait cru voir dans le Code d'adopter des enfants naturels.

On en était là, quand parut le tome IV de l'*Esprit du Code civil*, par M. Locré, secrétaire du Conseil d'Etat, où l'on voit, page 310, que la section de législation avait présenté un article ainsi conçu :

« Celui qui a reconnu, dans les formes établies par la loi, un enfant né hors du mariage, ne peut l'adopter ni lui conférer d'autres droits que ceux qui résultent de cette reconnaissance. Mais, hors ce cas, il ne sera admis aucune action tendant à prouver que l'enfant adopté est l'enfant naturel de l'adoptant ».

La discussion s'établit sur cet article et, par des circonstances particulières que M. Locré explique, elle ne fut pas imprimée dans le recueil des discussions du Conseil d'Etat.

Cet article fut réjeté. En sorte que la loi n'emporte aucune prohibition textuelle d'adopter un enfant naturel qu'on aurait légalement reconnu.

Cette relation fit, en doctrine comme en jurisprudence, les plus fortes impressions, et explique comment Merlin changea d'opinions une première fois (3).

213. — Les partisans de l'adoption, s'appuyant sur cet argument puissant, ajoutent : Sans doute, lorsque entre l'adoptant et l'adopté existera le lien de paternité et de filiation naturelle, il ne sera pas possible de demander ou de requérir le consentement des père et mère de

---

(1) *Répert. univ. de jurispr.*, au mot *Adoption*, § 3.

(2) Paris, 15 germ. an XII ; Nîmes, 18 flor. et 3 prairial de la même année; Besançon, 1er pluv. an XIII.

(3) *Répert.*, *id.*, § 3 et 4, t. I et t. XVI. Il est ensuite revenu à son premier avis.

l'adopté (346) ; l'adoption ne conférera pas le nom de l'adoptant à l'adopté qui le portera déjà (347) ; elle ne fera pas naître des prohibitions de mariage déjà existantes (348) ; elle ne créera point l'obligation réciproque de fournir des aliments antérieurement établie.

Mais, d'une part, il serait facile de citer des cas autres que ceux de l'adoption d'un enfant naturel où quelques-uns de ces effets ne pourront pas non plus avoir lieu et où l'adoption est incontestablement permise : par exemple, lorsqu'un oncle paternel adoptera sa nièce. D'un autre côté, toutes les autres formes, toutes les autres conditions, tous les autres effets de l'adoption, seront produits et cela suffit (1).

Quant à l'argument que l'enfant naturel ne peut, en aucun cas et par aucun moyen, avoir, sur la succession de son père, les mêmes droits que l'enfant né en mariage, c'est un cercle vicieux dont les adversaires de l'adoption ne prennent pas même la peine de cacher le vice : la question est précisément de savoir si l'adoption peut procurer à l'enfant naturel, sur la succession de ses parents, des droits égaux à ceux de l'enfant légitime, et on la tranche en disant : L'adoption n'est pas possible, parce que l'enfant y puiserait des droits successifs semblables à ceux que l'enfant légitime est appelé à exercer.

Il est facile de combattre l'erreur :

Sans doute les art. 338, 756, 757 et suiv., 908 du C. c., par respect pour le mariage, s'opposent à ce que les enfants naturels soient traités comme les enfants légitimes, et l'on ne peut, par actes entre vifs ou de dernière volonté, porter atteinte à cette règle. Mais comment faut-il l'entendre ?

Certainement, si un enfant se présente à la succession de son père avec la qualité d'enfant naturel, sans qu'aucun fait, aucun acte juridique l'ait modifié, il ne pourra exercer les droits d'un enfant légitime. Si, au contraire, à la qualité d'enfant naturel, celle d'enfant adoptif a été

____

(1) V. art. 343, 344 à 346, 350 et 351.

substituée, ou, si l'on veut, ajoutée, n'est-il pas tout simple
que la règle cesse de recevoir son application ? Le signe
de réprobation est effacé, la tache est lavée, la pénalité
ne peut être maintenue.

214. — Ces paroles. qui sont celles de M. Duvergier (1),
sont pleines de logique. Elles sont suivies de considérations élevées, basées sur la justice. sur la raison et sur des·
sentiments qui différent sensiblement de sa doctrine sur
la reconnaissance des enfants adultérins (2).

215. — Mais, pendant que la jurisprudence se montre
universellement favorable à l'adoption de l'enfant naturel
reconnu (3), la doctrine. au contraire. s'est généralement
formée en sens inverse (4), et cette versatilité, que l'on

---

(1) Duvergier, sur Toullier, t. I, n° 988, note 6.

(2) Rappelée, *supra*, n° 180.

(3) En ce sens : DOCTRINE : Laplagne Barris, av. gén. à la Cour de cass.
(*Réquisitoire*. dans Devilleneuve, 43, 1, 178) ; Dupin, proc. gén. à la C. de
cass. (*Réquisitoire*, dans Devilleneuve, 41, 1, 277) ; Proudhon et son annotateur Valette, *Traité de l'état des personnes*, t. I, p. 217 et suiv., 3ᵉ édit. ;
Proudhon, *Droit français*, t. II, p. 838 ; Duranton, t. II, n° 293 ; Locré,
Législ. civ., t. III, p. 378 ou t. VI, p. 364 ; Locré, *Esprit du C. c.*, t. V,
p. 426 ; Duvergier, sur Toullier, t. II, n° 988, note *b* ; Zachariæ, t. IV, p. 7,
§ 556 ; Richefort, *de l'état de Famille*, t. II, n° 284 ; Rolland de Villargues,
Traité des enf. nat., nᵒˢ 145 à 148 ; Dalloz, *Jurispr. gén.*, V. *Adoption*,
p. 272 et suiv.; Moureau, de Vaucluse, *Essai sur l'esprit des lois françaises
relatives à l'adoption des enfants naturels*.

JURISPRUDENCE : Cass., 28 av. 1841, 8 déc. 1868, *Revue du Notariat*,
n° 2544 ; Angers, 28 mars 1828, 29 juin 1824, 12 juillet 1844 ; Bordeaux,
12 prair. an XII, 1ᵉʳ fév. 1826, 14 fév. 1832, 23 janv. 1838, 30 janv. 1845 ;
Bruxelles : 22 av. 1807, 16 prair. an XII et 15 frim. an XII ; Caen, 18 fév.
1811 ; Dijon, 30 mars 1844 ; Douai, 13 fév., 1ᵉʳ mai et 30 août 1824 ; Grenoble,
28 mars 1808, 19 déc. 1808, 27 mars 1809, 10 mars 1825 ; Limoges, 14 juin
1840 ; Lyon, 6 fév. 1833 ; Orléans, 4 mai 1832 ; Paris, 9 nov. 1807, 13 nov.
1835, 11 juillet 1868 ; Poitiers, 17 mai 1828 ; Rennes, 10 janv. et 10 juin
1838, 30 mars 1835, 24 mars 1828 et 14 fév. 1828 ; Riom, 14 mai 1838, Rouen,
12 mai 1808 ; Toulouse, 2 juin 1835, 26 nov. 1867, art. 20555 j. n.; Montpellier, 24 av. 1845 et 10 déc. 1868 ; Aix, 12 juillet 1866.

(4) En sens opposé : DOCTRINE : Maleville, *Anal. du Code*, t. I. p. 346,
436 ; Loiseau, *Appendice au traité des enf. nat.*, p. 100-110 ; Delvincourt,
t. I, p. 460 ; Chabot, *Des successions*, art. 756, n° 4, p. 121, n° 34 ; Favard,
V. *Adoption*, sect. I et II, § 1ᵉʳ, n° 4 ; Gillon, av. gén., à la C. de cass. (*Réquisitoire*, dans Devilleneuve, 1841, 1, 274) ; Merlin, *Répert.*, V. *Adoption*, § 4,
qui a changé trois fois d'opinion ; Toullier, t. II, n° 988, qui avait d'abord
adopté l'opinion contraire ; Odilon Barrot, *Encyclopédie de Droit*, de MM. Sébire et Carteret, V. *Adoption*, nᵒˢ 32 et suiv. ; Maguin, *Traité des Minorités*,

suppose être d'un effet déplorable, a cependant sa raison d'être. je dis plus. est nécessaire, mais seulement en tant qu'elle repose sur des faits et non sur le fonds.

216. — Ici. je rappellerai le point que. dans la plupart des cas, les auteurs. principalement. semblent avoir perdu de vue.

Aux termes des art. 356 et 357 du C. c., les cours sont souveraines pour apprécier la convenance des adoptions que la loi autorise, et doivent même statuer sans énoncer de motifs. Le fait le plus évident. c'est que la prohibition de l'adoption des enfants naturels ne figure dans aucun texte de loi. Ne faut-il pas applaudir en trouvant cette lacune due peut-être à la sagesse du législateur qui a voulu ainsi laisser aux tribunaux le soin d'examiner si les demandes d'adoption d'enfants naturels qui leur seraient soumises, loin d'avoir des effets contraires à la morale, n'avaient pas, au contraire. par leur admission des effets réparateurs envers la société offensée.

La loi qui aurait tranché cette apparente controverse dans un sens négatif, eût été très-juste et très-morale dans certains cas, et, dans d'autres. injuste et inhumaine. Les tribunaux seuls peuvent apprécier la diversité des espèces et des faits.

Quand, par le mariage subséquent de ses père et mère, la loi légitime l'enfant naturel reconnu, voudrait-elle le laisser dans son état inférieur. si le mariage subséquent

---

t. I, n° 262; Dubodan, *Dissert. dans la Rev. étrangère et française*, t. IV, p. 703 et 814 ; Mourre, proc. gén., à la C. de Cass. (*Réquisitoire*, dans Sirey, 1816, 1, 45) ; Coulon, *Quest. de droit*, n° 56 ; Riffé, *de l'Adoption*, p. 57 ; Chrestien de Poly, *Répert.* de Rolland de Villargues, V. *Adoption*, n° 14 ; Cotelle, *Code civil approfondi*, t. I, p. 92 ; Delaporte, *Pandectes françaises*, t. II, p. 150 ; Poujot, *Succession*, t. I, art. 756, n° 11 ; Marcadé, sur 346, n° 4 ; Molinier, *Rev. de droit français*, 1844, p. 171 ; Pont, *Rev. de législ.*, 1843, t. I, p. 750, 1843, t. II, p. 508, 1846, t. I, p. 475 ; Demolombe, n° 52 ; Benech, *sur l'illégalité de l'adoption des enf. nat.*; Ancelot, sur Grenier, note a. du n° 35, *de l'Adoption*.

JURISPRUDENCE : Cass., 22 fév. 1843, aff. Thoreau, arrêt rendu après partage de la Cour ; Angers, 21 août, 21 mai 1889 ; Besançon, 1er pluv. an XIII ; Bourges, 22 mars 1830 ; Nîmes, 30 déc. 1812, 3 prair. an XII, 18 flor. an XII ; Paris, 15 germ. an XII ; Pau, 1er mai 1826

était devenu impossible, par exemple, si le père, ou la mère, était devenu fou, où s'il était décédé et que le survivant voulût l'adopter, ne pouvant le légitimer ?

Cela n'est pas admissible, et, si la jurisprudence a dû varier quelquefois, il faut l'attribuer plutôt à la variété des cas qu'elle avait à juger qu'à la variation de ses sentiments juridiques, et considérer que ses arrêts ont positivement fixé la jurisprudence dans le sens de l'admission à l'adoption des enfants naturels dont les parents ont joui d'une bonne réputation et l'ont méritée par leur situation intéressante (1).

217. — Quant à l'adoption des enfants incestueux, ou adultérins, elle n'est jamais admise, quand l'enfant est connu pour tel (2).

218. — Cependant la loi du 25 germinal an II, validait les adoptions antérieures au Code civil, lors même qu'elles n'auraient été accompagnées d'aucune des conditions prescrites depuis, pour adopter et être adopté. La Cour de cassation a jugé l'adoption valable, le 12 novembre 1811 et le 9 février 1824 ; mais elle a abandonné cette jurisprudence, les 23 décembre 1816, 13 juillet 1826, 26 juin 1832, et déclaré l'adoption nulle (3).

219. — Mais comment reconnaître l'adultérinité de l'enfant, puisque la loi ne permet pas de reconnaissances semblables ! (335 C. c.) Quand elle ressort d'un jugement, pas de difficulté, elle est nulle (4). Si elle est contenue dans l'acte d'adoption, la Cour de cassation (5) l'a également déclarée nulle, par le motif qu'annuler l'adoption, ce n'était pas violer la défense de rechercher la paternité : « Attendu que c'est le titre même d'adoption qui proclame le vice de naissance de l'enfant et constitue son incapacité d'en recevoir l'effet ».

---

(1) En ce sens, Aix, 12 juillet 1866.
(2) Cass., 26 juin 1832.
(3) *Dict. du Not.*, V. *Adoption*, n° 14.
(4) *Ibid.*, n° 16.
(5) Cass., 13 juillet 1826.

C'est, dit Ancelot (1), « décider nettement que la reconnaissance faite en violation de l'art. 335 du Code n'est pas tellement invalide, qu'elle ne puisse être opposée à l'individu reconnu ». Mais, je suis d'avis que, comme pour les aliments (2), les tribunaux doivent se déterminer d'après les faits de la cause.

Je la crois valable si la reconnaissance est postérieure à l'adoption ; car, dans le cas contraire, l'adoptant pourrait à volonté révoquer le contrat (3).

220. — Un enfant naturel peut être adopté par sa mère sans que les héritiers soient recevables à opposer l'adultérinité de l'enfant, résultant d'une déclaration de grossesse et d'un acte de baptême faits sous l'ancienne législation (4).

221. — Un prêtre catholique peut-il exercer la faculté d'adopter ? Cette question, qui est fort controversée, même parmi les canonistes, n'a paru difficile que quand on a voulu l'associer à la célèbre thèse du mariage des prêtres, thèse dont elle est absolument indépendante. En effet, « l'adoption », dit M. Pont, dans une dissertation à ce sujet (5), « n'est pas la fiction du mariage, elle est la fiction de la paternité... Il faudrait donc prouver non pas que le mariage est incompatible avec le caractère du prêtre, mais que le caractère du prêtre est inconciliable avec la paternité. Or, l'irrésistible puissance du fait s'élève contre une semblable preuve ; car, si le clergé ne compte pas un prêtre marié, il en compte un assez grand nombre qui sont pères de famille, etc. ».

De son côté, Mgr Ravinet (6), archevêque de Paris, pensait : « qu'aucune décision du droit canon ne peut faire

---

(1) Sur Grenier, *Traité succinct de l'Adoption*, note *a*, n° 35 et note du n° 130 *bis.*

(2) V. *supra*, n° 184.

(3) *Dict. du Not.*, V. *Adoption*, n° 17.

(4) Cass., 6 fév. 1833.

(5) *Revue de législ.*, décembre 1844 ; Ancelot, sur Grenier, *ibid.*, note *a*, n° 35.

(6) Lettre du 2 juin 1841, *Dict. de droit et de jurisp.*, de l'abbé Prompsault, édition Migne, t. I, col. 150, qui est du même avis. Le *Dictionnaire du*

déclarer invalide un acte d'adoption contracté par un prêtre, bien qu'un pareil acte soit certainement opposé à l'esprit de l'Eglise ».

L'adoption a été établie sans restriction ni exclusion. Sans doute, elle pouvait être d'une plus grande consolation aux seules personnes engagées dans le mariage et qui n'avaient point d'enfant, les célibataires, ayant la faculté de se marier, pouvant encore en avoir ; mais, dans l'exposé des motifs présenté par Berlier, à la séance du 21 ventôse an II, et dans le rapport de Perreau, présenté le 30 suivant, les inconvénients qui pouvaient résulter de cet état de choses ne furent pas pris en considération, et les célibataires furent admis à la faculté d'adopter (1).

Un arrêt de la Cour de Paris, du 19 juillet 1842, confirmatif d'un jugement de première instance qui déclare qu'il n'y a pas lieu de prononcer la nullité de l'adoption ; porte : « Considérant qu'il résulte des documents de la cause que M. Houël, peu de temps après avoir été ordonné prêtre, a cessé l'exercice du sacerdoce, en 1794, par suite d'événements politiques et que, depuis cette époque jusqu'à sa mort, il n'a jamais repris ses fonctions ; qu'il a rempli successivement, avant et après le Concordat, divers emplois civils pour lesquels il a reçu un traitement de l'Etat et obtenu une pension de retraite ; Considérant que M. Houël était dans cette position lorsque, en 1828, il a adopté Gabriel Dagnier, fils de sa sœur ; que ni dans sa demande, ou autres actes de procédure, ni dans les jugements et arrêts qui ont admis l'adoption, sa qualité de prêtre n'a été énoncée ; qu'il y a pris celle d'ancien chef de bureau au ministère de la guerre ; considérant que, l'adoption ayant été conférée et consommée dans ces circonstances, il n'y a pas lieu d'en prononcer la nullité ».

Pourvoi en cassation par les héritiers Houël ; mais, le 26 novembre 1844 (requêtes), la Cour : « Attendu qu'on ne

---

Notariat, V. *Adoption*, cite cette lettre du 2 juin 1841, comme étant de Mgr Affre.

(1) Abbé Prompsault, *ibid.*, col. 159.

trouve, soit dans le Code civil, soit dans les lois organi-
ques du Concordat, soit dans ceux des canons de l'Eglise
qui, reçus dans le royaume, ont force de loi, aucune disposition qui défende au prêtre catholique l'adoption, et le
prive ainsi du droit que tout citoyen tient de la loi, lorsque
d'ailleurs il réunit toutes les conditions voulues en pareil
cas. — Attendu que, par le dispositif de son arrêt, la Cour
royale s'est conformée à ces principes : — Rejette (1) ».

Il importe de remarquer que la Cour de cassation a seulement approuvé le *dispositif* de l'arrêt de la Cour royale
de Paris qui, pour éluder tant bien que mal la difficulté,
basait, à tort, cet arrêt sur une prétendue extinction de la
qualité de prêtre et semblait, comme le tribunal de première instance, vouloir faire dépendre la question de droit
d'une question de fait. La Cour de cassation, répudiant
ces principes, a compris que la qualité de prêtre est indélébile, et décidé, en thèse générale, qu'un prêtre catholique, lors même qu'il remplirait encore les fonctions sacerdotales, était habile à exercer la faculté d'adopter (2).

Convenons que notre jurisprudence peut conduire à de
scandaleux résultats. En effet, le prêtre, nous l'avons
vu (3), peut reconnaître un enfant naturel, l'enfant natu-

---

(1) *Archives du Not.*, an. 1845, n° 360.
(2) Dans ce sens : Consultation délibérée par MM. Bonjean, Blondeau, Valette,
Dumont, Pardessus, Nibelle, Berryer fils, Dalloz, Loiseau, Pinard, de Vatismenil,
Royer-Collard, Mermillod et Billequin. — Demolombe, n° 54 ; Valette, sur Prou-
dhon, t. II, p. 224, *Rev. de législ.*, t. XXI, p. 507 ; Ducaurroy, t. I, n° 516 ;
Picot, sur l'art. 345 qui cite Cass., 19 av. 1842 et 26 nov. 1846 ; *Arch. du
Not.*, an. 1845, n° 360.
Contra : Duranton, t. III, n° 286 ; Sébire et Carteret, *Encyclopédie du
Droit*, V. *Adoption*, n° 26 ; Delvincourt, t. I, p. 95 ; Marcadé, t. II, sur 346,
n° 3. — Consultation de MM. Odilon Barrot et Cormenin dans cette affaire ;
Odilon Barrot, n° 26 ; Mgr l'évêque du Maroc, dans une lettre du 7 janv. 1841,
a déclaré : « Qu'un prêtre catholique est incapable d'adopter », et qu'il ne se
rappelle pas un seul exemple qui contredise cette jurisprudence dans la longue
suite de nos annales ecclésiastiques. L'évêque de Bayeux et celui du Mans, con-
sultés sur la même question, répondirent dans le même sens. V. l'abbé Prompsault, *ibid.*, col. 160, qui, nous l'avons dit, note 2 de la page précédente, est
d'un avis contraire. Mais depuis la lettre de l'évêque du Maroc nous trouvons
l'exemple cité.
(3) *Supra,* n° 153.

rel peut être adopté, donc le prêtre peut adopter son propre enfant naturel. Il est vrai qu'on ne trouve point d'exemple de cette dernière espèce dans les monuments de la jurisprudence; mais, si le cas se présentait, l'Eglise ne saurait autoriser une adoption de cette nature, et les tribunaux devraient examiner si les statuts de l'Eglise ne sont pas devenus lois de l'Etat capables de résister à ces impudentes prétentions (1).

222. — On peut évidemment adopter un prêtre catholique.

Section 2. — DE LEURS EFFETS.

223. Ses effets sur le nom, la famille, la succession et les prohibitions.
224. N'opère aucune transmission de droit de famille.
225. Le lien de parenté existe à l'égard des descendants de l'adopté.
226. L'adoption n'est pas révocable.
227. Si elle peut être attaquée après le décès de l'adoptant.
228. Cas de nullité.

223. — L'adoption confère le nom de l'adoptant à l'adopté, en l'ajoutant au nom propre de ce dernier. (347.) L'adopté reste dans sa famille naturelle et y conserve tous ses droits, et réciproquement ses parents naturels ont droit à sa succession, s'il décède sans postérité. (351.) L'adopté reste sous la puissance de ses père et mère légitimes, qui ont seuls le droit de consentir à son mariage, mais le mariage est prohibé entre l'adoptant, l'adopté et ses descendants, entre les enfants adoptifs du même individu, entre l'adopté et les enfants qui pourraient survenir à l'adoptant, entre l'adopté et le conjoint de l'adoptant et réciproquement. (348.)

224. — L'adoption n'opère aucune transmission de droit de famille et bien que la loi donne à l'adopté, sur la succession de l'adoptant tous les droits des enfants nés du

---

(1) V. abbé Prompsault, *Dict. de Droit*, édit. Migne, t. I, col. 159.

mariage (350), elle borne, par l'art. 349, l'obligation respective de fournir des aliments à l'adoptant et à l'adopté ; en sorte qu'elle exclut toute idée de parenté entre l'adoptant et les enfants de l'adopté (1).

225. — Cependant la Cour de cassation a jugé (2) que le lien de parenté civile, par l'effet duquel l'adopté succède à l'adoptant, existe aussi à l'égard des descendants de l'adopté, tellement que ceux-ci ont le droit de recueillir la succession de l'adoptant par représentation de leur père prédécédé (3). Mais l'adopté n'acquiert aucun droit dans les degrés collatéraux de la famille adoptive (4).

226. — L'adoption n'est pas révocable pour cause d'ingratitude (5), ni pour cause de survenance d'enfant à l'adoptant, à moins que, ainsi que nous l'avons expliqué (6), l'enfant n'ait été conçu au moment de l'adoption. Mais l'adopté peut être écarté de la succession pour cause d'indignité (7).

227. — La question de savoir si elle peut être attaquée, soit en la forme, soit au fond, soit par les parties, soit par les héritiers de l'adoptant, après son décès, est controversée en doctrine : pour la tranquillité des familles, l'adoption, une fois consommée, devrait être indestructible (8). Mais la jurisprudence repousse cette opinion (9),

---

(1) Grenier, *de l'Adoption*, n° 37 ; Delvincourt, p. 96 ; Zachariæ, p. 19 ; Demolombe, n° 141. *Contra :* Marcadé, sur 350, n° 4 ; Od. Barrot, n° 74 ; Toullier, t. II, n° 1015 ; Proudhon et Valette, p. 221 ; quant à M. Merlin, *Quest. de Droit*, V. *Adoption*, § 7, il n'accorde le droit de représentation qu'aux enfants de l'adopté dont la naissance est postérieure à l'adoption.

(2) 2 déc. 1822, sect. civ., et 10 nov. 1869, ch. req.

(3) Paris, 27 janv. 1824 ; Nancy, 30 mai 1868 ; Toullier, t. II, n° 1015 ; Proudhon, t. II, p. 139 ; Duranton, t. I, n° 314. *Contra :* Grenier, n° 37 ; Delvincourt, p. 415.

(4) Grenier, n° 37 ; Demolombe, n° 138.

(5) Duranton, t. III, n° 328 ; Demolombe, n° 127 ; Grenoble, 2 mars 1842.

(6) *Supra*, n° 200.

(7) Duranton, t. III, n° 327 ; Zachariæ, t. IV, § 559, Duvergier, sur Toullier, t. II, n° 1018, note *a*.

(8) Art. 18522 j. n., observations ; Duvergier, sur Toullier, note *a* du n° 1018, t. II, dit que M. Toullier est le seul auteur qui ait professé l'opinion contraire.

(9) Duranton, n° 326, 329 ; Cass., 22 nov. 1825 et 28 av. 1841 ; Bayeux, 3 mai 1866.

tout en se montrant sévère sur l'examen des preuves.

228. — Les nullités absolues, par exemple le défaut de consentement du conjoint de l'adoptant, sont perpétuelles et ne s'éteignent, pour les héritiers de l'adoptant, qu'avec l'action en pétition d'hérédité ; quant aux nullités relatives, outre qu'elles ne peuvent être invoquées que par la partie à qui elles font grief, elles paraissent devoir être régies par la prescription de l'art. 1304 du Code civil (1).

---

(1) Demolombe, n°s 204, 205, 207, 212. 213, *Dict. du Not.*, V. *Adoption*, n°s 61 et 62.

CHAPITRE VII.

Tutelle officieuse.

229. — La tutelle officieuse est un contrat solennel par lequel une personne s'oblige à nourrir et élever gratuitement un mineur, d'administrer ses biens et de le mettre en état de gagner sa vie (364).

230. — C'est une innovation des rédacteurs du Code. On n'en trouve le modèle ni dans les lois romaines, ni dans les législations des peuples voisins (1).

231. — Nous avons vu que l'enfant naturel reconnu pouvait être adopté par son père ou par sa mère ; mais, la tutelle officieuse étant le préliminaire indispensable de l'adoption testamentaire, le testateur, pour adopter son

____

(1) Toullier, t. II, n° 1021.

enfant naturel, est donc obligé de se conformer, à peine de nullité, à tout ce qui est prescrit dans le chapitre de la tutelle officieuse, laquelle ne saurait être suppléée par la reconnaissance de l'enfant naturel que son père veut adopter (1).

232. — La tutelle ordinaire est une charge de famille qu'on ne peut refuser sans motifs d'excuse agréés par le conseil de famille ou par les tribunaux (art. 438 et 440); tandis que la tutelle officieuse est un contrat de bienfaisance purement volontaire. Les tuteurs ordinaires ne sont pas obligés de nourrir, ni d'élever le mineur, ni d'administrer gratuitement ses biens; tandis que les tuteurs officieux sont obligés de remplir tous ces devoirs et, de plus, de mettre le mineur en état de gagner sa vie. (Art. 364.)

233. — Mais la tutelle officieuse n'est pas interdite aux femmes (2).

234. — Le tuteur doit réunir les conditions suivantes :

1° Être âgé de plus de cinquante ans ;

2° N'avoir ni enfants, ni descendants légitimes (361) ;

3° Avoir le consentement de son conjoint, s'il est marié (362) ;

4° Être capable d'exercer la tutelle ordinaire.

235. — Relativement au pupille, il faut :

1° Qu'il soit âgé de moins de quinze ans (364) ;

2° Qu'il ait le consentement de ses père et mère, ou du survivant d'entre eux, ou, à leur défaut, d'un conseil de famille, ou enfin, si l'enfant n'a point de parents connus, celui des administrateurs de l'hospice où il aura été recueilli ou de la municipalité du lieu de sa résidence. (861.)

236. — C'est le juge de paix du domicile de l'enfant qui dresse procès-verbal des demandes et consentements relatifs à la tutelle officieuse (363) ; il dresse l'acte souscrit par le tuteur officieux ; mais les consentements dont il est parlé ci-dessus peuvent être passés devant notaires (3).

---

(1) Art. 361 et suiv. du C. c.; Cass., 23 juin 1857.
(2) Duranton, t. III, n° 334 ; Toullier, t. II, n° 1026 ; Demolombe, n° 221.
(3) *Dict. du Not.*, V. *Tutelle officieuse*, n° 5.

237. — Nous avons vu (1) que, pour l'adoption ordinaire, il fallait que l'adoptant ait donné au mineur des soins non interrompus pendant six ans au moins. Pour l'adoption testamentaire, la loi n'exige que cinq ans révolus, depuis le commencement de la tutelle officieuse. (366 C. c.)

238. — Si le tuteur officieux craint de mourir avant la majorité de son pupille, il peut l'adopter par testament, ainsi que nous l'avons indiqué (2), pourvu qu'il ne laisse point d'enfants légitimes (366) ; car la survenance d'enfants légitimes révoquerait l'adoption testamentaire (3).

239. — A la majorité du pupille, pour le cas où le tuteur officieux persisterait à l'adopter, on suit les formes de l'adoption ordinaire et ses effets sont les mêmes.

240. — Il faut remarquer :

1° Que le pupille parvenu à sa majorité, peut refuser l'adoption que voudrait lui conférer le tuteur officieux ; mais, dans ce cas, il n'a point d'indemnité à prétendre (4).

241. — 2° Que rien n'oblige le tuteur à conférer l'adoption que le pupille a le droit de requérir dans les trois mois qui suivent sa majorité (5).

242. — Mais, dans ce cas, si le pupille n'est point en état de gagner sa vie, le tuteur officieux peut, après les réquisitions restées sans effet, être condamné à indemniser le pupille de l'incapacité où celui-ci pourrait se trouver de pourvoir à sa subsistance. Cette indemnité se résout en secours propres à lui procurer un métier : le

---

(1) *Supra*, n°⁰ 200 et 209.
(2) *Supra*, n° 209.
(3) Toullier, t. II, n° 1024.
(4) *Ibid.*, n° 1032.
(5) *Ibid.*, n°⁰ 1033-1035 et note *a* de ce dernier n° où Duvergier dit : « La loi (art. 369) se borne à imposer au tuteur un délai pour délibérer sur la convenance de l'adoption et pendant lequel il ne peut être condamné envers le pupille. Mais elle ne prononce contre ce dernier aucune déchéance, faute d'avoir requis l'adoption pendant le même délai. Or, une déchéance ne peut ni s'induire ni se suppléer ».

tout sans préjudice de stipulations qui auraient pu avoir lieu dans la prévoyance de ce cas (1). (369.)

243. — Ce qui veut dire que cette indemnité peut être réglée d'avance dans le contrat de tutelle officieuse ; les articles 364, 367 et 369, laissent une liberté entière pour les stipulations particulières. C'était bien le moins que pût faire le législateur : car, il faut bien reconnaître que la compensation toute morale que le tuteur peut espérer de ses bienfaits supporte avec peine ces entraves légales et détourne souvent de l'adoption. Pour que la charité se produise, n'importe sous quelle forme, il lui faut laisser toute liberté. Ainsi c'est au tuteur officieux, dans sa première obligation, à prévoir le cas où le pupille ne répondrait pas à son acte de bienfaisance et à fixer le prix de leur séparation.

244. — L'indemnité est due, quelle que soit la cause qui fait rester sans effet les réquisitions à fin d'adoption, même dans le cas d'un empêchement involontaire de la part du tuteur, par exemple s'il lui était survenu des enfants, « parce que », dit Toullier (2), c'est sa négligence à mettre le pupille en état de gagner sa vie, qui donne lieu à l'indemnité ».

245. — Aucune disposition du Code n'exige un subrogé tuteur, pour la tutelle officieuse ; sa surveillance aurait pu détourner les personnes disposées à former ce contrat (3) déjà si rare.

---

(1) Demolombe, n° 229, *Dict. du Not.*, V. *Tutelle officieuse*, n° 13 ; Toullier, t. II, n° 1034.
(2) T. II, n° 1034.
(3) Duranton, t. III, n° 340.

CHAPITRE VIII.

Puissance paternelle sur les enfants naturels.

246. L'enfant naturel y est soumis.
247. Le père exerce le droit de correction, l'enfant doit lui demander son consentement pour contracter mariage.
248. Réciprocité dans les successions et pour les aliments; différences.
249. Les père et mère n'ont pas l'usufruit légal.
250. Mais ils ont la tutelle légale.
251. Et sont administrateurs légaux de leurs biens.
252. Cependant cette question est controversée.
253. Elle est instituée en faveur des père et mère. En quels cas les tribunaux peuvent confier la tutelle à un tiers.
254. La Cour de cassation compare le mariage de la mère au convol de la mère légitime.
255. Le conseil de famille peut ne se composer que d'amis. Où se trouve le domicile de l'enfant non reconnu.

246. — L'enfant naturel est soumis à la puissance paternelle.

A Rome ou en France, il n'existait anciennement que des liens naturels entre le bâtard et ses parents. La reconnaissance établit aujourd'hui des liens civils de paternité et de filiation.

247. — Ainsi le père exerce le droit de correction et de détention temporaire établi par les art. 376, 377, 378 et 379, communs aux enfants légitimes et naturels; l'enfant naturel est tenu de produire, en cas de mariage, le consentement de ses père et mère, s'il est mineur, et leur conseil, s'il est majeur. C'est-à-dire que les dispositions relatives aux actes respectueux qui doivent être faits aux père et mère légitimes s'appliquent aux enfants naturels légalement reconnus. (158.)

248. — L'enfant naturel, ainsi que nous le verrons (1), a une réserve dans les biens de son père ; une successibilité réciproque est établie entre eux (757 et 765) ; ils doivent mutuellement se fournir des aliments en cas de besoin. Cependant le Code est muet sur cette question ; mais la nature le commande surtout à l'égard de la mère qui est toujours certaine.

Quant aux pères, il y a, il faut en convenir, une différence, qui ne doit faire admettre qu'avec prudence la demande d'aliments. En effet, ils n'ont d'autres preuves de leur paternité qu'une reconnaissance qu'ils peuvent faire sans l'aveu ou même contre l'aveu de la mère (2). De plus, l'enfant a le droit de contester cette reconnaissance. Sans doute, s'il ne le fait pas, la paternité reste certaine, et, dès lors, l'action en aliments de la part du père est aussi bien fondée ; mais, je crois, comme M. Duvergier (3), que les tribunaux pourront toujours apprécier la conduite des parents naturels envers leurs enfants, et sinon leur refuser des aliments, du moins en réduire la quotité. L'enfant naturel, lui, n'a rien à se reprocher ; nous avons vu (4) qu'il avait droit à des aliments. Il n'en est pas de même des parents : la naissance de l'enfant est le résultat de leur faute, et si le Code n'a rien prononcé sur cette question, c'est, sans doute, pour l'abandonner à la sagesse du magistrat (5).

249. — Quelques auteurs ont pensé que l'usufruit légal appartient aux père et mère de l'enfant naturel reconnu (6). Mais la doctrine la plus accréditée est contraire à cette opinion (7). En effet, aux termes de l'art. 384, cette jouissance légale ne peut avoir lieu qu'en cas de

(1) V. *Infra*, n° 345.
(2) V. *Supra*, n° 110 et suiv.
(3) Sur Toullier, t. II, n° 1074, note *a*.
(4) *Supra*, n° 187 et suiv.
(5) Toullier, t. II, n° 1074.
(6) Salviat, V. *Usufruit*, t. II, p. 110 ; Favard, *Répert.*, V. *Enfants nat.*; Loiseau, *Traité des enf. nat.*
(7) Toullier, t. II, n° 1073 ; Merlin, *Quest. de droit*, V. *Tuteur*, § 4 ; Delvincourt, t. I, p. 98 ; Duranton, t. III, n° 364 : Proudhon, *Usuf.*, n° 124 ; Va-

mariage. C'est donc un privilége exclusivement attaché à la paternité légitime (1).

250. — Mais la tutelle légale de l'enfant naturel appartient à ses père et mère (2).

251. — Dans ce cas, ils ont l'administration légale des biens de leurs enfants en qualité d'administrateurs légaux et non pas en qualité de tuteurs (3).

252. — Cependant, de ce que le Code est muet sur cette question, elle est vivement controversée : de graves auteurs disent que, dans le silence de la loi, ils est difficile de reconnaître l'existence d'une tutelle légale et qu'il n'y a point de lacune à combler par voie d'interprétation, puisqu'on a toujours la ressource d'une tutelle dative qui présente le grand avantage de n'être point livrée aux chances du hasard ; que, par suite, la tutelle des enfants naturels ne peut être ni légale, ni testamentaire, mais seulement dative (4).

253. — Si l'on songe que la puissance paternelle est en grande partie instituée en faveur des père et mère, tandis que la tutelle ne l'est qu'en faveur des enfants, que la puissance paternelle est un droit, et la tutelle une charge publique (5), on arrive facilement à comprendre que quelquefois l'intérêt de l'enfant, d'accord avec celui des bonnes mœurs, peut réclamer que sa tutelle soit exercée par d'autres que par les parents à la conduite licencieuse desquels a été due la tache de sa naissance, et, si le Code reste encore muet sur cette question, c'est

---

zeille, V. *Mariage*, t. II, n° 477 ; Marcadé, sur 384, n° 4 ; Demolombe, t. VI, n° 629 ; Pau, 13 fév. 1822, *Dict. du Not.*, V. *Enf. nat.*, n° 13.

(1) Picot, sur l'art. 384.

(2) *Discours sur le titre de la puissance paternelle*, Delvincourt, t. I, p. 103 ; Vazeille, *ibid.*, t. II, n° 478 ; Magnin, *des Minorités*, n° 504 ; Bruxelles, 4 fév. 1811 ; Colmar, 16 mai 1813 ; Grenoble, 21 juillet 1836 ; Douai, 13 fév. 1844 ; Cass., 20 av. 1850 ; Poitiers, 5 mai 1858.

(3) Marcadé, p. 158.

(4) Duvergier, sur Toullier, t. II, n° 1093, note *a*. Dans ce sens : Duranton, t. III, § 431 ; Valette, sur Proudhon, t. II, p. 290 ; Rolland de Villargues, *Dissertation* ; Sirey, 13, 2, 19 ; Paris, 9 août 1811 ; Amiens, 23 juillet 1814 ; Grenoble, 3 av. 1819 ; Agen, 19 fév. 1830 ; Lyon, 11 juin 1856.

(5) Toullier, t. II, n° 5092.

sans doute aussi pour l'abandonner à la sagesse du magistrat.

Je citerai un arrêt de la Cour de Caen, du 16 mars 1875 (1), qui, quoique ne se rattachant pas, d'une manière directe, à ce sujet, vient à l'appui de cette opinion.

Dans l'espèce, Thérèse Robin, qui était depuis 4 ans domestique chez Vaudevire, dit Labutte, accoucha, chez ce dernier, le 5 mars 1861, d'un fils qui fut inscrit comme enfant naturel de celle-ci, sous les noms d'Eugène-Emile Labutte. Le 2 avril suivant, Vaudevire instituait par testament ledit Emile Labutte son légataire universel et léguait à Thérèse Robin l'usufruit de la moitié de ses immeubles, en stipulant qu'elle perdrait cet usufruit si elle venait à se marier. Après le décès du testateur, Thérèse Robin épousa Agnès et fut quelque temps après, le 23 mai 1873, pour les faits les plus graves, destituée de la tutelle de son fils. De plus le legs d'usufruit légué conditionnellement à la dame Agnès fut déclaré caduc.

254. — Lorsque la mère d'un enfant naturel se marie, le mari devient co-tuteur solidaire de l'enfant. (395.) Toutes les dispositions de la loi tendent à assurer à l'enfant naturel la même protection qu'à l'enfant légitime. Un arrêt de la Cour de cassation, du 31 août 1815, compare le mariage de la mère d'un enfant naturel au convol de la mère légitime : en conséquence, il décide que l'art. 395, qui oblige la mère légitime qui se remarie de convoquer le conseil de famille, pour savoir si la tutelle doit lui être conservée, s'applique à la mère naturelle (2).

255. — Les enfants nés hors mariage, n'ayant point de famille, on ne peut leur appliquer les articles du Code qui ordonnent de prendre six parents moitié dans chaque ligne pour composer le conseil de famille. Ce conseil, à leur égard, peut ne se composer que d'amis, et c'est en cette qualité que les parents des père et mère peuvent y

---

(1) Art. 2118 1 j. n.
(2) Art. 3907 j. n.; *Dict. du Not.*, V. *Enf. nat.*, n° 19.

ètre appelés (1). Le domicile de l'enfant naturel non
reconnu est chez le bienfaiteur qui l'a recueilli et élevé.
et c'est au domicile de ce dernier que doit ètre convoqué
le conseil de famille chargé de lui désigner un tuteur et
un subrogé tuteur (2).

---

(1) Cass., 3 sept. 1806 ; Denevers, an 1806, p. 633 et suiv. : Sirey, 6, 1, 174 ;
art. 3885 j. n.

(2) V. arrêt ou jug. cité au journal *le Mandataire du Notariat*, n° 1014 ; du
24 janvier 1878. En ce sens : Dalloz, *Rép.*, V. *Domicile*, n° 88 : Demolombe,
n° 361 ; Duranton, n° 368 : Marcadé, sous l'art. 108 : Delvincourt, t. I, p. 39.

CHAPITRE IX.

Émancipation.

256. — L'enfant naturel reconnu peut, comme l'enfant légitime, être émancipé par son père ou sa mère. S'il n'a pas été reconnu ou si ses père et mère sont morts, l'émancipation à dix-huit ans peut être prononcée par un conseil de famille qui, alors, est composé d'amis (1).

257. — L'émancipation est l'acte qui délivre le mineur

---

(1) Duranton, n° 657 ; Dalloz, V. *Tutelle*, p. 776 ; Limoges, 2 janv. 1821 ; *Dict. du Not.*, V. *Emancipation*, n° 36 ; Toullier, t. II, n° 1287 ; Magnin, n° 816 ; Demolombe, t. VIII, n° 373 ; Marcadé, sur 477, n° 2.

de la puissance paternelle ou de la tutelle. en lui donnant le droit de se gouverner lui-même et d'administrer ses biens dans les limites fixées par la loi.

258. — L'émancipation est tacite ou expresse.

259. — Elle est tacite quand elle s'opère de plein droit par le mariage (476). Quand on dispose de sa personne. on doit pouvoir disposer de son bien. Dans ce cas, le mari est curateur de droit de sa femme mineure (1).

260. — L'émancipation expresse est celle qui s'opère aussitôt que le mineur a atteint l'âge de quinze ans révolus, par la volonté déclarée du père ou de la mère ou à dix-huit ans révolus par le conseil de famille (477), devant le juge de paix, assisté du greffier, ou par délibération du conseil de famille, sous la présidence du juge de paix. qui prononce que *le mineur est émancipé.* (478.)

261. — Ces formalités sont prescrites à peine de nullité. comme dans tous les actes solennels. A ce sujet. on lit dans le *Dictionnaire du Notariat* (2) : « La déclaration faite. par exemple, devant notaire, dans un testament public. serait insuffisante : il est même remarquable que le ministère du notaire n'est requis par la loi pour aucun des actes de l'état civil » (3).

262. — La mère est admise à émanciper à défaut du père (477), encore qu'elle aurait renoncé à la tutelle et convolé à de secondes noces. Elle n'a pas besoin à cet effet de l'autorisation de son second mari, qui ne partage pas avec elle la puissance paternelle, lors même qu'il est cotuteur (4).

263. — La femme qui, avant son mariage avec un autre que le père, aurait donné naissance à un enfant naturel qu'elle seule aurait reconnu, jouirait des mêmes avantages par analogie de ce que nous avons dit pour le

---

(1) Duvergier, sur Toullier, t. II. n° 1285, note *a*.

(2) V. *Emancipation,* n° 7.

(3) *Ibid.;* Malleville, sur l'art. 477 (art. 1238 et 1472 j. n., 1°) : Demolombe, n° 196. *Contra :* Delaporte, *Pand. franç.,* t. IV, p. 614.

(4) Colmar, 17 juin 1807 ; Bruxelles, 6 mai 1806 ; Bordeaux, 14 juillet 1838 : Duranton, n° 656 ; Freminville, n° 1031 ; Demolombe, n° 203.

consentement au mariage de son enfant naturel (1) et par la comparaison faite par la Cour de cassation (2).

264. — Le mineur émancipé qui fait un commerce est réputé majeur pour les faits relatifs à ce commerce. (487.)

Mais le Code de commerce exige, en outre, une autorisation spéciale revêtu des formalités solennelles, et qui résulte de l'art. 2 ainsi conçu : « Tout mineur émancipé de l'un et de l'autre sexe, âgé de dix-huit ans accomplis, qui voudra profiter de la faculté que lui accorde l'art. 487 du C. c. de faire le commerce, ne pourra en commencer les opérations, ni être réputé majeur, quant aux engagements par lui contractés pour faits de commerce : 1° s'il n'a été préalablement autorisé par son père, ou par sa mère en cas de décès, interdiction ou absence du père, ou, à défaut du père et de la mère, par une délibération du conseil de famille, homologuée par le tribunal civil ; 2° si, en outre, l'acte d'autorisation n'a été enregistré et affiché au tribunal de commerce du lieu où le mineur veut établir son domicile ».

Et l'art. 3 porte : « La disposition de l'art. précédent est applicable aux mineurs même non commerçants, à l'égard de tous les faits qui sont déclarés faits de commerce par les dispositions des art. 632 et 633 C. com. ».

265. — Le père, la mère ou le conseil de famille, qui peuvent refuser l'autorisation, peuvent aussi la limiter à certain genre de commerce (3).

266. — Les effets de l'émancipation, en général, sont relatifs à la personne ou aux biens.

267. — L'effet de l'émancipation, relativement à la personne du mineur, est de faire cesser la tutelle et même les droits de la puissance paternelle, à l'exception du consentement des père et mère : 1° au mariage de leurs enfants (148) ; 2° à leur adoption (346) ; 3° à leur enrôlement

---

(1) *Supra*, n⁰ˢ 155 et 156.
(2) 31 août 1815. V. *Supra*, n° 254.
(3) Toullier, t. II, n° 1292.

dans les armées françaises, s'ils ont moins de vingt ans (1) ;
4° à leur admission dans les ordres sacrés (2). Ainsi.
le mineur peut quitter la maison paternelle et aller demeurer où bon lui semble (3).

268. — Quant aux biens, le mineur émancipé peut
faire tous les actes de pure administration : mais il a
besoin d'un curateur : 1° lorsqu'il s'agit de l'audition et
de l'arrêté du compte de tutelle. soit à l'amiable. soit en
justice (4) : 2° quand le mineur reçoit un capital mobilier
quelconque. ce qui comprend nécessairement le reliquat du
compte de tutelle. et, par suite. en donne décharge : le
curateur doit alors surveiller l'emploi de ce capital (5) :
3° et dans les procès sur actions immobilières concernant le mineur, soit en demandant. soit en défendant,
sans pouvoir toutefois acquiescer à ces actions : s'il est
question de l'établissement par mariage du mineur. de
l'aliénation de ses immeubles. d'emprunt et de tout acte
autre que ceux de pure administration. le concours du
conseil de famille est indispensable. (C. c.. 160 480. 482.
483, 484.)

269. — L'enfant abandonné. admis dans un hospice.
peut également être émancipé à quinze ans par le membre
de la Commission administrative qui a été désigné pour
son tuteur et qui seul comparait. à cet effet, devant le
juge de paix, et l'acte d'émancipation sera délivré sans
autres frais que ceux de timbre et d'enregistrement (6).

270. — Si ses engagements ont été réduits pour excès.
l'émancipation peut être retirée au mineur dans les mêmes
formes que celles qui ont eu lieu pour la lui conférer (485) :
mais l'époux mineur. tant que son mariage existe, ne

---

(1) Art. 46, loi du 27 juillet 1872.
(2) L'art. 4 du décret du 28 fév. 1810 exige ce consentement pour les fils
agés de moins de 25 ans accomplis et l'art. 7 du décret du 18 fév. 1809 exige
ce consentement de la fille mineure âgée de moins de vingt et un ans pour être
admise à prononcer des vœux dans une congrégation religieuse.
(3) Toullier, t. II, n° 1294.
(4) Argum. C. c., 480.
(5) Argum. C. c., 482.
(6) L. 15 pluviôse an XIII. art. 4.

peut jamais perdre le bénéfice de son émancipation tacite.

271. — Dès le jour où l'émancipation a été révoquée, le mineur rentre en tutelle et y reste jusqu'à sa majorité. (486.) On ne saurait l'émanciper une seconde fois (1).

____

(1) *Dict. du Not.*, V. *Emancipation*, nº 14.

CHAPITRE X.

Successions irrégulières.

Section 1. — DROITS DES ENFANTS NATURELS SUR LES BIENS DE LEURS PÉRE ET MÉRE.

272. En quoi ils consistaient sous l'ancienne législation et sous la loi de brumaire.

273. Les droits des enfants reconnus avant ou sous la loi de brumaire sont réglés par le Code — ainsi que ceux des enfants reconnus dans l'ancien droit dont le père est mort sous le Code.

274. En quels autres cas les droits des enfants naturels sont réglés par le Code.

275. L'application de ces dispositions devient rare.

276. Article 756 du C. c.

277. Il n'est question que des enfants naturels reconnus. En d'autres termes, il n'existe, aux yeux de la loi, que les enfants naturels reconnus.

278. Les adultérins ou incestueux n'ont d'autre droit que les aliments.

279. Un enfant ne peut être privé de la succession ou du legs de son prétendu père sous prétexte qu'il est adultérin.

280. Controverse.

281. En quel cas la mère peut ou ne peut pas succéder à son enfant adultérin.

272. — L'ancienne législation refusait tout droit de succession aux enfants naturels : ils ne pouvaient réclamer que des aliments (1). Par l'art. 2 de la loi du 12 brumaire an II, la Révolution leur a donné les mêmes droits qu'aux enfants légitimes (2). Le Code civil a su éviter ces deux excès en conciliant les droits de la nature et le respect dû à la dignité du mariage (3).

273. — Cet état de choses a donné lieu aux deux questions suivantes :

1° Si les droits et la forme de reconnaissance des enfants naturels nés avant ou sous la loi du 11 brumaire an II, reconnus avant ou sous cette loi, mais dont les père et mère ne sont décédés que postérieurement au Code civil, doivent être réglés par ce Code (4). La jurisprudence a consacré l'affirmative : « Attendu », dit un arrêt de la Cour de cassation, du 6 avril 1868 (ch. req.), « que c'est un principe élémentaire autant qu'incontesté que la succession

---

(1) Demolombe, t. II, n° 8.
(2) Demolombe, n° 9.
(3) Demolombe n° 11.
(4) L. 18 brum. an VIII; L. 14 flor. an XI.

est régie par la loi en vigueur au moment où elle s'est ouverte : que c'est à cette loi qu'il faut se référer. pour déterminer les personnes habiles à succéder : qu'en effet. jusqu'à l'ouverture de la succession. les héritiers présomptifs ont. non pas un droit acquis. mais une simple expectative que le législateur peut incessamment modifier : Rejette. etc. ».

2° Si l'enfant naturel. dont le père est mort sous le C. c.. peut se prévaloir. pour exercer des droits dans la succession. de déclarations ou reconnaissances de paternité obtenues sous l'ancien droit. mais contraires aux dispositions de ce Code. — La Cour de cassation a consacré la négative (1).

274. — Un autre arrêt de la même Cour. du 3 février 1851, décide, toujours dans le même sens. que la loi du 14 floréal an XI, aux termes de laquelle l'état et les droits des enfants naturels dont les père et mère sont morts depuis la loi du 12 brumaire an II. jusqu'à la promulgation du Code civil. sont réglés par le Code, s'applique aussi aux enfants naturels dont les père et mère sont morts depuis la promulgation du Code et aux enfants nés avant la loi du 4 juin 1793. comme à ceux qui sont nés depuis (2).

275. — On conçoit que l'application de ces dispositions devient de plus en plus rare.

276. — L'art. 756 C. c. porte.: « Les enfants naturels ne sont point héritiers : la loi ne leur accorde de droit sur les biens de leurs père ou mère décédés que lorsqu'ils ont été légalement reconnus. Elle ne leur accorde aucun droit sur les biens des parents de leurs père ou mère ».

277. — On le voit, les enfants naturels n'ont des droits sur les biens de leurs père ou mère décédés que lorsqu'ils ont été légalement reconnus, et sur la succession de celui-là seul qui les a reconnus (3). En d'autres termes il n'existe.

---

(1) 18 fév. 1851, art. 14554 j. n.
(2) J. n., art. 19314, *Observations.*
(3) Toullier. t. II. n° 247, 2ᵉ partie ; Demolombe. n° 13.

aux yeux de la loi. que les enfants naturels reconnus.

278. — Avant d'aborder la nature de ces droits, essayons de nous fixer sur ceux des enfants adultérins ou incestueux.

Nous avons vu (1) que les enfants naturels simples pouvaient seuls être reconnus. Le Code refuse expressément les droits de succession irrégulière aux adultérins ou incestueux pour ne leur accorder que des aliments (762). dont la quotité est réglée eu égard aux facultés du père ou de la mère, au nombre et à la qualité des héritiers légitimes. (763.) Et même, si le père ou la mère de ces enfants leur ont fait apprendre un art mécanique ou si l'un d'eux leur a assuré des aliments de son vivant, ils ne peuvent élever aucune réclamation contre la succession. (764.)

279. — Un enfant adultérin ne peut être privé de recueillir la succession de son prétendu père, ni les legs qu'il lui a faits. sous le prétexte qu'il est enfant adultérin, lors même que la reconnaissance de paternité qu'il rapporterait renfermerait l'aveu de l'adultérinité.

Un arrêt de la Cour de cassation, du 28 juin 1815, qui a posé ces principes, contient ces motifs remarquables :

« Que l'objet de cet art. 335, proclamé par l'orateur du gouvernement et par les orateurs du tribunat, a été d'empêcher, par respect pour les bonnes mœurs et la pudeur sociale, toutes les reconnaissances, toutes les confessions volontaires des crimes d'inceste et d'adultère, et de prévenir les débats scandaleux auxquels pourraient donner lieu ces révélations honteuses ; et qu'ainsi, lorsque ces reconnaissances, ces confessions volontaires, ont été faites malgré la prohibition de la loi, elles ne peuvent produire aucun effet ; que les confessions volontaires d'une filiation incestueuse ou adultère se trouvent proscrites par les mêmes motifs que les reconnaissances volontaires d'une paternité adultérine ou incestueuse ; qu'elles offenseraient également les bonnes mœurs ; qu'elles porteraient également atteinte à la pudeur sociale ; qu'elles donneraient

---

(1) *Supra.* nos 95 et suiv.

également lieu à des débats scandaleux, et qu'en conséquence elles sont également illicites : que d'ailleurs rechercher dans des faits et des actes la preuve de l'aveu
d'une filiation adultérine. ce serait indirectement rechercher la paternité : mais que toute recherche de paternité
est formellement interdite. surtout en matière d'adultère.
par les art. 340 et 342 C. N.. et que, d'après la disposition
générale de ces deux articles. la recherche ne peut pas
plus avoir lieu contre des enfants qu'à leur profit pour
établir leur filiation (1).... ›

280. — Toutefois. j'ai dit (2) qu'il existait sur ce point
une vive controverse et que quand la paternité adultérine
est établie par *toutes les circonstances de la cause*, indépendamment de tout acte de reconnaissance et de toute
recherche de paternité. des aliments sont dus à l'enfant
adultérin (3).

281. — Une reconnaissance naturelle adultérine. nulle
dans l'intérêt de l'enfant. n'a pas moins l'effet. à l'égard
de la mère qui l'a souscrite. de l'empêcher de succéder à
cet enfant (4).

Et la reconnaissance d'un enfant naturel faite dans l'acte
de naissance par le père. avec l'indication et l'aveu de la
mère. prouve la maternité de celle-ci. et lui donne le droit
de succéder à l'enfant. quoique cette reconnaissance soit
nulle quant au père pour cause d'adultérinité (5).

282. — S'il ressortait de *toutes les circonstances de la
cause*. la preuve de l'adultérinité. nous avons été d'avis
que cette preuve pouvait servir de base à une demande
d'aliments (6). Mais, s'il s'agit de libéralités faites à des
adultérins ou incestueux. la situation n'est plus la même.

---

(1) Art. 3449 j. n.; *Dict. du Not.*, V. *Enf. adult.*, n° 16.
(2) *Supra*, n° 174 et suiv.
(3) Cass., 15 juillet 1846 ; *Arch. du Not.*, n° 829. V. *supra*, n° 184.
(4) Nimes, 13 juill. 1824 ; Demolombe, n° 59 ; *Dict. du Not.*, V. *Enf.
adult.*, n° 21.
(5) Cass., 7 janv. 1852 ; *Dict. du Not.*, V. *Enf. adult.*, n° 22. Mais Demolombe, n° 574, prétend que la reconnaissance serait absolument nulle même
quant à la mère.
(6) *Supra*, n°s 174 et suiv.

En effet. dans le premier cas, les droits sacrés aux aliments imposent l'irrésistible volonté de satisfaire l'humanité : il faut, bon gré mal gré, que ces aliments soient fournis. A qui seront-ils imposés, si ce n'est à celui qui passe
pour être le père et qui le reconnaît lui-même ? Tandis
que, dans le second cas, toutes les prohibitions s'imposent froidement et font dédaigner, au profit de la morale,
des révélations impudentes dont le législateur lui-même,
par l'art. 335, a voulu atténuer les effets scandaleux.

Comme nous l'avons dit (1), la filiation peut être établie
judiciairement dans trois cas : 1° désaveu de paternité
selon l'art. 312 ; 2° enlèvement suivi de grossesse (340) ;
3° mariage nul pour bigamie, s'il n'y a bonne foi ni chez
l'un, ni chez l'autre des époux (2). Les autres cas (3), qui
se résument généralement en une reconnaissance prohibée, peuvent seulement servir, quand l'adultérinité est
prouvée par la *force des choses*, ou par les circonstances
de la cause, à baser une demande d'aliments.

283. — Mais ces derniers cas ne sauraient produire
aucun autre effet juridique, soit pour, soit contre l'adultérin ou l'incestueux. Ainsi une reconnaissance ne le rend
pas incapable de recevoir les libéralités, quelle qu'en soit
l'étendue, des auteurs de cette reconnaissance.

Quoique fortement controversée autrefois, cette proposition est aujourd'hui admise et consacrée par une doctrine et une jurisprudence constantes (4), bien que le
même accord, parmi les mêmes auteurs. n'existe pas sur
la question des aliments (5).

---

(1) *Supra*, n°ˢ 176 et suiv.
(2) *Dict. du Not.*, V. *Enf. adult.*, n° 13, art. 3535 j. n.
(3) V. *supra*, 185 et 194.
(4) Malleville, sur 335 ; Chabot, sur 762 ; Grenier, t. I, p. 151 ; Proudhon,
t. II, p. 104 et 108 ; Duranton, t. III, n°ˢ 195 et 209 ; Zachariæ, t. IV, p. 89 ;
Duvergier, sur Toullier, t. II, n° 967, note 1 ; Marcadé, sur 335, n° 2 ; Demolombe, n° 587 ; *Dict. du Not.*, V. *Enf. adult.* n° 14 ; Cass., 28 juin 1815 ;
11 nov. 1819 ; 9 mars 1824 ; 8 fév. 1836 ; 5 fév. 1841 ; 8 mars 1846 ; 19 av.
1847 ; Seine, 9 mai 1865 ; art. 743, 1703, 2139, 3449, 4663, 10944 et 18311 j. n.
Contra : Toullier, t. II. n° 967, 968 et t. IV, n° 228. Gillon, *des Donat.*, t. I,
n° 337 ; Merlin, *Répert.*, V. *Filiation*, n° 21 ; Delaporte, *Pandectes*, et Paillet,
sur 335 ; Paris, 14 déc. 1835.
(5) V. *supra*, n° 175 et suiv.

Voici un arrêt de la Cour de Chambéry du 29 août 1871 (1)
qui résume, dans le sens de cette opinion, les deux hypothèses dont je viens de parler.

« Attendu que, les art. 335 et 342 C. c. interdisant d'une
manière absolue toute reconnaissance volontaire et toute
recherche judiciaire de filiation des enfants adultérins et
incestueux, on doit considérer comme nulle et non avenue
toute reconnaissance qui, contrairement à la prohibition
de la loi, aurait été faite soit par l'acte de naissance de
l'enfant, soit par tout autre acte émanant de la libre volonté de celui qui l'aurait fait, et écarter toute demande
judiciaire qui impliquerait la recherche de la filiation :
— Attendu qu'il suit de là que l'art. 762 du dit Code, qui
accorde à l'enfant adultérin ou incestueux le droit aux
aliments ne s'applique qu'au cas où la preuve de la filiation se trouve, dès avant la demande, légalement établie
par la force même des choses, c'est-à-dire par des actes
et des poursuites indépendantes de la volonté de celui
contre lequel ou contre la succession duquel la demande
est formée, ou bien lorsqu'elle est prouvée par les jugements ayant acquis l'autorité de la chose jugée, --Attendu,
dès lors, que l'on ne saurait avoir égard aux énonciations
insérées dans l'acte de naissance du mineur Mouthon, ni
aux aveux résultant des lettres versées au procès ; —
Attendu que, par suite, la filiation ne se trouvant pas
légalement établie, l'action intentée par l'intéressé impliquerait nécessairement la recherche de la paternité interdite par la loi : — Par ces motifs, la Cour
réforme ».

De ce que nous venons de voir, il résulte d'une
manière certaine que la recherche, tant de la paternité
que de la maternité adultérine, est absolument interdite
contre l'enfant. Ainsi il a été jugé : 1° que des héritiers
ne peuvent pas, pour faire annuler ou réduire les dispositions faites au profit d'un enfant, être admis à prouver
par témoins que le donataire ou légataire est un enfant

---

(1) Art. 20356 j. n.

adultérin (1); 2° que, dans le même but, les héritiers du testateur ne pourraient pas être admis à établir la paternité adultérine par des présomptions fondées sur le concours de divers actes qui ne la supposeraient pas nécessairement (2) : 3° qu'on ne peut se prévaloir d'une reconnaissance de cette nature pour faire annuler, comme faite à une personne interposée, la donation ou le legs en faveur de la mère de l'enfant adultérin (3).

284. — Mais, si l'adultérinité est la cause même de la donation ou du legs *et résulte de l'acte*, la disposition prend alors une forme contraire aux bonnes mœurs et peut être annulée. C'est ce qui a été décidé par un grand nombre d'arrêts (4).

L'arrêt du 14 janvier 1832, qui rappelle clairement ces principes, est ainsi conçu :

« Attendu qu'aux termes de l'art. 1232 C. c., toute obligation sur une cause illicite ne peut avoir aucun effet; que, selon l'art. 1133, la cause est illicite quand elle est contraire aux bonnes mœurs et à l'ordre public; — Attendu qu'une libéralité faite au profit d'un enfant adultérin ou incestueux, lorsqu'elle a évidemment pour cause cette qualité d'enfant adultérin ou incestueux du donateur, est incontestablement contraire aux bonnes mœurs, puisque l'art. 335, qui défend de reconnaître les enfants adultérins ou incestueux, a pour but évident le maintien des bonnes mœurs et le respect de l'ordre public que blessent essentiellement de semblables reconnaissances; — Attendu que faire résulter de la prohibition portée dans l'art. 335 C. N. la capacité pour l'enfant adultérin ou-incestueux, reconnu par acte testamentaire. de recevoir au delà des

---

(1) Cass., 14 mai 1811; *Dict. du Not.*, V. *Enf. adult.*, n° 18.

(2) Cass., 1er av. 1818; Riom, 6 août 1831; Cass., 31 juillet 1860, art. 16962 j. n.; *Dict. du Not.*, V. *Enf. adult.*, n° 18

(3) Cass., 1er août 1827, et 18 mars 1828, art. 6527 et 6610, j. n.; Seine, 9 mai 1865, art. 18311.

(4) Cass., 4 janv. 1832, art. 7641 j. n.; 7 déc. 1840; 3 fév. 1844; 19 av. 1847; Lyon, 13 mars 1847; 31 juillet 1860, art. 16962, j. n.; 22 janv. 1867, art. 18714 j. n.; Limoges, 18 mai 1863, art. 17839, j. n.; Amiens, 14 janv. 1864, art. 18136 et 18137 j. n.

aliments que l'art. 762 lui accorde, ce serait établir une contradiction manifeste dans l'objet et l'esprit de ces deux articles. et introduire dans la loi une anomalie choquante que la sagesse désavoue : — Attendu, dans l'espèce, que des considérations de l'arrèt attaqué, sur la première question posée par cet arrêt. il résulte clairement que la Cour de Toulouse a reconnu. en fait, que la libéralité portée au testament de Jeanne-Marie Dugourg, au profit de François Ilpid. a eu pour cause sa qualité de fils d'elle et de François Pendariès. qualité que la testatrice a formellement donnée au dit François Ilpid dans la disposition même qui contient cette libéralité ; qu'il est reconnu, d'ailleurs. dans le même acte, que François Pendariès était le beau-frère de Jeanne-Marie Dugourg, que dès lors, l'enfant né de leur union ne pouvait être, aux termes de l'art. 762 du Code, qu'un enfant incestueux, sans qu'il fût besoin de se livrer à aucune recherche de la paternité ; — Qu'il suit de là que l'arrêt attaqué a reconnu, dans la disposition dont il s'agit, une cause contraire aux bonnes mœurs, et qu'en l'annulant à ce titre. cet arrêt, loin de violer l'art. 335 C. c., n'a fait qu'établir l'harmonie entre cet article et l'art. 762, et se conformer aux dispositions formelles des art. 1131 et 1133 du même Code ; — Rejette (1) ».

285. — Mais la nullité du legs ou de la donation n'est prononcée que lorsque la libéralité et la reconnaissance ont été faites par le même acte. Dans ce cas, par suite de l'indivisibilité du titre, la libéralité ne peut être réclamée sans que la reconnaissance qui l'accompagne ne vienne s'élever contre l'enfant, et, de plus, la cause de la libéralité est constatée par l'acte même, et comme cette cause, ainsi que nous venons de le voir, est contraire à l'ordre public et aux bonnes mœurs, elle entraine la nullité de la libéralité elle-même (2).

---

(1) *Dict. du Not.*, V. *Enf. adult.*, n° 25.
(2) V. encore 31 juillet 1860, cité plus bas; Amiens, 14 janv. 1864, art. 18136 j. n.; Cass., 22 janv. 1867 ; Limoges, 18 mai 1863, art. 17839 j. n.; Seine. 9 mai 1865, art. 18311 j. n. et les notes des art. 18137, 18311, 18714 j. n.

Voici l'arrêt de la Cour de cassation, du 31 juilliet 1860 (1), qui décide, en ce sens, cette dernière question.

« Mais, attendu que, si l'on ne peut confondre dans les prohibitions édictées par les art. 335 à 340 C. c. la preuve de la filiation adultérine du gratifié et de son incapacité de recevoir, et la preuve de l'opinion que le testateur avait de sa paternité, celle-ci du moins ne peut être légalement acceptée qu'autant qu'elle se présente d'elle-même entière et complète, et que, résultant des dispositions attaquées, elle ne permet pas de mettre en doute l'influence déterminante qu'a dû exercer sur ces dispositions l'opinion du testateur que ceux qu'il gratifiait étaient ses enfants ; qu'en effet, cette preuve ne saurait s'induire avec ce caractère de certitude nécessaire pour invalider un acte, complet et régulier en lui-même, d'une reconnaissance antérieure que le testament ne rappellerait pas et à laquelle ne se rattacherait, par aucun lien, la libéralité qu'il renferme : — qu'à plus forte raison ne peut-il être permis de la chercher dans des papiers domestiques ou dans les confidences de la correspondance, puisque cette preuve conduirait, indirectement, à la preuve de la paternité du testateur, l'opinion qu'il en avait ne pouvant être établie que par des faits et circonstances de nature à la justifier ; et qu'ainsi l'autoriser, ce serait provoquer ces révélations scandaleuses que, dans un intérêt de moralité, la loi a entendu prévenir, lorsqu'elle a proscrit la recherche de la paternité et la reconnaissance des enfants adultérins, etc... ; Rejette ».

Il a même été jugé (2) que la libéralité faite à un enfant dans un testament qui le qualifie enfant naturel du testateur, ne peut être annulée pour cause d'adultérinité prétendue, lorsque cette cause ne résulte pas du testament lui-même.

286. — La présomption de naissance établie par les art. 312, 314 C. c. ne peut être invoquée que par l'enfant

---

(1) *Ch. civ.*, art. 16962 j. n.
(2) Limoges, 18 mai 1863, art. 17839 j. n.

légitime. Elle n'a pour but que de déterminer la paternité pendant le mariage. Par exemple, si un enfant naturel est né six mois et quelques jours après la dissolution du mariage dans lequel son père ou sa mère était engagé, il ne peut prétendre qu'il n'a pas été conçu pendant l'existence de ce mariage, et que, dès lors, il n'est pas le fruit de l'adultère (1).

287. — Essayons maintenant de fixer la nature, l'importance du droit que la loi donne aux enfants naturels simples sur les biens de leurs père et mère décédés.

L'art. 756 dit expressément que ces enfants ne sont point héritiers ; or, le droit de succession est un droit de famille qui ne peut leur appartenir, puisqu'ils n'ont d'autre famille que leurs père et mère ; ils n'ont aucun droit sur les biens des parents de ceux-ci, et ils ne peuvent même pas, ainsi que je l'ai dit (2), réclamer d'aliments de leurs aïeuls.

Mais, en lui donnant la vie, les père et mère de l'enfant naturel contractent envers lui des obligations naturelles qu'il était juste de voir sanctionner par la loi civile. C'est pour cette raison qu'elle charge leur succession d'acquitter leur dette envers cet enfant, s'ils ne l'ont point acquittée de leur vivant, et donne, pour la réclamer, une action contre les héritiers saisis de tous les biens (3).

288. — L'étendue de cette dette varie suivant les circonstances. Quatre cas peuvent se présenter ; — l'art. 757 en indique trois :

1° Si le père ou la mère de l'enfant naturel a laissé des descendants légitimes, son droit est d'un tiers de la portion héréditaire qu'il aurait eue s'il eût été légitime ;

2° Il est de moitié lorsque les père et mère ne laissent pas de descendants, mais bien des ascendants ou des frères ou sœurs.

3° Il est des trois quarts, lorsque les père ou mère ne laissent ni descendants, ni ascendants, ni frères ni sœurs.

---

(1) Dijon, 29 août 1818, art. 2860 j. n.; *Dict. du Not.*, V. *Enf. adult.*, n° 27.
(2) V. *supra*, n° 188.
(3) Toullier, t. II, 2° partie, n° 248.

4° L'art. 758 indique le quatrième. L'enfant naturel a droit à la totalité des biens, lorsque ses père et mère ne laissent pas de parents au degré successible.

289. — Quoique sagement tempérée, la législation sur les enfants naturels n'a pas été complète. Le texte manque de développement, surtout sur le point important de savoir si plusieurs enfants naturels, en concours avec des enfants légitimes, ne devraient pas profiter des retranchements opérés sur leurs parts. Trois quarts de siècle se sont écoulés, depuis cette incomplète rénovation, et la source des indécisions, loin de se tarir, continue à mettre à la torture les interprètes de ce texte ambigu. Chacun, croyant trouver la meilleure solution, interprète la loi suivant que ses opinions personnelles sont plus ou moins favorables aux enfants naturels.

De là de nombreux systèmes d'interprétation et ces décisions contradictoires qui jettent dans le débat une perplexe obscurité.

Il faut cependant prendre une détermination.

Sans croire mon système parfait, il ne peut y en avoir aucun, je l'ai fait reposer sur ces principes : que, tout en respectant la sainteté du mariage, les égards dûs à la légitimité et aux décisions de la Cour suprême, partout où la morale le permet, je me suis emparé du doute en faveur de l'humanité.

Nous allons maintenant développer ces droits dans les paragraphes suivants.

Section 2. — CAS OU IL N'Y A PAS DE DISPOSITIONS DE LA PART DES PÈRE ET MÈRE.

§ 1. — CONCOURS AVEC DES ENFANTS LÉGITIMES.

290. — Si le père ou la mère laisse un fils légitime et un fils naturel, celui-ci a le tiers de la moitié qui lui serait revenue, s'il eût été légitime. ou le sixième de la succession ; le neuvième, s'il y a deux enfants légitimes ; le douzième, s'il y en a trois. et ainsi de suite.

La part dévolue à l'enfant naturel n'est pas le tiers de ce qui revient à l'enfant légitime. mais le tiers de ce qu'il aurait eu. s'il eût été légitime. On admet momentanément l'enfant naturel au nombre des enfants légitimes et le partage se fait d'abord fictivement entre lui et l'enfant ou les enfants légitimes et on donne à l'enfant naturel le tiers de la part qu'il eût eue entière, s'il était légitime (1).

291. — Cette part héréditaire ne doit pas être prise seulement sur les biens dont se fût composée la réserve s'il avait été légitime, mais sur *l'universalité* de la succession (2).

292. — L'exclusion pour indignité ou la renonciation d'un ou de plusieurs enfants légimes profite à l'enfant

---

(1) Duranton, t. VI, n° 272; Toullier, t. IV, n° 251; Ancelot, n° 666, sur Grenier, note *a*; Demolombe, n° 50.

(2) Armand Dalloz, n°⁸ 37 et 38 ; Merlin, V. *Succession*, sect. II, § 2, art. 1, n° 4; Favard. *ib.*, sect. IV, § 1, n° 9; Cass., 28 janv. 1808 ; Paris, 1ʳᵉ chambre, 14 août 1875, art. 21462 j. n.; *Dict. du Not.*, V. *Succession*, n° 231.

naturel, en diminuant-le nombre des copartageants. Nous verrons, ci-après (n° 304), qu'il ne faut pas confondre ce cas avec celui où l'indignité ou la renonciation ne seraient pas générales et ne s'appliqueraient qu'à quelques-uns des enfants légitimes.

293. — Mais que décidera-t-on si tous sont exclus ou renonçants et qu'ils aient tous laissé des enfants qui acceptent ?

Les uns disent que l'enfant naturel ne profite ni des exclusions ni des renonciations; que néanmoins, pour qu'elles ne lui préjudicient pas, on ne compte que pour une seule tête tous les enfants de l'indigne ou d'un renonçant (1).

Ce résultat me paraît essentiellement contraire à la loi : « Si », comme le dit avec raison M. Malpel (2), « l'enfant naturel eût été légitime, il aurait recueilli, dans l'espèce donnée, toute la succession. Il doit donc obtenir un tiers des biens, et les deux autres tiers seront partagés entre les descendants légitimes par égales portions (3) ».

Décider autrement ne serait-ce pas restituer, sans raison plausible, le bénéfice de la représentation à des héritiers qui l'ont absolument perdu ? Car, il importe de remarquer qu'on ne représente ni les renonçants ni les indignes, puisqu'ils sont vivants, et que l'art. 744 dit qu'on ne représente pas les personnes vivantes.

Les mêmes raisons existeraient, si un enfant légitime renonçant ou indigne était décédé laissant des descendants (4).

294. — Ne perdons pas de vue que l'enfant adoptif a les mêmes droits que l'enfant légitime (350), que l'enfant

---

(1) Duranton, t. VI, n° 274 ; Chabat, sur l'art. 757, n° 5 ; *Dict. du Not.*, V. *Succession*, n° 197.

(2) N° 159.

(3) Ancelot, sur Grenier, note *a*, n° 666 ; Zachariæ, t. IV, § 605 ; Duvergier, sur Toullier, note *a* du n° 252 ; t. IV.

(4) Duvergier, sur Toullier, note *a* du n° 252, t. IV. — *Contra : Dict. du Not.*, V. *Succession*, n° 197.

naturel peut être adopté, et que, par suite, s'il existait d'autres enfants naturels, ils seraient par là réduits au tiers de ce qu'ils auraient, s'ils étaient légitimes (1).

295. — En cas de mort de quelques-uns ou de tous les enfants légitimes, leurs enfants et descendants les représentent : mais ils ne comptent tous que pour l'enfant légitime qu'ils représentent (2).

296. — S'il y a plusieurs enfants naturels en concours avec un ou plusieurs enfants légitimes, chacun des premiers a le même droit. Mais, pour le déterminer, il existe plusieurs systèmes : les uns, ce sont heureusement les moins nombreux, considèrent l'enfant naturel comme une fraction d'enfant légitime, de telle sorte, par exemple, que trois enfants naturels soient comptés pour un légitime, d'après les proportions du tiers établies par l'art. 757.

Il suffit de poser un exemple pour démontrer que le résultat de cette singulière opinion est complétement faux.

Soient un enfant légitime et trois enfants naturels; masse 40.000 fr. Si nous comptons les trois enfants naturels pour un légitime, ils auront à eux trois la moitié de la succession, soit 20.000 fr.. et l'enfant légitime les 20.000 fr. restants. Chaque enfant naturel devrait prélever le tiers de 20.000 fr.. soit 6.666 fr. (je néglige les centimes) ou un sixième de la masse.

Mais l'art. 757 dit :... Ce droit est d'un tiers de la portion héréditaire *que l'enfant naturel aurait eue, s'il eût été légitime*. Ne faut-il pas considérer tous les enfants naturels comme simultanément légitimes ? puis les réduire au tiers de leurs parts ainsi supputée ? Dans ce cas, le nombre d'enfants serait de quatre, la masse répartie entre eux leur donnerait le quart ou 10.000 fr. à chacun. Chaque enfant naturel ne pouvant prélever que le tiers de ce quart, soit un douzième, n'a droit qu'à 3.333 fr., et l'enfant légitime a droit à 30.000 fr.

Il est aisé de voir, pour le premier cas, que cette appli-

---

(1) Cass., 3 juin 1861.
(2) Duranton, t. VI, n° 273.

cation de l'art. 757 en fausse radicalement et l'esprit et la lettre. C'est d'ailleurs ce qui résulte très-clairement d'un arrêt de la Cour de cassation, du 26 juin 1809, rendu sur les conclusions conformes de M. le procureur général Merlin, arrêt qui décide un point de droit important et qui est ainsi conçu :

« Vu les articles 757 et 913 du Code civil, et attendu que, par les dispositions combinées de ces deux articles du Code, le législateur, en circonscrivant dans de justes limites les droits de l'enfant naturel, sur les biens de ses père et mère, a voulu leur donner en même temps une base assurée, et qui fût indépendante de tout arbitraire; une base de laquelle il pût résulter, dans tous les cas, une valeur proportionnelle à la quotité disponible ou indisponible des biens délaissés par les père et mère de l'enfant naturel; de manière que, si, d'un côté, toute prétention exagérée était désormais condamnée au silence, il ne fût pas permis, d'un autre côté, de méconnaître la juste mesure des obligations naturelles qu'impose la paternité, que ces principes sont consacrés de la manière la plus expresse, par la règle tracée par l'art. 757, où il est dit : *Le droit de l'enfant naturel, sur les biens de ses père et mère décédés, est d'un tiers de la portion héréditaire qu'il aurait eue, s'il eût été légitime; que pour exécuter cette disposition de la loi dans l'intérêt de l'enfant naturel, il faut l'admettre momentanément au nombre des enfants légitimes, et le faire concourir figurativement avec eux,* de manière que, s'il n'existe qu'un enfant légitime, il doit être procédé comme s'il y en avait deux, s'il y en avait trois, etc.; car tel eût été le nombre des légitimaires qui auraient concouru à la fixation de la portion héréditaire, si l'enfant naturel eût été légitime; ce serait évidemment y contrevenir, que d'opérer d'une autre manière; que, par l'effet d'une telle contravention, on porterait une atteinte manifeste au droit de l'enfant naturel, puisque, en diminuant le nombre des enfants légitimes, ou réputés tels, à l'effet de fixer la portion héréditaire, on diminuerait pareillement la quotité de biens non dis-

ponibles. sur laquelle doit être prise cette portion héréditaire. dont le tiers appartient à l'enfant naturel ; que
dans l'espèce jugée par l'arrêt dénoncé. où il y avait un
enfant légitime et un enfant naturel, la règle tracée par
l'art. 757 exigeait donc qu'on opérât. pour la fixation de
la portion héréditaire. comme s'il y avait eu deux enfants
légitimes. et. dans ce cas. la quote *non disponible*, sur
laquelle aurait été prise la portion héréditaire de chacun
des légitimaires eût été. suivant l'art. 913 du Code. *des
deux tiers* de *l'universalité* des biens: ainsi chacun des
légitimaires aurait eu pour sa part un tiers de tous les
biens; ainsi l'enfant naturel, auquel il revenait un tiers
de ce tiers aurait eu un *neuvième* de la succession ; —
considérant que la Cour d'appel n'a cependant accordé à
Jean-Baptiste Picot qu'un douzième de l'universalité des
biens composant l'hérédité de son père. pour lui tenir
lieu de tous ses droits dans la succession. que les juges
de cette Cour ont été conduits à ce résultat par l'effet
d'une infraction évidente à la règle tracée dans l'article 757 du code, en ce que. au lieu de fixer la portion
héréditaire *comme si l'enfant naturel eût été légitime*,
c'est-à-dire comme s'il y avait eu réellement deux enfants
légitimes, ce qui aurait élevé la quote *non disponible*
aux deux tiers de la succession. ils n'ont eu égard, dans
leurs opérations, qu'à l'existence d'un seul enfant légitime, et dès lors la quote des biens *non disponibles* n'étant
que de la moitié de la succession. suivant l'art. 913 du
Code. la portion héréditaire de chacun des deux enfants,
prise sur cette moitié. n'a plus été que le quart de la
totalité, et par conséquent le tiers afférent à l'enfant naturel n'a plus été. dans ce calcul. que le douzième de la
succession; considérant que cette opération , quoique
régulière en elle-même par l'exactitude des calculs, a eu
pour base une contravention évidente à la disposition de
l'art. 757 du Code et qu'elle présente en même temps une
fausse application de l'art. 943 ; — Casse (1) ».

---

(1) Journ. de Denevers, vol. de 1809, p. 259 ; Grenier, n° 672. Bien que cet

Ces dispositions, quand au fond, sont généralement suivies. Ainsi il faut considérer instantanément chaque enfant naturel, quel qu'en soit le nombre, comme un enfant légitime; opérer fictivement le partage en autant de parts égales qu'il y a de têtes présentes ou représentées; attribuer en définitive à chaque enfant naturel le tiers seulement de la portion qu'il serait réputé avoir dans ce partage fictif; par exemple, s'il y a deux enfants naturels et un enfant légitime, chaque enfant naturel a le tiers du tiers ou le neuvième de la succession; s'il y a deux enfants légitimes et deux enfants naturels, ces derniers ont chacun un douzième. et ainsi de suite (1).

297. — *Règle au moyen de laquelle on trouve facilement la part revenant à chaque enfant naturel dans les successions* ab intestat (2).

Prendre pour numérateur l'unité et pour dénominateur le total de chaque enfant naturel et de chaque enfant légitime multiplié par le nombre trois. Le résultat de l'opération sera la part revenant à chaque enfant naturel.

Exemple : Soient trois enfants naturels et quatre enfants légitimes, total 7, multiplié par 3 égale 21. La part de chaque enfant naturel est de *un vingt-unième*.

Je répète que, si l'un des enfants renonce ou est déclaré indigne, on devra, dans le partage de l'hérédité, ne pas le comprendre, pour la fixation de la portion de l'enfant naturel (3). Même décision si un enfant légitime décédait en laissant des descendants indignes ou renonçants : car,

---

arrêt s'applique plus spécialement au cas où il y a des dispositions de la part des père et mère (V. *Infra*, n° 499), j'ai cru devoir, en raison des principes essentiels qu'il développe, le citer en entier. Dans l'espèce, Léon Picot, qui avait reconnu J.-B. Picot, pour son fils naturel, fit un testament par lequel il institua J.-B.-Léon, son fils légitime, pour héritier universel, déclarant qu'il entendait que son fils naturel n'eût dans sa succession que le *minimum* possible fixé par la loi. Après son décès, l'enfant naturel réclama un sixième de la totalité, l'enfant légitime soutenait qu'il devait être réduit au douzième et la cour royale de Pau, accueillit son système.

(1) Duranton, n° 277; Toullier, t. IV, n° 252: Marcadé, sur 757, n° 3; Demolombe, 67.

(2) Toullier, t. IV, n° 252.

(3) V. *supra*, n° 292, 293.

s'il avait été légitime, il l'eût recueillie tout entière (1).

298. — Nous savons (2) que la reconnaissance faite pendant le mariage par l'un des époux au profit d'un enfant naturel né, avant son mariage, d'un autre que de son époux, ne peut nuire ni à celui-ci, ni aux enfants issus de ce mariage, mais qu'elle produisait son effet après la dissolution du mariage, s'il n'en reste pas d'enfant (337). D'où il suit que l'enfant naturel ne peut, dans cette hypothèse, réclamer de droits successifs contre l'enfant légitime (3).

On commencera, dans ce cas, par faire la part de celui-ci, en ne tenant aucun compte de l'existence de l'enfant naturel, puis on opérera la distribution du surplus entre les autres ayants-droit, en faisant figurer *fictivement* dans ce partage l'enfant pourvu tout d'abord.

Exemple : Soient trois enfants légitimes nés de trois mariages différents : l'enfant naturel a été reconnu pendant le second mariage. La succession s'élève à 36.000 fr. Si la reconnaissance avait effet à l'égard de tous, la part de l'enfant naturel serait du tiers du quart, soit un douzième ou 3.000 fr., et de 11.000 fr. pour chacun des trois enfants légitimes ; mais la reconnaissance étant de nul effet à l'égard du second enfant légitime, ce dernier prélèvera le tiers de la masse, soit 12.000 fr. — Les 24.000 fr. restants seront partagés en quatre portions, pour le tiers de l'une être dévolu à l'enfant naturel. Ce dernier aura donc un douzième ou 2.000 fr. et chacun des deux autres enfants légitimes 11.000 fr.

La raison évidente de ce procédé résulte de cette considération que les deux enfants nés du premier et du troisième mariage doivent avoir ce qu'ils auraient eu si la reconnaissance avait été faite à une époque indifférente. Or, ils auraient recueilli 11.000 fr. Il faut donc leur assu-

---

(1) Duvergier, sur Toullier, note *a*, t. IV, n° 252, qui cite Zachariæ, t. IV, § 605, et, en sens contraire, Duranton, t. VI, n° 274 ; Chabot, sur 757, n° 5.
(2) V. *supra*, n°ˢ 149 et 157.
(3) Demolombe, n° 17.

rer cette valeur, et c'est à quoi on arrive en opérant comme on vient de le voir. Il est juste et légal de faire peser sur l'enfant naturel le surcroit d'attribution accordé à l'héritier privilégié (1).

299. — S'il était légalement prouvé que l'enfant reconnu seulement par l'un des époux pendant le mariage est néanmoins né de l'un et de l'autre, cet enfant aurait tous les droits d'enfant naturel, même à l'égard de ceux issus du mariage (2).

§ 2. — CONCOURS AVEC DES ASCENDANTS OU DES FRÈRES ET SŒURS DU DÉFUNT.

300. — Dans ce cas, la moitié déférée à l'enfant naturel est toujours la même, quel que soit le nombre des ascendants ou des frères ou sœurs (3). Supposons une succession de 36.000 fr. Le défunt a laissé son père et sa mère et un enfant naturel. Si ce dernier eût été légitime, il aurait eu 18.000 fr., il n'en aura que moitié ou 9.000 fr. Les père et mère auront chacun 13.500 fr. formant leur réserve. Si l'un des deux ascendants existe seul, sa part sera de 22.500, celle de l'enfant naturel sera toujours de la moitié, mais, cette fois, de la moitié des 3/4 ou

---

(1) Ancelot, sur Grenier, *Des donations*, n° 666, note.
(2) Duranton, n° 282, t. VI.
(3) Demolombe, n° 72.

13.500 fr. — S'il y a deux enfants naturels, chacun aura 4.500 fr., moitié de ce qu'il aurait eu, s'il eût été légitime. La réserve des père et mère sera de 18.000 fr. augmentés de 9.000 fr., soit 13.500 fr. pour chacun. Si l'un d'eux est décédé, le survivant aura 22.500 fr. et chacun des enfants naturels 6.750 fr.

Quel que soit le nombre des enfants naturels, ils ne peuvent avoir au delà de la moitié du bien. Supposons qu'il y en ait dix, ils auront 13.500 fr., moitié des 3/4, et les père et mère auront ensemble les 22.500 fr. restants.

La moitié afférente aux ascendants et aux frères et sœurs se partage d'après le droit commun.

301. — Dans le cas où il n'y aurait qu'un seul de ces parents et où ce parent ne serait que d'une seule ligne, la question est vivement controversée. La Cour de Paris (1), le 21 novembre 1868, a décidé, dans cette hypothèse, que les droits de l'enfant naturel seraient de moitié, par les motifs :

« Que la loi a voulu se montrer plus ou moins sévère dans le règlement du droit de l'enfant naturel, suivant qu'il se trouve en présence d'héritiers légitimes plus ou moins proches, parce que son existence dans les divers cas prévus par elle constitue une offense plus ou moins grave aux intérêts de la morale et de la famille ; — que c'est en se plaçant à ce point de vue que l'art. 757 C. N. réduit le droit de l'enfant naturel à la moitié de ce qu'il aurait eu, s'il eût été légitime, dans le cas où les père ou mère ont laissé des ascendants ou des frères ou sœurs ; — que, dès lors, il importe peu qu'il n'y ait d'ascendant que dans une ligne, l'offense à la morale et à la dignité de la famille légitime étant caractérisée par la présence de cet ascendant unique, comme elle le serait par l'existence d'ascendants dans l'une et l'autre ligne (2) ».

---

(1) Art. 19497 j. n.
(2) Dans le sens de cet arrêt : Toullier, t. IV, n° 253 (remarquons que cet auteur est d'une opinion contraire au n° 256) ; Favard, V. *Repert.*, *Succ.*, sect. IV, § 1, n° 5 ; Duranton, t. VI, n° 287 ; Belost-Jolimont, sur Chabot, *Obs.* 3 sur l'art. 757 ; Mac-Keldey, *Succ.*, d'après le C. N., n° 94 ; Taulier,

302. — Mais, la succession se divisant en deux lignes, les intérêts de l'ascendant et du collatéral, vis-à-vis de l'enfant naturel, sont distincts. Le collatéral à qui l'enfant naturel demande les trois quarts de la portion affectée à sa ligne, ne peut pas exciper de la faveur qui n'appartient qu'à l'ascendant. L'arrêt de la Cour de Paris, relevant ce point, à savoir : que le législateur *a voulu se montrer plus ou moins sévère dans le règlement du droit de l'enfant naturel suivant qu'il se trouve en présence d'héritiers plus ou moins proches*, est inconséquent avec lui-même, puisque plus loin il dit : « *Que, dès lors, il importe peu qu'il n'y ait d'ascendant que dans une ligne, l'offense à la morale et à la dignité de la famille légitime étant caractérisée par la présence de cet ascendant unique, comme elle le serait par l'existence d'ascendants dans l'une et l'autre ligne* ».

Si l'on admet que l'offense touche plus des ascendants que des collatéraux, et c'est très-vraisemblable, il est juste d'établir matériellement les mêmes proportions; pour être logique, cet arrêt aurait dû, dans ce cas, attribuer à l'unique ascendant, *caractérisant* l'offense, la plus-value attribuée aux collatéraux. Mais la loi, loin d'autoriser cette manière de voir, dit que le droit de l'enfant naturel est des trois quarts quand le père *ou* la mère laisse pour plus proche parent un cousin, comme dans l'espèce.

303. — Il suffit d'ailleurs, pour réfuter ce système, d'admettre, ce qui peut arriver plus ou moins fréquemment, que le père et la mère de l'enfant naturel, n'étant pas mariés, sont décédés, l'un laissant un ascendant, l'autre ne laissant que des cousins. Peut-on trouver rien de plus distinct que les droits de l'ascendant avec ces derniers ? Pourtant, dans cette hypothèse, il ne saurait

Théor. C. c., t. III, p. 175 ; Ducaurroy, Bonnier et Roustain, *Comment. C. N.*, t. III, n° 515 ; Gros, *Droits succ. des enf. nat.*, n° 57 ; Beautemps-Beaupré, *Portion de biens disp.*, t. I, n° 251 ; Aubry et Rau, sur Zachariæ, t. V, p. 107; Demolombe, n° 76 ; Bordeaux, 5 mai 1856.

y avoir de difficulté pour attribuer à l'enfant naturel la moitié du côté de l'ascendant et les trois quarts du côté des cousins, bien que, au point de vue de la morale, la parenté qui doit caractériser l'offense existe au même degré que s'il s'agit des ascendants du père seul ou de la mère seule (1).

304. — L'exclusion pour indignité ou la renonciation de quelques-uns seulement des parents légitimes ne profiterait pas aux enfants naturels et réciproquement (2).

Mais il n'en serait pas ainsi en cas de renonciation ou d'exclusion de tous les ascendants ou de tous les frères et sœurs légitimes : la part qu'aurait eue le fils ou le frère légitime renonçant ou indigne accroît la quotité des droits de l'enfant naturel qui doivent être calculés d'après la proximité de degré du parent avec lequel il se trouve en concours et non pas d'après le degré du parent successible qui existe au jour de l'ouverture de la succession. En effet c'est leur concours et non pas seulement leur existence qui détermine la portion de l'enfant naturel à la moitié de la succession (3). Ce dernier aurait les trois quarts, parce que ses parents plus éloignés, à qui la succession serait dévolue, ne pourraient argumenter du droit des frères et sœurs qu'ils ne représentent point (4); ainsi l'enfant naturel profiterait de la dévolution (5).

---

(1) Dans ce sens : Delvincourt, t. II, p. 21, note 8 ; Chabot, sur 757, I, n° 13 ; Poujol, *id.*, n° 26 ; Vazeille, *id.*, n° 8 ; Marcadé, *id.*, n° 4 ; Massé et Vergé, sur Zachariæ, t. II, p. 275, note 13 ; Demante, t. III , n° 75 *bis*, IX ; Dalloz, *Repert.*, V. *Succession*, n° 285 ; Rolland de Villargues, V. *Succ.*, n° 203 ; *Dict. du Not.*, V. *Succ.*, n° 208 ; Amiens, 23 mars 1854. Comp. Toullier, t. IV, n° 256, qui est d'une opinion contraire au n° 253.

(2) Duranton, t. VI, n° 284.

(3) *Id.*, n° 285 ; *Dict. du Not.*, V. *Succession*, n° 206. V. cependant, art. 18239, où il est dit, aux observations de l'arrêt de Cass. du 7 fév. 1865, que, lorsque le défunt a laissé des frères et sœurs, le droit héréditaire de l'enfant naturel est de moitié et qu'il est constant que le légataire universel peut opposer l'existence des frères et sœurs même déshérités pour faire régler les droits de l'enfant ; l'art. 757 C. c. n'exigeant pas la qualité d'héritiers dans la personne des parents du défunt, mais seulement leur existence pour déterminer les droits.

(4) Chabot, sur l'art. 757.

(5) Toullier, t. IV, 255.

Un arrêt de la Cour de Paris du 2 décembre 1872 (1) a jugé le contraire ; mais, dans l'espèce, la solution doit être approuvée. En effet la *de cujus* avait laissé une sœur légitime et un enfant naturel (le comte Léon). Or, la sœur légitime était venue à la succession ; elle n'en avait pas été exclue comme indigne, elle n'y avait pas renoncé. L'enfant naturel s'était donc trouvé en concours avec elle. Plus tard, bien que cette sœur fût décédée, la situation n'était pas changée, encore que l'enfant ne se trouvât plus en concours qu'avec des parents de la défunte d'un degré plus éloigné (2).

Voici comment s'exprime, dans cette matière, le savant Demolombe : « Le père de l'enfant naturel a, par exemple, laissé un enfant légitime qui renonce, et c'est un frère qui vient à la succession, ou bien il a laissé un frère, et, par la renonciation ou l'indignité de celui-ci, c'est un cousin qui se trouve appelé. Eh bien ! nous croyons qu'il faut décider alors, dans le premier cas, que l'enfant naturel, ne concourant qu'avec un frère, aura droit à la moitié, quoique son auteur ait laissé un enfant légitime, et que, dans le second cas, où il ne se trouve en concours qu'avec un cousin, il aura droit aux trois quarts, quoique son auteur ait laissé un frère (3) ».

305. — Lorsque le défunt n'a laissé que des descendants de frères ou de sœurs, la question de savoir si la part de l'enfant naturel devait être de la moitié ou des trois quarts est controversée en doctrine.

Pour ne lui attribuer que la moitié, on dit : « Si l'art. 757 ne parle que des *frères* ou *sœurs*, sans ajouter les descendants d'eux, l'art. 742 admet la représentation dans tous les cas en faveur des enfants et descendants de frères ou sœurs du défunt, et comme l'art. 757 ne contient pas d'exception à cette règle générale, il est clair qu'on doit l'appliquer au cas où ces descendants sont à la place

---

(1) Art. 20545 j. n.
(2) Observ. de l'art. 20545 j. n.
(3) V. *Succ,.* t. II, nᵒˢ 54, 99, art. 20545 j. n.

de leurs père ou mère. appelés à la succession d'un oncle, dans laquelle un enfant naturel vient réclamer la portion de biens que la loi lui accorde (1) ».

Cette opinion. basée sur le prétendu esprit de la loi. n'a point prévalu.

En effet. les travaux préparatoires du Code prouvent bien que les frères et sœurs n'ayant pas été compris dans le projet pour déterminer la réduction du droit de l'enfant naturel, sur un amendement. cette lacune fut réparée immédiatement et sans aucune opposition. pour placer ces derniers sur la même ligne que les ascendants ; mais rien n'indique que l'intention du législateur ait été d'élever. au regard de l'enfant naturel. les neveux et petits-neveux au même rang que les frères ou sœurs eux-mêmes. Or. l'art. 757 détermine d'une manière claire et précise les droits de l'enfant naturel; on ne saurait découvrir dans son texte ni obscurité ni ambiguïté. Ce texte fait tout l'esprit de la loi qui est très-positive sur ce point.

En conséquence, pour réduire à la moitié les enfants naturels en concours avec des neveux ou nièces du défunt, il faudrait que ces neveux et nièces pussent représenter leur auteur; mais la représentation n'est point applicable aux successions irrégulières. D'ailleurs, je le répète, le dernier paragraphe de l'art. 757 ne laisse aucun doute à cet égard, et l'on s'étonne qu'il ait pu en exister de sérieux en présence de ses termes précis (2).

La jurisprudence, par de nombreux arrêts, a consacré cette doctrine (3). A raison de leur application directe et

______

(1) Toullier, t. IV, n° 254 : dans ce sens : Chabot, t. II, n° 9, sur l'art. 757: Merlin, *Repert.*, V. *Représentation*, sect. IV, § 7 ; Duranton, n° 288 ; Demolombe, n° 75 ; Marcadé, sur 757, n° 2 ; Ancelot, sur Grenier, *Des donations*, n° 668 *bis*, note *a* ; Duvergier, sur Toullier, t. IV, n° 254, note *c* ; Pau, 10 av. 1810. — *Contra :* V. les notes suivantes, n°s 2 et 3.

(2) Troplong, *Donations*. n° 776.

(3) Cass., 20 fév. 1803 ; 6 av. 1813 ; 28 mars 1833 ; 31 août 1847, 4 janv. 1875 ; Paris, 20 av. 1852 ; 28 juin 1860 ; Rouen, 14 juill. 1840 ; 17 mars 1813 ; Douai, 4 mai 1874, art. 21018 j. n., confirmé par Cass., 4 janv. 1875 ; Grenier, *Des donations*, n°s 667 et 668, qui cite encore des arrêts des cours de Nimes, de Douai, de Bordeaux, de Riom. L'arrêt de cette dernière cour fut rendu sur ses conclusions quand il était procureur gén.. Cet auteur dit encore que les

de leur précision, voici deux arrêts de la Cour suprême à plus de soixante ans de distance, qu'il me paraît à propos de faire connaître.

Le premier, du 6 avril 1813, qui rejette le pourvoi contre un arrêt de la Cour royale de Paris du 16 juin 1811, lequel était conforme, est rapporté par Grenier (1). Il est ainsi conçu :

« Attendu que la loi a établi séparément un ordre pour les successions ordinaires et un autre pour les successions irrégulières, et qu'elle les a renfermées dans les premières sections des chapitres 3 et 4 du livre III titre 1ᵉʳ du Code civil ; qu'il ne peut dès lors être question, dans l'espèce où il s'agit de succession irrégulière, des principes généraux de représentation ; que l'existence de descendants, ascendants et frères et sœurs, étant l'unique terme de démarcation indiqué par l'art. 757 de la section première du chapitre 4 précité, la Cour d'appel de Paris, en renvoyant Narcisse Pigeaux, enfant naturel légalement reconnu, en possession des trois quarts des biens délaissés par son père, loin de contrevenir à aucune loi, s'est conformé à cet art. 757 du Code civil : — Rejette ».

Le second, du 4 janvier 1876, également confirmatif d'un arrêt de la Cour de Douai, du 4 mai 1874, porte :

« La Cour, — Sur le moyen unique tiré de la violation des art. 748, 749, 750 et 757 du Code civil : — Attendu que l'art. 757 ne réduit l'enfant naturel à la moitié de la succession de ses père et mère qui l'ont reconnu que lorsqu'il est en concours avec des ascendants ou des frères ou

---

cours de Bruxelles et de Montpellier avaient adopté les mêmes principes. V. encore : Cass., 13 janv. 1862, art. 17355 ; confirm. d'un arrêt C. Grenoble, du 30 déc. 1858, très-clair dans ce sens ; Favard, *Succ.*, § 1, sect. 4, n° 7 ; Malpel, n° 159 ; Vazeille, sur 757 ; Troplong, *Donat.*, n° 776 ; *Dict. du Not.*, V. *Succ.*, n° 209 ; *Contra*, V. la note 1 à la page précédente, et Themis, t. VII, p. 113. Malgré l'autorité de ces jurisconsultes éminents, aucun autre arrêt, sauf l'arrêt isolé de la C. de Pau, n'est venu consacrer leur opinion. Dans la pratique, on doit préférer la solution adoptée par la jurisprudence à la doctrine enseignée par les auteurs ; Michaux, *Liquid.*, n° 1805 *bis*, et *Testaments*, n°ˢ 978 et suivants.

(1) Des donations, n° 668 *bis*.

sœurs ; que la loi n'a pas fait mention des descendants légitimes des frères et sœurs ; que. par son silence, le législateur a manifesté sa volonté de ranger les neveux et nièces dans la catégorie des parents plus éloignés qui font l'objet de la disposition finale de l'art. 757 : — Que les neveux et nièces ne peuvent utilement invoquer le bénéfice de la représentation édictée par l'art. 742 du Code civil au profit des descendants légitimes des frères et sœurs ; — Que la représentation. fiction de la loi. n'est applicable que dans le cas spécialement prévu par la loi. c'est-à-dire en matière de succession régulière ; — Qu'elle ne saurait être étendue aux successions irrégulières qui sont régies par les dispositions claires et précises du chapitre 4, livre III, titre 1er du Code civil : d'où il suit que l'arrêt attaqué, en décidant que la défenderesse éventuelle, enfant naturel reconnu par Castellain de Lyspré, se trouvant en concours avec des neveux et nièces de son père, avait le droit de recueillir les trois quarts de la succession de celui-ci. loin d'avoir violé les articles du Code civil sus-visés, a fait au contraire une juste application de l'art. 757 du même Code : — Rejette (1) ».

Cette jurisprudence, si elle n'existait pas, serait nécessaire, parce qu'elle est juste. En graduant les droits suivant la proximité de la parenté, le législateur a sagement concilié les droits de la morale avec ceux de l'enfant naturel. Or, les frères ou sœurs, à cause de leur contemporanéité, ont pris une part directe et morale à la naissance illégitime qui est survenue, tandis que des neveux ou nièces ne sauraient avoir le même intérêt pour un fait qui leur est antérieur. Ils ne sauraient, ainsi que nous l'indiquons au cas où il n'existe qu'un seul ascendant (2),

---

(1) *Gazette des Clercs de not.*, art. 1875, n° 68. Cependant si le défunt n'avait laissé qu'un ou plusieurs enfants naturels en concours avec un ou plusieurs frères ou sœurs et les enfants d'un autre frère ou sœur prédécédé, je crois que l'art. 742 serait applicable, la représentation devrait être admise. Mais la part de l'enfant naturel serait toujours la même : les neveux représenteraient une seule tête et l'oncle ou la tante une autre tête chacun qui devraient avoir des parts égales.

(2) *Supra*, n° 302.

exciper de la faveur qui n'appartient qu'à leurs père et mère. Par suite les intérêts matériels doivent subir le même équilibre.

§ 3. — CONCOURS AVEC DES COLLATÉRAUX AUTRES QUE LES FRÈRES
OU SŒURS DU DÉFUNT.

306. L'enfant naturel a droit aux trois quarts. Exemple.
307. Si la présence d'un collatéral suffit pour réduire aux trois
quarts les droits de l'enfant naturel.

306. — Ici la quotité héréditaire de l'enfant naturel est des trois quarts de celle qu'il aurait eue, s'il eût été légitime : il aurait eu la totalité de la succession, il a donc droit aux trois quarts de la succession entière.

Quel que soit le nombre des enfants naturels, il n'ont toujours droit qu'aux trois quarts ; peu importe qu'ils ne soient nés du même père ou de la même mère, ils partagent par tête (1).

Exemple : soit une succession s'élevant à 48.000 fr. à partager entre un enfant naturel, un cousin paternel et un cousin maternel.

Si l'enfant naturel eût été légitime, il aurait eu.. 48.000 fr.
    Il n'a droit qu'aux trois quarts soit....... 36.000 fr.
    Les cousins auront chacun 6.000 fr. ou.... 12.000 fr.

S'il y a deux enfants naturels, chacun prélèvera la moitié de 36.000 fr.

S'il y en a trois, quatre, etc., chacun prélèvera le tiers, le quart, etc., de 36.000 fr.

307. — La question de savoir si la présence d'un collatéral, dans une seule ligne, suffit pour réduire aux trois quarts les droits de l'enfant naturel, est controversée.

Les uns disent que la dévolution, à défaut des parents dans une ligne, ne profite qu'aux parents légitimes de

---

(1) Duranton, t. VI, n° 289 ; *Dict. du Not.*, V. *Succession*, n° 211.

l'autre ligne et citent à l'appui l'art. 755 du Code civil (1).

Il suffit. pour réfuter ce système, de lire ce que j'ai dit, ci-dessus. aux numéros 302 et suivants. en ajoutant que l'art 755 ne s'applique qu'aux successions régulières.

L'opinion généralement admise. et qui est la mienne, attribue. dans ce cas. à l'enfant naturel les trois quarts de la moitié qui revient au collatéral présent et la totalité de la moitié qui eût été dévolue à l'autre ligne, s'il y eût eu des collatéraux successibles. Il a donc les sept hui-tièmes de la succession entière (2).

§ 4. — ENFANT NATUREL SEUL, A DÉFAUT DE PARENTS DU DÉFUNT AU DEGRÉ SUCCESSIBLE.

308. L'enfant naturel a droit à la totalité des biens.
309. Mais il n'a qu'une saisine imparfaite et est tenu de demander la délivrance ou l'envoi en possession. .
310. A également droit à toute la succession dans le cas où les parents existants sont exclus ou renonçants.

308. — L'enfant naturel a droit à la totalité des biens, lorsque ses père et mère ne laissent pas de parents au degré successible. (758.)

Ici, aucun intérêt de famille n'élève la voix contre lui (3). Mais, en ce cas-là même, la loi le prive de la qualité d'hé-ritier.

309. — Aux termes de l'art. 724, l'héritier légitime est saisi de plein droit des biens, droits et actions du défunt dont il est le continuateur, le représentant immédiat, de par ce principe célèbre que la *mort saisit le vif* (4), tandis que l'héritier irrégulier qui acquiert à son insu les biens de la succession n'a pas la même prérogative. Il a bien la saisine, mais une saisine imparfaite, incomplète. Il n'a

---

(1) Duranton, t. VI, nº 289 ; *Dict. du Not.*, V. *Succession*, nº 212.
(2) J.-B.-C. Picot, sur l'art. 757.
(3) Troplong, *Donat. et testam.*, nº 774.
(4) Troplong, *ibid*, 767.

pas, comme l'héritier légitime, la *possession* des biens de la succession; il est tenu de la demander soit au tribunal, comme dans ce cas, soit, dans d'autres cas (757), aux héritiers légitimes. S'il y a un légataire universel, c'est à ce dernier qu'il doit demander la délivrance (1), puisqu'il est saisi de plein droit, malgré la présence de l'enfant naturel (2).

310. — Il a également droit à la totalité de la succession dans le cas où les parents existants sont exclus pour cause d'indignité ou renoncent à la succession (3).

Section 3. — CAS DE PRÉDÉCÈS DE L'ENFANT NATUREL.

311. Ses descendants peuvent réclamer ses droits.
312. Si la représentation s'étend aux descendants, même bâtards, de l'enfant naturel.
313. Trois opinions à ce sujet.
314. Les descendants légitimes de l'enfant naturel peuvent arriver à la succession de leur aïeul naturel.
315. Même si le père est renonçant ou indigne.
316. Controverse.

311. — L'art. 759 porte : « En cas de prédécès de l'enfant naturel, ses enfants ou descendants peuvent réclamer les drois fixés par les articles précédents ». (Art. 757 et 758.)

312. — Une triple divergence s'est manifestée sur la question de savoir si la représentation, établie par cet article, peut s'étendre aux descendants même bâtards de l'enfant naturel : les uns pensent qu'il ne s'agit, dans cet article, que des enfants et descendants *légitimes* de l'enfant naturel, puisque l'art. 756 n'accorde aux enfants naturels aucun droit sur les biens des parents de leurs père et mère ; les autres, que les descendants naturels doivent

(1) Demolombe, XIV, n° 200.
(2) *Id.*, XXI, n° 564.
(3) *Id.*, n° 81 ; *Dict. du Not.*, V. *Succ.*, n° 214.

recueillir tout ce qui était attribué à leur père. Enfin, une troisième opinion. se plaçant entre les deux premières. n'accorde aux descendants illégitimes qu'une représentation *partielle*, mesurée sur les proportions établies par l'art. 757 (par exemple un tiers du tiers qu'aurait eu leur père concourant avec des enfants légitimes).

313. — Parmi ces derniers interprètes. se trouve M. Malleville qui, tout en convenant que l'exclusion dont parle l'art. 756 serait une raison très-forte pour n'admettre que la première hypothèse. prétend (1) qu'il fut décidé au Conseil d'Etat que. dans ce cas. les fils naturels du bâtard prédécédé auraient droit sur la succession de leur aïeul, dans la proportion du droit qu'ils auraient dans la succession même de leur père : en sorte que celui-ci ayant eu droit à un tiers, ses enfants naturels ne pourraient réclamer que le tiers de ce tiers. soit un neuvième dans la succession de l'aïeul. tandis que le fils légitime de l'enfant naturel obtiendrait le tiers entier. M. Malleville pense donc que la *volonté du législateur*, consignée dans le procès-verbal, doit l'emporter sur l'art 756, et que l'art. 759 doit être considéré comme une exception, d'autant plus qu'il ne parle pas uniquement des enfants légitimes du bâtard, mais de ses enfants en général.

A ces observations. M. Toullier (2) répond : « Il est bien difficile de se rendre à ces raisons. Le Conseil d'Etat n'est point législateur : il n'a que l'initiative de la loi, ou plutôt il n'est chargé que d'en rédiger le projet, qui n'a force de loi que lorsque le projet est décrété par le Corps législatif et promulgué suivant les formes constitutionnelles. Ajoutez à cela que l'observation dont parle M. Malleville ne fut pas adoptée. Le consul Cambacérès demanda, dans la séance du 2 nivôse an XI, page 259 du procès-verbal, si l'enfant naturel du bâtard jouira du bénéfice de l'art. 759. M. Berlier observa que l'art. ne peut s'appliquer à un tel enfant, parce qu'il n'est pas héritier. Le consul Camba-

---

(1) T. II, p. 239.
(2) Note 1 du n° 259, t. IV.

cérès objecta que, quoique « *l'enfant naturel ne soit pas héritier, il a cependant droit à un tiers d'une part héréditaire dans la succession de son père. L'article transmet ce droit à ses descendants ; or, s'il n'a que des enfants naturels, ils auront un neuvième dans la succession de leur aïeul* ». Mais le procès-verbal ne porte point que le Conseil ait eu égard à cette objection ; au contraire, il porte simplement : « L'article est adopté ». Ainsi l'observation de M. Berlier subsiste, et l'objection de M. Cambacérès ne produisit aucun amendement. Quant à l'observation que l'art. 759 parle des enfants ou descendants en général, il suffit de répondre que cet art. ne peut être entendu que des enfants et des descendants légitimes, puisqu'il leur accorde en entier les droits qu'aurait eus leur père ».

M. Ancelot (1), à son tour, ajoute : « Nous croyons, avec M. Vazeille (art. 759, n° 1), que l'esprit de la loi, révélé si nettement par l'art. 756, oppose un obstacle insurmontable à la prétention, même réduite, de la descendance illégitime : il suffirait, pour en faire justice, de montrer à quelle choquante anomalie conduit un tel système. Elle consiste, suivant la remarque de M. Duranton lui-même qui soutient pourtant ce système (t. VI, n°ˢ 294 et suiv.), en ce que le fils de l'enfant naturel recueillera des biens qu'il n'aurait point recueillis, si son père prédécédé eût été lui-même légitime. En effet, il aurait été certainement écarté alors par l'art. 756. Quoi de plus irrationnel, au point de vue de la loi, que cette prééminence de condition qui s'attacherait à la filiation naturelle ? La pensée du législateur a été uniquement que le droit réservé à l'enfant naturel se communiquât à ses descendants légitimes qui ne devaient être atteints d'aucune disgrâce. Mais elle n'aurait pu, sans une monstrueuse inconséquence, créer .la même transmissibilité au profit d'une génération illégitime aussi. Il n'y a d'ailleurs rien à inférer, en sens contraire, de la discussion du Conseil

____

(1) Sur Grenier, n° 673, note p. 353.

d'Etat. Et que serait, au surplus, une induction là où il ne faudrait rien moins qu'un texte formel pour violenter l'intention législative déjà manisfestée ? »

Ces arguments, quoique pleins de feu, ne peuvent me convaincre. En effet, à la réponse que l'on vient de voir du consul Cambacérès à l'objetion de M. Berlier, on ne voit aucune réplique. Il suffit que cette question ait été soulevée, au sein du Conseil, pour que l'on comprenne combien il eût été facile, dans cette grave matière, d'enlever toute espèce de doute, par l'adjonction du seul mot : *légitime*, et je trouve précisément que, si ce mot ne figure pas, c'est uniquement parce que le Conseil a eu égard à l'objection de M. Cambacérès, en maintenant sa rédaction primitive, rédaction qu'il était d'ailleurs inutile d'amender puisque, telle, elle embrasse en général les enfants ou descendants de l'enfant naturel.

Qui oserait soutenir que l'enfant naturel dont la mère aurait perdu la vie, par exemple en lui donnant le jour, serait, même en présence d'aïeuls aisés, tellement privé de tout secours par le législateur, qu'il n'aurait que la perspective ou de la mort, ou de la commisération publique ?

Par suite, si l'on se range à la troisième opinion ci-dessus développée, on ne saurait prétendre, dans ce cas, que le fils reçoit de son aïeul des droits qui, en réalité, ne lui viennent que de son père ou de sa mère.

D'ailleurs l'humanité a des besoins impérieux dont le législateur prévoyant ne saurait la priver. C'est ce qui résulte de l'ensemble des dispositions concernant les enfants naturels ; dispositions tempérées, qui concilient les droits puissants de la morale avec les droits non moins puissants de l'humanité (1).

314. — Les enfants et descendants légitimes de l'enfant naturel peuvent arriver à la succession de leur aïeul

______

(1) Dans ce sens : Favard, V. *Succ.*, sect. IV, § 1, notes 14 et 15 ; Delvincourt, t. II, p. 22, notes 1 et 6 ; Malleville, t. II, p. 239. Comp. Duranton, t. VI, n° 295.

naturel, soit en représentant leur père, soit de leur chef (1). La question de savoir s'ils peuvent recevoir une part plus considérable que celle à laquelle aurait eu droit leur père est controversée : mais la jurisprudence parait incliner dans un sens favorable. En effet, les descendants légitimes de l'enfant naturel se trouvent dans une position bien moins défavorable que cet enfant lui-même. Les considérations morales qui ont armé le législateur de sévérité ne sauraient être invoquées contre eux (2).

315. — Les enfants légitimes de l'enfant naturel renonçant ou indigne peuvent recueillir dans la succession du père du dernier la portion à laquelle il aurait eu droit. M. Duvergier (3) fait remarquer que les expressions : « En cas de prédécès », de l'art. 759, n'impliquent point nécessairement qu'ils ne sont admis à recueillir cette portion que par représentation. Elles sont, comme dans plusieurs autres articles (v. notamment art. 750 et 766), les équivalents de ces mots : *à défaut de*.

M. Belost-Jolimont (4) a d'ailleurs fait observer avec raison que, nul n'étant admis à recueillir, par représentation, une hérédité à laquelle il n'eût pas, en l'absence d'héritiers ou de successeurs plus proches, été appelé de son propre chef, il fallait en conclure que, si les descendants de l'enfant naturel pouvaient, par représentation de ce dernier, succéder à son père, ils devraient également ment être reçus à lui succéder de leur propre chef (5).

---

(1) Picot, sur 759 ; Augan, t. I, p. 529, qui cite Colmar, 31 mai 1825, et Rej. civ., 13 av. 1840.

(2) En ce sens, outre les arrêts cités à la note 1 ci-dessus: Douai, 9 mai 1836; Montpellier, 28 janv. 1864 ; Gand, 26 fév. 1874; Alger, 31 mai 1876, art. 21469 j. u.; Aubry et Rau, § 649, texte et note 55 ; Cadrès, *Des enf. nat.*, n° 351; Saintespès-Lescot, t. 238; Zachariæ, § 642, note 12. — *Contra :* Duranton, t. VII, p. 247 ; Fouet de Conflans, sur 759, *in fine ;* Vazeille, sur 908, n° 5 ; Marcadé, sur 908 ; Demolombe, V. *Succ. et Donat.*, n° 561, t. II, n° 95 ; Paris, 26 déc. 1828 ; Trib. civ., Mostaganem, 11 nov. 1875. Ce dernier infirmé par la C. d'Alger, 31 mai 1876, art. 21469 j. n., V. les observations.

(3) Sur Toullier, t. IV, n° 259, note de la page 158.

(4) Sur Chabot, *Observ.* 3, art. 759.

(5) Duvergier, *id.;* Zachariæ, t. IV, § 605. Comp. toutefois Chabot, art. 759, n° 2104.

316. — Toutefois cette opinion est controversée. Certains auteurs s'accordent à penser, tout en déplorant cette rigueur, que la vocation directe ne peut être réclamée par la descendance de l'enfant naturel. « Pour elle », disent-ils, « de même que pour celui-ci, il existe un régime exceptionnel, où le silence doit toujours s'interpréter négativement ». Mais on induit des art. 765, 766 et 768 que la postérité dont il s'agit passerait avant le conjoint survivant et l'Etat (1).

Section 4 — RAPPORT A SUCCESSION.

317. Doivent imputer tout ce qui est sujet à rapport.
318. Différence entre le rapport et l'imputation.
319. Si l'imputation est moins favorable
320. L'enfant naturel n'est pas tenu de faire compte des intérêts et des fruits.
321. A le droit de faire comprendre à la masse la valeur des dons ou legs faits à son préjudice.
322. L'imputation se complique, s'il y a plusieurs enfants naturels dont un ou plusieurs, déjà gratifiés, renoncent. Exemple.
323. Si, venant à la succession paternelle, il a déjà recueilli, dans la succession de sa mère, des biens donnés par le père à celle-ci, il les imputera à son lot.
324. A quoi s'appliquent les dispenses de rapport fixées par l'art. 852 C. c.
325. L'enfant naturel ne peut demander l'envoi en possession provisoire des biens de l'absent.

317. — L'art. 760 porte : « L'enfant naturel ou ses descendants sont tenus d'imputer sur ce qu'ils ont droit de prétendre tout ce qu'ils ont reçu du père ou de la mère dont la succession est ouverte, et qui serait sujet à rapport, d'après les règles établies à la section 2 du chapitre VI, du présent titre ».

---

(1) Vazeille, art. 759, n° 2 ; Ancelot, sur Grenier, *Donat.*, n° 673, note de la p. 354.

318. — Quoique le *rapport* et *l'imputation* se ressemblent, en ce sens que tout ce qui est rapportable est aussi imputable, il existe entre eux de notables différences.

Le *rapport* est la remise effective que chaque héritier fait à la masse de la succession des objets qu'ils a reçus du défunt. afin que tout soit partagé entre les cohéritiers (1). Il ne peut être demandé que par un héritier à son cohéritier ; il se fait en nature ou en moins prenant ; l'auteur de la libéralité peut en disposer. (844 et suiv.)

L'imputation, au contraire, est la déduction que subit un héritier sur sa réserve légale (2). Elle ne se fait jamais en nature. mais en moins prenant, et l'auteur de la libéralité ne peut en dispenser son enfant naturel (3).

319. — Par suite, quelques auteurs pensent que l'imputation est moins favorable à l'enfant naturel que ne le serait le rapport, puisque celui-ci, en augmentant la masse. augmente la portion de l'enfant naturel ; tandis que celle-là, se calculant d'après la masse, indépendamment de la chose donnée, est nécessairement plus faible (4). Mais je suis d'avis que la somme à imputer par l'enfant naturel, doit, comme le fait observer M. Zachariæ (5), être fictivement réunie à la masse héréditaire pour la fixation du montant de la quote-part à laquelle il a droit (6).

320. — Mais il ne doit pas, ainsi que le prétend M. Duvergier, compte à la masse, conformément à l'art. 856 C. c., des fruits et intérêts que les objets reçus auront produits depuis l'ouverture de la succession.

Cette dernière solution résulte logiquement de l'espèce

---

(1) *Dict. du Not.*, V. *rapport à succession.*
(2) *Ibid.*, V. *Imputation sur la réserve.*
(3) Picot, sur 760.
(4) Chabot, art. 760, n° 2 ; Rejet., 11 janv. 1831 : *Dict. du Not.*, V. *Succ.*, n° 217.
(5) T. IV, § 638.
(6) En ce sens : Duvergier, sur Toullier, note 6, n° 260, t. IV ; Duranton, t. VI, n° 297 ; implicitement, Grenier, n° 675.

d'attribution anticipée que la loi établit dans l'article en question (1).

321. — De plus. quoique l'enfant naturel ne soit pas héritier et ne puisse. par conséquent, point demander le rapport (843), nous avons vu (2) que. pour le calcul de sa réserve, il avait le droit de faire comprendre. dans la masse des biens de la succession, la valeur des dons ou legs faits à son préjudice. et il a été jugé que non-seulement l'enfant naturel peut exercer sa réserve sur les biens dont il a été disposé par testament. mais qu'il avait même le droit de faire réduire les donations entre vifs (3) ; car, dit avec raison M. Grenier, « dès que la fixation des droits de l'enfant naturel doit avoir pour type. dans tous les cas, le montant de ce qu'il aurait eu. s'il était enfant légitime, il en résulte la conséquence que l'enfant naturel peut réclamer, pour cette fixation. les mêmes rapports des enfants légitimes, qui pourraient être exigés par l'un de ces derniers. On ne conçoit pas que. sans cela, on pût parvenir à la détermination des droits de l'enfant naturel (4) ».

322. — Lorsqu'il y a plusieurs enfants naturels, dont un ou plusieurs, déjà gratifiés. renoncent à la succession, l'imputation se complique. Exemple : Soient quatre enfants naturels et un ascendant. L'actif s'élève à 12.000 fr. plus 6.000 fr. donnés à deux des enfants qui renoncent ; total de la succession 18.000 fr.

---

(1) Pau, 14 juillet 1827 ; Cass., 11 janv. 1831 ; Ancelot. sur Grenier, n° 674, note de la p. 356.

(2) *Supra*, n° 291.

(3) Amiens, 26 nov. 1811 ; Cass., 28 juin 1831 ; Paris, 14 août 1875 ; Troplong, *Donat. et Test.*, n° 771.

(4) En ce sens : Chabot. sur 757, n° 17 ; Duvergier, sur Toullier, t. IV, n° 258, note *a* ; Zachariæ, t. IV, § 638 ; Malpel, 324 ; Duranton, t. VI, n° 298 et 299 ; Cass., 11 janv. et rej. 28 juin 1831 ; Pau, 14 juillet 1827 ; Comp. de la Cour de Paris, 5 juin 1826, qui a statué, toutefois, que l'enfant naturel ne pouvait pas demander le rapport en nature. mais bien seulement la réunion fictive à la masse de la valeur des choses sorties du patrimoine du *de cujus*. — *Contra :* Delvincourt, Malleville, Toullier, t. IV, n° 268, qui est en contradiction avec l'opinion qu'il émet au n° 263, par laquelle il dit que l'enfant naturel a droit à une réserve.

Les droits des quatre enfants, s'ils avaient été légitimes, auraient absorbé la totalité de la succession: — enfants naturels, ils n'auront que la moitié (757), ou... 9.000 fr. et ne peuvent rien recevoir de plus. (908.)

La part de chaque enfant est du quart de 9.000 fr.. ou........................... 2.250 fr.

Deux d'entre eux ont reçu chacun 3.000 fr.. soit 1.500 fr. de trop, ou..................... 6.000 fr.

L'ascendant ne doit plus que.............. 3.000 fr.

Imputer ces 1.500 fr. sur ce qui revient aux deux autres, ce serait les rendre responsables de la perte qui peut résulter de l'insolvabilité de ceux qui ont reçu un excédant. D'un autre côté. il n'est pas juste que l'ascendant soit seul exposé à cette perte (1).

M. Duranton me parait avoir raison lorsqu'il dit (2) que, quand il y a plusieurs enfants naturels, leurs conditions doivent être régies distinctement ; d'où il suit que, si l'un d'eux a trop reçu, les autres ne supporteront pas l'imputation de l'excédant sur leurs propres parts, et ne répondront pas non plus de son insolvabilité (3).

Ainsi, l'imputation des 1.500 fr. doit sé faire par moitié sur ce qui revient aux enfants naturels acceptants, sauf leur recours contre les deux enfants qui ont reçu au delà de leur part. Mais, chacun des enfants naturels ayant des droits personnels dans la masse à partager, les deux enfants acceptants ne sont tenus de prendre dans les 1.500 fr. qu'à proportion de leurs droits dans cette masse totale. Or, cette masse étant de 12.000 fr. plus 1.500 fr. dûs par les enfants renonçants, les deux enfants acceptants ont droit à un tiers des 9.000 fr. On ne peut donc les obliger à prendre pour leur lot plus que le tiers des 1.500 fr. ; ils auront donc 3.000 fr. sur les biens laissés par le père et 500 fr. à répéter contre leurs frères ; l'as-

---

(1) *Dict. du Not.*, V. *Succ.*, 219.
(2) T. VI, n° 297.
(3) Ancelot, sur Grenier, *Donat.*, n° 674, note de la p. 355.

cendant prendra 8.000 fr. sur les biens dont il s'agit et il répétera 1.000 fr. sur les deux frères renonçants.

323. — Si l'enfant naturel venant à la succession paternelle a déjà recueilli dans la succession de sa mère des biens donnés par le père à celle-ci, il les imputera sur son lot, par suite de l'interposition présumée (911). Si, à la mort du père, la succession de la mère n'est pas encore ouverte, il obtiendra tout son amendement, sauf aux héritiers du premier à faire annuler la libéralité comme illégale (1).

324. — L'art. 852 C. c., qui dispense du rapport les frais de noces et présents d'usage, s'applique aux présents faits à l'enfant naturel à moins que le père ou la mère, usant de la faculté que lui accorde l'art. 761, n'ait exprimé une volonté contraire, qui d'ailleurs ne saurait résulter de ce seul fait que le père ou la mère aurait confondu les présents de noces dans le chiffre de la dot constituée à son enfant naturel (2).

325. — Quant à la question de savoir si l'enfant naturel peut demander l'envoi en possession provisoire des biens de l'absent, la négative paraît résulter de l'esprit et de la lettre de la loi (3).

Au surplus, ce sujet sera traité plus loin (4) avec plus de développement.

---

(1) Duranton, n° 248 ; Ancelot, sur Grenier, *Donat.*, n° 674, p. 356.
(2) Cass., 14 janv. 1862, art 17356 j. n.
(3) Ancelot, *ibid.*, p. 356.
(4) V. *infra*, n°ˢ 414 et suiv.

CHAPITRE XI.

Réduction de la portion assignée aux enfants naturels.

326. Lorsqu'ils ont reçu, du vivant de leur père ou mère, la moitié de ce qui leur est attribué, toute réclamation leur est interdite.

327. Mais il faut que les père ou mère aient manifesté cette intention par une déclaration expresse et que l'enfant ait reçu cette moitié du vivant des père et mère.

328. Si l'enfant naturel peut refuser.

329. Trois opinions. — La préférable est celle qui admet un pacte libre entre l'enfant et ses parents.

330. Car, autrement, s'il était mineur, il y aurait des difficultés.

331. Une réduction testamentaire ne serait pas valable.

332. Ne peut se faire que de biens présents. — Si elle serait valable dans le cas où le donateur se réserverait la jouissance.

833. A l'ouverture de la succession, l'enfant naturel a le droit de prendre connaissance de ses forces et charges.

334. Si la réduction autorisée par l'art: 761 C. c. peut se cumuler avec celle autorisée par l'art. 913 C. c.

335. La Cour de cassation a décidé l'arffirmative.

336. Critique de cette jurisprudence.

337. Suite. — Opinion de M. Demolombe.

338. Une somme comptée à l'enfant pour lui tenir lieu d'aliments ne remplirait pas le vœu de la loi.

339. L'enfant qui aurait reçu plus que la moitié pourrait garder l'excédant, à moins de disposition contraire.

340. Cas où plusieurs enfants naturels ont subi la réduction à l'exclusion des autres. — Opinion de M. Ancelot.

341. Exemple.

342. La réduction est inefficace, si le donateur ne laisse point d'héritiers au degré successible.

343. L'enfant naturel ne peut, par anticipation, renoncer ni à la succession des père ou mère ni au supplément.

326. — L'art. 761 porte : « Toute réclamation leur est interdite lorsqu'ils ont reçu, du vivant de leur père ou de leur mère, la moitié de ce qui leur est attribué par les articles précédents, avec déclaration expresse, de la part de leurs père ou mère, que leur intention est de réduire l'enfant naturel à la portion qu'ils lui ont assignée. — Dans le cas où cette portion serait inférieure à la moitié de ce qui devrait revenir à l'enfant naturel, il ne pourra réclamer que le supplément nécessaire pour parfaire cette moitié ».

327. — Cette disposition est une dérogation au principe que toute convention sur la succession d'une personne vivante est nulle. (791-1130.) Elle est basée sur des considérations de décence et de paix des familles. Par exemple, la naissance d'un enfant naturel pouvait être inconnue à la famille légitime du père ou de la mère. Après le décès de ceux-ci, la présence de celui-là pouvait devenir un sujet de scandale, fâcheux pour la mémoire du père ou de la mère, et occasionner des débats penibles. C'est pour des raisons de cette nature que la loi leur donne le moyen d'écarter du partage cet enfant naturel. Mais il faut alors : 1° qu'ils aient manifesté leur intention à cet égard par une déclaration expresse. — La déclaration *expresse* de réduire serait suffisante dans cette forme : « Les biens ont été donnés à l'enfant *pour lui tenir lieu de ses droits dans la succession future du donateur* (1) » — ; 2° que l'enfant naturel ait reçu cette moitié du vivant des père et mère (2).

328. — Une question importante et vivement controversée est celle de savoir si l'enfant naturel peut empêcher la réduction en refusant de recevoir ce que le père veut lui donner.

329. — Trois opinions sont en présence : la première propose le recours aux tribunaux. Ainsi, le consentement

---

(1) Chabot, t. II, sur 761 ; *Dict. du Not.*, V. *Enf. nat.*, n° 70.
(2) Chabot, t. II, sur 761, p. 254, 260 et 263 ; Delvincourt, p. 22, note 3 ; Malleville, t. II, p. 240.

de l'enfant pourrait être suppléé par une décision de justice (1).

Mais il est évident qu'une semblable doctrine est extra-légale (2).

La seconde déclare que la loi a entendu investir le père de famille d'une autorité dictatoriale à ce sujet.

C'est ce qui résulte de plusieurs arrêts (3) dont l'un, de la Cour suprême, du 31 août 1847, exprime, en outre, qu'il n'est pas nécessaire que la déclaration de réduire l'enfant naturel à la moitié de ses droits successifs, soit exprimée dans l'acte même de donation.

« Attendu », dit cet arrêt, « que, pour interdire toute réclamation à l'enfant naturel, lorsqu'il a reçu de son père, du vivant de celui-ci, la moitié de ce qui lui est attribué par la loi, l'art. 761 C. c. se borne à exiger une déclaration expresse du père, que son intention est de réduire l'enfant naturel à la portion qui lui a été assignée ; — qu'en prescrivant cette déclaration, l'art. 761 ne dit pas qu'elle doive être acceptée par l'enfant naturel ; — qu'en usant de la faculté qui lui est accordée par cet article, le père fait un acte de puissance paternelle ; — que le but de la loi a été de lui permettre d'écarter de toute participation au partage de la succession l'enfant naturel à qui il procure un avantage immédiat ; — que le droit du père serait illusoire, s'il dépendait de l'enfant naturel d'en empêcher l'exercice par son refus ; — que l'art. 761 n'exige pas davantage que la déclaration d'intention de réduction soit faite en même temps que la donation ; que ces mots du dit article : *avec* déclaration expresse, n'ont pas pour objet de préciser l'instant où la déclaration peut valablement intervenir ; qu'ils signifient seulement que la donation, même acceptée, ne suffit pas pour réduire les droits

---

(1) T. IV, n° 262, p. 162.

(2) Comp. Marcadé, sur 761, n° 2; *Dict. du Not.*, V. *Succession*, § 2, du n° 228.

(3) Douai, 27 fév. 1834 ; Cass., 21 av. 1835 ; 31 août 1847 ; 21 av. 1833 ; Toulouse, 29 av. 1835 ; Duranton, t. VI, n° 330 ; *Dict. du Not.*, V. *Succ.*, n° 228, et au mot *Enf. nat.*, n° 72.

de l'enfant naturel. mais qu'il faut, en outre. de la part du père, une déclaration formelle et explicite d'intention de réduction : — que la donation. légalement irrévocable de sa nature. n'est révoquée ni en tout ni en partie par la déclaration ultérieure du père. qu'il entend réduire l'enfant naturel au bénéfice de la donation dont les effets sont, au contraire, maintenus ».

La troisième. à laquelle j'adhère. bien que la jurisprudence paraisse y résister. est celle qui admet la nécessité d'un pacte libre entre l'enfant naturel et ses parents.

La majorité des auteurs s'est prononcée dans ce sens (1).

En effet, la transmission autorisée par l'art. 761 est incontestablement une convention qui exige le consentement des parties contractantes : cette convention est une véritable donation entre vifs ; or. une donation entre vifs demeure imparfaite tant que le donataire ne l'a pas acceptée en termes exprès (932) et librement (1108). Rien n'indique que l'art. 761 ait eu pour but de déroger à ces prescriptions légales, et cependant une disposition précise eut été nécessaire.

Le discours prononcé par le tribun Siméon, au Corps législatif, le 20 germinal an II. pour énoncer le vœu du tribunat et où l'on remarque ce passage : « Si, pour la tranquillité et le repos de leur famille. les père et mère ont eu soin d'acquitter de leur vivant leur dette envers l'enfant naturel, si, en la payant par anticipation, ils ont déclaré ne vouloir pas qu'il vînt après eux troubler leur succession, le Code maintiendra cette disposition, lors même que ce don anticipé n'arriverait qu'à la moitié de la créance. — Une pareille donation est utile, et pour l'enfant naturel qu'elle fait jouir plus tôt, et pour la famille qu'elle débarrasse d'un créancier odieux — »; ce discours, disons-nous, n'infère pas, comme le prétend le savant M. Toul-

---

(1) Armand Dalloz, n° 98 ; Vazeille, art. 761, n° 7 ; Grenier, *Des donations*. n° 674, et son annotateur Ancelot ; Duvergier, sur Toullier, t. IV, n° 262 : Zachariæ, t. IV, § 605, note 18. Comp. Delvincourt, t. II, note 8, p. 22 ; Massé, *Le parfait notaire*, t. I. p. 344, 6ᵉ édit.

lier (1), que le consentement de l'enfant naturel n'est pas nécessaire au père ou à la mère, pour user de la faculté que leur accorde l'art. 761 ; au contraire. il résulte de ce passage, ainsi que le dit très-bien M. Duvergier (2), « que le but de l'article a été. non de favoriser les parents légitimes au détriment de l'enfant naturel, mais de concilier leurs intérêts respectifs. Or, si la loi a voulu assurer un avantage à l'enfant naturel, on doit en conclure qu'elle requiert implicitement son consentement. *Invito benefi- cium non confertur.* En vain, l'on objecte que, si le con- sentement de l'enfant naturel est requis, la faculté de réduire deviendra illusoire ; que le père de famille ne pourra jamais débarrasser sa famille d'un créancier dont la présence ne peut jamais que lui être désagréable ; qu'enfin le magistrat domestique se trouvera désarmé. En effet, si les offres du père sont raisonnables, il arri- vera souvent que l'enfant les acceptera, afin de jouir plus tôt. De plus, il n'est pas exact de dire que, dans ce sys- tème, le père sera désarmé, puisqu'il pourra toujours ré- duire son enfant naturel à sa réserve. Enfin, dans l'un et l'autre système, il est impossible de débarrasser la famille de la présence de l'enfant naturel, puisque, à l'ouverture de la succession, il devra nécessairement être admis à véri- fier si ce qu'il a reçu équivaut à la moitié de sa portion héréditaire ».

Cette dernière observation est très-importante, je la crois décisive : elle signifie que, si la loi autorise les pa- rents à se débarrasser de la présence de leur enfant na- turel, ils ne le peuvent que si ce dernier, trouvant un avantage quelconque à jouir plus tôt de la succession, accepte librement cette proposition et s'engage, par là, à ne plus venir troubler la famille légitime. Il peut bien, à la vérité, venir encore vérifier, à l'ouverture de la succes- sion, s'il est rempli de ses droits ; mais ce ne sera qu'excep- tionnellement, attendu qu'au moment de la donation, il

(1) T. IV, n° 262.
(2) *Ibid.*, note.

aura. le plus souvent. pris toutes ses précautions avant de l'accepter.

330. — Si l'enfant naturel était mineur, il y aurait plus de difficulté : mais il est certain que son père pourrait user de la faculté que lui donne la loi. Comme il y aurait, dans ce cas, aliénation de droit, transaction. le tuteur devrait se faire autoriser par le conseil de famille, prendre l'avis de trois jurisconsultes désignés par le Procureur de la République et faire homologuer la transaction par le tribunal de première instance (467). Rien ne dit qu'on puisse se dispenser de ces formalités tutélaires. preuve nouvelle que le concours de l'enfant naturel est indispensable pour la validité de ce pacte.

331. — On comprend, après ce que nous venons de dire, qu'une réduction testamentaire ou disposition à cause de mort, ne serait pas valable. Cependant, certains auteurs (1), certaines Cours même. étaient allés jusqu'à déclarer valable une semblable disposition. Un arrêt de la Cour de Pau, du 24 mai 1806. notamment. avait adopté ces principes erronés ; mais il a été cassé le 28 juin 1809, et, depuis, la Cour de Paris (2) s'est conformée à cette jurisprudence (3).

La réduction à moitié ne peut donc avoir lieu que par donation entre vifs.

332. — Elle ne peut avoir lieu par donation entre vifs que de *biens présents*. La donation de biens à venir, malgré son irrévocabilité partielle, serait nulle, le dessaisissement des père et mère doit être absolument immédiat (4).

---

(1) Chabot, *Des successions*, art. 757. Depuis, M. Chabot a reconnu que la grande majorité des jurisconsultes s'est prononcée contre son opinion, ainsi que la cour de Cass., dans son arrêt des 26, 28 juin 1809. Néanmoins, il développe, t. II, p. 47 et suiv., les motifs de son opinion.

(2) 2 janv. 1819, D. A., 8, 644, note 1.

(3) Nancy, 22 janv. 1838 ; J. Palais, t. II, 1843, p. 326, D. 39, 2, 153 : Grenier, *Des donations*, n° 674, ou t. II, n° 420 ; Malpel, n° 163 ; Delvincourt, p. 22 ; Malleville, t. II, p. 240 ; Demolombe, n° 105.

(4) Ancelot, sur Grenier, *Des donat.*, n° 674, note de la p. 358 ; j. n., art. 20175, *Observ.*

Mais il n'en faut pas conclure que la réduction n'aurait pas lieu si le donateur s'était réservé la jouissance des biens donnés entre vifs à l'enfant naturel (1). S'il avait stipulé un terme de paiement et que ce terme fût celui de sa mort, il faudrait distinguer : la somme d'argent qui fait l'objet de la donation, doit produire intérêts jusqu'au jour du paiement, ou il faut que, pouvant être négociée, l'enfant naturel puisse en retirer un avantage immédiat.

333. — Dans ce cas, et bien que la délivrance de la chose soit ajournée, la donation n'en saisit pas moins actuellement le donataire qui peut lui-même en disposer, et l'objet donné a été reçu *du vivant des père ou mère*. Mais l'enfant naturel n'en conserve pas moins le droit, ainsi que je le dis plus haut (2), de venir, à l'ouverture de la succession, prendre connaissance de ses forces et charges. Le montant de l'hérédité devra être calculé conformément à l'art. 922 (3). La fixation juste de la moitié étant difficile du vivant du père, on devra, pour la parfaire, tenir compte de la moins-value résultant des modalités sous lesquelles cette donation a pu être faite. S'il n'existe aucune moins-value, c'est-à-dire si, après examen, il est reconnu que l'objet donné équivaut à la moitié des droits qu'il aurait pu répéter à ce moment, il n'y a pas lieu d'annuler la donation (4).

L'essentiel est qu'on ne fasse pas jouer à l'enfant naturel le rôle de dupe, et que cet arrangement de famille lui offre la possibilité d'un avantage sérieux qui soit le prix de sa renonciation prématurée (5). Le vœu de la loi ne serait pas rempli, si le père s'était borné à donner la chose la plus modique : la réduction alors n'aurait pas lieu (6).

---

(1) Duvergier et Toullier, t. IV, n° 262, § 6.

(2) *Supra*, n° 329.

(3) Duvergier, sur Toullier, t. IV, n° 262, note *a*.

(4) Duranton, t. VI, n° 306 ; Duvergier et Toullier, *ibid.*; Zachariæ, Aubry et Rau, t. IV, p. 217 ; Massé et Vergé, t. II, p. 278 ; Demolombe, t. II, n° 110 ; Ancelot, *ibid.*

(5) Ancelot, *ibid.* ; Vazeille, art. 761, n° 8.

(6) Duranton, t. VI, n° 306 ; *Dict. du Not.*, V. *Enf. nat.*, n° 66.

M. Poujol (1) va plus loin encore, dans sa sollicitude pour les enfants naturels, et pense qu'il ne serait pas lié par son consentement, si le don était minime et fait sans compensation, dans le but évident de réduire l'enfant naturel à la moitié de ce qui lui est attribué par la loi (2).

334. — Une question qui divise la doctrine et la jurisprudence est celle de savoir si la réduction exceptionnelle autorisée par l'art. 761 peut se cumuler avec celle autorisée par l'art. 913, ou si elle ne doit s'appliquer qu'aux amendements fixés par l'art. 757, dans le cas où il n'y a point de disposition à titre gratuit.

335. — La Cour de cassation a décidé (3) que, lorsqu'un enfant naturel vient en concours avec un neveu du défunt, sa part légale est des trois quarts de la succession (757) : sa réserve est de la moitié des trois quarts, c'est-à-dire des trois huitièmes de la succession entière ; mais qu'elle n'est plus que des trois seizièmes, lorsqu'il a reçu entre vifs des dons de son père, qui a exprimé l'intention de le réduire à la moitié de ce qui devrait lui revenir.

Attendu, dit cet arrêt, que l'art. 757 C. c., lorsque le père d'un enfant naturel laisse un neveu, attribue à l'enfant naturel les trois quarts de la portion héréditaire qu'il aurait eue, s'il eût été légitime ; — que, si la demanderesse eût été légitime, elle aurait eu droit à la totalité de la succession *ab intestat* ; que, conséquemment, comme enfant naturel, elle aurait recueilli les trois quarts de cette succession ; — mais, attendu que, si le père a fait des dispositions entre vifs ou testamentaires, au profit d'autres personnes, jusqu'à concurrence de la quotité disponible fixée par l'art. 913, l'enfant légitime, en ce cas, se trouvant réduit à la moitié de la succession, les droits attribués à l'enfant naturel par l'art. 757 sont, dans le même cas, de la moitié de ces trois quarts ou des trois huitièmes de la succession ; — qu'en permettant, sous les conditions qu'il

---

détermine, au père de l'enfant, de réduire celui-ci à la moitié des droits attribués par l'art. 757, l'art. 761 lui permet, par cela même, de le réduire au dit cas, à la moitié des trois huitièmes ou aux trois seizièmes au total; — qu'autrement, quand le père laissant des neveux ou nièces, aurait épuisé, au profit de personnes quelconques, la quotité disponible fixée par l'art. 913, l'enfant naturel aurait droit aux trois huitièmes, soit que le père ait ou n'ait pas usé de la faculté accordée par l'art. 761 (1) ».

336. — Les conséquences de cette jurisprudence sont déplorables. Exemple : Soit une succession de 12.000 fr.; un enfant naturel en concours avec un neveu et un légataire universel.

Si l'enfant eût été légitime, il aurait eu la totalité de la succession *ab intestat*. Le légataire prélève la quotité disponible qui est de la moitié, soit 6.000 fr. Reste 6.000 fr. sur lesquels l'enfant prélèverait les trois quarts, soit 4.500 fr., mais qui, dans cette hypothèse, se trouvent réduits à la moitié, soit 2.225 fr.

Mais, pour mieux faire sentir la rigueur de cette injuste pratique, supposons une même masse de 12.000 fr. dévolue à un enfant naturel, en concours avec un enfant légitime gratifié de la quotité disponible.

La quotité disponible, ainsi que nous le verrons (2), serait du tiers.

Les parts préciputaire et virile de l'enfant légitime seraient de.............................. 8.000 fr. '

Celle de l'enfant naturel, s'il eût été légitime, de.............................. 4.000 fr. '

Mais il n'a droit qu'au tiers (757), scit.. 1.333 fr. 33

Et, réduit de moitié, suivant cette jurisprudence, il ne lui restera que........... 666 fr. 66

Quand l'enfant légitime aura.......... 11.333 fr. 33

---

(1) V. Paris, 17 janv. 1865, j. n. art. 18190, dans une espèce identique. En ce sens : Toullier, t. IV, n° 262 ; Grenier, *Donat.*, n° 674 ; Demante, t. III, n° 80, Richefort, t. III, n° 420.

(2) *Infra*, n° 350.

Il n'est pas admissible que le législateur ait voulu réduire à presque rien la part de l'enfant naturel. Du moment que son père l'a reconnu, il s'est, par là, obligé à le nourrir, car, malgré le silence *involontaire* de la loi, personne, jusqu'à ce jour, n'a osé contester que l'enfant naturel ne pût demander des aliments à ses père et mère. Il s'est obligé à lui laisser une part de son hérédité.

Ici, encore, osera-t-on prétendre que la faculté de réduire deviendra illusoire : que le magistrat domestique se trouvera désarmé? Mais ces prétentions ne reposent sur aucun fondement. Est-ce que le père n'a pas un pouvoir plus puissant pour punir son enfant naturel de son inconduite ou de son ingratitude ? Qu'il ne le reconnaisse pas et le voilà radicalement déshérité.

Il existe un axiome : *Donner et retenir ne vaut*, adopté en France, dont les effets sont vraiment excellents. Or, le législateur, par la reconnaissance, donne des droits à l'enfant naturel ; comment admettre que, par l'art. 761, il ait voulu les lui retenir !

337. — Il est constant que l'enfant naturel a droit à une réserve qu'on ne saurait amoindrir qu'en violant et l'esprit et la lettre de la loi (1). En déterminant les droits des enfants légitimes, la loi donne comparativement la mesure du droit des enfants naturels. La réduction permise par l'art. 761 est un droit tout spécial aux enfants naturels (2). Cet article défend, d'ailleurs, de réduire au-dessous de la moitié la portion qui leur est attribuée (3). La réduction qu'autorisent les art. 913, 915 et 916 est un droit général que sa généralité seule leur rend commun avec l'art. 761.

Voici comment l'illustre Demolombe (4) résume cette question :

---

(1) V. *Infra, Réserve.*
(2) Duranton, t. VI, n° 301 ; Vazeille, art. 761, n° 6.
(3) *Dict. du Not.*, V. *Succ.*, n° 230.
(4) *Succ.*, t. II, n° 111.

« En résumé donc, le père ou la mère peut choisir entre le mode de réduction directe, autorisé par l'art. 761, et le mode de réduction indirecte, autorisé par l'art. 913. Mais, quelque choix qu'il fasse, et de quelque manière qu'il s'y prenne, il faut que la réserve de l'enfant soit intacte ; et si elle est entamée, l'enfant aura toujours le droit d'agir en réduction, aux termes des art. 913 et 921 ».

C'est l'opinion de la majorité des auteurs (1).

338. — La réduction ne pourrait être stipulée dans l'acte qui constitue à l'enfant une pension viagère ou une somme comptant pour lui tenir lieu d'aliments. Ce n'est pas là une donation véritable mais plutôt l'acquittement d'une dette. Le contraire serait une duperie déguisée que certainement la loi n'a pas voulu permettre. La donation d'aliments n'est pas, d'ailleurs, une créance sur la succession puisque le rapport n'en peut jamais être exigé (2).

339. — Dans le cas où l'enfant naturel aurait reçu plus que la moitié de sa part héréditaire normale, il est sans difficulté qu'il pourrait garder l'excédant dans la mesure du maximum fixé par l'art. 757, à moins d'une disposition contraire (2) exclusivement et formellement exprimée dans l'acte de donation entre vifs.

340. — Comment se fera la dévolution du bénéfice de la réduction si, parmi les enfants naturels, quelques-uns ont subi la réduction à l'exclusion des autres ?

M. Ancelot (3) répond : « Il faut distinguer entre les héritiers légitimes qui concourent avec les enfants naturels. S'il s'agit d'enfants légitimes, ils profiteront seuls du retranchement, les autres ne pouvant réclamer au delà de leurs parts ou réduites ou totales. Si, au contraire, ces derniers sont en présence d'ascendants ou de collatéraux légitimes, on pourra admettre un accroissement entre les

____

(1) Duranton, *ibid.*; Vazeille et Marcadé, sur 761 ; Duvergier, sur Toullier, t. IV, n° 262, note *a* ; Massé et Vergé, sur Zachariæ, t. II, p. 279 ; Ancelot, sur Grenier, *Donat.*, note *a*, du n° 674, p. 357, j. a. art. 18190, *Observ.*, sur l'arrêt de la C. de Paris, du 17 janv. 1865.

(2) Ancelot, sur Grenier, *Donat.*, n° 674, note, p. 358.

(3) *Ibid.*

parts complètes et les parts réduites. Dans cette hypothèse. en effet. il y a cela de particulier. que la succession se divise par *masses* entre les héritiers réguliers et les héritiers irréguliers. Il est donc naturel et juridique de les attribuer sans retour aux parties prenantes (1) ».

Les principes de cette dernière hypothèse ne me satisfont pas. En effet. cette division par masses substituée à la division par portions de la masse générale, laisse quelque diffusion à l'esprit. Je vais essayer de matérialiser ma pensée par un exemple :

341. — Un homme meurt laissant ses père et mère. deux enfants naturels, dont l'un réduit à la moitié. fixée par l'art. 761, et un légataire universel. La succession est de 36.000 fr.

Dans aucun cas les enfants naturels. quelque nombreux qu'ils soient, ne peuvent avoir plus de la moitié des biens. Donc, en prenant le nombre deux. et sans tenir compte de la réduction. chacun aura 6.000 fr.. qui est la moitié de ce qu'il aurait eu, s'il avait été légitime ; les père et mère prendront leur réserve de 6.000 fr. chacun sur les 24.000 fr. restant : le légataire universel aura le reste, soit 12.000 fr.

Mais nous avons à répartir les 3.000 fr. provenant de la réduction opérée sur l'un des enfants naturels : nous devrons opérer comme dans le cas où il n'y a qu'un enfant naturel en concours avec des ascendants et un légataire universel.

L'enfant naturel aurait pris 1.500 fr., s'il eût été légitime : il en aura la moitié, soit 750 fr. à ajouter à ses 6.000 fr. ; les 2.250 fr. seront partagés entre les père et mère et le légataire universel par portions égales chacune de 750 fr.

Je pense que cette démonstration m'exempte de toute autre définition.

342. — La réduction ne saurait avoir aucune efficacité si, au décès du donateur, il n'existait point d'héritiers au

---

(1) Duranton, t. VI, n°° 307 et 308, et Vazeille, sur 761. n° 11.

degré successible. Elle ne pourrait être invoquée soit par le fisc, soit même par le conjoint survivant. M. Delvincourt (1) pense autrement quant au conjoint ; mais M. Vazeille (2) réfute victorieusem t son opinion, en faisant remarquer que le but de *pacification* domestique qui a inspiré l'art. 761 ne se présente plus dans le cas de vocation du conjoint *étranger* à la famille du disposant et d'ailleurs exclu de tout concours avec l'enfant naturel (767) : « Comme ce n'est pas pour eux que la permission de réduire a été accordée, ce n'est point à eux que la réduction doit profiter (3) ».

343. — L'enfant naturel ne peut, par anticipation, renoncer soit à la succession du père ou de la mère, soit au supplément nécessaire pour parfaire la moitié donnée (791) (4).

---

(1) T. II, p. 54.
(2) Art. 761, n° 12.
(3) Ancelot, *ibid.*
(4) *Dict. du Not.*, V. *Enf. nat.*, n° 74.

CHAPITRE XII.

Réserve légale.

SECTION 1. — DE LA PORTION DISPONIBLE QUAND IL Y A DES ENFANTS NATURELS.

344. — La réserve légale est la portion de biens dont on ne peut disposer à titre gratuit au préjudice des héritiers en ligne directe. Les héritiers qui jouissent de ce privilège sont les ascendants et les descendants (1).

345. — Mais l'opinion que l'enfant naturel a droit à une réserve règne universellement (2). Bien que les

_____

(1) *Dict. du Not.*, V. *Réserve légale.*
(2) Cependant, M. Chabot, *Traité des successions*, 5e édit., art. 757, développe les motifs d'une opinion contraire, tout en reconnaissant que la grande

art. 913 et suivants ne parlent que des descendants légitimes, il ressort de l'art. 757, qui accorde à l'enfant naturel des droits calculés sur la portion héréditaire qu'il aurait eue, s'il eût été légitime, et de l'art. 761. qui défend de réduire au-dessous de la moitié la portion qui leur est attribuée, la preuve manifeste que ces droits frappent d'indisponibilité une partie de la masse héréditaire (1).

346. — Cette masse se divise en deux portions : l'une, dont on peut disposer, forme la *portion disponible* ; l'autre, dont on ne peut disposer, forme la *réserve*. Par suite, tout ce qui n'entre pas dans la première appartient nécessairement à la seconde (2); faire connaître l'une, c'est faire connaître l'autre.

347. — Le Code a retenu le mot général de *réserve* (3) plutôt que le mot de légitime. que la loi donnait autrefois (4), sans qu'on puisse en donner une bonne raison. S'il a disparu, lors de la rédaction définitive, c'est, dit M. Troplong (5), « par suite de ces hasards de langage dont il ne faut pas se préoccuper. Il est singulier, cependant, que le Code, qui conservait le droit à une légitime, ait supprimé le mot et que, supprimant les réserves coutumières, il en ait conservé le nom (6) ».

Au surplus, comme ces développements ne se rattachent pas d'une manière directe au sujet que nous traitons, contentons-nous de renvoyer aux remarquables détails historiques donnés, avec son incomparable lucidité, par

majorité des jurisconsultes n'est pas de son avis. Mais les anciennes controverses suscitées, quand le Code était dans sa nouveauté, sont terminées ; elles sont même oubliées dans la pratique des tribunaux. V. Troplong, *Donations*, n° 771.

(1) Merlin, V. *Réserve* ; Grenier, t. III, p. 439 ; Toullier, t. IV, n° 263 ; Loiseau, p. 667 ; Duranton, t. VI, n° 298 ; Malpel, n° 160 ; Demolombe, n°° 24 et suiv.; Marcadé, sur 913, n° 3 ; Cass., 26 juin 1809 ; 27 av. 1830 ; 28 juin 1831 ; Paris, 17 janv. 1865.

(2) *Dict. du Not.*, V. h..erve légale, n° 1.

(3) Art. 915, 917, 921.

(4) Coutume d'Orléans, 274, L. 28, c. *De inoffic. testam.*; L. 30 et 31, c. *eod.*

(5) *Donat. et Test.*, n° 738.

(6) M. Genouilhac, *Rev. étrang.*, 1846, t. III, p. 444 et 445.

M. Troplong (1), et renfermons-nous dans les limites qui nous sont tracées.

348. — Avant de déterminer l'étendue de cette réserve, remarquons :

1° Que l'héritier qui approuve, en l'exécutant, la disposition par laquelle un legs successif est fait à un enfant naturel, se rend, par là, non recevable à en demander la nullité (2) ;

2° Que les enfants naturels ne font pas nombre pour le calcul des deux portions. La succession n'est, en réalité, formée que de la quotité *indisponible ;* or, les enfants naturels ne sont pas héritiers, donc ils doivent être considérés comme n'existant pas pour la détermination de la quote qui forme cette hérédité. L'art. 913 est décisif à cet égard en ne parlant, pour faire la supputation, que des enfants légitimes (3) ;

3° Que le *minimum* de la quotité disponible, dans les cas de concours d'enfants naturels, doit être le quart de l'hérédité, et que la réserve d'un enfant de cet ordre ne peut jamais excéder la moitié (4) ;

4° Que, de ce qu'ils concourent avec un enfant naturel, ni l'enfant légitime, ni le légataire universel ne doivent trouver, dans ce fait, par une combinaison quelconque, un accroissement de leurs propres droits (5).

Passons maintenant à des exemples pour les principales particularités de cette matière complexe qui fait le désespoir des meilleurs esprits.

---

(1) *Donat.*, nᵒˢ 738 et suiv.
(2) **Cass.**, 16 août 1842.
(3) **Troplong,** nᵒ 772.
(4) **Ancelot,** sur Grenier, *Des donat.*, nᵒ 666, note *b.*
(5) *Ibid.*

Section 2. — CAS OU IL Y A DES DISPOSITIONS DE LA PART DES PÈRE OU MÈRE.

§ 1. — CONCOURS D'ENFANTS NATURELS ET D'ENFANTS LÉGITIMES.

349. — Quand il y a concours d'enfants légitimes et d'enfants naturels, la réserve de ces derniers sera du tiers de ce qu'elle serait, s'ils ·étaient légitimes.

Nous avons vu (1) comment devait se faire la supputation pour le cas de succession *ab intestat.* La réserve de l'enfant naturel, dans le cas de disposition, est aussi une quotité de la part à laquelle il aurait été réduit, s'il eût été ·

____

(1) *Supra*, n°ᵒˢ 290 et suiv.

légitime ; par suite, l'analogie des idées conduit à observer, comme le fait remarquer M. Grenier (1), la même proportion qu'il y a entre la portion attribuée à l'enfant naturel, dans le cas de succession *ab intestat*, et celle qu'il aurait eue, dans le même cas, s'il eût été légitime.

350. — Supposons un enfant naturel, un enfant légitime et un légataire universel. Si l'enfant eût été légitime, il aurait eu droit à un tiers ; il aura pour réserve un neuvième.

Soit une succession de 36.000 fr. L'enfant naturel aura 1/9, ou 4.000 fr.; l'enfant légitime, les 4/8, ou moitié des 32.000 fr. restants, soit 16.000 fr., et autant pour le légataire universel (2).

S'il y avait un donataire entre vifs, au lieu d'un légataire universel, on procéderait de la même manière. Ainsi, si, dans ce cas, la donation était de 25.000 fr. et qu'il ne se trouve au décès que 11.000 fr., l'enfant naturel a droit au 1/3 de 12.000 fr., ou au 1/9 de 36.000 fr., soit 4.000 fr.; les 32.000 fr. seront partagés par portions égales entre l'enfant légitime et le donataire, en sorte que la donation subira un retranchement de 9.000 fr. (3). On voit, par ces exemples, que, si l'on suppose fictivement les deux enfants légitimes, la portion indisponible est des deux tiers, 24.000 fr. ; un tiers, 12.000 fr., étant la part d'un enfant légitime, l'enfant naturel en prend le tiers, 4.000 fr., et qu'ensuite l'excédant de ce premier tiers est attribué : moitié à l'enfant légitime et moitié au légataire universel, ou donataire, et non à l'enfant légitime seul, ainsi que l'ont prétendu à tort, dit M. Grenier (4), quelques jurisconsultes.

Ce n'est que par fiction que l'enfant naturel a figuré un instant parmi les enfants légitimes : aussi se hâte-t-on bien vite de rentrer dans la vérité, en supputant la portion

---

(1) *Des donat.*, n° 666, p. 331.
(2) *Dict. du Not.*, V. *Portion disp.*, n° 99.
(3) Grenier, n° 673.
(4) N° 671, § 4 et suiv.

disponible à la moitié, après qu'on lui a fait sa part. Donc, comme nous venons de le dire (1), il ne fait pas nombre pour fixer les deux quotités (2).

351. — S'il y a deux enfants légitimes, un enfant naturel, un légataire universel, et une succession de 36.000 fr., la réserve de l'enfant naturel sera toujours du tiers du tiers qu'il aurait eu, s'il eût été légitime, c'est-à-dire 3.000 fr. Les 33.000 fr. restants seront partagés par portions égales entre les deux enfants légitimes et le légataire universel (3).

Par cette manière d'opérer, qui est la seule adoptée par les auteurs et par la jurisprudence (4), la réserve de l'enfant naturel est prise également sur la portion disponible et sur la réserve de l'enfant légitime, ce qui est équitable (5).

352. — S'il n'y avait pas plus de deux enfants légitimes, quel que soit le nombre des enfants naturels, la manière d'opérer serait la même, avec cette seule différence, qu'il faudrait tenir compte des proportions relatives au changement du taux de la quotité disponible et de la quotité indisponible réglé, selon le nombre des enfants, par l'art. 913 (6).

Ainsi, étant admis que, pour déterminer la part de l'enfant naturel, il faut momentanément le compter comme s'il était légitime, s'il existe un enfant légitime et un naturel, on procède d'abord comme s'il y en avait deux légitimes ; s'il en existe deux légitimes et un naturel, on procède comme s'il y en avait trois, et ainsi de suite (7).

353. — Par exemple un enfant légitime en concours

---

(1) *Supra,* n° 348.
(2) Troplong, dernier § du n° 778.
(3) *Dict. du Not.*, V. *Portion disp.*, n° 102 ; Grenier, 672 ; Toullier, t. IV, n° 265.
(4) Toullier, t. IV, n°·265 ; V. l'arrêt Cass., du 28 juin 1809, cité *supra,* n° 296.
(5) Toullier, *ibid.*
(6) Grenier, n° 672 ; Toullier, t. IV, n° 265 ; *Dict. du Not.*, V. *Port. disp.*, n° 104.
(7) Toullier, *ibid.*

avec deux enfants naturels, total trois, la quotité disponible, dans ce cas. est du quart, et la réserve de l'enfant naturel est du tiers du quart qu'il aurait pris, s'il eût été légitime. soit un douzième, ensemble deux douzièmes pour les deux enfants naturels. Les dix douzièmes restants sont partagés par moitié entre le légataire universel et l'enfant légitime. Avec une même succession de 36.000 fr., chacun des enfants naturels aura 3.000 fr.; il restera 15.000 fr. pour l'enfant légitime et autant pour le légataire universel (1).

S'il y a deux enfants légitimes et quatre enfants naturels, total six, la quotité disponible est toujours du quart. Si tous les enfants étaient légitimes, ils auraient chacun un sixième des trois quarts, soit trois vingt-quatrièmes de la réserve : les enfants naturels n'en auront qu'un tiers soit 1/24 chacun. Si la masse est toujours de 36.000 fr., les enfants naturels prélèveront 4/24 ou 1/6, soit 6.000 fr., les 30.000 fr. restants seront partagés par portions égales entre les deux enfants légitimes et le légataire universel soit 10.000 fr. chacun.

354. — *Cas où il y a plus de deux enfants légitimes en concours avec un ou plusieurs enfants naturels.*

Ce n'est pas sans un certain effroi que j'aborde cette hypothèse qui a mis en désaccord les plus célèbres commentateurs de notre droit français. En voici une preuve :

355. — M. Grenier (2) dit : « Par cela seul qu'il y aurait trois enfants légitimes. la portion disponible serait irrévocablement fixée au quart, d'après l'art. 913. Il en serait de même, quand il y aurait six enfants légitimes ou plus. Il n'y aurait pas de raison pour diminuer la portion disponible, parce que, au delà de trois enfants légitimes, il y aurait plus ou moins d'enfants naturels, puisque les trois enfants légitimes gagnent à la circonstance que les autres enfants sont seulement naturels. On ne voit pas

---

(1) Toullier, *ibid.; Dict. du Not., ibid.*, n° 105, qui cite Paris, 19 mai 1829.

(2) N° 670.

non plus de raison pour faire participer le légataire universel au bénéfice résultant de cette circonstance ».

356. — Et M. Toullier (1), qui est du même avis, donne pour exemple trois enfants légitimes, un enfant naturel, un légataire universel avec 48.000 fr. à partager. Ce qui, d'après ces principes, donnerait 12.000 fr. au légataire universel, 11.000 fr. à chacun des enfants légitimes et 3.000 fr. à l'enfant naturel.

357. — Mais M. Troplong (2) trouve cette manière d'opérer injuste, parce qu'elle fait supporter aux enfants légitimes seuls la charge de la réserve de bâtardise et il attribue, dans ce cas, 3.000 fr. à l'enfant naturel, 11.250 fr. à chacun des enfants légitimes et 11.250 fr. au légataire universel.

Les motifs sur lesquels il se fonde pour appuyer son opinion résultent de ce que, dit-il, « s'il est vrai que les bâtards n'aient que de simples droits et jamais de titre héréditaire à prétendre dans la succession de leur auteur, il s'ensuit que cette succession est grevée, à leur égard, d'une charge, d'une dette qui doit diminuer d'autant la masse commune (3). Or, pour calculer quelle est, eu égard à la quotité des héritiers, la quotité dont le défunt a pu disposer, il faut déduire de la masse les dettes qui se trouvent dans son hérédité. (Art. 922.) Nous nous conformons donc à la loi, en défalquant d'abord la part afférente à l'enfant naturel. Bien qu'il s'agisse ici d'une dette particulière, la généralité du principe nous entraîne vers son application ».

Et, plus loin, ce savant magistrat ajoute (4) que les enfants naturels doivent concourir, au prorata de leurs droits, au paiement des dettes du défunt.

Cette dernière considération étant admise imposerait à

---

(1) T. IV, n° 265, § 6.
(2) *Des donat.*, n° 779.
(3) Discours de M. Siméon, au Corps législatif. Il appelle les droits des bâtards « une dette du père, une créance des enfants naturels ». (Fenet, t. XII, 230, cité par M. Troplong.)
(4) Note 1 du même n° 779.

l'enfant naturel qui, sur 48.000 fr., ne prélève qu'un seizième ou 3.000 fr., un seizième de dettes, soit 187 fr. 50, à prélever sur sa réserve, qui serait réduite à 2.812 fr. 50 c.

358. — Le système de ce savant auteur ne manque, dans ses autres développements, ni d'arguments sérieux ni de logique : mais je ne puis l'adopter. Je suis d'avis, comme les premiers auteurs que nous venons de citer, que la quotité disponible, sagement calculée dans l'art 913, doit toujours rester intacte. On ne saurait l'amoindrir, sans porter atteinte aux prérogatives attachées à la puissance domestique. C'est par la seule volonté du testateur que le droit de bâtardise est supporté par les enfants légitimes seuls. Si la loi ne permet pas qu'on dépasse les limites de la quotité disponible, elle autorise le testateur à ne pas les atteindre. Or, s'il gratifie un légataire universel, comme dans l'hypothèse, de 12.000 fr., c'est parce qu'il a des raisons pour en agir ainsi ; car, s'il l'eût voulu, il aurait pu réduire cette libéralité à 9.000 fr., faisant ainsi supporter au légataire universel seul la charge en question.

359 — Plus loin encore, M. Troplong ajoute : « Pourquoi l'admettre à ne puiser que là le paiement de sa créance ? N'est-ce pas un préjudice révoltant causé à la légitimité ? Cependant MM. Grenier et Toullier veulent que les enfants soient satisfaits, parce qu'ils donnent moins à leur frère illégitime qu'à un frère légitime. Mais ces auteurs ne voient pas que, dans les affections de la nature, le partage avec un frère légitime est aussi sacré, aussi spontané, qu'il est pénible avec un frère dont la naissance est un trouble dans la famille ».

Ces expressions d'une grande âme seraient-elles le fruit d'une conscience timorée ?

Ah ! que ces théories s'écartent souvent de la réalité !

Qu'on me permette une courte digression.

Les plus grands observateurs de l'esprit humain diront que, quand l'amour-propre n'est pas le mobile des actions des hommes, c'est l'intérêt.

Combien de fois arrive-t-il que les **héritiers légitimes** procédant à ce partage, *sacré pour eux*, le font bien *spontanément*, pour éviter toute contrainte, mais y trouvent constamment des causes de lésion qui deviennent le germe d'antipathies profondes, souvent inconnues du public.

J'en appelle à tous mes collègues, qui exercent « cette magistrature volontaire qui condamne les hommes de leur plein gré » et qui connaissent, dans le silence de leurs études, c·s secrets de fréquentes divisions.

Grâce à leur ministère de conciliation, grâce à la loi qui parle, il n'existe pas, entre l'un et l'autre partage, de différence aussi sensible que le prétend M. Troplong.

Lorsque des enfants naturels sont en concours avec des enfants légitimes, plusieurs cas peuvent se présenter, entre autres ceux-ci : Ou les enfants naturels sont nés avant le mariage qui a donné naissance aux enfants légitimes, ou ils sont nés après la dissolution de ce mariage.

Dans le premier cas, qui est le plus fréquent, l'enfant naturel n'apporte aucun trouble à la famille nouvelle qu'il a plu à son auteur de se créer, parce que, du moment de leur naissance, les enfants légitimes peuvent connaître cette situation et contracter pour leur aîné naturel une affection que l'intérêt peut avoir plus de peine à affaiblir.

La loi, dans un but moral que j'approuve, refuse aux enfants naturels le titre honorable d'héritiers et les droits de famille; mais n'oublions pas qu'ils sont innocents, que, s'ils sont le fruit d'un acte réprouvé, la loi ne les frappe de réprobation matérielle que pour en faire matériellement et surtout moralement remonter ses effets à la cause véritable qui est le père et la mère.

En ce cas, j'éprouve un scrupule réel à les appeler, comme certains auteurs, des êtres *odieux* en face de leurs frères légitimes qui, souvent, éprouvent pour eux une affection sincère.

Laissons à la morale son empire, nécessaire dans toute société civilisée, et tombons sous l'empire de la réalité, qui est celui de la nature. N'est-il pas certain que l'antipathie naturelle a plus de force que l'antipathie légale, c'est-à-dire commandée ?

Quoi de plus antipathique qu'un parâtre ou une marâtre ?

Les frères utérins ou consanguins ne se considèrent point, entre eux, comme des êtres *odieux* ni comme des sujets de trouble dans la famille. Pourtant entre eux il existe une complète analogie naturelle avec des frères naturels.

A la vérité, le législateur, dans sa louable sévérité pour les mœurs, n'a entendu embrasser que la généralité des cas pour repousser, décourager le penchant vers un vice inhérent à la nature humaine; mais, sans toutefois confondre le point moral, répétant ce que j'ai déjà dit (1) et me servant volontiers ici d'une expression du savant président du Sénat (2), je dirai comme lui : « Que le Code est assez incomplet dans ce qui concerne le droit des enfants naturels et qu'il n'atteint pas toujours le but qu'il s'est proposé, de favoriser la légitimité. Mais combien de fois n'arrive-t-il pas au législateur de se tromper dans ses calculs, surtout quand une matière est neuve ? »

Dans le second cas, la situation change complétement : les enfants légitimes ont leurs droits depuis qu'ils existent, la force majeure peut seule les modifier, le législateur doit se montrer inexorable attendu que les enfants, nés dans de pareilles conditions, ressemblent, sous différents rapports, aux enfants adultérins et ne méritent guère plus d'égards.

Rentrons maintenant dans notre sujet.

360. — Comme dans le concours d'enfants naturels avec des enfants légitimes, les cas peuvent varier beaucoup; divers systèmes de répartitions sont indiqués. Voici celui qui me paraît le plus simple et le plus exact :

Règle au moyen de laquelle on trouve la réserve de l'enfant naturel dans tous les cas où le nombre des enfants s'élève au-dessus de deux (3).

(1) V. *supra*, n° 289.
(2) Note du n° 779, *Des donat.*
(3) Indiqué par Rolland de Villargues, *Répertoire*, V. *Portion disp.*; V. Augan, t. I, p. 539 ; *Dict. du Not.*, V. *Portion disp.*, n°° 110 et suiv.

361. — Dans ce cas, la réserve de chaque enfant naturel est toujours une fraction qui a pour numérateur l'unité et pour dénominateur le produit du nombre total des enfants naturels et légitimes multiplié par le nombre 4.

Il suffit donc de prendre pour numérateur l'unité et pour dénominateur le produit du nombre des enfants naturels et légitimes multiplié par le nombre constant 4.

S'il y a, par exemple, deux enfants naturels et un enfant légitime, total trois, multiplié par 4, égale 12. Chaque enfant naturel aura un douzième; s'il y a deux enfants de chaque ordre, total quatre, multiplié par 4, égale 16. Chaque enfant naturel aura 1/16. Si la succession était de 16.000 fr., chaque enfant naturel aurait 1.000 fr., chaque enfant légitime 5.000 fr. et le légataire universel 4.000 fr.

S'il y avait huit enfants naturels et deux légitimes, total 10, multiplié par 4, égale 40, chaque enfant naturel aurait 1/40. Si la succession était de 40.000 fr., chaque enfant naturel aurait 1.000 fr., soit 8.000 fr.; le légataire universel aurait 10.000 fr., la quotité disponible étant, dans ce cas, toujours du quart; et chaque enfant légitime, 11.000 fr., soit 22.000 fr.

On peut multiplier ces exemples à l'infini, on trouve, comme on voit, sans effort, la réserve de l'enfant naturel (1).

---

(1) Comme ce sujet a fait l'objet de plusieurs études très-intéressantes et fort ingénieuses, nous allons donner une analyse aussi étendue que possible des travaux qui nous ont paru les plus remarquables. Bien que la jurisprudence ne nous autorise pas à adopter les opinions émises dans ces divers systèmes nous désirerions pourtant qu'ils pussent être suivis. — Commençons par celui que M. Gros, avocat-à la Cour royale de Lyon, avait présenté dans la *Revue française et étrangère* (de 1844, p. 507 et 594) :

« On reconnaît », dit M. Gros, « par différentes dispositions de la loi que Primus, Secundus et Tertius ont droit à une même succession. La part de chacun est exprimée par une fraction; mais malheureusement la somme de ces fractions excède l'unité. Pour sortir d'embarras, il faut, non pas raisonner subtilement sur quelques mots d'un texte qui évidemment n'a pas été écrit avec l'intention de donner la solution cherchée, mais plutôt se rattacher à l'esprit de la loi, en trouvant des fractions qui aient entre elles le même rapport que les fractions primitives et qui, en outre, équivalent à l'unité. Pour y arriver on réduira les différentes fractions au même dénominateur, si cette préparation est nécessaire, puis on additionnera les numérateurs ; enfin on remplacera le dénominateur commun par cette somme tout en conservant les mêmes numérateurs.

« Ainsi, par exemple, Primus a droit à 5/6, Secundus à 1/6, Tertius à 1/6 ; la somme des numérateurs est 7 ; Primus aura 5/7, Secundus 1/7 et Tertius 1/7.

(Les lois 47, § 1 et 81 ff. *de hered. instit.*, et 13 ff. *de lib. et posthum,* offrent deux exemples d'une semblable opération.)

.... « Lorsque deux ou plusieurs enfants naturels se trouvent en concours avec un ou plusieurs enfants légitimes, quelle est la portion héréditaire des premiers ? Nulle difficulté ne peut s'élever, lorsqu'un enfant naturel se trouve en concours avec un ou plusieurs enfants légitimes, ou lorsque ce concours a lieu entre deux enfants naturels et des ascendants ou de frères et sœurs ou de collatéraux. Sur ces différentes hypothèses, l'art. 757 est suffisamment explicite.

« Pour arriver à une répartition, il faut d'abord poser comme un fait que le législateur n'a pas prévu le cas où il existerait plusieurs enfants naturels. L'art. 757 est immédiatement applicable à toutes les hypothèses qui font concourir un enfant naturel avec un ou plusieurs enfants légitimes. Alors, en effet, il n'y a point de difficulté... Mais, si l'on admet deux enfants naturels ou un plus grand nombre, on rencontre une obscurité si grande qu'il est impossible de dire que la loi ait été écrite pour régir ce cas. En lisant les discussions du Conseil d'Etat et les discours des orateurs du gouvernement et du tribunat, on ne trouve pas de traces de l'examen de cette question ; il est toujours parlé de l'enfant naturel au singulier ».

L'application de la disposition de la loi ne peut donc se faire qu'au moyen d'un raisonnement. Afin de rendre ce raisonnement plus sensible, l'auteur choisit un exemple : « Un enfant légitime se trouve en présence de deux enfants naturels ; puisque la loi n'a pas prévu ce cas, on est obligé de se rattacher à la décision qui règle l'hypothèse la plus analogue, savoir celle d'un enfant légitime en concours avec un seul enfant naturel. L'enfant légitime prend alors cinq sixièmes de la succession et l'enfant naturel un sixième. Que donner au second enfant naturel ? Il a évidemment autant de droits que le premier.

« S'il réclame un sixième il est impossible de le satisfaire ; il ne peut pas prendre cette fraction uniquement sur la part de l'enfant légitime. Il faut donc arriver à dire que la loi ayant fixé à 5/6 la part de l'enfant légitime et à 1/6 celle de l'enfant naturel, on doit étendre cette disposition en donnant à l'unique enfant légitime une part quintuple de celle de chaque enfant naturel. En d'autres termes, on transformera les sixièmes en septièmes ; l'enfant légitime en aura cinq, chaque enfant naturel un. (Ce système, on le voit, s'écarte sensiblement de celui adopté par la jurisprudence et que nous indiquons, *supra,* nᵒˢ 297 et suiv.)

« Si, au lieu de deux enfants naturels, il y en a trois, quatre, cinq, les fractions deviendront successivement des huitièmes, des neuvièmes, des dixièmes, l'enfant légitime en prendra toujours cinq et il en restera un pour chaque enfant naturel.

« S'il y a deux enfants légitimes on fera le même raisonnement. Un enfant naturel en concours avec eux prend un neuvième, et chaque enfant légitime prend quatre neuvièmes. Pour arriver à l'application de la répartition, il faut considérer ce rapport de quatre à un comme étant celui qui, d'après la loi, doit exister entre la part des deux enfants légitimes et celle de l'enfant naturel. On fera donc successivement des dixièmes, des onzièmes, des douzièmes, suivant qu'il y aura deux, trois, quatre enfants naturels. Chaque enfant légitime prendra toujours quatre de ces parties. Sans faire une plus longue énumération, on voit comment on pourra toujours déterminer promptement le dénominateur nécessaire, quel que soit le nombre des enfants, tant légitimes que naturels ; il suffira de tripler le nombre des enfants, d'y ajouter celui des enfants naturels et deux ; par exemple, s'il y a quatre enfants légitimes et quatre enfants naturels, on donnera un dix-huitième à chaque enfant naturel, et les enfants légitimes se partagent quatorze dix-huitièmes ».

Ce système est susceptible d'une objection grave. Elle consiste en ce que la répartition donne aux enfants naturels, lorsqu'ils sont très-nombreux et qu'ils concourent avec des enfants légitimes, une part totale de la succession plus grande que la moitié ou même que les trois quarts. Ce résultat ne paraît pas logique, puisque les enfants naturels en concours avec des parents moins favorisés que les enfants légitimes, ne pourraient pas avoir plus de la moitié ou plus des trois quarts de la succession.

Cette objection n'a point échappé à l'auteur ; voici sa réponse : « Les cas où le système de la répartition attribue aux enfants naturels plus de la moitié de la succession seront assez rares ; et ceux où il leur attribue plus des trois quarts ne se présenteront peut-être jamais. D'ailleurs cette anomalie provient de la loi elle-même et non pas du système. En effet, la manière de déterminer les droits des enfants légitimes en concours avec des enfants naturels est très-différente de celle qui est employée pour régler les droits des frères et sœurs, des ascendants et des collatéraux. Dans le premier cas, on prend en considération le nombre des enfants légitimes ; dans le second, la loi fait un partage invariable. Pourquoi donc s'étonner que, dans ces cas très-rares, la limite fixe soit dépassée par la limite invariable. Ensuite, de même qu'un nombre très-considérable d'enfants légitimes peut réduire presque à rien le droit d'un enfant naturel, de même si les enfants naturels sont très-nombreux, ils peuvent avoir une partie considérable de la fortune de leur père. Ces deux résultats sont liés l'un à l'autre ; et le premier étant admis, le second devient tellement logique qu'on doit le suivre dans toutes ses conséquences ».

L'auteur s'occupe ensuite de la fixation de la réserve des enfants naturels ; d'abord il examine le cas où ils sont en concours avec des enfants légitimes.

Le texte ne fournit aucun moyen direct de déterminer la réserve. Les art. 757 et 913 doivent être combinés et expliqués par analogie ; mais de quelle manière se fera cette application ?

« Mon idée de répartition (c'est l'auteur qui parle) me paraît encore fournir ici le guide le plus sûr, elle conduit en effet à un principe facilement admissible, savoir : que, pour la même hypothèse, ce que prennent les enfants légitimes dans la succession doit être à ce qu'ils retiennent pour leur réserve, comme ce que prennent les enfants naturels dans la succession doit être à ce qu'ils conserveront pour leur réserve.

« Il suffit d'énoncer ce principe pour le faire accueillir, il est, en effet, évident que les parts de réserve sont des fractions du droit de succession, et que les fractions doivent conserver entre elles le rapport qui existait entre les totaux.

« Maintenant, prenons un exemple : Un enfant légitime, un enfant naturel, un légataire universel. S'il n'y avait point de légataire universel, par application de l'art. 757, on donnerait à l'enfant naturel un sixième de la succession et cinq sixièmes à l'enfant légitime ; d'un autre côté, s'il n'y avait point d'enfant naturel, d'après l'art. 913, la succession se diviserait également entre l'enfant légitime et le légataire universel. S'il y a tout à la fois ces trois personnes, on conservera les mêmes rapports en attribuant à l'enfant légitime une part quintuple de celle de l'enfant naturel, mais égale à ce que prend le légataire universel. L'enfant naturel prenant une partie désignée par un, celle de l'enfant légitime sera exprimée par cinq et la quotité disponible que prend le légataire universel le sera aussi par cinq ; en somme, il faudra faire onze parties ; la succession se divisera en onzièmes.

« Il est aisé de faire d'autres applications. Toutefois il convient de remarquer que, comme la réserve ne peut pas excéder les trois quarts de la succession, dès qu'on sera arrivé à ce point, il faudra s'arrêter et distribuer les trois quarts de la succession entre les enfants légitimes et les enfants naturels, d'après les règles qui régissent leurs droits sur la succession ».

M. Gros s'occupe ensuite de la réserve des enfants naturels en concours avec d'autres parents que les enfants légitimes.

« Si le père de l'enfant naturel laisse pour héritiers ses frères et sœurs, nulle difficulté. Dans cette hypothèse, l'enfant naturel n'a droit qu'à la moitié de la succession, et, pour déterminer sa réserve, on opère sur cette moitié comme sur la succession totale, lorsqu'elle est dévolue aux enfants légitimes.

« Même opération sur les trois quarts de la succession, lorsque le défunt ne laisse que des collatéraux dans les deux lignes, autres que les frères et sœurs. En supposant des ascendants dans les deux lignes, la détermination de la réserve offre un peu plus de difficulté ; car, d'un côté, les ascendants ont droit à une moitié de la succession pour leur réserve, et de l'autre les enfants naturels peuvent aussi réclamer, à ce titre, une quote-part plus ou moins considérable de l'autre moitié. En conservant toutes ces réserves, on réduirait beaucoup trop la quotité disponible. Ainsi, par exemple, dans l'hypothèse de trois enfants naturels, on ne laisserait qu'un huitième pour les légataires, ce qui n'est pas admissible.

« La répartition conduit à un résultat plus satisfaisant. Comme la succession se divise également entre les ascendants et ceux qui ont droit à la quotité disponible, on exprimera par un demi la réserve des ascendants, par un demi aussi la quotité disponible, et par un quart, un tiers ou trois huitièmes la réserve des enfants naturels, suivant qu'ils sont un, deux ou un plus grand nombre. On opérera ensuite de la manière indiquée au commencement de cette note.

« S'il n'y a d'ascendants que dans une seule ligne, deux systèmes se présentent : le premier applique strictement l'art. 757 et ne laisse qu'une moitié de la succession aux enfants naturels. Ainsi la réserve de l'ascendant est d'un quart, la quotité disponible de trois quarts : s'il n'y a qu'un enfant naturel sa réserve est de la moitié de la moitié, c'est-à-dire d'un quart. On divisera la succession en cinquièmes : un pour l'ascendant, un pour l'enfant naturel et trois pour la quotité disponible.

« Le second système attribue aux enfants naturels la moitié de la partie afférente à la ligne où il y a un ascendant, et les trois quarts de la partie afférente à la ligne qui ne renferme que des collatéraux, c'est-à-dire en tout cinq huitièmes de la succession. Dans ce système, la réserve de l'ascendant sera toujours avant la répartition d'un quart, la quotité disponible trois quarts ; la réserve des enfants naturels sera successivement de la moitié, des deux tiers et des trois quarts des cinq huitièmes. Par conséquent, s'il n'y avait qu'un enfant naturel, sa réserve serait des cinq seizièmes ; il faudrait diviser la succession en vingt et unièmes : cinq pour l'enfant naturel, quatre pour l'ascendant et douze pour la quotité disponible.

« Enfin, l'enfant naturel, venant à défaut de parents, a droit à la totalité de la succession, aux termes de l'art. 758. Il se trouve donc dans la même position qu'un enfant légitime ; on lui accorde également les mêmes droits pour la réserve. Ainsi, un enfant naturel prendra la moitié, deux prendront deux tiers et trois ou un plus grand nombre prendront les trois quarts de toute la succession. V. toutefois sur ce dernier point Duranton, tome VI, n° 326 ».

Dans un rapport présenté par M. Ducray, docteur en droit, à la Conférence Neveu (*Gazette des Clercs de not.*, année 1875, n° 375), l'hypothèse où plusieurs enfants naturels sont en concours avec un ou plusieurs enfants légitimes est traitée de la manière suivante :

« Que signifient ces mots : *l'enfant naturel ?* doivent-ils être pris d'une façon générique pour désigner toutes les personnes appartenant à cette catégorie de successibles, ou bien, au contraire, est-ce avec intention que le législateur a employé le singulier, voulant dire par là qu'il n'entendait régler la succession qu'autant qu'un seul enfant naturel y était appelé, laissant aux interprètes le soin d'en argumenter pour établir la part qui revient à chaque enfant naturel, s'il s'en trouve plusieurs en concours ?

« Et, dans le cas de concours de plusieurs enfants naturels, doivent-ils être tous cumulativement comptés comme légitimes, pour calculer provisoirement leurs droits, ou bien, au contraire, doit-on les considérer successivement et un à un ? Telles sont les difficultés sur lesquelles tant de systèmes ont été laborieusement édifiés.

« Nous allons essayer de les passer tous en revue, non pas l'un après l'autre, mais en les groupant par catégories à l'aide des points qui leur sont communs ; car beaucoup ne diffèrent que par des détails de peu d'importance et procèdent d'idées communes.

« PREMIER SYSTÈME. Dans ce système, on considère que le législateur a eu aussi bien en vue l'hypothèse où il y a plusieurs enfants naturels parmi les successibles que le cas où il ne s'en trouve qu'un seul, et que, si le *de cujus* a laissé plusieurs enfants naturels, ils doivent être tous cumulativement comptés comme légitimes, sauf ensuite à déduire de la part attribuée à chacun d'eux par ce partage provisoire les deux tiers auxquels il n'a pas droit et qui font retour à la succession pour accroitre aux enfants légitimes.

« Supposons une succession de 36.000 fr. à partager entre deux enfants légitimes et deux enfants naturels. Si les appelés étaient tous légitimes, ils auraient droit chacun à un quart de la succession, soit à 9.000 fr.; mais, comme les enfants naturels n'ont droit qu'au tiers de ce qu'ils auraient eu, s'ils étaient légitimes, ils n'auront droit, en réalité, qu'au tiers de 9.000 fr., c'est-à-dire à 3.000 fr. chacun.

« Comme on le voit, nous appliquons ici exactement la même règle que dans l'hypothèse où il n'y a qu'un seul enfant naturel, et telle est bien, en effet, l'intention des rédacteurs du Code.

« Cela résulte d'une façon évidente de la contexture même de la section où sont réglés les droits des enfants naturels. Et tout d'abord, elle est intitulée : *Des droits des enfants naturels sur le bien de leurs père et mère.*

« Voilà déjà une intention évidente de s'occuper non pas d'un seul, mais de tous les enfants naturels.

« Ensuite l'art. 756 commence ainsi : « Les enfants naturels ne sont point « héritiers ».

« Plus loin, l'art. 764 dit : « Toute réclamation leur est interdite lorsqu'ils ont « reçu, du vivant de leurs père et mère, la moitié de ce qui leur est attribué « par les articles précédents ».

« Il est donc évident que, si, dans l'art. 757, le législateur dit : *l'enfant naturel,* c'est par une tournure de langage qui lui est, du reste, familière, qu'il a employé ici le singulier pour le pluriel.

« Cela résulte encore des travaux préparatoires du Code civil. En effet, dans le projet de l'art. 757, on disait : « Tous les enfants naturels, en quelque « nombre qu'ils soient ». On crut, lors de la rédaction définitive, devoir modifier le projet, non pas au point de vue des expressions que nous venons de rapporter, mais pour augmenter les quotes-parts attribuées aux enfants naturels ; et dans le remaniement qui en fut fait, on négligea de reproduire ce membre de phrase, sans que, dans le cours de la discussion, rien n'ait pu légitimer cette suppression. Les orateurs qui prirent part à ce débat, et principalement le consul Cambacérès, parlèrent tous des droits des enfants naturels, de façon à ne laisser aucun doute sur l'esprit de la loi.

« On fait à ce système plusieurs objections : On a dit d'abord qu'il était contraire au texte. La loi donne à l'enfant naturel le tiers de ce qu'il aurait eu s'il était légitime. Or, s'il était légitime, il profiterait des retranchements opérés sur les parts fictivement attribuées aux autres enfants naturels qui viennent en concours avec lui. Le système que nous venons d'exposer donne au contraire le produit de ces retranchements aux seuls enfants légitimes ; donc, il ne respecte point la lettre de la loi.

« Cette objection serait juste, si l'on devait considérer chaque enfant naturel séparément, et non pas tous d'une façon collective dans l'attribution de leur part. Or, nous avons démontré tout à l'heure qu'ils devaient être cumulativement comptés, et que ces mots : « l'enfant naturel a droit au tiers de ce qu'il

« aurait eu, s'il était légitime », devaient être ainsi interprétés : les enfants naturels ont droit au tiers de ce qu'ils auraient en masse, s'ils étaient légitimes. L'objection tombe donc d'elle-même.

« On a fait, en outre, observer qu'il était contraire au sens commun d'accepter une interprétation, suivant laquelle la position de l'enfant naturel se trouvait identiquement la même, qu'il concourût soit avec deux enfants légitimes, soit avec un enfant légitime et un enfant naturel, interprétation qui n'améliorait point sa situation, en raison de la qualité d'enfant naturel de son concurrent.

« A cela nous répondrons que, malgré l'inconvénient qu'on vient de signaler, telle est la volonté formelle de la loi, qu'en présence du texte il faudrait, pour éluder la difficulté, avoir recours à un système de calcul tout algébrique, certainement contraire à son esprit, dont le moindre inconvénient serait de n'être pratique que pour le petit nombre des élus qui ont pu se livrer à l'étude des sciences exactes.

« La loi doit être claire, à la portée de toutes les intelligences ; aussi nous semblerait-il bien singulier que le législateur eût dissimulé le système qu'il adoptait dans un texte tellement ambigu, que le secours d'un savoir exceptionnel fût indispensable pour le découvrir, surtout en face d'une interprétation d'une simplicité élémentaire.

« Ce système est celui qu'une jurisprudence constante a toujours consacré par ses décisions, et celui auquel nous nous rallions, bien qu'il laisse encore quelques doutes subsister dans notre esprit. (Demol., t. XIV, n° 67 ; t. III, n° 75 *bis*; Aubry et Rau, t. IV, p. 208 ; Marc., art. 757 ; Cass., 26 juin 1809, et 28 juin 1831.)

« DEUXIÈME SYSTÈME. Dans ce système on a touché de l'anomalie que nous signalions tout à l'heure, à savoir que les enfants légitimes profiteraient seuls des retranchements opérés sur les parts fictivement attribuées aux enfants naturels, anomalie qui tient à ce que la part de tous ces derniers est calculée en bloc.

« Pour éviter cette injustice, on a cherché un moyen d'augmenter la part de l'enfant naturel dans la proportion du tiers de l'augmentation dont bénéficie l'enfant légitime sur les retranchements imposés aux enfants naturels.

« Mais ici on se heurte contre les impossibilités pratiques ; car, pour faire profiter un enfant naturel des retranchements qui seront opérés sur ses cohéritiers naturels, il faudra avoir déterminé la part qui revient à ces derniers. Or, cette part ne peut être fixée qu'autant qu'on connaîtra la part du premier enfant naturel, grossie des retranchements opérés sur les autres.

« C'est un cercle vicieux, selon l'expression de Demante, l'une des *septem cruces* du Droit français.

« Mais, s'il y a des difficultés dans l'exposition théorique de ce système, c'est pis encore dans la pratique. Ses partisans ne s'entendent plus ; chacun d'eux a son mode de procéder, et ils en arrivent à des conséquences tout opposées.

« Selon les uns, il faut considérer momentanément tous les enfants naturels moins un, comme légitimes et sur la part qui leur sera attribuée, retrancher les deux tiers qu'ils ont reçus en trop. Le produit de ces retranchements devra être ajouté à la masse qui constitue la part et de l'enfant légitime et de l'enfant naturel, qui n'est point entré en ligne de compte et entre lesquels le total sera partagé, ainsi que nous l'avons indiqué dans notre première hypothèse, comme si l'enfant naturel était seul de sa classe, et la part qui lui serait ainsi attribuée constituera la part de chaque enfant naturel. Prenons un exemple pour matérialiser ces abstractions. (Gros, nº 37 ; Duranton, t. IV, p. 278.)

« Soit une succession de 60.000 fr. à partager entre un enfant légitime et trois enfants naturels. Si nous considérons momentanément les enfants naturels comme légitimes, ils auront droit chacun à 15.000 fr. ; mais, comme ils sont naturels, ils ne prendront en réalité, que le tiers de 15.000 fr., c'est-à-dire 5000 fr. Si maintenant nous laissons de côté l'un des enfants naturels et que nous retranchions de la masse totale de la succession les 10.000 fr. attribués aux deux enfants naturels qui nous restent, la masse que représente la part et de l'enfant légitime et de l'enfant naturel que nous avons laissé de côté ne sera plus que de 50.000 fr. que nous partagerons comme si l'enfant naturel était seul en concours avec l'enfant légitime et nous lui attribuerons le tiers de 25.000 fr. c'est-à-dire 8.333 fr. Telle, d'après ce système, serait la part de chaque enfant naturel.

« D'autres, au lieu d'assimiler tous les enfants moins un aux enfants légitimes, n'appliquent cette règle d'assimilation que successivement à chaque enfant naturel l'un après l'autre, et compliquent ainsi la difficulté d'autant de liquidations de succession qu'il y a d'enfants naturels. (Unterholzner.)

« Ces différents systèmes, ainsi que ceux qui nous restent à exposer, outre les objections qui leur sont particulières, en soulèvent une qui leur est commune et qui suffit à les condamner tous.

« En effet, en élevant ou en abaissant la proportion des droits de l'enfant naturel, eu égard à la qualité des parents légitimes laissés par le défunt, la loi évidemment a pour but de réserver aux héritiers légitimes une part plus ou moins forte, suivant que leur qualité mérite plus ou moins de faveur.

« Or, tous les systèmes dont nous venons de parler conduisent à ce résultat que, si l'on augmente le nombre des enfants naturels, la masse de ce qu'ils prennent est plus considérable que la part attribuée à l'enfant légitime, tandis que, si les enfants naturels, quelque nombreux qu'ils soient, concourent avec un ascendant ou un frère, ils ne prendront jamais plus que la moitié de la succession, c'est-à-dire jamais plus que l'ascendant ou le père. Il ne nous paraît pas admissible qu'un héritier d'une qualité moins préférable ait reçu une part plus grande que celle de l'héritier dont le rang mérite le plus de faveur.

« TROISIÈME SYSTÈME. Nous rangeons dans cette catégorie tous ceux qui fondent leur opinion sur cette considération, que le législateur n'a prévu qu'une seule hypothèse, celle du concours d'un seul enfant naturel avec un ou plusieurs enfants légitimes.

« C'est en raisonnant par analogie que la doctrine peut arriver à déterminer les droits des autres enfants naturels, s'il s'en trouve plusieurs parmi les successibles.

« La loi, dit-on, considère qu'un enfant naturel ne vaut, pour la dévolution des biens, que le tiers d'un enfant légitime ; que par conséquent, trois enfants naturels valent un enfant légitime. Trois enfants naturels prendront donc collectivement une part égale à celle d'un enfant légitime. (Thémis, t. VI; Blondeau, *Séparat. des patrim.*, p. 528.)

« Ce système offre de nombreux inconvénients. En effet, si nous supposons un enfant légitime en concours avec quatre enfants naturels, ces derniers prendront plus de la moitié de la succession, ce qui est, nous venons de le démontrer, contraire à l'esprit de la loi.

« En second lieu, cette argumentation repose sur une confusion, elle ne tient aucun compte du texte, qui ne dit pas que l'enfant naturel prendra le tiers d'une part héréditaire d'enfant légitime, mais le tiers de ce qu'il aurait eu, s'il avait été légitime, ce qui, nous l'avons prouvé conduit à des résultats tout différents.

« MM. Gros et Beneck, touchés de cette observation, ont rectifié ce système d'une façon fort ingénieuse, en rétablissant la véritable proportion entre les droits de l'enfant naturel et ceux de l'enfant légitime.

« En effet, si nous supposons un enfant naturel en concours avec un enfant légitime, l'enfant naturel aura droit au tiers de la moitié, ou à un sixième de la succession, et l'enfant légitime à cinq sixièmes. La proportion entre eux est donc de 1 à 5. C'est cette proportion qu'il faut maintenir dans toutes les hypothèses. Si donc nous avons un enfant légitime et deux enfants naturels en concours, au lieu de diviser la succession en six parties, comme précédemment, nous la diviserons en sept parties égales, dont cinq pour l'enfant légitime et une pour chaque enfant naturel, et la proportion de 1 à 5 sera toujours observée. En un mot, dans cet ordre d'idées, un enfant légitime vaudra cinq enfants naturels, et par là on aura évité le reproche que nous faisions au système précédent, de violer le texte.

Mais on reste toujours sous le coup de l'objection de créer des hypothèses dans lesquelles la masse des enfants naturels prendra plus que l'enfant légitime. En effet, si nous supposons une succession à partager entre sept enfants naturels et un enfant légitime, la succession devra être partagée en douzièmes sur lesquels l'enfant légitime prendra cinq douzièmes, et chaque enfant naturel un douzième, la proportion de un à cinq sera toujours observée, mais la masse des enfants naturels en prenant sept douzièmes, tandis que l'enfant légitime n'en prend que cinq, obtiendra ainsi plus que la loi n'a voulu lui donner. (Gros, *Des droits des enfants naturels;* Valette, à son cours; Code de Haïti.)

« Ce système qui, à notre avis, n'est pas légal, mériterait de le devenir; il présente une grande simplicité dans les calculs; il est logique en offrant une proportion toujours constante, et fait aux enfants une situation moins sacrifiée que celle établie par la loi. Aussi formons-nous des vœux pour qu'une réforme législative fasse passer cette interprétation de la doctrine dans la pratique. Si, en droit, nous nous sommes laissé toucher par cette considération que la masse des enfants naturels ne doit pas prendre plus que l'enfant légitime, c'est que nous n'avons pas eu la prétention de faire la loi à notre fantaisie; mais cette considération pèserait d'un poids bien insignifiant dans notre estime, si nous avions à raisonner en législation, si, au lieu d'avoir à interpréter la loi, nous avions à la rédiger ». (Ducray, docteur en droit, membre de la Conférence Neveu.)

Dans une autre étude sur la même matière, M. Alphonse Laurent *(Gazette des Clers de notaires*, 1876, n°s 201 et 202), de son côté, s'exprime ainsi :

« Il ne peut y avoir de difficulté, s'il n'y a qu'un enfant naturel, il n'a rien à prétendre sur le retranchement opéré sur lui-même.

« C'est lorsqu'ils sont plusieurs que divers systèmes ont été émis : l'un consiste à supposer chacun d'eux séparément comme enfant légitime ; et l'autre applique cette assimilation à tous les enfants naturels moins un.

« Le premier soulève plusieurs objections ; pour n'en citer qu'une, supposons, dans une succession, un enfant légitime en présence de quatre enfants naturels. En considérant ces derniers un à un comme légitimes, chacun d'eux partagerait fictivement avec l'enfant légitime le montant des retranchements opérés sur ses autres frères naturels ; de telle sorte qu'ils auraient ensemble quatre moitiés des retranchements. Ce qui serait absurde.

« Le second nous semble plus rationnel : il n'attribue, dans ce cas, à chaque enfant naturel, que le quart des retranchements. Aussi est-ce celui que nous avons adopté, et dont l'application dans les deux hypothèses que nous examinerons, dans un prochain article, suffira pour en faire sentir l'exactitude.

« PREMIÈRE HYPOTHÈSE. *Concours des enfants naturels avec des ascendants légitimes.*

... « Prenons pour exemple une succession de 96.000 fr. à partager entre cinq enfants, dont un légitime et quatre naturels. En supposant momentanément trois de ces derniers comme légitimes, un d'eux aurait : 1° un cinquième de la succession, soit 19.200 fr.; 2° un quart des 12.800 fr. montant du retranchement opéré sur l'enfant laissé naturel, ou 3.200 fr.; 3° et pareille somme de 3.200 fr. dans chaque retranchement prélevé sur ses deux autres frères naturels restés chacun à leur tour comme tel, soit en tout 6.400 fr.

« Total de ce qui lui reviendrait, s'il était légitime, 28.800 fr. — Mais étant naturel, il n'aura que le tiers de cette somme ou 9.600 fr., ensemble pour les quatre 38.400 fr. Il restera pour l'enfant légitime 57.600 fr. — Réunion égale 96.000 fr. — Dans ce cas, la part des quatre enfants naturels n'atteint pas celle de l'enfant légitime, elle l'excèderait cependant s'ils étaient en plus grand nombre ; mais nous verrons aussi, qu'elle dépassera la moitié de la succession, lorsqu'ils concourront avec un ascendant.

« DEUXIÈME HYPOTHÈSE. *Concours des enfants naturels avec un ascendant ou un frère.*

« Rappelons qu'alors les enfants naturels ont droit à la moitié de ce qu'ils auraient eu, s'ils eussent été légitimes.

« Étant admis qu'ils doivent profiter des retranchements en cas de concours avec des descendants légitimes, nous osons espérer que personne ne contestera à plus forte raison, la légitimité de leurs droits, toutes les fois qu'ils se trouveront en présence seulement d'ascendants ou de collatéraux.

« AUTRE EXEMPLE : Supposons quatre enfants naturels, un ascendant et une succession aussi de 96.000 fr. — Nous opérons comme précédemment. — Dans ce cas, il est à remarquer qu'en supposant trois des enfants naturels comme légitimes, l'ascendant se trouvera exclu tant que durera cette fiction ; le partage se fera donc momentanément entre trois enfants légitimes et un enfant na-

§ 2. — CONCOURS AVEC DES ASCENDANTS OU DES FRERES OU SŒURS.

362. La réserve est d'un quart et doit se calculer sur les deux portions. Exemples.
363. Autres exemples.
364. Ne peuvent jamais avoir plus de la moitié des biens.
365. Si une rente viagère peut être payée sur la portion disponible.
366. A défaut de père et mère, les ascendants à des degrés supérieurs les remplaceraient pour le tout.
367. Exemple. La donation entre époux pendant mariage est caduque par le legs universel postérieur fait à l'enfant naturel.

---

turel. Un des trois que nous considérons comme légitimes prendrait : 1° 24.000 fr., ou le quart de la succession ; 2° 4.000 fr., ou le tiers des 12.000 fr. faisant l'importance du retranchement opéré sur le quatrième enfant naturel ; 3° et 8.000 fr. pour sa part dans les retranchements opérés successivement sur ses deux autres frères, total 36.000 fr.

« Comme il est naturel, il n'a droit qu'à la moitié qui est de 18.000 fr., soit pour les quatre. . . . . 72.000 fr.

« Reste pour l'ascendant. . . . . 24.000 fr.

« Ensemble. . . . . 96.000 fr.

« Ici, les enfants naturels prennent les trois quarts de la succession ; ils sont donc plus avantagés que lorsqu'ils concourent avec des descendants légitimes. Il résulte incontestablement des chiffres qui précèdent que le système que nous avons employé est exempt du reproche qu'on lui a fait.

« Nous ferons observer que, lorsque les enfants naturels sont plusieurs, la réserve de l'ascendant est invariablement du quart. Pour abréger les calculs, il suffit donc, dans la pratique, de prélever d'abord la part de l'ascendant, et de partager ensuite le restant, par égales portions, entre tous les enfants naturels.

« A la vérité on peut faire à ce système le reproche d'opérer un retranchement sur chaque enfant naturel, avant que sa part véritable ne soit connue. Malgré cette imperfection de peu d'importance, et tout au profit des enfants naturels, nous croyons ce mode d'opérer plus juridique que celui de MM. Gros et Benek, qui, en leur attribuant une part plus considérable, s'éloigne encore plus du texte de la loi.

« Terminons en disant que, le législateur n'ayant nulle part indiqué la manière de procéder au partage des successions auxquelles sont appelés des enfants naturels, il serait à désirer que la jurisprudence adoptât la doctrine qui tend à adoucir leur sort, en augmentant leurs droits, et dont la pratique serait facile par le système que nous venons d'appliquer ». (Alph. Laurent, à Bort (Corrèze).)

368. S'il n'y a que des neveux, la réserve est des trois quarts.

369. Si l'existence des collatéraux, bien qu'ils soient exclus par le légataire universel, doit servir de base pour la fixation du droit de l'enfant naturel. — Controverse. Le légataire est recevable à demander la réduction.

370. Renvoi.

371. L'incapacité de l'enfant naturel n'est que relative. Les libéralités excessives à lui faites sont valables, si elles ne sont pas contestées.

362. — Nous avons vu (1) que, dans ce cas, la réserve de l'enfant naturel est de moitié de ce qu'elle aurait été, s'il eût été légitime, c'est-à-dire d'un quart. Supposons que le défunt laisse ses père et mère, un enfant naturel, un légataire universel et une succession de 36.000 fr.

Ce dernier se trouve en présence de deux sortes de réservataires : des ascendants, dont la réserve, à défaut d'enfant légitime, est déterminée par l'art. 915, et de l'enfant naturel, dont la réserve est fixée par l'art. 757.

L'enfant naturel aurait pris 18.000 fr., s'il eût été légitime ; il n'aura que moitié, soit 9.000 fr. Les 27.000 fr. seront partagés par portions égales entre les père et mère et le légataire universel, soit 13.500 fr. pour chacun.

On voit que cette réserve est supportée en commun par la portion disponible et la réserve des ascendants (2). C'est dans ce sens que la Cour suprême l'a décidé, le 29 juin 1857 (3).

« Attendu », porte cet arrêt, « que la disposition faite par les père et mère de la portion disponible de leurs biens dans les limites tracées par les art. 913 et suivants, diminue la part héréditaire de l'enfant légitime ; qu'elle produit dès lors le même effet sur le droit de l'enfant naturel auquel cette part héréditaire sert de type ou de terme de proportion ; qu'interpréter autrement l'art. 757, ce serait faire à l'enfant naturel une condition égale et

---

(1) V. *supra*, nos 300 et suiv.
(2) Toullier, t. IV, no 266 ; Grenier, no 669 ; Troplong, no 777.
(3) Art. 16122 j. n.

même préférable à celle de l'enfant légitime, contrairement à la morale et au vœu du législateur ».

Le même arrêt a jugé que, si le défunt a laissé par testament la moitié de ses biens à l'enfant naturel, cette moitié doit se calculer d'abord sur sa réserve et pour le surplus sur la portion disponible ; et que cet excédant doit supporter les donations antérieures.

363. — S'il n'y a que le père ou la mère, en supposant la succession toujours de 36.000 fr., l'enfant naturel aura toujours ses 9.000 fr., le père ou la mère 6.750 fr. et le légataire universel 20.250 fr. (1).

Si, dans cette hypothèse, il y avait deux enfants naturels, leur réserve proportionnelle serait de 6.000 fr. pour chacun. La quotité disponible serait de 12.000 fr. à partager par portions égales entre les père et mère (2).

364. — Dans aucun cas, les enfants naturels, quelque nombreux qu'ils soient, ne peuvent avoir plus de la moitié des biens. Supposons qu'ils soient huit ; ils auront la moitié des trois quarts et les père et mère auront ensemble moitié des 22.000 restants (3).

365. — L'enfant naturel en concours avec la mère, la sœur du défunt et le légataire d'une rente viagère, peut exiger que cette rente viagère soit payée exclusivement sur la portion disponible revenant à la sœur. Ainsi décidé par un arrêt de la Cour de Paris, du 6 août 1872 (4), qu'en raison de sa particularité je crois devoir reproduire :

« Considérant qu'en principe la réserve légale est inattaquable, aussi bien celle attribuée aux enfants naturels que celle attribuée aux enfants légitimes et aux ascendants ; — Que ce principe ne reçoit exception que dans la circonstance prévue par l'art. 917 du Code civil, c'est-à-dire lorsqu'il y a lieu d'assurer le service d'une rente viagère ou d'un usufruit ; mais que cet article a expressément limité

---

(1) Grenier, n° 669 ; Toullier, t. IV, n° 266.
(2) Grenier, n° 669, § 4.
(3) *Dict. du Not.*, V. *Portion disp.*, n° 117.
(4) *Gaz. des Clercs de not.*, n° 496, an. 1872.

cette exception au cas où le capital nécessaire pour le service de cette rente viagère ou de cet usufruit excède la quotité disponible ; — Considérant que, suivant la liquidation de la succession Lejemptel, la quotité disponible s'élève à une somme de plus de 105.000 fr. après le prélèvement de la réserve de sa mère et de celle de son enfant naturel reconnu ; — Que cette quotité disponible sera encore augmentée de plus de 14.000 fr. qui sont retranchés du passif par le présent arrêt, et que le capital affecté au service de la rente viagère, qui n'atteint pas 96.000 fr. est loin d'excéder la quotité disponible ; qu'il suit de là que c'est à tort que le notaire liquidateur, et après lui le jugement de première instance, ont imputé ce capital de la rente viagère sur partie de la réserve de l'enfant naturel, que cette réserve doit demeurer complètement intacte, puisque la quotité disponible suffit et au delà pour assurer le service de cette rente viagère : — Que le principe posé dans l'art. 870 du Code civil, et qui fait contribuer les cohéritiers au paiement des charges de la succession, chacun dans la proportion de ce qu'il y prend, n'est pas applicable dans l'espèce, puisqu'il est de principe aussi certain qu'il est de l'essence de toute réserve d'être inattaquable, et de ne contribuer aux charges de la succession que dans le cas prévu par l'art. 917 du Code civil, c'est-à-dire lorsque la quotité disponible est insuffisante, ce qui n'a pas lieu dans la succession de Lejemptel fils ;

« Par ces motifs, — met l'appellation et ce dont est appel à néant en ce que ledit jugement a homologué la liquidation au sujet de l'imputation du capital de la rente viagère sur la réserve de l'enfant naturel ;

« Emendant quant à ce : — décharge l'appelante des dispositions et condamnations qui lui font grief ; Et statuant au principal : — dit et ordonne, en conséquence, que la réserve de l'enfant naturel lui sera attribuée intégralement, et qu'il ne contribuera au service de la rente viagère, concurremment avec la veuve Moulin de la Blanchère, qu'au prorata de l'émolument qu'il appréhendera dans la quotité disponible ; — Renvoie en consé-

quence, sur ce chef, les parties devant le notaire liquidateur ».

366. — Si, à défaut des père et mère, ou de l'un d'eux,
il y avait des ascendants à des degrés supérieurs appelés
à la succession à défaut de frères ou sœurs ou de descendants d'eux, il y a, dit M. Grenier (1), parité de motifs. Il
faudrait, dans ce cas, suivre la même marche qu'à l'égard
des père et mère.

367. — On procéderait de la même manière, si le défunt
n'avait laissé que des frères ou sœurs.

Dans cette hypothèse, s'il y avait un enfant naturel et
un légataire universel avec 48.000 fr. de biens, l'enfant
naturel aurait 12.000 fr. qui forment la moitié de ce qu'il
aurait eu, s'il eût été légitime. Le légataire aura tout le
surplus. S'il y avait six enfants, ils auraient 1/2 des 3/4,
soit 18.000 fr., et le surplus serait pour le légataire universel (2).

La donation entre époux faite pendant le mariage est
caduque par le legs universel postérieur fait par le conjoint
donateur à son enfant naturel, et le survivant donataire
ne peut invoquer l'existence de parents du prémourant
qui réduiraient l'importance de ce legs, la caducité ne
pouvant profiter qu'aux successibles (3).

368. — Nous avons suffisamment démontré (4) que, si,
au lieu de frères ou de sœurs, le défunt n'avait laissé que
des enfants de ces frères ou sœurs, la réserve de l'enfant
naturel serait des 3/4.

369. — Un point controversé est celui de savoir si
l'existence des collatéraux, *bien qu'ils soient exclus par le
légataire universel*, doit servir de base pour la fixation
du droit de l'enfant naturel.

Les partisans de la négative disent que les frères et
sœurs exclus n'existent pas en effet pour la succession,

<hr>

(1) Nº 669, dernier §.
(2) Grenier, nº 667 ; Toullier, t. IV, nº 266 ; *Dict. du Not.,* V. *Port. disp.,*
nº 119.
(3) Paris, 18 août 1874, art. 21143 j. n.
(4) *Supra,* nº 305.

puisque le testateur la leur enlève. Que c'est à cause de
la famille que la part de l'enfant naturel a été limitée à
moitié de ce qu'aurait eu l'enfant légitime. Que puisque
la famille a été mise à l'écart par le testateur. son légataire universel n'ayant pas à faire valoir les mêmes raisons d'honneur. de décence, de moralité, doit être traité
comme si la famille n'existait pas, et que, par suite, il
fallait traiter l'enfant naturel à l'égal du légitime par
application de l'art. 758. et lui attribuer moitié de la succession.

Bien qu'un arrêt de la Cour de Toulouse (1) et un autre
de la Cour suprême (2) aient sanctionné cette opinion
adoptée par d'importantes autorités (3). je regrette d'être
forcé de m'y rallier (4).

Et quand je dis que je le regrette. j'ai une raison :
quand la loi parle, même implicitement. le cœur doit se
taire. Un exemple fera facilement saisir ma pensée :

Une mère abandonnée de son séducteur. a un enfant
naturel dont elle ne s'est jamais séparée et qui est devenu
l'unique soutien de sa vieillesse. Cette mère a des frères et
sœurs qui, soit pour une raison. soit pour une autre, l'ont
à peu près abandonnée. Elle les exclura de sa succession.

Ne pouvant. pour gratifier son enfant, violer l'art. 908.
elle instituera un légataire universel. Si la succession est
de 36.000 fr. ce dernier prélèvera 27.000 fr. et le dévoué
et unique soutien de la mère. l'enfant naturel n'aura que
9.000 fr. Ici la loi positive violente manifestement la loi
naturelle. Mais les principes de haute morale sur lesquels
elle repose absolvent, jusqu'à un certain point. cette
sévérité.

---

(1) 8 juin 1839, D. 39, 2, 250.
(2) Sect. req., 14 mars 1837, D. 37, 1, 277.
(3) Chabot, sur 756 ; Delvincourt, t. II, p. 58 ; Loiseau et Dalloz, Ancelot, sur
Grenier, note *a* du n° 667.
(4) Le savant M. Ancelot, dont nous adoptons l'opinion, dit *(ibid.)* : « Il faut
avouer cependant qu'il y a dans cette opinion quelque chose de bien rigoureux,
d'une part, et de contraire, d'une autre, aux principes généraux du droit. La
controverse, suivant toute apparence. n'est pas près de s'éteindre ».

Si l'opinion contraire a prévalu, c'est-à-dire, si la part de l'enfant naturel est subordonnée au fait de l'existence de la famille, c'est :

1° Parce que le texte de la loi porte, art. 757 et 758 : « Si le père et la mère *ont laissé*; *lorsque le père et la mère ne laissent pas* (1) », et règle la quotité disponible sur l'existence et la proximité des héritiers du sang et non pas, dit M. Vazeille (2), « sur la disposition qui les exclut. — Mise pour borne à la libéralité, la quotité disponible est toujours la même, soit que la disposition se trouve au profit d'*étrangers ou de collatéraux successibles*. Quand des étrangers sont appelés, ces légataires se trouvent subrogés aux collatéraux. — Le testateur a pu les priver pour gratifier d'autres personnes »;

2° Parce que, s'il est indifférent, pour les membres de la famille pris individuellement, que le légataire universel qui recueille, à leur place, reçoive plus ou moins et que l'enfant naturel ait une part meilleure, « cela », dit M. Troplong (3), « n'est pas indifférent pour le mariage dont l'utilité et la faveur sont si essentielles, et dont l'honneur est si haut placé par le Code Napoléon ».

« Enfin », ajoute le savant auteur, « il n'est pas vrai qu'on doive tenir la famille comme n'existant pas, puisqu'elle n'hérite pas. Est-ce qu'elle n'empêche pas que l'enfant naturel ne soit héritier ? Est-ce qu'elle n'est pas là pour lui enlever ce titre honorable, qu'il ne saurait prendre que lorsqu'il n'y a pas de parents successibles ? Donc, si elle fait obstacle au titre d'héritier, elle fait aussi obstacle à l'extension d'avantages qu'on fonde sur sa non-existence ».

Par suite, le légataire universel étant investi par le testateur de tout ce qui aurait appartenu, en vertu de la loi, aux frères et sœurs, est recevable à demander la réduction :

---

(1) Troplong, *Donat.*, n° 775.
(2) Art. 761, n° 3.
(3) Troplong, *ibid.*

Cette opinion paraît définitivement consacrée par la jurisprudence (1). « Attendu que le droit de l'enfant naturel sur les biens de ses père et mère est réglé par l'art. 757 C. N.; lorsqu'il se trouve en concours avec la famille légitime ; que son droit est de la moitié de ce qu'il aurait eu, s'il eût été enfant légitime, dans le cas où il se trouve en présence de frères ou sœurs du défunt ; qu'aux termes de l'art. 908, l'enfant naturel ne peut rien recevoir par donation ou testament au delà de ce qui lui est attribué par la loi : — Que ces dispositions sont d'ordre public et peuvent être invoquées par toute partie y ayant droit, et notamment par le légataire universel dont les droits sont déterminés d'après l'état de la famille, tel qu'il existe au moment de l'ouverture de la succession ; — Attendu, en fait, que Goin est décédé laissant : 1° une fille naturelle, la femme Mollard ; 2° deux frères ; 3° sa femme pour légataire universelle ; — Que, par application des principes ci-dessus énoncés, la part de l'enfant naturel était de la moitié de la succession ; — Qu'il est reconnu que la donation de 10.000 fr. qui lui avait été faite excédait cette moitié et que la femme Goin, légataire universelle, était dès lors en droit de demander la réduction à moitié de l'actif successoral. — D'où il suit qu'en décidant qu'elle serait réduite au quart, l'arrêt attaqué a violé les articles ci-dessus ; — Cassé (2) ».

370. — En cas d'exclusion pour indignité ou de renonciation de tous les ascendants ou de tous les frères et sœurs, nous renvoyons à ce qui a été dit (3).

371. — La Cour de cassation (4), toutefois, a statué que l'incapacité de l'enfant naturel n'est pas absolue et d'ordre

---

(1) Nancy, 26 août 1831 ; Cass., 15 mars 1847, art. 12972 j. n.; Seine, 20 av. 1860, art. 16842 j. n., et 22 juill. 1870, art. 20007 j. n.

(2) Cass., 7 fév. 1865, art. 18239 j. n.; en ce sens : observ. sur l'art. 18239 j. n.; Grenier, *Donat.*, n° 668, et son annotateur Ancelot ; Toullier, t. IV, n° 266, note 1, et son annotateur Duvergier, qui cite d'autres arrêts et d'autres auteurs ; Duranton, t. VI, n° 322 ; Vazeille, sur 761 ; Malpel, *Succ.*, n° 161 ; Troplong, n° 775 ; Marcadé, sur 916, n° 1 ; *Dict. du Not.*, V. Port. disp., n° 120.

(3) *Supra*, n°ˢ 304 et suiv.

(4) 16 août 1841, D. 41, 1. 351.

public, mais uniquement *relative* aux successibles légitimes ; que ceux-ci peuvent donc renoncer à leurs prérogatives et acquiescer, soit tacitement, soit expressément aux libéralités excessives faites en faveur d'un enfant naturel, sans toutefois lui conférer la qualité d'héritier que la loi lui refuse (1).

§ 3. — CONCOURS AVEC DES COLLATÉRAUX AUTRES QUE LES FRÈRES ET SŒURS.

372. La réserve est des trois huitièmes. Exemple : Un cousin paternel, un cousin maternel et un légataire universel.
373. Autres exemples : deux, trois enfants naturels ou plus.
374. S'il n'y a ni héritiers, ni réserve, ni frères ni sœurs, l'enfant naturel peut recevoir les trois quarts.
375. Si l'enfant naturel est légataire universel, les legs particuliers doivent être acquittés par les héritiers du sang non réservataires.

372. — Dans ce cas la réserve de l'enfant naturel est des trois quarts de celle qu'il aurait eue étant légitime, parce que sa quotité héréditaire serait des trois quarts (2), alors même qu'il serait en concours avec des descendants de frères ou sœurs (3).

Nous avons vu (4) que l'enfant naturel prendrait les trois quarts de la succession *ab intestat*. S'il y a des dispositions de la part du père il ne peut prétendre, pour sa réserve, que la moitié de ces trois quarts, c'est-à-dire les trois huitièmes.

Supposons une fortune de 48.000 fr., un cousin paternel, un cousin maternel et un légataire universel.

L'enfant aurait eu 36.000 fr. formant les 3/4. Sa réserve n'est que de la moitié soit 18.000 fr. Les 30.000 fr. restants appartiendront au légataire universel.

---

(1) V. encore arrêt des requêtes, 29 nov. 1825, D. 26, 1, 19, cité par Ancelot, sur Grenier, note *a*, n° 667 ; Toulouse, 7 fév. 1844 ; *J. du Not.*, n° 120.
(2) Grenier, n° 667 ; Toullier, t IV, n° 264.
(3) V. *supra*, n° 305.
(4) V. *supra*, n° 306.

On peut. si l'on veut. opérer d'une autre manière qui conduit au même résultat. dire : si l'enfant naturel était légitime sa réserve serait de la moitié des biens. c'est-à-dire de 24.000 fr. ; or. l'art. 757 le réduit aux 3 4 du droit d'un enfant légitime. donc il n'aura que les 3 4 de 24.000 fr.. soit 18.000 pour sa réserve (1).

373. — S'il existe deux enfants naturels. l'opération est la même : La réserve de chacun d'eux est du tiers des 3/4 qu'il aurait eus étant légitime. c'est-à-dire 3 12. ou 1/4, qui est 12.000 fr. (2).

S'il y a trois enfants naturels ou plus. ils auront ensemble les 3/4 des 3/4 qu'ils auraient eus étant légitimes. c'est-à-dire 9/16.

Les 3/4 de 48.000 fr. égalent 36.000. et les 3/4 de ce nombre égalent 27.000 fr. qu'ils partageront entre eux. quel que soit leur nombre. Les 7 16 ou 21.000 fr. restants forment le disponible à attribuer au légataire universel (3).

374. — Le père'd'un enfant naturel qui ne laisse ni héritiers à réserve, ni frères, ni sœurs. peut léguer le quart de ses biens à un étranger et la totalité des trois autres quarts à son enfant naturel. Celui-ci. en effet. aurait eu droit à cette quotité dans la succession *ab intestat*. Les collatéraux ne sont pas fondés à demander. dans ce cas. la réduction du legs de l'enfant et à prétendre qu'il n'a droit qu'aux 3/4 des 3/4 (4).

375. — Le testateur qui a institué son enfant naturel légataire universel et n'a laissé que des collatéraux, doit être considéré comme ayant voulu lui laisser la portion la plus élevée que la loi lui permettait de recueillir. Dans ce cas, les legs particuliers qu'il a insérés dans son testament doivent être acquittés par les héritiers du sang non

---

(1) Grenier et Toullier, *ibid.*
(2) *Ibid.; Dict. du Not.*, V. *Port. disp.*, n° 124.
(3) *Ibid.;* Le Vasseur, n° 90 ; Duranton. n° 325.
(4) Duvergier, sur Toullier, t. IV, n° 264, note *a*, qui cite : Rej., 14 mars 1837 ; Sir., 37, 1, 314 ; Dall., 37, 1. 277 : *Journ. du Palais*, t. I, 1837. p. 330.

réservataires, c'est-à-dire doivent être prélevés sur le quart dévolu aux parents légitimes. En effet, les art. 757 et 908 ne s'opposent pas à ce prélèvement, alors que la portion attribuée à l'enfant naturel, comme légataire universel, n'est pas plus élevée que celle que lui attribue la loi (1).

§ 4. — ENFANT NATUREL SEUL, A DÉFAUT DE PARENTS
AU DEGRÉ SUCCESSIBLE.

376. La réserve est de moitié.
377. Exemple. — S'il existe plusieurs enfants naturels ils peuvent être réduits tous ensemble à la même quotité.

376. — En pareil cas, l'art. 758 laisse à l'enfant naturel la totalité de la succession. Sa réserve est alors de la moitié de la succession.

377. — Ainsi, soit une succession de 48.000 fr., un fils naturel et un légataire universel, sans autre famille. L'enfant naturel, se trouvant traité comme le serait un enfant légitime, aurait eu 24.000 fr. Donc le légataire sera obligé de lui payer cette somme sur les biens de la succession véritablement grevés de cette charge (2).

La règle de l'art. 913 doit être appliquée ici, mais avec cette différence que, s'il existe deux, ou un plus grand nombre d'enfants naturels, ils peuvent être réduits tous ensemble à la même quotité.

Cependant certains auteurs (3) prétendent que la règle de l'art. 913 doit être appliquée ici sans modification aucune ; que, selon qu'il y aura un, deux ou un plus grand nombre d'enfants naturels, la réserve sera de la moitié, des deux tiers ou des trois quarts.

Sans doute, ces principes sont plus en harmonie avec

<hr>

(1) Duvergier, *ibid.* ; Cass., 29 nov. 1825, art. 5610 j. n. ; *Dict. du Not.*, V. *Port. disp.*, n° 126.
(2) Troplong, n° 774.
(3) Marcadé, sur 916, n° 1 ; *Dict. du Not.*, *ibid.*, n° 128.

le droit naturel. et par suite plus équitables. Mais l'art. 913 ne fait entrer en supputation que les enfants légitimes. Son texte est clair.

Le soin que le législateur a mis à tracer une ligne de démarcation entre les enfants légitimes et les enfants naturels ne saurait autoriser cette application sans modification. D'ailleurs, dans cette hypothèse. il peut y avoir moins de péril à armer les parents naturels de plus de sévérité (1).

(1) Dans ce sens : Augan, t. I, p. 542. Les auteurs paraissent s'être peu occupés de cette question. V. impl. l'arrêt du 12 juin 1866 de la C. de Cass., rapporté *infra.* n° 379.

CHAPITRE XIII.

De la portion disponible entre époux, quand il existe des enfants naturels.

378. — L'art. 1094 porte : « L'époux pourra, soit par contrat de mariage, soit pendant le mariage, pour le cas où il ne laisserait point *d'enfants ni descendants*, disposer en faveur de l'autre époux. en propriété, de tout ce dont il pourrait disposer en faveur d'un étranger. et. en outre. de l'usufruit de la totalité de la portion dont la loi prohibe la disposition au préjudice des héritiers. Et. pour le cas où l'époux donateur laisserait des enfants ou descendants, il pourra donner à l'autre époux ou un quart en propriété et un autre quart en usufruit. ou la moitié de tous ses biens en usufruit seulement ».

L'affection, les services des époux, la faveur due au mariage, devaient faire élargir le cadre des dispositions permises par l'art. 913. Pourtant, remarquons qu'à la différence de la parenté légitime, dont la présence. selon les degrés de proximité, a fait l'objet de la sollicitude du législateur pour la supputation des droits de l'enfant naturel, ce même législateur n'a pas tenu plus compte de la présence de l'époux survivant que de la parenté par alliance pour régler ces mêmes droits.

Les considérations morales qu'on peut tirer de cet état de choses ne nous arrêteront pas. Nous ne faisons que constater. en passant, l'état d'une législation plus ou moins imparfaite.

379. — Cet art. 1094 s'applique-t-il aussi bien à l'existence d'enfants naturels qu'à l'existence d'enfants légitimes ? Les auteurs n'ont pas examiné cette question (1) et la jurisprudence ne l'a résolue que par un arrêt de la Cour suprème (rej. ch. req.). du 12 juin 1866 (2), qui a jugé que la disposition de cet article peut être invoquée seulement par l'enfant légitime et non par l'enfant naturel, alors même que ce dernier se trouverait, au prédécès de son auteur, son seul parent au degré successible.

Cet arrêt décide, en conséquence, que cet enfant légataire, en pleine propriété des biens maternels, ne peut se prévaloir du dit article pour obtenir la réduction, à un

---

(1) Tout ce que j'ai trouvé, c'est qu'au *Dict. du Not.*, V. *Port. disp.*, n° 286, il est dit : « L'art. 1094 ne distingue pas entre les enfants légitimes et les enfants naturels ». Tandis qu'Ancelot, sur Grenier, note *a* du n° 667, dit que cet art. est fait *en vue seulement de la postérité légitime* ; Armand Dalloz traite des différentes epèces sans s'arrêter à ce sujet.

(2) Art. 18546 j. p.

quart en propriété et un quart en usufruit, du legs de l'autre moitié fait au profit du conjoint.

« Attendu que l'art. 1094, qui règle en dehors du droit commun la quotité disponible entre époux, ne suppose évidemment en présence que les conjoints, d'une part, et, de l'autre, les enfants nés du mariage ou leurs descendants ; qu'en fixant cette quotité disponible d'une manière absolue, et sans égard au nombre des enfants, le législateur a voulu dégager les époux de toute préoccupation d'intérêt personnel et favoriser ainsi la fécondité du mariage, que ce serait méconnaître sa pensée que d'étendre à l'enfant naturel le bénéfice d'une disposition inspirée par un pareil motif, en lui donnant le droit de poursuivre contre l'époux survivant, la réduction, dans la mesure fixée par l'art. 1094, des avantages faits à son profit par son conjoint prédécédé, lorsque, d'ailleurs, ces avantages laissent intacte la réserve que la loi lui assure.

« Attendu que dans toutes ses dispositions, la loi trace une ligne de démarcation entre l'enfant légitime et l'enfant naturel auquel elle refuse la qualification d'héritier, tout en lui en accordant les droits dans une certaine mesure ; que si, en certains cas, elle donne à l'enfant naturel la préférence sur le conjoint survivant, c'est toujours par des dispositions spéciales qui le désignent nommément et sont étrangères à l'enfant légitime ; que le pourvoi ne peut donc argumenter de ces dispositions pour étendre à l'enfant naturel l'application de l'art. 1094, sous le prétexte que la généralité de sa rédaction n'admettait entre les enfants aucune distinction, et le placer au même rang et dans les mêmes conditions que l'enfant légitime vis-à-vis du conjoint survivant.

« Attendu que la démonstration de l'interprétation restreinte à donner à l'art. 1094 devient l'évidence même, lorsque de cet article on rapproche l'art. 1098 qui apporte, comme lui, mais pour un cas différent, une limitation à la faculté de disposer entre époux ; qu'en fixant à une part d'enfant légitime le moins prenant, dans l'hypothèse d'un deuxième mariage, et lorsqu'il existe des enfants nés du premier. le maximum des avantages que le nouveau conjoint pourra recevoir de l'autre époux. cet article exclut. sans équivoque possible, l'enfant naturel du bénéfice de sa disposition. et ne met en présence du second conjoint que les enfants légitimes nés du premier mariage : — Qu'il est inadmissible que l'art. 1094. placé au même chapitre, ne se soit pas inspiré de la même pensée. et doive recevoir une interprétation différente : qu'il règle les rapports respectifs du conjoint survivant et des enfants nés d'un précédent mariage ; qu'entre ces deux articles. il existe une corrélation étroite. quoiqu'ils prévoient deux hypothèses différentes . et l'enfant naturel ne trouve pas plus de place dans le premier que dans le second : qu'il suit de là qu'en jugeant que le demandeur. dont la réserve est intacte, était sans droit pour demander. en sa qualité d'enfant naturel. la réduction dans la limite de la quotité disponible fixée par l'art. 1094. des avantages faits par sa mère à son mari. l'arrêt attaqué, loin d'avoir violé cet article, en a fait, au contraire. une juste application ».

380. — Si l'enfant naturel est seul en présence du conjoint gratifié, l'opération est facile : il n'obtiendra, ainsi que nous l'avons expliqué. qu'une fraction variable (suivant la qualité des parents existants) de ce qu'aurait eu l'enfant légitime (1).

381. — Mais le concours d'enfants naturels avec des enfants légitimes peut faire naître des difficultés dans le partage de la portion indisponible. à cause surtout de ce que les deux réserves, qu'il faut concilier, sont composées. d'une partie en pleine propriété, et d'une autre en nu-propriété seulement.

Par exemple : Si un enfant légitime et un enfant naturel se trouvent en présence d'une femme, gratifiée par leur père d'un quart en pleine propriété et d'un quart en usufruit, la quotité indisponible n'est que d'une moitié en pleine propriété et d'un quart en nu-propriété, valeurs

---

(1) Ancelot, sur Grenier, note *a* du n° 667.

dont l'enfant naturel aurait pris la moitié, s'il eût été légitime, c'est-à-dire 1/4 en propriété et 1/8 en nu-propriété. Sa qualité d'enfant naturel ne lui permettant que de prendre le tiers, il n'aura que 1/12 en propriété et 1/24 en nu-propriété (1).

Si la succession était de 48.000 fr., l'époux survivant prendrait 1/4, soit 12.000 fr. en pleine propriété, l'usufruit sur un autre quart, soit l'intérêt de 12.000 fr. ; l'enfant naturel prendrait 4.000 fr. en propriété et 2.000 fr. en nu-propriété ; l'enfant légitime aurait 20.000 fr. en propriété et 10.000 fr. en nu-propriété.

382. — S'il y avait deux enfants naturels et un légitime, chacun, s'il eût été légitime, eût pris 1/6 en propriété et 1/12 en nu-propriété. N'ayant droit qu'au tiers, chacun aura 1/18 en propriété, 1/36 en nu-propriété. L'enfant légitime prendra 7/18 de propriété et 7/36 de nu-propriété (2).

383. — Sans qu'elle soit plus difficile en droit, la liquidation devient plus compliquée en calcul, lorsque, avec des enfants naturels et des enfants légitimes, il y a un époux bénéficiaire et des étrangers donataires ou légataires.

384. — Je trouve, à cet effet, dans le *Dictionnaire du Notariat* (3), l'exemple suivant :

« Soient un enfant légitime, un enfant naturel, une veuve donataire d'un quart en propriété et d'un quart en usufruit, et un étranger légataire de toute la portion disponible.

La réserve de l'enfant naturel étant de 1/12 en pleine propriété et de 1/24 en nu-propriété, en réduisant la masse de la succession en 96 parties, il aura 8/96 en propriété et 2/96 en nu-propriété. Reste 86/96, sur lesquels la moitié, c'est-à-dire 43/96, forme la réserve de l'enfant légitime. Si l'on déduit la valeur du don fait à la veuve,

---

(1) *Dict. du Not.*, V. *Port. disp.*, n° 289.
(2) *Ibid.*, n° 290.
(3) *Ibid.*, n° 292.

en estimant l'usufruit à la moitié de la propriété, soit 36/96, il reste pour le légataire étranger 7/96 en propriété ou 14/96 en nu-propriété. La veuve a droit, outre son quart en propriété, à 1/4 en usufruit ou 24/96. Elle prend donc : 4/96 sur l'enfant naturel, 14/96 sur l'étranger. 6/96 sur l'enfant légitime, total égal : 24/96. La réserve de l'enfant légitime, qui doit être de 43/96, sera donc composée de 40/96 en propriété et de 6/96 en nu-propriété, équivalant à 3/96 en propriété entière ».

385. — Voici, dans cette hypothèse, et s'il n'y avait pas à tenir compte de la différence de la moitié au tiers qui aurait formé la quotité disponible, si l'enfant eût été légitime, comment on aurait pu opérer :

La veuve a été gratifiée d'un quart en pleine propriété et d'un quart en usufruit. Or, quand il n'y a qu'un enfant légitime, la quotité disponible est de la moitié des biens. (913.) Il ne reste donc de disponible, pour gratifier l'étranger, qu'un quart en nu-propriété. Il me paraît clair que lui seul doit supporter l'usufruit.

Supposons la masse héréditaire de 96.000 fr. La réserve est de 48.000 fr. Si les deux enfants étaient légitimes, chacun prélèverait 24.000 fr. ; l'enfant naturel ne prélèvera que le tiers, soit 8.000 fr. ; reste 40.000 fr. pour l'enfant légitime.

La veuve aura 24.000 fr. en pleine propriété et l'usufruit sur 24.000 fr., dont la nu-propriété appartiendra à l'étranger.

386. — Voici un autre exemple des mêmes auteurs (1), que l'on peut interpréter de plusieurs manières :

« Lorsqu'il existe deux enfants légitimes et un enfant naturel, supposons que le père ait légué à sa femme un quart en propriété et un quart en usufruit, qu'il ait légué en même temps un quart en propriété à l'étranger. Si l'enfant naturel eût été légitime, la réserve totale eût été de moitié en pleine propriété et d'un quart en nu-pro-

---

priété, et chaque enfant en eùt pris le tiers. Celle de l'enfant naturel sera donc de 1/18 en pleine propriété et de 1/36 en nu-propriété qui doivent être prélevés.

« Les légataires ont droit conjointement : 1° à 1/3, ou 4/12, du reliquat en pleine propriété ; 2° à 1/12 en usufruit ; conséquemment, les deux enfants légitimes ont pour réserve : 1° 7/12 du même reliquat en pleine propriété ; 2° 1/12 en nu-propriété ».

387. — Mais comment valider ces deux legs, puisque, dans cette hypothèse, deux enfants légitimes existant, la quotité disponible n'est que du tiers de la masse héréditaire (913) ? La quotité disponible la plus étendue se trouve épuisée par le legs, à la veuve, de 1/4 en propriété et 1/4 en usufruit. À la vérité, nous supposons ici que les deux legs ont été faits en même temps. En validant le legs entre époux, plusieurs difficultés peuvent se présenter : ou il faut tenir compte à la veuve de la plus-value de son legs d'usufruit ; ou nous partagerons, comme les auteurs précités, la quotité disponible en portions égales entre les deux légataires.

Dans ce cas, qui doit être préféré, voici comment nous opérerions :

Si nous supposons une succession de 108.000 fr., la réserve est de 54.000 fr. en pleine propriété, et de 27.000 fr. en nu-propriété.

	En pleine propriété	En nu-propriété
L'enfant naturel aura bien 1/18, soit	6.000 fr. et 1/36, soit	3.000 fr.
Le 1er enfant légitime aura .	24.000 fr.	12.000 fr.
Le 2e id.	24.000 fr.	12.000 fr.
Les légataires auront conjointement	27.000 fr. en usufruit	27.000 fr.
La nu-propriété et l'usufruit, soit 27.000 fr. ajoutés au total.....................81.000 fr.	égalent	108.000 fr.(1).

Mais, suivant la nature des biens qui composeront la succession, suivant la nature des dispositions de l'acte même, il pourrait arriver qu'il y eùt intérêt pour tout le

(1) D'après les auteurs ci-dessus, après le prélèvement de l'enfant naturel

monde à ne valider que le legs du tiers en propriété qui forme aussi la quotité disponible.

Dans ce cas, pour une même succession de 108.000 fr., l'enfant naturel prélèverait le tiers du quart, soit 9.000 fr. — Les légataires prélèveraient le tiers de la masse, soit 36.000 fr. à répartir en deux portions égales.

Il reste 63.000 fr., dont 31.500 fr. pour chaque enfant légitime.

388. — S'il existe trois enfants légitimes ou un plus grand nombre, la liquidation est alors facile, puisqu'elle est toujours la même, quel que soit le nombre des enfants naturels. La plus forte portion disponible étant toujours d'un quart en pleine propriété et d'un quart en usufruit, la réserve commune comprend nécessairement le reste, soit moitié en pleine propriété et un quart en nu-propriété, qui est divisée entre eux, comme si elle composait toute la succession. Le disponible est divisé entre les donataires ou légataires, suivant leurs droits.

389. — S'il se trouvait, au lieu d'enfants légitimes, des ascendants et des enfants naturels, la réserve de ces derniers étant de la moitié de ce qu'elle aurait été, s'ils eussent été légitimes, la part des premiers serait assurée sur le reste de la masse, d'après ce qui a été dit (1).

390. — Si le défunt laisse son père et sa mère et un

(6.000 fr. en propriété et 3.000 en nu-propriété), le reliquat est de :

99.000 fr. en propriété et 3.000 fr. en usufruit.

Les légataires prélèveraient conjointement 4/12 de propriété, plus 1/12 d'usufruit, équivalant à 1/24 en propriété entière ; en tout :...	37.125 fr. —	1.125 fr. —
Les enfants légitimes auraient ensemble le reste, ou 7/12 de propriété plus 1/12 d'usufruit, ou 1/24 de propriété ; en tout :........	61.875 fr. —	1.875 fr. —
Totaux égaux...	99.000 fr. —	3.000 fr. —

(1) *Supra*, n°ˢ 362 et suiv.

enfant naturel, et qu'il ait donné ou légué à sa veuve toute la portion qu'il pouvait lui donner, la réserve de l'enfant naturel est d'un quart en pleine propriété et un quart en nu-propriété ; la réserve des père et mère est de la moitié du surplus de la succession, mais en nu-propriété seulement, à raison de l'usufruit de la veuve qui se complète aussi sur la réserve de l'enfant naturel.

391. — La donation faite à l'enfant naturel mineur doit être acceptée par celui des père ou mère qui n'est pas donateur et, à défaut, par un tuteur *ad hoc* ou un subrogé-tuteur, autorisé du conseil de famille (1). (C. c., 935.)

A été jugée valable, l'acceptation par l'aïeule maternelle, de la donation faite par le mari de sa fille naturelle prédécédée, à son petit-fils, issu du mariage de ces derniers (2).

392. — L'art. 908 défend de donner aux enfants naturels par donation entre vifs ou par testament, rien au delà de ce que nous avons vu leur être accordé (756, 757, 758, 761) (3).

Cette prohibition ne saurait être éludée en employant la forme d'une donation déguisée ou l'entremise d'un tiers.

Mais on ne peut opposer la présomption de l'art. 911 C. c., pour faire considérer le conjoint donataire comme personne interposée par rapport à l'enfant naturel. La loi a voulu encourager les mariages, en facilitant les dons entre époux ; et ce motif est encore plus impérieux entre personnes qui vivent dans un commerce illicite (4).

393. — Une donation universelle faite entre époux pendant le mariage, doit recevoir son exécution nonobstant la reconnaissance faite antérieurement à la donation, mais pendant le mariage, d'un enfant naturel que

---

(1) Grenier, n° 67.
(2) Paris, 23 mai 1873, art. 20666 j. n.
(3) *Supra*, chapitre x.
(4) *Dict. du Not.*, V. *Port. disp.*, n° 287.

l'époux donateur aurait eu, avant son mariage, d'un autre que de son conjoint.

394. — Si l'époux disposant était mineur, avec un ou plusieurs enfants naturels, les règles que nous avons exposées seraient susceptibles de modifications.

Aucun auteur, jusqu'à ce jour, ne s'est occupé de cette situation.

Si les dispositions ont lieu par contrat de mariage, les dispositions que nous venons d'indiquer sont applicables, puisque le mineur peut donner tout ce que la loi permet à l'époux majeur de donner à l'autre conjoint (1095). Mais les dispositions faites par le mineur pendant le mariage ou non sont soumises à la réduction de moitié, fixée par l'art. 904.

Par suite, s'il existe un enfant légitime, un enfant naturel, et que l'époux ait donné à son conjoint, par contrat de mariage, un quart en propriété et un quart en usufruit, il ne peut donner à un étranger que la moitié du quart ou 1/8 en nu-propriété. L'autre huitième entrera dans les réserves de l'enfant légitime et de l'enfant naturel dans les proportions indiquées.

S'il laisse deux enfants légitimes ou un plus grand nombre, les legs ultérieurs seront sans effet, puisque la plus forte quotité disponible a été épuisée.

Si les dispositions n'ont pas lieu par contrat de mariage, la portion disponible est d'un quart en pleine propriété, quand il n'existe qu'un enfant légitime. La réserve de l'enfant naturel est du tiers de la moitié ou 1/6 des 3/4 restants, soit 1/9 de la masse. S'il y avait plusieurs enfants naturels, la liquidation des 3/4 se ferait suivant les règles indiquées ci-dessus (1).

S'il existe deux enfants légitimes, la plus forte quotité disponible léguée est de 9/48. Les 39/48 restants seraient partagés entre les enfants légitimes et les enfants naturels, en suivant les mêmes règles.

S'il n'y avait que des enfants naturels et des ascendants,

---

(1) Nos 297 et suiv.

la portion disponible serait de 1/4, s'il y avait des ascendants dans chaque ligne; de 3/8, s'il n'y avait d'ascendant que dans une seule ligne. Le surplus serait partagé suivant les mêmes règles, en tenant compte de la disposition de l'art. 1094, portant que l'époux peut donner à son conjoint. outre la quotité disponible, l'usufruit de la portion de ses biens, dont la loi prohibe la disposition au préjudice des héritiers, lequel devrait être réduit à la moitié, conformément à l'art. 904.

Dans tous les autres cas, la portion disponible serait de la moitié des biens et le surplus formerait la réserve des enfants naturels, s'il en existait.

CHAPITRE XIV.

Réduction des Donations et Legs.

395. — L'art 920 C. c. porte : « Les dispositions, soit entre vifs, soit à cause de mort, qui excéderont la quotité disponible, seront réductibles à cette quotité, lors de l'ouverture de la succession ».

Pour exercer l'action en réduction, il faut avoir droit à la réserve. (921.) Or, nous venons de voir que les enfants naturels ont droit à une réserve.

396. — Si les libéralités excédant la mesure fixée par l'art. 908 ont été faites à l'enfant naturel, la question se complique.

Il faut considérer tout d'abord que les libéralités ne sont pas nulles, mais seulement réductibles. L'excès d'une disposition ne suffit pas pour la faire considérer comme frauduleuse ; il la rend seulement sujette à réduction jusqu'à concurrence de la quotité disponible (1).

S'il n'existe point d'héritiers à réserve, le droit de demander la réduction appartient-il aux collatéraux ou aux légataires mis par le testateur à la place de ceux-ci ?

La Cour de Paris (2) a décidé l'affirmative en faveur de ces derniers. « La Cour : En ce qui concerne la prétention de la veuve Derollepot, de faire réduire, conformément aux art. 757 et 908 C. c., les legs faits au profit de Bourdin fils par son père naturel ; — Considérant qu'aux termes de l'art. 908, l'enfant naturel ne peut rien recevoir par donation ou testament, au delà de ce qui lui est attribué par la loi ; — Que l'appelant, enfant naturel reconnu, et légataire à titre particulier de André René Bourdin, *de cujus*, se trouve en présence d'héritiers collatéraux et d'une légataire universelle, la veuve Derollepot ; — Que, dès lors, les droits qui lui sont attribués par la loi sont des 3/4 des biens, meubles et immeubles, composant la succession ; — Qu'il est articulé et non contesté que l'importance des legs que le testament contient en sa faveur excède cette quotité dans une mesure qui ne peut être, en l'état, exactement déterminée, mais qu'il est prétendu par l'appelant, que la veuve Derollepot, légataire universelle, est sans qualité et sans droit, pour demander la réduction des legs dont il s'agit, dans les limites légales ;

« Considérant que la disposition de l'art. 908 du C. c. est d'ordre public, qu'elle crée dans la personne de l'enfant naturel une incapacité dont toute partie y ayant intérêt et, particulièrement le légataire universel, a le droit de se prévaloir ; — que l'art 921, qui porte que la réduc-

---

(1) *Dict. du Not.*, V. *Réduct. des donat.*, n° 12 ; Cass., 7 juin 1808 ; Riom, 25 av. 1818.

(2) 3 et 6 août 1872 ; *Gaz. des Clercs de not.*, 1872, n° 485.

tion des dispositions, à titre gratuit, excédant la quotité disponible, ne pourra être demandée que par ceux au profit desquels la loi fait la réserve, et que les donataires, les légataires ni les créanciers du défunt ne pourront demander cette réduction ni en profiter, a pour objet de réglementer une matière toute spéciale, celle de la réserve et de la quotité disponible ; — Que ledit article est sans application possible au cas prévu et réglé par l'art. 908 ; — Qu'en conséquence, la veuve Derollepot a qualité pour demander la réduction des legs faits au profit de l'appelant, en tant qu'ils dépasseraient les 3/4 des valeurs de la succession ; — Adoptant au surplus, de ce chef, les motifs des premiers juges ;... »

397. — La réduction ne profite pas aux hétitiers non réservataires, mais aux légataires universels, à moins de déclarations contraires du testateur (1).

Le droit de faire réduire des libéralités excédant la portion disponible s'applique à toutes les dispositions à titre gratuit, directes ou indirectes, faites manuellement ou par acte notarié, même à celles faites en faveur des époux par contrat de mariage (1090) (2), et dans le cas où les biens d'une succession acceptée sous bénéfice d'inventaire sont insuffisants pour acquitter les dettes (3) et même encore dans le cas où les donations seraient antérieures à la reconnaissance de l'enfant naturel (4).

---

(1) Paris, 9 juin 1834, D. 34, 2, 240 ; Ancelot, sur Grenier, note *a*, p. 352, n° 674. — *Contra :* Paris, 16 juin 1838, D. 38, 2, 187, cité par Ancelot, qui cite encore comme se rapportant à des cas d'avantages excessifs : Guadeloupe, 26 déc. 1835, D. 41, 1, 351, et Pau, 15 juin 1838, D. 40, 2, 152.

(2) Delvincourt, t. II, p. 926, note ; Troplong, n°° 894 et suiv.

(3) Cass., 28 nov. 1861, art. 17327 j. n.

(4) Toulouse, 25 mars 1834, et par analogie avec les cas d'adoption ; Cass., 29 juin 1825 ; Paris, 26 mars 1839 ; Montpellier, 8 juin 1823 ; Vazeille, sur 761, n° 5 ; Duranton, t. VI, n° 313, et n° 311 à la note ; Malpel, *Succ.*, n° 162 ; et, par analogie avec le cas d'adoption, Merlin, V. *Adoption*, § 5, n°° 2 et 3. — *Contra :* Rouen, 27 janv. 1844, n° 299, *Arch. du not.*; Grenier, n° 605 ; Toullier, t. IV, n° 263 ; Chabot, sur 756, n° 20 ; Dalloz, V. *Succ.*, ch. IV, sect. I, art. I, n° 20 (hésite cependant); Loiseau, *Enf. nat.*, p. 658 ; Comp. Cass., 28 juin 1831 : pour la circonstance de la cause, qui la rendait plus favorable, l'arrêt dit : *Depuis sa reconnaissance ;* mais cette énonciation ne tire pas à conséquence.

Lorsque la quotité disponible est égalée ou dépassée par donations entre vifs, toutes les dispositions testamentaires sont caduques. (925.) Cette règle est absolue, même au cas où les dispositions testamentaires seraient de date antérieure aux donations (1).

L'héritier à réserve qui veut exercer son droit, sans le voir diminuer par l'action des créanciers, doit accepter sous bénéfice d'inventaire (2).

398. — La réduction se fait au marc le franc, sans aucune distinction d'ordre ni de date (3), entre les legs universels et les legs particuliers, ni entre les legs de corps certains et les legs de sommes d'argent. (926.) En effet, ces legs ont tous la même date, par l'effet de leur exécution. C'est celle de la mort du testateur (4).

Cette réduction se détermine en formant une masse de tous les biens existant au décès du donateur ou testateur. On y réunit fictivement ceux dont il a été disposé par donations entre vifs, d'après leur état à l'époque des donations et leur valeur au temps du décès du donateur (922), en y ajoutant la moins-value résultant des détériorations imputables au donataire ou en déduisant la plus-value résultant des améliorations qu'il aurait pu y faire. On fait le total de toutes les masses (mobilière et immobilière), on en déduit le montant des dettes et enfin on détermine quelle est, eu égard au nombre et à la qualité des héritiers réservataires, la quotité dont il a pu disposer (5).

399. — La réduction au marc le franc ne présente aucune difficulté, quand il n'y a que des légataires particuliers, il faut d'abord déterminer ce que chacun aurait eu, s'il n'y avait point eu de réserve, et la réduction au marc le franc se calcule sur le résultat.

400. — Exemple : Soit une succession de 64.000 fr.,

---

(1) Troplong, n° 1011.
(2) Duranton, t. VII, n°⁸ 269, 276.
(3) *Dict. du Not.*, V. *Réduct. des donat.*, n° 43.
(4) Picot, sur 922.
(5) Toullier, t. V, n° 160.

deux légataires particuliers ayant chacun 16.000 fr., un légataire universel et un enfant naturel en concours avec des sœurs du défunt.

Nous avons vu que la réserve de l'enfant naturel est, dans ce cas, de la moitié qu'il aurait eue comme légitime. Comme légitime, sa réserve eût été de 1/2 ou 32.000 fr.: il n'aura donc que 1/2 de cette 1/2, ou 1/4, soit 16.000 fr.

S'il n'y avait point de réserve, chaque légataire particulier aurait 16.000 fr., et le légataire universel 32.000 fr. Mais la réserve de l'enfant naturel opérant la réduction d'un quart, soit 16.000 fr., sur tous les biens, chaque légataire souffrira, proportionnellement, une réduction pareille. Ainsi, chaque legs particulier sera réduit à 12.000 fr. et le legs universel à 24.000 fr.

401. — Ce n'est qu'au décès du disposant que, l'émolument de la succession pouvant être sûrement calculé, il sera possible de voir si, d'après la valeur des biens et d'après le nombre et la qualité des réservataires acceptants, la réserve se trouve entamée. Ne pouvant savoir, du vivant du donateur, si la quotité disponible est dépassée, celui-ci ne peut demander l'annulation des libéralités par lui faites ni la restitution des valeurs données qu'il prétend excessives. L'action en rapport, ne pouvant s'exercer qu'entre cohéritiers (857). n'appartient pas au donateur contre le donataire (1).

402. — Le donateur qui s'est épuisé en largesses excessives n'a d'autre ressource que de demander des aliments au donataire ; et, en cas de refus, de faire révoquer la donation (2).

403. — Le légitimaire a le droit d'exiger sa réserve en nature (3). Il est saisi dès le jour du décès du donateur : c'est donc à partir de cette époque que les fruits du montant de la réduction doivent lui être restitués, si la demande en réduction a été faite dans l'année : sinon, du jour de la demande. (928.)

---

(1) Paris, 1er mai 1865, art. 18299 j. n.
(2) Lyon, 18 janv. 1838 ; *Dict. du Not.*, V. *Réduct. des donat.*, n° 7.
(3) *Ibib.*, n° 85.

404. — Cette règle s'applique également à l'enfant naturel, bien que, n'étant pas saisi de plein droit, la loi ait voulu qu'il demandât, ainsi que nous le verrons au chapitre suivant, la délivrance ou l'envoi en possession des biens qu'elle lui attribue.

405. — Aucune prescription spéciale n'étant fixée par le Code civil pour l'action en réduction ou revendication, il s'ensuit qu'elle demeure soumise à la règle générale, c'est-à-dire à la prescription trentenaire (1) contre les héritiers donataires ou légataires (2262), et par dix et vingt ans contre des tiers qui auraient acquis d'eux, de bonne foi et par juste titre (2265) (2).

Dans tous les cas, la prescription ne court que du jour du décès du donateur ou testateur. L'art. 38 de l'ordonnance de 1731, en ce qui concernait la légitime, en avait fait une disposition précise (3) fondée sur un principe de tous temps : « La prescription ne court pas contre celui qui ne peut agir ». *Contra non valentem agere non currit præscriptio* (4).

Mais comme les prescriptions ordinaires, cette prescription est relevée ou interrompue soit à raison du privilége de minorité, soit dans le cas de poursuites judiciaires (5).

---

(1) Toullier, n° 167 ; Duranton, n° 378 ; Grenier, n° 652, et son annotateur; Bayle-Moulard ; Troplong, n°° 1033 et 1034 ; Delvincourt, t. II. p. 69, n° 3, note *a*, p. 81, n° 5.

(2) Grenier, *ibid.;* Duranton, n° 379 ; Troplong, 1035.

(3) V. *supra*, n° 347, l'analogie des mots *Réserve* et *Légitime.*

(4) Mêmes autorités, et Picot, sur 920.

(5) Grenier, n° 652, et son annot. Bayle-Moulard.

CHAPITRE XV.

Comment s'exercent les droits des héritiers irréguliers.

Section 1. **Délivrance de la part héréditaire.**
Section 2. **Envoi en possession.**
Section 3. **Cas divers. Formalités. Délais.**

SECTION 1. — DÉLIVRANCE DE LA PART HEREDITAIRE.

406. Deux espèces de droits. Il faut recourir aux principes généraux.

407. Doit demander la délivrance aux héritiers qui ont la saisine ou l'envoi en possession au tribunal.

408. Ce qu'est la réserve de l'enfant naturel. A quoi lui sert la délivrance.

409. En quel cas le légataire est dispensé de demander la délivrance. L'enfant naturel n'est jamais dans ce cas.

410. Ce qu'il peut faire, s'il y a eu avancement d'hoirie.

411. A qui doit être faite la demande.

412. Suite.

413. S'il n'y avait point d'héritier régulier, il devrait demander l'envoi en possession.

414. Délais.

415. L'action se prescrit par trente ans.

416. Quand elle est expresse. Quand elle est tacite.

417. A défaut de délivrance volontaire, l'action est introduite dans les formes ordinaires. Qui doit supporter les frais.

418. Par qui sont dus les droits d'enregistrement. Fruits.

406. — Les droits des enfants naturels sont de deux espèces : 1° la réserve que leur attribue l'art. 757 ; 2° toute la masse de la succession *ab intestat* que leur attribue l'art. 758.

Pour l'exercice de ces droits, aucune marche précise n'est tracée ni par le Code civil, ni par le Code de procédure. Il faut donc recourir aux principes généraux (1).

Dans le premier cas, l'enfant naturel doit demander la délivrance de sa portion héréditaire ; dans le second cas, il doit demander l'envoi en possession.

Occupons-nous du premier cas.

407. — Lorsque l'enfant naturel concourt avec des héritiers légitimes, ceux-ci ont seuls la saisine complète. C'est à eux qu'il doit demander la délivrance des biens auxquels il a droit. S'il n'existe pas d'héritier légitime, l'enfant naturel est tenu de demander au tribunal l'envoi en possession des biens de la succession. (724.)

Voyons d'abord ce que c'est que la délivrance et comment on l'obtient.

408. — La réserve de l'enfant naturel étant une espèce de créance réelle, *in re* (2), qui rend la succession paternelle ou maternelle grevée envers eux de la dette d'une portion de propriété, déterminée, suivant les cas, par la loi, il s'ensuit que l'enfant de cet ordre est assimilé à un légataire (3) pour obtenir la possession réelle de l'objet qui lui attribué.

La délivrance de ce legs n'est autre que l'action de mettre en possession de cet objet le légataire ou l'enfant naturel (4), qui n'a pas la saisine. La propriété lui est bien transférée de plein droit, dès l'instant du décès (1014) ; mais la *possession* ne peut s'obtenir que de ceux qui sont saisis de la succession. (724,1011.)

409. — Dans certains cas, le légataire est dispensé de demander la délivrance. Par exemple, s'il se trouve en possession de la chose léguée, au moment de l'ouverture du legs, soit à titre de dépôt, de prêt, de louage, etc. (5).

---

(1) Toullier, t. IV, n° 279.
(2) Nancy, 22 janv. 1838 ; Dalloz, 39, 2, 153 ; Troplong, n° 771.
(3) Toullier, t IV, n° 275.
(4) *Dict. du Not.*, V. *Déliv. de legs.*
(5) *Ibid.*, n° 9, qui cite, L. 1, § 15, D., *quod legat.;* Pothier, ch. v, sect. 2 ; Grenier, n° 304 ; Proudhon, n°⁹ 985 et 386 ; Marcadé, sur 1015, n° 2; Dalloz, p. 96 ; Nimes, 6 janv. 1838 ; Bourges, 27 janv. 1838 ; Limoges, 21 fév. 1839 et 5 juin 1846 ; Toullier, t. V, n° 541. Toutefois, Duvergier, sur Toullier, note du n° 541, ci-dessus, est d'avis que tous les légataires sont tenus de

Mais l'enfant naturel ne se trouve jamais dans ce cas. En effet, ou il a reçu, conformément à l'art. 761. la moitié du vivant de son père ou de sa mère, et, après sa mort. il n'a plus rien à réclamer : ou il n'a rien reçu, et alors il vient demander la délivrance de sa portion héréditaire.

410. — S'il a reçu, en avancement d'hoirie. tout ou partie de sa réserve, il peut se dispenser de faire cette demande, en renonçant à la succession pour s'en tenir à sa donation. Dans tous les cas. il ne peut retenir que la quotité à lui attribuée par la loi : car nous avons vu (1) que les dons en avancement d'hoirie sont comptés pour fixer la portion disponible. Si l'avancement d'hoirie ne le remplissait pas de tous ses droits. il serait tenu de demander la délivrance pour le complément.

411. — Cette demande doit être faite aux débiteurs du legs ; et d'abord, s'il en existe. à réserve qui, dans tous les cas, ont la saisine de préférence même aux héritiers institués ou légataires universels.

A leur défaut, au légataire universel ou héritier testamentaire, s'il en existe, et ce, quand même les legs à titre universel ou particulier absorberaient tous les biens, parce que le titre de légataire universel n'en couvre pas moins toute la succession (2). C'est lui qui est saisi de plein droit (1006) (3), et jamais l'enfant naturel.

Il en serait de même pour la demande en réduction de legs.

412. — Remarquons qu'à la suite des controverses qui existaient sur la question des fruits, M. Cambacérès (4)

---

demander la délivrance, s'appuyant sur Pothier lui-même, qu'on a, selon lui, mal interprété. Ils sont bien dispensés de remettre physiquement à l'héritier la chose qui fait l'objet du legs, mais non de demander la délivrance, et, indépendamment des arrêts ci-dessus, il · cite encore : Toulouse, 29 juillet 1829 ; Limoges, 12 déc. 1837. La longue possession, par le légataire, de la chose léguée, peut être considérée comme la preuve d'une délivrance volontairement consentie. Cass., rej., 18 nov. 1840 ; *Journ. du Palais*, t. II, 1840, p. 648.

(1) *Supra*, n° 291 et 321.
(2) Toullier, t. V, n° 550.
(3) *Ibid.*, t. IV, n° 290.
(4) Troplong, n°° 1767 et 1855, qui cite Fenet, t. XII, p. 395.

ayant proposé une transaction entre les divers systèmes, il fut décidé que le légataire universel, tenu de demander la délivrance toutes les fois qu'il y aurait un héritier à réserve, en serait dispensé lorsqu'il n'y aurait pas de légitimaires, d'où les articles 1005 et 1006. Mais il y a lieu à l'envoi en possession, quoiqu'il existe des héritiers, à réserve, s'ils ont renoncé à la succession (1).

Par suite, c'est au légataire universel et non à l'héritier réservataire que l'enfant naturel doit demander la délivrance (2).

A défaut d'héritier testamentaire, il doit la demander, s'ils sont connus, aux héritiers collatéraux, suivant l'ordre dans lequel ils sont appelés par la loi.

S'ils renoncent, ou s'ils ne sont pas connus, il faut faire nommer un curateur à la succession vacante. (811, 812.)

413. — Mais, d'un autre côté, s'il n'y avait point d'héritier régulier, l'enfant naturel devrait demander l'envoi en possession (3) et, après l'avoir obtenu, c'est à lui que le légataire à titre universel et le légataire particulier, si le testament n'avait pas reçu son exécution, devraient s'adresser pour obtenir la délivrance (4) parce qu'alors il aurait été saisi.

414. — L'héritier ne peut être contraint à faire la délivrance pendant la durée des délais pour faire inventaire et pour délibérer (5) ; mais, passé ces délais, les héritiers ne peuvent plus différer (6).

S'il s'agit d'une succession échue à un mineur, il est prudent que le tuteur, avant de faire la délivrance des legs contenus au testament du défunt, prenne l'avis spécial du conseil de famille du mineur, surtout s'il s'agit de legs immobiliers (7).

---

(1) *Dict. du Not.*, V. *Env. en possession*, n° 10.
(2) Puisque ce serait au légataire universel et non à l'héritier réservataire que le légataire particulier devrait demander la délivrance de son legs. (Art. 2677 j. n. ; *Dict. du Not.*, V. *Déliv. de legs*, n° 29.)
(3) V. *infra*, n° 419 et suiv.
(4) Troplong, n° 1853 ; Toullier, t. V, n° 551.
(5) *Dict. du Not.*, *ibid.*, n° 33, qui cite Turin, 14 août 1800.
(6) *Ibid.*, n° 34 ; Paris, 23 fév. 1813.
(7) *Ibid.*, n° 37.

415. — L'action en délivrance du legs se prescrit par trente ans (1).

416. — La délivrance peut être volontairement consentie. Elle est expresse quand le consentement est donné par un acte spécial, comme un acte notarié (2), n'étant d'ailleurs soumise à aucune forme spéciale (3).

Elle est tacite quand, par exemple, le légataire se met en possession de son legs au vu et au su de l'héritier et de son consentement présumé (4).

417. — A défaut de délivrance volontaire, l'action en délivrance doit être introduite dans la forme prescrite pour toutes les affaires civiles, c'est-à-dire qu'après une citation en conciliation devant le juge de paix, elle est introduite par une assignation devant le tribunal civil du lieu où la succession est ouverte, suivant l'art. 59 du Code de procédure (5).

Les frais de la demande en délivrance sont à la charge de la succession, sans néanmoins qu'il puisse en résulter une réduction de la réserve légale. (1016.)

Au contraire, les frais qui seraient le résultat d'une résistance mal fondée de la part du légitimaire resteraient à sa charge quand même il en éprouverait une réduction dans sa réserve légale (6). Comme aussi le légataire qui élèverait une prétention excessive peut être condamné à tous les dépens du procès (7).

---

(1) *Dict. du Not.*, V. *Déliv. de legs*, n° 40.

(2) *Ibid.*, n° 41 et 42; Paris, 5 mai 1841.

(3) Cass., 22 av. 1851.

(4) *Ibid.*, n° 44, *Dict. du Not.*; Nimes, 30 av. 1866, j. n., art. 18544; V. *supra*, la note du n° 409, de M. Duvergier.

(5) Toullier, t. V, n° 564 ; Duvergier, sur Toullier, fait remarquer, note du n° 547, que l'art. 59 C. proc. civ. statue pour l'hypothèse d'une succession indivise, n'attribuant compétence à ce tribunal que jusqu'au partage définitif. Une fois le partage opéré, le principe général que le défenseur doit être assigné devant le tribunal de son domicile, reprend toute sa force. Ce serait alors devant le tribunal du domicile de chacun des héritiers que la demande devrait être portée. C'est ainsi, d'ailleurs, que cela se pratique ; même décision, si la succession était déférée à un héritier unique.

(6) Metz, 11 fév. 1820, art. 3568 j. n.; Duvergier, sur Toullier, note *a*, n° 562, t. 5 ; Rej., 28 fév. 1826.

(7) Cass., 28 fév. 1826, et 4 fév. 1829.

418. — Les droits d'enregistrement sont dus par le légataire, s'il n'en a été autrement ordonné par le testament. Chaque legs pourra être enregistré séparément, sans que cet enregistrement puisse profiter à aucun autre qu'au légataire ou à ses ayants-cause. (1016.)

Le tribunal ne peut valablement ordonner la délivrance que sur une demande formée contre les héritiers débiteurs du legs.

La délivrance accordée sans leur concours ne donnerait pas au légataire le droit de s'approprier les fruits de la chose léguée ; il serait obligé de les rapporter à l'héritier jusqu'au jour de la demande ou du jugement en délivrance (1).

Section 2. — ENVOI EN POSSESSION.

419. En quel cas il y a lieu de demander l'envoi en possession.
420. Formalités.
421. Ordonnance du président.
422. Ordonnance d'un juge étranger.
423. Quoique en possession, l'enfant naturel ne possède pas
    définitivement l'hérédité.

419. — Examinons le second cas.

Si la succession des père et mère de l'enfant naturel reste vacante, si ces derniers ne laissent pas de parents au degré successible ou si ces parents renoncent à la succession, l'enfant naturel a droit à la totalité de la succession. (758.) Il est tenu, dans ce cas, de se faire envoyer en possession (724-773), par la raison que, n'étant pas héritier, la maxime : « *Le mort saisit le vif* », ne lui est pas applicable.

420. — Pour parvenir à l'envoi en possession, l'enfant naturel présente au président du tribunal, par ministère d'avoué, une requête contenant la demande d'envoi en possession à laquelle il joint un acte de notoriété délivré

____

(1) Toullier, t. V, n° 564 ; Pothier, ch. v, p. 304.

en expédition. attestant que le défunt n'a laissé aucun parent au degré successible.

Le jugement de délivrance appartient à la juridiction contentieuse, tandis que la simple ordonnance d'envoi en possession, rendue par le président, appartient à la juridiction volontaire. Elle ne deviendrait contentieuse que dans le cas où quelque parent éloigné, contestant le degré de successibilité, ou un légataire, découvert à la dernière heure, s'opposeraient à l'envoi en possession. L'affaire, alors, serait renvoyée à l'audience du tribunal (1).

421. — Le président du tribunal, étant seul compétent pour ordonner cet envoi en possession, peut établir son ordonnance au pied de la requète ; mais il est d'usage de l'établir par acte séparé dont expédition. en forme exécutoire, est délivrée au requérant.

422. — L'ordonnance d'envoi en possession d'un legs étant une décision judiciaire, l'exécution en France de celle qui est émanée d'un juge étranger est subordonnée au préalable exéquatur du juge français ; et, d'autre part, la compétence du juge français, quant à l'exéquatur, est déterminée par la nature de la décision rendue à l'étranger.

En conséquence, c'est à la juridiction du président et non à celle de la Chambre du Conseil, qu'il appartient de statuer sur l'exécution en France d'une ordonnance de ce genre (2). (C. c., 1008, 2123, 2126 ; C. pr. civ., 545.)

423. — Bien que, par l'envoi en possession, l'enfant naturel se trouve en possession matérielle de l'hérédité, il ne la possède pas définitivement.

En effet, des héritiers qui réclament la succession peuvent se présenter dans les trente ans ; car la faculté d'accepter une succession ne se prescrit que par le laps de temps requis pour la prescription la plus longue des droits immobiliers (789), laquelle est de trente ans (2262), qui commenceront à courir du moment où l'enfant naturel

---

(1) Toullier, t. V, n° 565.
(2) Paris, 2 fév. 1869, art. 19608 j. n.

se sera mis en possession ou y aura été envoyé par jus-
tice(1) ; et si l'héritier accepte la succession, cette possession conditionnelle disparaît, et le droit créé par le cas
que nous examinons est considéré comme s'il n'avait
jamais existé.

Par suite, l'enfant naturel ne devient propriétaire in-
commutable des biens de la succession que par la prescription. Jusque-là, il en retire bien les fruits ; mais il ne
peut ni vendre les biens, ni les aliéner ; l'hypothèque qui
les grèverait serait soumise aux mêmes conditions ou à la
même rescision (2125), par la raison que personne ne peut
transférer à autrui plus de droits qu'il n'en a lui-même.
(2182.)

Section 3. — CAS DIVERS. FORMALITÉS. DÉLAIS.

424. Formalités si l'enfant est appelé à défaut de parents.
425. A quelles formalités sont tenus les successeurs irréguliers
   de l'enfant naturel.
426. Le conjoint ne succède qu'à défaut d'enfant naturel.
427. Délais pour l'inventaire.
428. L'enfant naturel doit être présent à l'inventaire.
429. Il peut exercer l'action en partage et revendiquer sa réserve
   contre des tiers acquéreurs.
430. S'il y a bonne foi ces derniers peuvent prescrire.
431. Délais pour prescrire.
432. Arrêt de 1806, relatif à une vente.
433. Opinion non suivie de Toullier.
434. Opinion de Duvergier.
435. Les héritiers irréguliers ne sont pas tenus de prouver que
   le défunt n'a pas laissé d'héritiers.
436. Formalités.
437. Suite.
438. Emploi du mobilier.
439. L'Etat est toujours présumé solvable. Différence.
440. Vente du mobilier.
441. Le véritable héritier peut revendiquer les immeubles.

---

(1) Duvergier, sur Toullier, t. IV, n° 276, note *a*.

424. — Si l'enfant naturel est appelé à *défaut de parents*, en d'autres termes s'il prétend avoir toute la succession il doit remplir les mêmes formalités que l'époux survivant ou l'État (773), c'est-à-dire, faire apposer les scellés et faire faire inventaire dans les formes prescrites pour l'acceptation des successions sous bénéfice d'inventaire. (769.)

S'il ne remplissait pas ces formalités, il s'expose à être condamné aux dommages-intérêts envers les héritiers, s'il s'en présente. (772.)

425. — Quant aux successeurs irréguliers de l'enfant naturel, aucun texte de loi n'exige de leur part ni apposition de scellés, ni inventaire, ni caution, et la situation particulière de l'enfant naturel ne permet pas, en cette matière, de suppléer au texte de la loi.

Les successeurs de cet ordre sont tenus seulement de se faire envoyer en possession (1).

Il peut même arriver que cet envoi en possession devienne inutile par exemple si la masse héréditaire purement mobilière est dévolue au père ou à la mère de l'enfant naturel.

Remarquons d'abord qu'en employant le mot *est dévolue*, l'article 765 semble assimiler les père et mère naturels aux collatéraux, puisqu'il se sert du même mot pour ces derniers (art. 752), et que chaque fois qu'il s'est agi de l'enfant naturel le législateur a pris soin, par les expressions dont il s'est servi (756 et suiv.), de ne lui donner que

---

(1) Picot, sur 773 ; *Dict. du Not.*, V. *Succ.*, n° 281 ; Marcadé, t. IV, p. 764 ; Demolombe, t. XIV, n°s 166, 232 ; Dalloz, *Succ.*, n° 400.

des *droits*, en déclarant qu'il n'était pas héritier. D'ailleurs quel est le texte de loi qui oblige ces ascendants à demander l'envoi en possession ? Il n'en existe aucun.

Cette formalité qui a sa raison d'être quand il s'agit des enfants naturels, du conjoint survivant et de l'Etat, parce qu'ils sont exposés à l'apparition soudaine de plusieurs classes d'héritiers, n'a plus la même utilité protectrice quand les père et mère viennent recueillir la succession de leur enfant naturel. En effet ceux-ci ont uniquement à redouter la survenance de descendants de leurs enfants ; or, il n'est guère admissible que l'existence de ces descendants puisse demeurer occulte et que ces derniers puissent eux-mêmes ignorer la mort de leurs parents.

Ainsi, si la succession du *de cujus* était uniquement composée de rentes sur l'Etat, je suis d'avis, dans ces conditions, que le directeur de la dette inscrite ne serait pas fondé à exiger que l'envoi en possession fût demandé (1).

426. — L'époux survivant ne succède à son conjoint que dans le cas où celui-ci ne laisse ni descendants, ni ascendants, ni collatéraux au degré successible, ni enfants naturels, ni père ni mère naturels, ni frères ou sœurs naturels, ni descendants légitimes de frères ou sœurs naturels (2).

427. — Le délai pour faire inventaire est de trois mois à compter du jour de l'ouverture de la succession, et, de plus, un délai de quarante jours est accordé pour délibérer sur l'acceptation bénéficiaire. (795.)

428. — Quels que soient ceux qui ont requis l'inventaire, il doit être fait en présence de l'enfant naturel reconnu (3), qui a toujours le droit, en outre, d'assister à ses frais à

---

(1) La jurisprudence constante du tribunal de la Seine est que l'envoi en possession est inutile ; Delvincourt, t. II, p. 66 ; Mourlon. t. II, p. 95, 7ᵉ édit., cités dans la *Gaz. des Clercs de not.*, an. 1874, n° 485 ; trib. des Andelys, 20 août 1862, cité dans Defresnois et Vavasseur. *(Traité du Not.) Pandectes franç.*, t. III, p. 125.

(2) Picot, sur 767.

(3) *Dict. du Not.*, V. *Inventaire*, n° 129 et les auteurs qu'il cite.

la levée des scellés, aux opérations préliminaires du partage et même à la mise des biens en loties. pour veiller à la sauvegarde de ses droits. Il a même le droit de provoquer et de hâter les opérations du partage (1).

En effet, on ne saurait refuser aux enfants naturels les avantages dérivant de leurs droits. quand par les art. 820. 821, 865, 882. ce droit est accordé aux créanciers.

429. — Bien que. pour certains cas. ce droit puisse être assimilé à une créance. ce n'en est pas moins un *jus in re* qui rend l'enfant naturel copropriétaire de l'hérédité et l'autorise à exercer une action en partage.

Il peut même exercer cette action alors même qu'il aurait reçu des sommes que les juges déclarent supérieures au montant de sa part et que, tenu d'imputer ces sommes sur le montant de ses droits. il puisse se faire qu'il n'aura rien à prendre dans les biens de la succession (2).

Les aliénations que ferait l'héritier légitime, même avant la demande en délivrance. seraient susceptibles d'être critiquées par l'enfant naturel vis-à-vis des acquéreurs, sauf, bien entendu, l'application de l'art. 2279 (3). On ne saurait, à cet effet, lui opposer sa qualité, car, bien qu'il ne soit pas héritier, il a un droit réel. Le légitimaire, qui est héritier aujourd'hui. ne l'était pas sous le droit romain et cependant il pouvait revendiquer. contre des tiers acquéreurs, les biens qui composaient sa légitime, et que l'héritier s'était permis d'aliéner (4).

430. — Mais, lorsque la vente ou la transmission a eu lieu de bonne foi par un titre régulier en la forme, les nouveaux possesseurs peuvent prescrire la chose. (2239.)

431. — Et pour la prescrire, le titre et la bonne foi ne suffisent pas, il faut encore une possession paisible,

---

(1) Toullier, t. IV, n° 281.
(2) Cass., 1er mars 1875, art. 21172 j.-n.; *Gaz. des Clercs de not.*, n° 133, an. 1875, ou 63, an. 1876.
(3) Duvergier, sur Toullier, t. IV, n° 283, note *a*.
(4) Ainsi décidé par plusieurs arrêts, cités par Merlin, V. *Nouv. repert.*, sect. II, § 4, p. 665, et V. *Légitimation*, sect. X ; Toullier, t. IV, n° 286.

savoir : de dix ans, si le véritable propriétaire habite
dans le ressort de la Cour d'appel dans l'étendue de laquelle l'immeuble est situé et de vingt ans s'il est domicilié hors dudit ressort. (2265.)

Il faut que le tiers détenteur possède la chose en vertu
d'un titre translatif de propriété : par exemple, une vente,
une donation, un legs particulier, etc. (1).

432. — Par un arrêt du 22 mai 1806 (2), la Cour de
cassation décida que si, depuis la demande en délivrance,
l'héritier vendait les biens de la succession, la vente serait
nulle jusqu'à concurrence de la portion attribuée par la
loi aux enfants naturels.

433. — On ne suit pas l'opinion de M. Toullier qui
prétend (3) que l'enfant naturel qui réclame postérieurement, n'ayant point été saisi de plein droit, doit prendre
les choses en l'état où elles se trouvent, si la vente a été
faite de bonne foi, et ne pourrait exercer son droit que
sur le prix de la vente, sauf le recours contre l'héritier.

434. — Son commentateur, M. Duvergier, réfute victo-
rieusement, à mon sens, la doctrine de ce savant auteur
qui, à l'appui de son opinion, cite un arrêt de la Cour de
Paris du 14 fruct. an XII. Bien que cet arrêt eût été cassé
par l'arrêt sus-rappelé de la Cour suprème, M. Toullier
croit que le principe de la validité des ventes faites de
bonne foi, antérieurement à la demande de l'enfant
naturel, n'en fut pas moins adopté. (V. *infra*, n° 444.)

Mais il est certain que, avant comme après la demande,
l'héritier légitime qui s'est permis de vendre des biens de
la succession a disposé en partie de ce qui ne lui appartient pas. « La saisine », dit très-bien M. Duvergier (4),
« la saisine que la loi lui donne ne l'investit point du pouvoir d'aliéner au préjudice, soit de l'enfant naturel, soit
même des légataires. Ceux-ci peuvent donc, comme tous
propriétaires , faire connaître leurs droits contre les

---

(1) Troplong, n° 516.
(2) Rapporté dans le *Nouv. répert.*, V. *Bâtard*, § 4.
(3) T. IV, n° 285.
(4) Sur Toullier, t. IV, n° 285, note.

tiers détenteurs, sauf l'application de l'art. 2279. Peu importe que l'héritier soit solvable. On ne peut, en effet. l'assimiler à un donataire qui a vendu les objets compris dans la donation : car celui-ci était propriétaire. tandis que lui ne l'était pas. Ajoutons que la disposition de l'art. 930 qui autorise les tiers détenteurs à requérir la discussion préalable des biens du donataire, est une disposition exceptionnelle. et qui par conséquent ne doit pas être étendue à l'héritier qui a vendu la portion de ses cosuccessibles ».

435. — Toullier (1) prétend encore que. s'il n'y a ni héritiers connus, ni légataire universel ou héritier institué, ou si les héritiers connus ont tous renoncé. l'enfant naturel, qui veut réclamer la portion que la loi lui attribue sur les biens de ses père et mère, doit faire nommer un curateur à la succession vacante. et se faire envoyer, contradictoirement avec lui, en possession de la totalité des biens, et il appuie son opinion principalement sur le texte des art. 811 et 812, parce qu'alors il y aurait seulement succession vacante.

Mais, peut-on bien considérer comme vacante une succession réclamée par un prétendant droit ? Je ne le pense pas. D'après l'art. 811 lui-même qui dit : *S'il ne se présente personne qui réclame une succession*. il n'est pas permis de douter que lorsqu'un successeur irrégulier se présente, cette succession n'est pas vacante.

Pourquoi alors cette nomination d'un curateur *aux biens vacants ?*

En attendant que l'enfant naturel doive prouver qu'il n'existe pas d'héritiers légitimes, elle ne dit point comment se fera cette justification. D'ailleurs cette preuve, qu'il serait le plus souvent impossible d'administrer, la loi ne l'exige pas.

Cette opinion est adoptée par la doctrine et par la jurisprudence (2).

(1) T. IV, n°ˢ 291 et suiv.
(2) Bioche, *Dict. proc.*, V. *Envoi en possession*, n° 5 ; *Dict. du Not.*,

436. — L'enfant naturel est tenu, comme le conjoint survivant et l'Etat (773), de demander, par requête d'avoué, l'envoi en possession au tribunal de première instance dans le ressort duquel la succession est ouverte. Le tribunal ne peut statuer sur la demande qu'après avoir entendu le Procureur de la République. (770.)

Le tribunal décerne acte de la demande : ordonne qu'une expédition de ce premier acte sera adressée au Ministre de la Justice pour être insérée au *Journal officiel.* Trois affiches sont apposées dans le ressort de l'ouverture de la succession, de trois mois en trois mois. Le jugement d'envoi en possession n'est prononcé qu'un an après la demande (1).

437. — On est dans l'usage de faire insérer les publications au journal d'annonces judiciaires du département (2).

Les mêmes formalités sont exigées en cas d'absence. (118-119 C. c.)

438. — Les successeurs irréguliers sont tenus de faire emploi du mobilier ou de donner caution suffisante pour en assurer la restitution au cas où il se présenterait des héritiers légitimes : mais la caution est déchargée à l'expiration de trois ans, si dans l'intervalle il ne s'en présente point. (771.)

439. — L'Etat est toujours présumé solvable. C'est pourquoi l'obligation de faire emploi du mobilier ou de fournir caution n'est imposé qu'au conjoint survivant, et, par l'art. 773, aux parents naturels.

440. — Le successeur irrégulier n'étant considéré que comme administrateur pendant les trois ans, la vente du mobilier doit avoir lieu aux enchères et dans la forme prescrite à l'héritier bénéficiaire (3). (805.)

V. *Succession*, n° 282 ; Duranton, t. VI, n° 352 ; Duvergier, sur Toullier, note *a*, du n° 293, les auteurs et les arrêts qu'il cite, et Comp. C. Paris, 25 juillet 1863, cité par Picot, sur 811 ; Chabot, t. II, p. 369 à 382.

(1) Circ. grand Juge, du 8 juill. 1806.
(2) *Dict. du Not.*, V. *Succession*, n° 286.
(3) Chabot, sur 771, n° 3 ; Duranton, t. VI, n° 356.

Les tiers acquéreurs des meubles corporels en sont devenus propriétaires, par application de la règle formulée par l'art. 2279 : « En fait de meubles la possession vaut titre ». Mais, quoique la caution soit déchargée après trois ans, si néanmoins, passé ce délai, les héritiers se présentaient, l'envoyé en possession serait responsable, à leur égard, de la restitution du mobilier.

441. — Quant aux immeubles, le véritable héritier peut les revendiquer tant que les tiers ne les ont pas acquis par la prescription de dix ou vingt ans (2265), par les mêmes motifs que nous expliquons plus haut (1).

442. — Mais la jurisprudence, s'inspirant de faits particuliers, a tempéré ce principe. Bien que les successeurs irréguliers, n'ayant pas le titre d'héritiers, ne puissent intenter l'action en pétition d'hérédité, proprement dite (2), cette action peut être intentée contre eux. Pour cette raison, il ne sera pas inutile de rappeler l'état de cette jurisprudence.

443. — Et d'abord, un arrêt de la Cour de Caen, du 21 fév. 1814, confirmé par la Cour de cassation, le 5 août 1815, a jugé que « celui qui a acquis d'un héritier apparent, doit être maintenu toutes les fois qu'il est reconnu qu'il a fait son acquisition de *bonne foi* ».

« Attendu, en droit », porte l'arrêt de Caen, « qu'il est constant, que suivant l'ancienne jurisprudence, attestée par les auteurs normands et puisée dans l'arrêt Malandin, du 19 juin 1830, celui qui a acquis d'un héritier apparent tout ou partie des biens d'une succession de laquelle ensuite un autre parent plus proche a été envoyé en posses-

---

(1) No 430. Cependant Delvincourt, t. II, p. 3, note 3, dit qu'après trois ans l'aliénation serait valable. Il invoque la combinaison des art. 132, 790, 1240 ; mais ces inductions ne sauraient prévaloir sur la volonté de la loi, qui, en déchargeant la caution après trois ans pour le mobilier, indique bien clairement que son intention est de laisser les immeubles soumis à la règle générale. La propriété des immeubles sera donc recevable dans les mains des tiers détenteurs jusqu'à ce qu'elle ait été consolidée par la prescription. *Dict. du Not.*, V. *Succession*, nos 293 et 294 ; Toullier, t. IV, no 287 ; Chabot, t. II, p. 387.

(2) *Dict. du Not.*, V. *Pétition d'hérédité*, no 10.

sion, a été maintenu dans son acquisition, toutes les fois qu'il a été reconnu qu'il l'avait faite de bonne foi, parce qu'en pareil cas le nouvel héritier a dû s'imputer la faute de ne s'être pas présenté plus tôt; raison qui a fait penser qu'il devait, au respect de l'acquéreur, prendre les choses dans l'état où il les trouverait, etc. ».

444. — Toullier, dans une discussion pleine de force, combat ces principes (1) qui lui paraissent porter atteinte au droit sacré de la propriété, espérant que la Cour suprême reviendrait sur cette décision (2). Mais la Cour de cassation a persisté dans sa jurisprudence (3), et décidé, de plus, que, si le détenteur actuel, successeur à titre particulier du précédent acquéreur, peut être admis pour compléter le temps nécessaire à la prescription de dix ou vingt ans qu'il invoque, à joindre à sa possession celle de ses auteurs, le bénéfice de cette jonction est soumis à la double condition de la bonne foi et d'un juste titre en la personne desdits auteurs (4).

Il suffit que la bonne foi ait existé au moment de l'acquisition. (2269.) M. Troplong (5) trouve que cette disposition (qui est empruntée aux lois romaines (6), mais contraire à l'ancien droit français (7)) manque d'équité et met le Code en opposition avec la morale.

Le moment de l'acquisition étant le seul point à considérer, si un individu qui a possédé de bonne foi meurt avant l'accomplissement de la prescription, son héritier continuera valablement à prescrire quoiqu'il soit de mauvaise foi (8).

Et de même le successeur particulier d'un possesseur de bonne foi qui avait commencé à prescrire, peut accom-

---

(1) T. VII, n° 31.
(2) T. IV, n° 289, p. 188.
(3) V. trois arrêts du 16 janv. 1843; *Journ. du palais*, t. I, 1843, p. 331, et la note.
(4) Cass., req., 22 juill. 1874, art. 21033 j. n.
(5) *De la prescription*, n° 936.
(6) Ulpien, L. 10, D. *De usucap.*; Pothier, *Pand.*, t. III, p. 150, n° 83.
(7) Pothier, *Prescript.*, n° 34.
(8) Troplong, *Prescript.*, n° 937.

plir la prescription, quoiqu'il soit de mauvaise foi (1).

Ainsi, s'il est prouvé que les tiers acquéreurs n'ont commis aucune imprudence, qu'ils ont traité avec une personne qui passait pour l'héritier apparent, et si l'héritier véritable a une grave négligence à s'imputer, celui-ci succombera dans son action en revendication.

445. — Et, bien que les raisons du savant professeur Toullier soient basées sur des arguments solides, je suis d'avis que la rigidité de ses principes doit fléchir devant une question d'équité et de bonne foi dont il n'y a point péril à laisser l'appréciation souveraine à nos intègres magistrats.

446. — Quoi qu'il en soit, les successeurs irréguliers ne doivent être considérés comme possesseurs de bonne foi qu'autant qu'ils ont rempli les formalités exigées par les art. 770 à 772 (2).

Nous avons vu (3) que dans le cas d'inobservation de ces formalités, ils peuvent être condamnés aux dommages-intérêts envers les héritiers, s'il s'en présente. (772.)

447. — En général les possesseurs d'une hérédité, évincés par l'héritier légitime, sont obligés de lui rendre les biens qui en dépendent, et, de plus, à des prestations personnelles qui peuvent s'étendre au compte des fruits qu'ils ont perçus ou dû percevoir, à celui des profits qu'ils en ont retirés, à celui des dégradations ou détériorations, et des pertes arrivées par leur fait ou par leur faute. Toutefois les tribunaux, tenant compte de leur bonne ou de leur mauvaise foi, peuvent établir plusieurs différences entre ces obligations (4).

Les possesseurs de bonne ou de mauvaise foi ne peuvent retenir aucun des profits qu'ils ont retirés de l'hérédité, quels que soient ces profits, et quand même l'héritier légitime ne les eût pas faits. On en conclut de là que, si le

---

(1) *Ibid.*, 938.

(2) Chabot, t. II, p. 389 ; Toullier, t. IV, nᵒˢ 286 à 294 ; Delvincourt, t. II, p. 23, note 5.

(3) *Supra*, nᵒ 424.

(4) Toullier, t. IV, nᵒ 303.

possesseur de l'hérédité a vendu 100 francs un effet qu'il a ensuite racheté 60 francs, il ne peut se borner à rendre l'effet, il doit rendre, de plus, les 40 francs de profit qu'il a retirés (1).

(2) L. 22, SS. *cod.*; Toullier, t. IV, n°s 304.

CHAPITRE XVI.

Succession aux enfants naturels décédés sans postérité.

448. — L'art. 765 porte : « La succession de l'enfant naturel décédé sans postérité est dévolue au père ou à la mère qui l'a reconnu, ou par moitié à tous les deux, s'il a été reconnu par l'un et par l'autre ».

Remarquons tout d'abord : 1° que ces dispositions s'appliquent au cas d'une reconnaissance forcée (340-341); 2° que cette succession, avant d'être attribuée aux père et mère, est déférée :

A. — A leurs enfants et descendants légitimes, sauf les droits des enfants naturels, s'il en existe ; **B**. — à leurs enfants naturels et descendants légitimes de ceux-ci.

449. — Les descendants naturels excluent les père et mère naturels du *de cujus*, comme les descendants légitimes excluent les ascendants légitimes (745-746) par analogie de motifs. L'art. 765 dit : Décédé *sans postérité*, sans distinguer la postérité légitime et la postérité naturelle (1).

450. — La mère qui n'a reconnu son enfant naturel ni dans son acte de naissance, ni par acte authentique peut

---

(1) Toullier et son annotateur Duvergier, t. IV, n° 269, et les auteurs qu'ils citent ; Picot, sur 765, *Dict. du Not.*, V. *Succession*, n° 247 et les auteurs qu'il cite. — *Contra:* Duranton, t. VI, n° 336; Comp. n° 339; Ancelot sur Grenier, note du n° 676, p. 361, qui fait remarquer que les père et mère illégitimes, n'ayant pas la saisine légale, ont besoin d'*un envoi en possession* par justice, mais que la demande d'envoi peut être opérée par *simple requête*. V. à ce sujet, *supra*, n° 425.

néanmoins lui succéder après sa mort. en faisant la preuve de sa maternité (1).

451. — Il a été jugé. le 16 novembre 1871 (2). par la Cour de Paris. que la femme désignée comme mère naturelle dans l'acte de naissance d'un enfant. qui a eu d'ailleurs la possession d'état conforme à cet acte. a droit. en cas de mort de cet enfant. survenue à la suite d'un accident. de demander une indemnité à l'auteur de cet accident.

Dans l'espèce. Isidore Monard. désigné dans son acte de naissance comme fils naturel de Julie-Rose Monard. qui ultérieurement a épousé M. Bernhardt. fut mordu. le 12 octobre 1868. par le cheval de M. Iung. au service duquel il était. Cet enfant naturel avait toujours vécu dans les meilleurs rapports avec sa mère qui ne l'avait jamais abandonné. Son bras avait été broyé. l'amputation avait eu lieu ; elle avait amené le décès.

Privée d'un enfant qui était devenu son soutien. la dame Bernhardt, alors veuve. s'étant adressée à M. Iung. obtint, le 30 octobre, un traité par lequel celui-ci s'obligeait à lui payer 4,000 francs. Mais M. Iung ayant appris qu'Isidore Monard n'avait jamais été reconnu. refusa de payer, alléguant que son prétendu engagement. ayant été surpris à sa bonne foi. était sans valeur et entaché de nullité par suite de l'erreur volontairement causée par la veuve Bernhardt.

Malgré ces raisons. l'opposition de M. Iung fut repoussée par les premiers juges, et ce jugement fut confirmé par l'arrêt sus-rappelé qui est ainsi conçu :

« La Cour ; — Considérant que la maternité. même en matière de filiation naturelle. se peut constater à l'aide des énonciations de l'acte de naissance de l'enfant, lorsqu'il s'y joint d'ailleurs la possession d'état conforme ; qu'en vain on oppose à la femme Bernhardt le défaut de reconnaissance par elle de celui qu'elle soutient avoir été son fils naturel : qu'il ne s'agit point au procès de droits

---

(1) Art. 336, 341, 765 C. c., combinés ; Douai, 23 janv. 1819, art. 9041 j. n.
(2) Art. 20265 j. n.

revendiqués à ce titre par un successeur irrégulier ; qu'il s'agit, au contraire, de vérifier si l'intimé était fondé à réclamer une indemnité à raison de l'accident qui a causé la mort d'Isidore Monard, et dont la responsabilité incombait à l'appelant ;

Adoptant, au surplus, les motifs des premiers juges, et considérant que la transaction du 30 octobre 1868, a été librement consentie et signée par l'appelant ; confirme, etc. »

452. — Cependant le contraire a été décidé à l'égard du père qui n'a reconnu l'enfant qu'après son décès (1).

Mais je ne crois pas que la jurisprudence doive être fixée d'une manière absolue par cette décision. En effet, les enfants naturels décédés qui ont laissé des *descendants* peuvent être légitimés (332) et, dans ce cas, la légitimation profite à ces descendants : or, quelles raisons plausibles pourrait-on alléguer pour refuser tous ses effets à une reconnaissance posthume qui profiterait à ces mêmes descendants ? N'est-ce pas une réparation légitime accordée à une postérité innocente qui, loin de mériter la sévérité, mérite, au contraire, l'indulgence ?

Certes, cette sévérité devrait être invoquée si la reconnaissance posthume masquait des intérêts sordides de la part de celui qui, après avoir abandonné son enfant aux misères de la vie, chercherait à s'accaparer un héritage dont il est juste et moral de l'exclure impitoyablement.

C'est pour des raisons de ce genre que je voudrais voir, comme M. Ancelot (2), le point de fait livré à la souveraine appréciation du juge.

453. — Les père et mère d'un enfant naturel légalement reconnu ont-ils un droit de réserve sur les biens de ce dernier ?

Cette question a soulevé des controverses, surtout en doctrine.

Les partisans de l'affirmative s'appuient sur ce que les

---

(1) Paris, 25 mai 1835, art. 9041 j. n.
(2) Sur Grenier, art. 676, note de la p. 361.

enfants naturels ont une réserve sur les biens de leurs père et mère et sur la réciprocité qui existe, en général, entre les droits des personnes qui sont respectivement héritières l'une de l'autre. L'art. 765 leur attribuant, disent-ils, le droit de succéder dans toute la latitude possible, il s'en tire la conséquence que ces père et mère doivent avoir un droit de réserve sur les biens de leur enfant naturel, sans restriction, comme il l'aurait sur les biens de cet enfant, s'il était légitime (1). De plus, l'art. 915 ne fait pas de distinction entre les ascendants des enfants légitimes et les ascendants des enfants naturels (2).

Contre la réserve on répond : « Il est par trop étrange que les auteurs d'un scandale soient traités à l'égal des parents légitimes, et plus favorablement par cela même que l'enfant naturel, qui, innocente victime de la faute d'autrui, n'obtient qu'un lambeau du patrimoine de son père et de sa mère (3). Que l'on consulte d'ailleurs l'économie de l'art. 915 ; il ne se préoccupe que de circonstances qui sont incompatibles avec la position de l'enfant naturel. Ce dernier ne peut avoir que son père et sa mère pour ascendants, jamais de collatéraux. Comment donc le père pourrait-il invoquer le bénéfice d'un article qui privait l'existence simultanée de plusieurs ascendants et le concours des ascendants et des collatéraux ? On parle de réciprocité : mais est-ce une raison décisive ? La réciprocité fait-elle succéder l'adoptant à l'adopté ? D'ailleurs la

---

(1) Grenier, n° 676.

(2) Merlin, *Répert.*, V. *Réserve*, sect. IV, n° 20 ; Loyseau, *Des enf. nat.*, n° 692 ; Vazeille sur 765 ; Troplong, 817, Bordeaux, 24 av. 1834, 20 mars 1837 ; Cass., 3 mars 1846 ; *Dict. du Not.*, V. *Réserve légale*, n°⁵ 17 et suiv. Paris, 14 mars 1845 ; *Arch. du Not.*, n° 442. M. le général Rapp est mort en laissant 225,000 francs à chacun de ses deux enfants naturels qu'il avait eus de la dame Magnin. L'un de ces enfants, Léon Botler, est décédé en Afrique en 1840, après avoir institué sa sœur, Mme de Roller, pour sa légataire universelle. Mme Magnin, mère naturelle, a réclamé une réserve du quart et, le 14 mars 1844, le trib. de la Seine a accueilli sa demande. Sur l'appel, la Cour royale de Paris a, le 14 mars 1845, confirmé le premier jugement. (*Observ.* du n° 442, *Arch. du Not.*)

(3) Ancelot, sur Grenier, note du n° 676.

loi garde un silence complet au sujet de l'attribution d'une réserve aux ascendants (1) ».

M. Troplong disait que, malgré ces raison, la Cour de cassation s'était prononcée en faveur de la réserve, par un arrêt du 3 mars 1846, et ajoutait (2) : « Nous croyons que cette jurisprudence l'emportera ; car la tendance, aujourd'hui, est de favoriser la filiation naturelle. Peut-être même y a-t-il quelque excès dans la réaction qui s'opère pour cette cause, jadis très-odieuse. Ici, cependant, nous voyons des raisons d'humanité, que des textes précis ne nous empêchent pas de respecter, et c'est de ce côté que nous inclinons ».

454. — La question s'étant représentée devant la chambre civile, elle fut jugée, dans un sens contraire, sous la présidence même de l'illustre magistrat, au rapport de M. le conseiller Laborie et sur les conclusions conformes de M. l'avocat général de Raynal, par arrêt de rejet du 26 décembre 1860, ainsi conçu :

« Attendu que le droit de propriété implique pour chacun la faculté de disposer de ses biens ; que cette faculté ne peut être paralysée dans son exercice, ni limitée dans son étendue, si ce n'est par des lois expresses, refusant dans de certaines conditions la capacité de l'exercer, ou restreignant pour de certains cas la mesure dans laquelle elle devra s'exercer : que c'est ainsi qu'aux termes de l'art. 902 C. N., toutes personnes peuvent disposer, soit par donation entre vifs, soit par testament, excepté celles que la loi déclare incapables ; et que, selon l'art. 921 du même Code, la réduction des dispositions ne peut être demandée que par ceux au profit desquels la loi fait une réserve, par leurs héritiers ou ayants-cause ;

« Attendu qu'il n'existe aucune loi qui impose une pa-

---

(1) Chabot, sur l'art. 765 ; Delvincourt, t. II, p. 273 ; Malpel, V. *Succession*, n° 167 ; Marcadé, sur l'art. 818, n° 3 ; Nîmes, 11 juill. 1827 ; Douai, 8 déc. 1840, art. 6586 et 10855 j. n. ; Paris, 18 nov. 1859, art. 16744 j. n. ; Cass., 26 déc. 1860, art. 17004 j. n.

(2) N° 817, *Donat.*

reille restriction à l'enfant naturel dans l'intérêt des père et mère qui l'ont reconnu :

« Attendu que si, quand il décède sans postérité, sa succession leur est attribuée par l'art. 765 C. N., cet article, au chap. 4, tit. I du liv. 3, intitulé : *Des successions irrégulières*, a eu en vue seulement la succession *ab intestat* de l'enfant, et leur confère, non le titre et les droits d'héritiers, mais un simple droit aux biens par préférence au fisc qui, sans cette disposition, serait appelé à recueillir la succession de l'enfant naturel à défaut de parents légitimes ; qu'il n'en saurait résulter à leur profit une restriction au droit qui appartient à l'enfant de disposer de ses biens, ou, en d'autres termes, une réserve, dont l'art. 765 n'avait pas à s'occuper :

« Attendu qu'une telle restriction ne résulte pas davantage de l'art. 915, que cet art., au chap. 3, tit. II, du même livre, intitulé : *De la portion de biens disponibles et de la réserve*, s'applique exclusivement aux rapports de successibilité entre les membres de la famille légitime : que cela résulte non-seulement des deux articles dont il est précédé, mais aussi avec non moins de certitude de son texte même, qui suppose un ordre de succéder entre plusieurs ascendants de divers degrés dans chacune des lignes paternelle et maternelle, en concurrence avec des collatéraux ; toutes conditions relatives à la famille légitime et nécessairement exclusives de l'idée de famille naturelle : que, de même que l'enfant naturel ne pourrait fonder sa prétention à une réserve sur les art. 913 et 914, qui disposent uniquement pour l'enfant légitime, de même les père et mère qui l'ont reconnu ne peuvent fonder une prétention analogue sur l'art. 915, lequel dispose uniquement pour les ascendants légitimes (1).

« Attendu que, si le devoir d'assurer l'existence de l'enfant à qui l'on a donné la vie et de réparer, en pour-

---

(1) Remarque : L'art. 913 établit la réserve des enfants en employant le mot *enfant légitime*, tandis que l'art. 915 ne fait aucune distinction en établissant la réserve des ascendants. *(Arch. du Not.,* observ. du n° 442.)

voyant à son établissement, la faute qui lui inflige une situation irrégulière, soumet les auteurs de cette faute à une obligation naturelle que leur reconnaissance volontaire ou forcée transforme en une obligation civile sanctionnée par les art. 757 et 761 C. N., et si, en conséquence, on doit, de la combinaison de ces deux articles, induire au profit de l'enfant, sur la succession paternelle ou maternelle, une créance assimilable, sinon dans sa qualité, du moins dans ses effets, à la réserve de l'enfant légitime; l'on n'en saurait faire découler un droit corrélatif sur les biens de l'enfant en faveur du père ou de la mère qui l'a reconnu, sous le prétexte d'une réciprocité qui, n'ayant pas même été admise par le législateur comme règle de la réserve entre les membres de la famille légitime, est moins admissible encore entre les membres de la famille naturelle; qu'une simple raison de réciprocité serait, d'ailleurs, insuffisante pour suppléer au silence du législateur et assujétir la disponibilité des biens de l'enfant naturel reconnu à une restriction qui ne peut lui être imposée, si elle n'est écrite dans un texte de loi ;

« Attendu que les devoirs de mutuelle assistance, de protection d'une part, de subordination et de respect d'autre part, qui, pour la famille naturelle aussi bien que pour la famille légitime, ont leur source dans le droit naturel, ne sont point le principe nécessaire d'un droit respectif à des aliments; qu'il n'existe point, en effet, de corrélation légale entre deux droits, dont l'un subordonné, dans sa cause et dans son étendue, aux conditions de fortune des parties, indépendamment de tout rapport de successibilité entre elles, est essentiellement contingent, variable et abandonné à l'appréciation souveraine du juge du fait; tandis que l'autre, toujours attaché à la qualité d'héritier, a un caractère absolu, sans égard à des circonstances accidentelles, et ne peut être déterminé dans sa qualité que par la loi positive ;

« Attendu que, si le législateur eût entendu attribuer, sur les biens de l'enfant naturel, aux père et mère qui l'ont reconnu, un droit analogue à celui de l'enfant sur leurs propres biens, il aurait eu le soin d'en régler la proportion ; qu'après avoir, sous le rapport de la réserve, établi une profonde différence entre l'enfant légitime et l'enfant naturel, de telle manière qu'il ne qualifie même pas de réserve la part de celui-ci dans la succession paternelle ou maternelle, et qu'en restreignant cette part à une modique proportion de la part réservée à l'enfant légitime, il autorise même, par l'art. 761, à réduire encore de moitié cette part proportionnelle ; il n'a pu être dans sa pensée de placer dans des conditions de parfaite égalité les père et mère naturels et les ascendants légitimes, en réglant dans la même mesure la quotité indisponible qui leur serait réservée sur les biens de l'enfant ;

« D'où il suit qu'en le jugeant ainsi, l'arrêt dénoncé n'a violé aucune loi :

« Rejette (1) ».

455. — Voilà bien une preuve de la faiblesse humaine et de la faillibilité même des plus grands hommes. Certes, s'il y a quelque mérite à savoir distinguer l'ivraie du bon grain, il y en a bien plus à savoir distinguer le mauvais grain du bon grain, puisque tous deux ont la même origine, sont de la même famille.

Le plus grand mérite d'un auteur est de savoir faire fléchir son amour-propre devant la vérité. Les raisons de M. Troplong n'en conservent pas moins toutes leurs forces ; mais il reconnaît que, si la réserve est de droit naturel, quant à son principe, elle est de droit positif quant à sa mesure et à sa quotité. Or, aucun texte de loi n'attribuant de réserve aux père et mère naturels, il faut bien se résigner à les en priver.

Cette résignation ne nous coûtera pas beaucoup, si nous songeons que les cas, privant les parents de l'hérédité de leur enfant naturel, doivent être rares, et, souvent, justifiés.

---

(1) Art. 17004 j. n. Il existe dans ce sens : Cass., 29 janv. 1862, cité par Picot, sur 765. — M. Troplong, note 1 du n° 817, cite, dans le sens de sa première opinion, un arrêt de la Cour de Paris, 29 nov. 1860. (Devill. 61, 2, 196.)

Rares, en ce sens que. si l'enfant naturel décède sans postérité, et pendant sa minorité, sa succession est toujours dévolue tout entière à ses père et mère, s'il n'y a pas de disposition, et, au moins pour moitié. s'il y a dispositions, en vertu de l'art. 904.

Justifiés, en ce sens que. si. parvenu à sa majorité, il prive, par des dispositions, ses père et mère de son hérédité, malgré le respect qui s'attache à la puissance paternelle, c'est bien, le plus souvent, parce que, privé du titre honorable d'enfant légitime et des prérogatives que la loi y attache. par la faute de ses parents. la conduite de ceux-ci aura poussé leur enfant à cette extrémité. Or, si nous songeons à l'innocence du dernier et à la faute des premiers, le prestige qui s'attache à cette puissance paternelle est diminué d'autant et l'exhérédation a plus d'excuse.

D'ailleurs, ne peut-il pas arriver, dans ce cas, que l'enfant ait été abandonné ou qu'il n'ait reçu aucun de ces témoignages d'affection qui rendent si puissants les liens de ce premier degré ?

Voilà pourquoi il ne faut pas trop se plaindre de cet oubli, volontaire ou non dans le Code, puisque cette lacune donne, en quelque sorte, aux tribunaux, le pouvoir de concilier le devoir et la morale avec les droits de l'humanité.

456. — Les père et mère étant héritiers (1) de leur enfant naturel, peuvent valablement exercer le droit de retour sur toutes les choses par eux données et qui se retrouvent dans la succession (2).

457. — Cependant M. Demolombe (3) combat très-vive-

---

(1) Quelques auteurs pensent qu'ils ne sont que de simples *successeurs* aux biens dépourvus de la *saisine légale.* (714.) ¡V. Ancelot, sur Grenier, p. 361, note *a* du n° 676, ayant besoin d'un envoi en possession par justice. (V. ma note *supra*, n° 449). Cependant l'art. 765 qui dit : La succession... est dévolue..., crée les père et mère héritiers de leur enfant naturel, tandis que l'art. 756 dit que ces derniers ne sont pas héritiers.

(2) Chabot, p. 347 ; Duranton, t. VI, n° 221.

(3) N° 495. *Dict. du Not.*, V. *Retour légal*, n° 27.

ment cette doctrine et conclut que le père naturel n'a pas ce droit de retour successoral à l'encontre de la mère. ni réciproquement : cette sorte de retour étant une exception aux principes généraux des successions et ne pouvant être étendue à un cas non prévu par la loi (1).

Mais l'art. 747 ne distingue pas les ascendants légitimes des ascendants naturels. En accordant au père le droit de retour légal, on a décidé que ce droit lui est personnel : de telle sorte que, s'il décède avant son enfant naturel. ses enfants légitimes sont non recevables à exercer le droit de retour auquel il aurait eu droit dans la succession de son enfant naturel (2).

458. — Le retour légal ne saurait être exercé par l'aïeul sur les biens qu'il aurait donnés à son petit-fils naturel. Celui-ci lui reste étranger et ce retour n'a lieu qu'entre personnes ayant des rapports de parenté et de successibilité (3).

459. — L'art. 766 porte : « En cas de prédécès des père et mère de l'enfant naturel, les biens qu'il en avait reçus (4) passent aux frères ou sœurs légitimes. s'ils se trouvent en nature dans la succession : les actions en reprises, s'il en existe, ou le prix de ces biens aliénés, s'il est encore dû, retournent également aux frères et sœurs légitimes. Tous les autres biens passent aux frères et sœurs naturels ou à leurs descendants ».

460. — Si l'enfant naturel laisse des frères et sœurs légitimes et des frères et sœurs naturels. sa succession se divise en deux parts :

1° L'une, que l'on peut appeler *anomale* par son analogie avec celle qui est établie à l'art. 747 en faveur de l'ascendant donateur, ou par l'art. 351 en faveur des enfants de l'adoptant, comprenant les biens que l'enfant

---

(1) Picot, sur 765, est du même avis.
(2) Dijon, 1er avril 1818, art. 3279 j. n. ; *ibid.*, *Dict. du Not.*, n° 28.
(3) Chabot, n° 5 ; Marcadé, n° 9 ; Demolombe, n° 497.
(4) Même par des libéralités déguisées, Grenoble, 13 janv. 1840 ; Dall. 40, 2, 206.

naturel a reçus de ses père et mère, est recueillie par les frères et sœurs légitimes par portions viriles.

2° L'autre, qui comprend tous les autres biens, est recueillie par les frères et sœurs naturels ou leurs descendants (1).

461. — Dans l'un comme dans l'autre cas, l'art. 766 ne distingue pas s'ils sont issus du même père et de la même mère, ou d'un père ou d'une mère différents.

Mais, s'il y a concours de frères naturels germains, consanguins et utérins, il faut suivre les règles établies pour les successions régulières, sur la division des biens entre les deux lignes (2) (733.).

462. — Il existe une controverse embarrassante sur la question de savoir si la représentation des frères et sœurs légitimes est subordonnée aux décès *cumulés* du père et de la mère de l'enfant naturel, ou s'il suffit, pour la faire naître, que le donateur soit prédécédé, laissant des enfants légitimes.

La jurisprudence a décidé :

1° Que le survivant des père et mère d'un enfant naturel reconnu succède, à l'exclusion des enfants légitimes, aux biens que cet enfant naturel avait reçus du père ou de la mère prédécédé (3).

2° Et que le droit de retour accordé, par l'art. 766, aux frères et sœurs légitimes de l'enfant naturel, sur les biens qu'il a reçus de son père ou de sa mère, ne peut s'exercer qu'autant que les père et mère sont tous deux prédécédés (4).

Toutefois la généralité des auteurs, repoussant ces solutions, trouve qu'il est plus juste et plus moral d'accorder, lorsque le donateur est prédécédé, la représentation aux enfants légitimes, attendu que la succession

---

(1) En ce sens : Toullier, t. IV, n° 269 ; Duvergier, sur Toullier, t. IV, n° 269, note *a*, p. 173, ajoute : *Légitimes*, ainsi que Zachariæ, t. IV, § 607.

(2) Toullier, *id.*

(3) Riom, 4 août 1820, S. 21, 2, 313 ou art. 3900 j. n. ; Dijon, 1er août 1818 ; Devill. et Carette, t. V, p. 409.

(4) Paris, 27 nov. 1845, *Arch. du Not.*, n° 657 ou 12610 j. n.

spéciale de cet article n'a. selon Marcadé (1). pour but
que de faire revenir à ces derniers ce que la présence de
l'enfant naturel défunt avait fait sortir de leur patrimoine.
et que dès lors les biens venant de l'un des auteurs ne
doivent passer qu'aux enfants légitimes de cet auteur (2).

Mais. quoique cette solution soit. pour le moraliste. plus
satisfaisante que l'autre. elle n'en viole pas moins le texte
de l'art. 766. La conjonction *et* et la dernière phrase de
cet article ne laissent aucun doute à cet égard (3).

Remarquons bien que le cas que nous venons d'examiner suppose que les père et mère de l'enfant naturel
sont mariés ensemble. Mais. si. par exemple. le père était
engagé, par les liens du mariage. avec une autre femme
que la mère. et réciproquement la mère avec un autre
que le père, cette controverse n'aurait plus de raison
d'être. S'il existe des enfants légitimes. ces enfants doivent représenter leur ascendant donateur prédécédé encore bien que l'autre parent de l'enfant naturel soit
vivant.

463. — Les frères légitimes sont appelés. non point à
titre de *retour*. mais bien de succession *anomale* comme
les ascendants le sont, ainsi que nous venons de le voir.
par l'art. 747 ; de là il suit qu'ils doivent supporter, *pro
modo emolumenti*, les charges de l'hérédité (4) et acquitter
même la totalité des dettes hypothéquées sur les biens
qu'ils reprennent, sauf leur recours. pour l'excédant de
leur portion. sur ceux qui recueillent les autres biens (5).

La reprise autorisée par l'art. 766 doit s'étendre. non

---

(1) Sur 766, n° 2.
(2) Ancelot, sur Grenier. note du n° 677 ; Duvergier, sur Toullier. note *b*.
n° 269, t. IV. V. aussi l'opinion émise par M. Duvergier. par forme de consultation, dans l'affaire sur laquelle a statué la C. de Paris, le 27 nov. 1845 et
insérée au n° 657 des *Arch. du Not.*, an. 1846 ; Chabot, n° 4 ; Duranton,
p. 338 ; Malpel, n° 164 ; Vazeille, n° 2 ; *Dict. du Not.*, V. *Succession*, n° 253.
(3) Ancelot, *ibid.* Comp. Duvergier, sur Toullier, t. IV, après la note 2 du
n° 269.
(4) Ancelot, sur Grenier, n° 677. note *a* ; Dalloz, n° 108 ; Loiseau, p. 635 ;
Delaporte, sur 766 ; Chabot, t. II. p. 338 ; Delvincourt, p. 33, note 7.
(5) Toullier, t. IV, n° 269.

pas seulement aux choses données, mais tout aussi bien à celles qui proviendraient de la succession des parents prédécédés (1).

464. — La question de savoir si les descendants des frères ou sœurs légitimes jouissent du droit de retour par représentation de leurs père ou mère sur les biens que ceux-ci ont donné à leur enfant naturel a été controversée jusqu'au moment où la jurisprudence s'est prononcée pour la négative.

Voici les termes généraux de l'arrêt de la Cour de cassation du 1er juin 1853 (2), qui fixe définitivement ce point de controverse :

« Attendu que la représentation, étant une fiction de la loi, ne peut être invoquée hors des cas pour lesquels elle a été spécialement admise : — Que l'art. 742 qui l'admet en ligne collatérale, en faveur des enfants et descendants des frères ou sœurs du défunt, se trouve au nombre des dispositions qui régissent les successions régulières, c'est-à-dire, les rapports de successibilité entre les divers membres de la famille légitime ; — Que cette fiction, étrangère aux dispositions sur les successions irrégulières, ne saurait dès lors leur être appliquée, si ce n'est dans les hypothèses et dans les conditions exceptionnellement déterminées par une disposition expresse, etc ».

465. — Reste à savoir si les descendants *naturels* des frères et sœurs *naturels*, sont, comme les descendants légitimes, appelés aussi au bénéfice de la représentation.

M. Vazeille (3) répond que, si le concours est entre le conjoint survivant ou le fisc et l'enfant naturel d'un frère illégitime, il est plausible que celui-ci soit préféré. Qu'il en est de même entre un frère naturel et les enfants d'un autre ; car, ajoute M. Ancelot (4), leurs titres sont homogènes. Mais, si les enfants légitimes d'un frère naturel sont

(1) Malpel, p. 161; Ancelot, *ibid.*
(2) Art. 15008 j. n. ; *Dict. du Not.*, V. *Succession*, n° 257.
(3) Art. 766, n° 6.
(4) Sur Grenier, note du n° 677.

en présence des enfants illégitimes d'un autre, les premiers seuls obtiendront le bénéfice de la représentation qui ne s'attache pas à la bâtardise.

466. — Ces distinctions, dont nous avons déjà parlé (1) et que, légalement, rien n'autorise, sont basées sur des scrupules moraux dont il faut pourtant tenir compte. Mais, si nous envisageons la situation exceptionnelle du *de cujus* qui, comme enfant naturel n'est pas appelé par la loi à recueillir la succession de ses frères et sœurs légitimes, puisqu'ils ne sont pas membres de la même famille, nous en induirons, par raison, qu'il préférera gratifier ceux qui sont, comme lui, des enfants naturels. D'ailleurs, la dernière phrase de l'art. 766 ne contrarie en rien l'admission de cette proposition, puisqu'elle dit : « Tous les autres biens passent aux frères et sœurs naturels ou à leurs descendants », sans distinguer les descendants légitimes des descendants illégitimes (2).

467. — Si l'enfant naturel n'a rien reçu de son père et qu'il ne laisse ni descendants, ni frères ou sœurs naturels, le conjoint survivant, à son défaut l'Etat, sont préférés aux frères et sœurs légitimes (3). Cela résulte de la discussion préparatoire au Conseil d'Etat (4).

Convenons que, si la morale ne perd rien à cette rigueur, elle n'y gagne pas grand'chose.

Evidemment, l'enfant naturel ne succédant pas à ses frères ou sœurs légitimes, il est juste que ces derniers ne lui succèdent pas non plus.

Mais, avant de faire intervenir le fisc, il me semble que la loi naturelle devrait s'imposer d'elle-même, et que, comme compensation, il n'y avait aucun péril pour la

---

(1) *Supra*, n° 312.

(2) Toullier, t. IV, n° 269, n° 6, ne fait non plus aucune distinction.

(3) Grenoble, 13 janv. 1840 ; Devill. 40, 2, 216 ; en ce sens Zachariæ, t. IV, § 607 ; Ancelot, *ibid.*

(4) M. Duranton, t. VI, n° 339, place le conjoint avant les frères légitimes et le fisc après ceux-ci, en vertu de la maxime *Fiscus post omnes* ; mais l'art. 768 repousse expressément une semblable gradation intermédiaire. Ce n'est pas que, dans ce cas, les enfants légitimes ne méritent aucun intérêt ; mais ici la loi parle.

faveur due au mariage. à gratifier les enfants naturels, pour des cas analogues. au moins d'un lambeau de l'hérédité de leurs frères légitimes.

468. — Que devient la succession de l'enfant naturel qui n'a pas été reconnu ?

En premier lieu, elle est déférée à ses descendants légitimes ou naturels : en second lieu à son conjoint ; à défaut de conjoint. comme il se trouve sans aucune espèce de parents. l'Etat vient la recueillir.

469. — L'enfant incestueux ou adultérin, même dans l'hypothèse où sa filiation se trouve constatée par la force des choses. se trouve dans le même cas.

On comprend que. si l'adultérin ne succède pas à ses père et mère. il y a bien plus de raison encore pour que ceux-ci. les seuls coupables. ne succèdent pas à l'enfant. La successibilité, d'ailleurs. est généralement réciproque (1).

470. — Les droits des successeurs irréguliers ne s'ouvrent que par la mort du *de cujus*. Son absence, quelque longue qu'elle fût, ne suffirait pas pour autoriser à réclamer la portion que la loi leur assigne dans ses biens. L'enfant naturel pourrait seulement réclamer des aliments.

471. — Toutefois. l'art. 115 C. c. dit que : « Lorsqu'une personne aura cessé de paraître au lieu de son domicile ou de sa résidence et que depuis quatre ans on n'en aura point eu de nouvelles, les *parties intéressées* pourront se pourvoir devant le tribunal de première instance, afin que l'absence soit déclarée ».

On ne peut regarder les parents naturels comme sans intérêt dans la succession de la personne absente, donc ils peuvent provoquer cette déclaration.

472. — Si les héritiers présomptifs demandaient l'envoi en possession provisoire de scs biens, les parents naturels pourraient se faire délivrer provisoirement la portion

---

(1) Duvergier, sur Toullier, t. IV, n° 270, note *b* ; Chabot, t. II, p. 333 ; Malpel, n° 173 ; *Dict. du Not.*, V. *Enf. adult.*, n° 29.

de ces biens que la loi leur assigne à la charge de donner caution. (123.) Mais si les héritiers ne se faisaient pas envoyer en possession. ils ne pourraient pas demander cette délivrance (1).

473. — A qui appartient la succession d'un étranger. décédé en France. sans héritier régulier ni irrégulier ?

La Cour de cassation a résolu cette question en faveur de l'Etat français.

Dans l'espèce. il s'agissait d'un enfant naturel. Les scellés ayant été apposés après le décès d'un individu présumé Anglais. opposition à leur levée fut formée par le Consul anglais qui prétendait que. le défunt étant de sa nationalité. la succession. à défaut d'héritiers. devait être recueillie par le gouvernement anglais. Le domaine de l'Etat soutenait. au contraire. que la succession appartenait à l'Etat par droit de déshérence en vertu de l'art. 768 C. c.

Sur les prétentions respectives. il fut statué en référé dans ces termes : « Attendu que W... était enfant naturel ; — qu'il est décédé célibataire. qu'il n'a point laissé d'héritiers légitimes ou naturels : — que quant à présent il n'existe aucune preuve qu'il ait disposé de tout ou partie de sa fortune : — qu'aux termes des art. 767 et 768 C. c., sa succession serait dévolue à l'Etat : que le gouvernement anglais. qui prétend droit à cette succession : parce que W... devrait être considéré comme sujet anglais, ne détruit pas cette prétention. l'apparence du droit résultant d'une disposition expresse et formelle de la législation française au profit du domaine. représentant l'Etat ».

Cette ordonnance a été confirmée par arrêt de la Cour de Rouen, du 30 juin 1851. Pourvoi en cassation ; mais. la Cour, par arrêt du 28 juin 1852 (2) :

« Attendu que l'arrêt attaqué. en reconnaissant que l'avantage du droit apparent appartenait à l'administration

---

(1) Toullier, t. IV, n° 270.
(2) Sirey, 52, 1, 537 ; Dalloz, 52. 1, 284.

française, s'est appuyé sur la disposition formelle de l'art. 768 C. c., auquel le Consul anglais n'a pu opposer aucun texte précis : — qu'il n'a donc violé aucune loi : — qu'il n'en a pas davantage violé en décidant que la nationalité anglaise de W..., en la supposant certaine, ne pouvait prévaloir, à elle seule, sur les dispositions du dit art. 768 ; — Rejette ».

Mais la succession de l'étranger qui décède en France sans laisser d'héritiers légitimes, n'est jamais vacante, s'il existe des parents naturels ou un conjoint survivant qui vienne la réclamer (2). Par suite, il n'y a pas lieu à la nomination du curateur exigé par l'article 812 du Code civil.

Et le successeur étranger n'est admis à succéder aux biens que son parent étranger ou français possède en France que dans les cas et de la manière dont un Français succède à son parent possédant des biens dans le pays de cet étranger, conformément aux dispositions des art. 11 et 726 du C. c.

---

(1) Comp. Pothier, introduct., tit. 17, *Coutume d'Orléans*, n° 131 ; Merlin, *Répert.*, V. *Déshérence*, n° 1er ; Demolombe, *Succ.*, n° 178 (j. n., supplément à l'an. 1873).

(2) Comp. Marcadé, art. 771.

CHAPITRE XVII.

Désaveu de paternité. — Légitimité.

SECTION 1. — ENFANTS CONÇUS AVANT LE MARIAGE ET NÉS DEPUIS.

§ *unique*. EN QUEL CAS L'ENFANT PEUT ÊTRE DÉSAVOUÉ. MONSTRE.

474. La mère est toujours certaine, mais non pas le père. De la maxime : L'enfant conçu pendant le mariage a pour père le mari.

475. But de cette présomption.

476. Contre laquelle on n'admet que les preuves les plus graves.

477. La conception se place dans les 120 jours entre la durée de la plus longue et la durée de la plus courte gestation.

478. En quel cas le désaveu a lieu de plein droit.

479. Ce qu'on entend : 1° par éloignement ; 2° par quelque accident.

480. Le mari ne peut opposer son impuissance naturelle.

481. Si le désaveu peut être admis au cas où il n'y aurait pas eu impossibilité de cohabitation. — Jugement du tribunal de la Seine.

482. Le mari n'est tenu de prouver que le recel et les faits de non-paternité.

483. La cohabitation de la femme avec un autre que son mari peut établir la non-paternité.

484. Le mari peut former l'action en désaveu, même après le décès de sa femme.

474. — Des signes extérieurs évidents indiquent la mère, qui est toujours certaine. Quant au père, Dieu a imposé des limites qu'il défend de franchir : le père n'est pas toujours certain. Aussi, l'action en désaveu n'appartient-elle qu'à lui (1). La mère peut seule connaître l'auteur de sa fécondité. Et, encore, selon sa conduite, cette

______

(1) V. d'Aguesseau, t. II, p. 538, t. III, p. 173, cité par Toullier, t. II, n° 787 ; *Dict. du Not.*, V. *Désaveu de paternité*, n° 3.

connaissance peut lui faire défaut. D'ailleurs. dans l'un comme dans l'autre cas. la certitude qu'elle peut en avoir lui est personnelle et quels que soient les moyens qu'emploierait le législateur pour la faire parler. on conçoit que. le plus souvent. il ne connaîtrait pas la vérité.

De plus. le père lui-même. soit par caprice. soit par d'injustes soupçons. pouvait être amené à méconnaître son propre sang.

C'est pourquoi. pour fixer cette incertitude et prévenir les abus, l'on a établi des règles et admis une présomption légale de postérité fondée sur cette maxime célèbre. que la sagesse des jurisconsultes romains nous a transmise : *Pater is est quem nuptiæ demonstrant*, que l'ancienne jurisprudence française avait adoptée et qui est érigée en loi par l'art. 312 du C. c.. qui porte : « L'enfant conçu pendant le mariage a pour père le mari ».

475. — Cette présomption a un triple but : elle honore la femme en qui le législateur ne suppose pas même l'idée de trahir sa promesse solennelle de fidélité conjugale, elle établit l'harmonie là où le moindre soupçon jetterait de fréquents scandales au sein de la société et elle élève le mariage à la dignité, au rang qu'il doit occuper dans toute société civilisée.

En outre, cette présomption suppose trois choses comme constantes : la cohabitation antérieure non-seulement à la naissance, mais encore à la conception de l'enfant (1), l'existence du mariage et l'identité de l'enfant (2).

476. — On n'admet contre cette présomption d'ordre public que les preuves les plus graves; les plus convaincantes.

Comme il n'était pas possible d'assigner une date certaine à l'époque de la conception, la loi naturelle elle-même variant sur ce point, il était juste de faire profiter l'innocence, c'est-à-dire l'enfant, des doutes que laisse subsister l'œuvre mystérieuse de la procréation. Ainsi,

---

(1) Toullier, *ibid.*, n° 788.
(2) Picot, sur 312.

lorsque des circonstances font douter si l'enfant doit la vie au mari ou à un étranger, la loi se déclare en faveur de l'enfant et le présume légitime.

477. — Pour constater que l'enfant a été conçu pendant le mariage, il fallait donc fixer le terme avant ou après lequel sa naissance n'était due qu'à une cohabitation illicite.

D'après l'autorité de l'immortel Hippocrate, les lois romaines décidaient, à l'égard des naissances prématurées, que l'enfant est légitime, lorsqu'il est né au commencement du septième mois ou 182 jours depuis le mariage, et, à l'égard des naissances tardives, que l'enfant n'est pas légitime lorsqu'il est né après dix mois depuis la mort du mari (1).

D'après les exemples et une observation constante des médecins, la durée de la plus longue gestation est de 300 jours, et de 180 jours la durée de la plus courte. Le Code a érigé en loi cette règle qui place la conception dans les 120 jours qui existent entre la durée la plus longue et la durée la plus courte de la grossesse.

Cette dernière ne variant que de deux jours avec la durée admise par les lois romaines.

En quel cas l'enfant peut être désavoué. Monstre.

478. — L'article 312 porte encore : « Néanmoins, celui-ci pourra désavouer l'enfant, s'il prouve que, pendant le temps qui a couru depuis le 300ᵉ jusqu'au 180ᵉ jour avant la naissance de cet enfant, il était, soit pour cause d'éloignement, soit par l'effet de quelque accident, dans l'impossibilité physique de cohabiter avec sa femme ».

Le désaveu n'a lieu de plein droit que dans ce seul cas (2). Mais il faut prouver que la cohabition a été impossible entre les épcux à l'époque de la conception.

479. — Et cette impossibilité ne peut résulter que des

---

(1) Toullier, n° 794.
(2) *Dict. du Not.*, V. *Désav. de paternité*, n° 10.

deux cas posés par notre article : 1° l'éloignement, 2°
quelque accident.

Par éloignement, il ne faut pas entendre littéralement
une distance telle qu'il ait été absolument impossible de
la franchir dans l'espace de 120 jours ; mais une séparation constante, continue et telle qu'il soit bien démontré
au juge qu'eu égard à la résidence prouvée de l'un et
l'autre époux dans des lieux éloignés, la distance n'a pu
être franchie (1).

« On a demandé », dit M. Duvergier (2), « si la prison qui
séparait des époux pourrait être assimilée à l'absence.
Il est clair que c'est l'absence elle-même, pourvu toutefois
que la séparation ait été tellement exacte et continuelle,
qu'au temps de la conception la réunion d'un seul instant
fût physiquement impossible (3) ».

Le Code ne trace aucune règle pour déterminer cet
éloignement. Mais il est certain qu'il faut que la séparation ait été telle que tout rapprochement, même momen-
tané, entre les deux époux, ait été physiquement impossible (4).

La loi ne détermine pas davantage les accidents qui
doivent être considérés comme constituant l'impossibilité
physique de cohabitation : elle peut résulter soit d'une
mutilation, soit d'une blessure grave, soit même d'une
maladie ayant occasionné une impuissance accidentelle
ayant duré au moins pendant les 120 jours à commencer
depuis et y compris le premier jour du sixième mois
avant la naissance de l'enfant (5).

Il était impossible d'ailleurs aux rédacteurs du Code
de déterminer avec une précision rigoureusement scienti-
fique l'infinité des cas d'absence et la plus grande infinité
des cas d'accidents.

---

(1) *Ibid.*, n° 12, Marcadé, sur 312, n° 3.
(2) Rapporté par Duvergier, sur Toullier, note *a*, t. II, n° 809.
(3) Paris, 5 mars 1853 ; *Dict. du Not.*, V. *Légitimité*, n° 21.
(4) Toullier, t. II, n° 808 ; *Dict. du Not.*, V. *Légitimité*, n° 20.
(5) Toullier, t. II, n° 807 et son commentateur Duvergier, note *a* ; *Dict. du Not.*, V. *Désaveu de paternité*, n° 13, et *Légitimité*, n° 23.

Loin de leur faire un reproche de s'être servi d'expressions un peu vagues, je trouve, au contraire que ces
expressions ont l'avantage de supporter plus d'extension
et de donner plus d'aisance au magistrat.

Ainsi, dans l'un comme dans l'autre cas, c'est à la prudence des tribunaux qu'il appartient d'apprécier les
causes d'éloignement ou d'impuissance accidentelle invoquées par le mari. Et si, pénétré de l'esprit de la loi, il
y avait doute en la conscience du juge, la règle s'imposerait d'elle-même.

480. — L'ancienne jurisprudence française admettait
encore, comme preuve à opposer à la présomption de
paternité, l'impuissance naturelle du mari; mais le
Code (313) n'a pas conservé cette exception.

En effet, la preuve de l'impuissance est presque toujours impossible et ne pourrait se faire qu'au préjudice
de la morale dont le législateur a voulu sauvegarder,
avec un soin jaloux, les principes salutaires. D'ailleurs
quelle confiance, quel intérêt pourrait inspirer celui qui
aurait sciemment trompé son épouse ? En osant se marier
il commet un dol qui rendra sa demande irrecevable.

L'entrave qu'il apporte volontairement à l'accomplissement du premier des devoirs du mariage, inspire à son
conjoint des regrets, dont les principes d'une sainte religion peuvent seuls adoucir l'amertume. Qu'il subisse donc
toutes les conséquences de sa mauvaise foi.

481. — S'il n'y a pas eu impossibilité de cohabitation,
le mari ne peut désavouer l'enfant « même », porte l'art.
313, « pour cause d'adultère, à moins que la naissance lui
ait été cachée, auquel cas il sera admis à proposer tous
les faits propres à justifier qu'il n'en est pas le père ».

Il faut donc, pour autoriser le désaveu, qu'il y ait concours de l'adultère avec le recel de l'enfant, que l'adultère
soit constant, que la naissance de l'enfant ait été cachée
au mari (1).

Les termes de l'art. 313 ne sauraient laisser le moindre

---

(1) Toullier, t. II, n° 812 ; *Dict. du Not.*, V. *Désav. de paternité*, n° 16.

doute à cet égard. et. s'il en avait pu exister, la jurisprudence les a depuis longtemps dissipés.

Pour exemple je citerai un jugement du tribunal de la Seine du 27 janvier 1875 (1).

Dans l'espéce. la dame Léonie Rougivaux, femme Pigeon. avait quitté le domicile conjugal, et avait été condamnée. le 20 septembre 1873, pour adultère avec le sieur Guérin, son complice, chacun à 15 jours de prison et 100 fr. d'amende.

Le sieur Pigeon ayant appris. depuis cette condamnation, qu'un enfant était né de sa femme. le 13 février 1873. a intenté une action en désaveu de paternité. Sa demande a été repoussée pour les motifs suivants :

Attendu que Pigeon fonde sa demande en désaveu de l'enfant inscrit sur les registres de l'état civil sous les noms de Justin-Emile Pigeon. sur les dispositions de l'art. 313 du Code civil ;

« Attendu que Pigeon n'établit pas que la naissance lui ait été cachée ; — Qu'il se borne à invoquer les mentions inexactes de l'acte de naissance dressé à la mairie du 11e arrondissement, à la date du 13 février 1873. et constatant que l'enfant est né au domicile de ses père et mère et que le père est absent ; — Que ces déclarations mensongères, faites à l'officier de l'état civil, ne démontrent pas que la naissance ait été cachée au demandeur. alors qu'il est indiqué comme père de l'enfant, qu'il habitait Paris, que sa femme n'a pas dissimulé sa grossesse et qu'il recevait périodiquement les visites de la jeune Emilie Pigeon, laissée à la garde de sa mère ;

Qu'ainsi, l'une des conditions imposées par l'art. 313 du Code civil, à l'action en désaveu, venant à défaillir, la demande formée par Pigeon n'est pas justifiée ».

482. — Quelques auteurs pensaient que, pour que l'adultère fût constant, il fallait qu'il résultât d'un jugement (2) ; mais la jurisprudence pense au contraire, avec

---

(1) Art. 21260 j. n.
(2) Toullier, t. II, nos 812 et 815, qui cite Merlin à la note 1.

raison, que cette preuve judiciaire, n'étant pas prescrite par la loi, n'est pas nécessaire préalablement à l'introduction de l'action en désaveu (1). Le mari n'est tenu de prouver que le recel et les faits de non-paternité ; l'adultère de la femme est la conséquence de la preuve acquise de ces faits (2).

Cependant Duvergier (3) dit qu'il faut que l'adultère soit prouvé directement et qu'il ne suffit pas de l'induire du fait de recel. Il ajoute que les orateurs chargés de présenter le projet de loi l'ont déclaré d'une manière formelle. Mais la jurisprudence ne sanctionne pas cette opinion (4).

Si l'adultère et le recel sont prouvés, il n'est pas nécessaire que les faits de non-paternité soient établis par l'enquête : le juge peut à cet égard puiser sa conviction dans tous les éléments de la cause (5).

483. — La cohabitation constante de la femme avec un autre que son mari est un des faits les plus pertinents pour établir la non-paternité (6), surtout s'il y a eu séparation de corps prononcée pour cause d'adultère de la femme (7).

484. — Si, après le décès de sa femme, seulement, le mari découvrait son crime d'adultère et la naissance de l'enfant qu'on lui a cachée, il pourrait néanmoins former l'action en désaveu, en la dirigeant contre un tuteur *ad hoc* qu'il ferait nommer et en faisant les preuves de recel et d'adultère que prescrit l'art. 313 (8).

485. — On peut considérer comme le recel de la nais-

---

(1) Duvergier, sur Toullier, suite à la note 1 du n° 815, t. II ; Paris, 29 juill. 1826, Sirey, 27, 2, 185 ; Rouen, 5 mai 1828 ; Sirey, 28, 2, 145 ; Rej., 15 janv. 1831 ; Sirey, 1, 31, 81 ; Rej., 9 mai 1838 ; Sirey, 38, 1, 854.

(2) *Dict. du Not.*, V. *Désaveu de paternité*, n° 18, les arrêts ci-dessus et Paris, 5 juill. 1843.

(3) Sur Toullier, note *a*, t. II, n° 816.

(4) V. les arrêts cités ci-dessus, notes 1 et 2.

(5) Cass., 14 fév. 1854.

(6) Paris, 4 déc. 1820, art. 3754 j. n.

(7) Rouen, 18 juin 1819, art. 3244 j. n.

(8) Toullier, t. II, n° 816.

sance exigé par la loi pour motiver l'action en désaveu de paternité, le recel de la grossesse, lorsque, d'après les circonstances, ce recel équivaut à l'aveu de l'adultère (1).

486. — Les lettres confidentielles peuvent être admises comme preuves à l'appui d'une action en désaveu de paternité (2).

La présomption de légitimité n'est point détruite par la circonstance que la mère elle-même a déclaré, dans l'acte de naissance et pendant l'absence du mari, qu'un autre était le père de l'enfant (3).

487. — Voilà un fait qui décèle l'insuffisance des lois humaines par la faiblesse des principes qui forment sa base : La déclaration formelle, positive et solennelle faite par la femme que son mari n'est pas le père de son enfant, n'a aucune valeur, tandis que l'aveu tacite que l'on peut induire de la conduite d'une femme adultère, qui semble reconnaître, en célant la naissance de son enfant, qu'il est le fruit du crime, a une force légale.

Qui donc mieux que cette femme, qui connaît tous les éléments probables de sa criminelle maternité, hors de la sincérité de laquelle tout n'est plus que mystère, pourra produire quelque lumière au débat, et comment donc sera-t-il possible de mieux établir ces présomptions qui doivent conduire à la persuasion ?

Hélas ! il est naturel d'admettre qu'une conduite suspecte peut amener une déclaration suspecte, que le mystère qui existe pour un cas peut exister pour l'autre et qu'il serait injuste de faire dépendre l'état de l'enfant innocent de la déclaration peut-être concertée de ses père et mère.

En un mot l'*impossibilité morale* qui s'étend à une indé-

---

(1) Cass., 7 janv. 1850, art. 13960 j. n.

(2) Cass., 31 mai 1842, art. 11398 j. n.; Orléans, 29 juill. 1871, art. 20137 j. n. (impl.)

(3) Paris, 6 janv. 1834, art. 8577 j. n.; *Dict. du Not.*, V. *Désaveu de paternité*, n° 5. Il a été jugé, le 9 fév. 1870, par la C. de cass. (ch. req., art. 19669 j. n.) que la mère, pour contester la légitimité de son enfant, ne peut être admise à établir que cet enfant est des œuvres d'un autre que son mari.

finissable variété de faits et de circonstances doit être
équivalente à une *impossibilité physique*. Quand la présomption de paternité se trouve ébranlée, le juge ne peut
plus puiser sa conviction que dans les éléments de la
cause. en se souvenant que le législateur a voulu que le
doute profitât toujours à l'enfant.

488. — Sous la loi du 12 brumaire an ii, les enfants nés
de l'un des époux depuis la séparation prononcée, étaient,
en tout, assimilés aux enfants nés hors mariage. Ainsi il
était permis à un autre que le mari de se reconnaître
père de l'enfant d'une femme séparée de corps. (Art. 19.)

Lors de la discussion du Code. on proposa au Conseil
d'Etat (1) de faire cesser la présomption de paternité,
lorsque les époux ont été séparés de corps, à moins qu'il
n'y eût eu réunion de fait et réconciliation ; mais la proposition fut rejetée. parce qu'il n'y avait point, en ce cas,
d'impossibilité physique de cohabitation.

Il fallait quand même prouver l'adultère et le recel,
suivant l'axiome que la femme peut être adultère et l'enfant légitime (2).

C'était donner aux partisans du divorce un argument
redoutable tiré de cette présomption tyrannique de paternité forcée qui, au préjudice de la famille, introduisait
frauduleusement dans son sein des enfants étrangers
quand la conduite de la femme, désormais libre, pro-
testait scandaleusement contre cette erreur éclatante.

489. — Les jurisconsultes ne pouvaient manquer d'é-
lever la voix contre les effets d'un aussi déplorable préjugé. Des propositions furent faites, dans ce but, à la
Chambre des pairs. les 18 décembre 1816 et 14 janvier
1834 (3), et enfin leur vœu fut accompli par la loi du 6
décembre 1850. dont voici les termes : « Il sera ajouté à
l'art. 313 un paragraphe ainsi conçu : En cas de sépa-

---

(1) Locré, sur ce titre, t. V, p. 17 et suiv., édit. in-8 ; Toullier, t. II,
n° 811.

(2) V. l'*Analyse de la discussion du Conseil d'Etat*, dans Locré, citée par
Duvergier, sur Toullier, t. II, n° 811.

(3) Trib. Dijon, 10 juill. 1871.

ration de corps prononcée ou même demandée, le mari pourra désavouer l'enfant qui sera né 300 jours après l'ordonnance du Président rendue aux termes de l'art. 738 Code de procédure et moins de 180 jours depuis le rejet définitif de la demande ou depuis la réconciliation. L'action en désaveu ne sera pas admise, s'il y a eu réunion de fait entre les deux époux ».

490. — Ainsi, quoique la marque indélébile du mariage subsiste, la séparation de corps prononcée affaiblit tellement la présomption de paternité, que le désaveu du mari doit la faire complétement évanouir, et son action ne peut être écartée que s'il y a eu réunion de fait entre les époux. La preuve de ce fait de réunion incombe à la femme qui en excipe.

Cette opinion est consacrée par un arrêt de la Cour suprême (ch. req.), du 19 août 1872 (1), ainsi conçu :

« Sur le 2ᵉ moyen..... Attendu que le § 2 de l'art. 313 C. c., modifié par la loi du 6 décembre 1850, fait cesser la présomption légale de paternité, pour le cas de séparation de corps, en même temps que l'ordonnance du juge fait cesser, de fait et de droit, la cohabitation des époux ; que, dans cette situation déterminée, le désaveu du mari est péremptoire ; que son action ne peut être écartée que s'il est établi qu'il y a eu réunion de fait entre les époux, et que la preuve de ce fait exceptionnel incombe à la partie qui excipe :..... Rejette, etc. ».

491. — L'art. 314 porte : « L'enfant né avant le 180ᵉ jour du mariage ne pourra être désavoué par le mari dans les cas suivants : 1° s'il a eu connaissance de la grossesse avant le mariage ; — 2° s'il a assisté à l'acte de naissance, et si cet acte est signé de lui, ou contient sa déclaration qu'il ne sait signer ; — 3° si l'enfant n'est pas déclaré viable ».

Ainsi le mari peut désavouer l'enfant en prouvant, par la production des actes de l'état civil, qu'il n'existe pas le

_____

(1) Art. 20497, j. n.

délai de 180 jours entre la date de son mariage et la date de la naissance de l'enfant.

492. — Ce principe souffre trois exceptions : 1° Si le mari, avant le mariage, a connu la grossesse. En se mariant, dans ce cas, toutes les probalités sont qu'il a voulu réparer sa faute personnelle et rendre l'honneur à la femme enceinte de ses œuvres.

Un arrêt de la Cour de Chambéry (1) a décidé que le mari qui a connu la grossesse de sa femme avant le mariage ne peut être admis à établir qu'il a été induit en erreur relativement à l'époque de la conception.

Mais il importe de remarquer, dans l'espèce, que le mari avait dit publiquement avant le mariage, à tous ceux qui lui en parlaient : « Que Rosalie Bérard lui plaisait, qu'il la connaissait depuis quelque temps et qu'enceinte ou non il la prenait telle qu'elle était ».

Pour être admis à désavouer, non-seulement il ne devait rien laisser échapper avant le mariage, mais encore, soit au moment du mariage, soit au moment de la naissance, soit depuis, il ne devait manifester aucun signe, aucun aveu volontaire, exprès ou tacite, de sa paternité (2), tandis que sa réponse traçait la conduite du juge et devait nécessairement amener la solution ci-dessus.

493. — Mais les principes de cette décision ne sauraient se maintenir avec la même inflexibilité dans tous les cas analogues.

En effet, un mari, par exemple, rentrant d'une absence qui a duré plusieurs années, épouse, cinq mois après son retour, une femme dont il connaissait bien la grossesse, mais qu'il ne croyait enceinte que depuis l'époque de son retour, soit de cinq mois. Quinze jours après le mariage, elle met au monde un enfant. Est-ce que, dans ce cas, le mari ne pourra plus le désavouer ?

Sans doute les termes de la loi paraissent formels :

---

(1) 31 mars 1869, j. n., art. 20226.

(2) Duvergier, *Exposé des motifs*, t. III. p. 91, édit. de Didot ; Toullier, t. II, n° 824.

« S'il a eu connaissance de la grossesse avant le mariage » : mais, en parlant ainsi, le législateur avait en vue la possibilité, la certitude que le mari avait de sa paternité. Or, si cette certitude disparait d'une manière absolue, comme dans l'hypothèse, le mari pourra toujours se prévaloir des dispositions de l'art. 312, en prouvant par son absence l'impossibilité physique de cohabitation avec sa femme du 300ᵉ au 180ᵉ jour avant la naissance de l'enfant (1).

494. — C'est, implicitement, dans ce sens que la Cour de Rouen (2) a décidé qu'il ne suffit pas, pour que l'action en désaveu ne soit pas recevable, d'établir que la grossesse de la femme était très-avancée au moment du mariage, qu'elle était connue de plusieurs personnes et que le mari, qui fréquentait depuis longtemps la maison de sa future, n'a pas dû l'ignorer : il faut prouver d'une manière certaine et positive que le mari en a eu connaissance avant le mariage.

Dans l'espèce, la dame Paris offrait de prouver : 1º Les fréquentations de son mari antérieurement au mariage ; — 2º La notoriété de sa grossesse : — 3º La reconnaissance de paternité faite devant témoins. Mais la Cour a rejeté.

495. — 2º S'il a assisté à l'acte de naissance et si cet acte est signé de lui ou contient sa déclaration qu'il ne sait signer.

Le mari qui concourt à la rédaction d'un acte dans lequel il fait authentiquement constater sa paternité, et signe sa reconnaissance volontaire, ou déclare ne savoir signer, ne saurait venir plus tard en contester l'effet.

C'est surtout en ce moment que, s'il croit que l'enfant lui est étranger, son indignation doit se manifester

---

(1) Toullier, t. II, semble d'un avis contraire au nº 823. Comp. le § du nº 822. Toutefois il reconnait, au nº 826, dernier §, que le mari doit être admis à prouver, par exemple, qu'il était éloigné ou qu'il ne connaissait pas encore la mère à l'époque de la conception de l'enfant, comme dans l'arrêt de Bonnaffé, rapporté dans le *Nouveau Denisart*, t. VIII, p. 5, nº 5.

(2) 12 mars 1873, art. 20711 j. n.

d'abord par l'abstention. S'il ne proteste pas, c'est qu'il a des raisons, et, quelque graves que soient ces raisons, c'est à lui-même qu'il doit imputer le tort de ne s'en être pas servi au moment où ses souffrances morales devaient le décider le plus à protester publiquement contre l'outrage. En l'état, le silence, tout en ayant pour lui plus de mérite, lui laissera plus de repos qu'il ne trouverait de consolation par des débats tristement retentissants.

D'ailleurs, il n'aurait que la ressource de l'inscription en faux, en cas qu'elle fût fondée, et on ne pourrait lui opposer l'art. 327 (1).

496. — S'il était prouvé que le prétendu père d'un enfant, né moins de 180 jours après le mariage de sa mère, était engagé dans les liens d'un précédent mariage pendant la période comprise entre le 300e et le 180e jour avant la naissance de l'enfant, cet enfant devrait être déclaré illégitime.

Deux arrêts rendus le même jour (28 juin 1869), dans des circonstances identiques par la Cour de cassation (2) ont consacré cette opinion, par les motifs :

« Que cette paternité, qui est un des éléments essentiels de la filiation, doit n'être entachée d'aucun vice qui en rende la reconnaissance inefficace et nulle ; que les art. 331 et 335 C. c. prohibent toute reconnaissance des enfants nés hors mariage d'un commerce adultérin ; que cette prohibition fondée sur des raisons de morale et d'ordre public doit recevoir également son application, la cause de l'incapacité étant la même, lorsque la date de la naissance pendant le mariage, rapprochée de celle où la présomption de la loi fait remonter la conception, établit que l'enfant est né d'un commerce adultérin ; que dans ce cas, sa légitimité est aussi incompatible que le serait sa légitimation avec le vice originel de sa conception..... etc. ».

Le même arrêt décide qu'une semblable contestation

---

(1) Toullier ; t. II, n° 822.

(2) *Rev. du Notariat*, n° 2518 ; Palurel contre Charreton, Mme de Lucenay contre Mlle Beaumesnil.

d'état étant tout le contraire d'un désaveu, elle peut être exercée par tous ceux qui y ont intérêt. (339.)

497. — 3° Si l'enfant n'est pas déclaré viable.

C'est-à-dire si les médecins reconnaissent, quoiqu'il ait vécu quelques heures ou même quelques jours, qu'il est d'une organisation trop imparfaite pour qu'il puisse vivre, parce qu'alors il est souvent difficile d'apprécier si la conception est antérieure au mariage.

D'ailleurs cet enfant dont les jours, les heures mêmes, sont comptés, ne jouit d'aucun droit civil. (725, 906.) Ce désaveu n'aurait pour effet que de flétrir inutilement l'épouse pour une faute qui, parce qu'elle est antérieure au mariage, ne pourrait motiver une demande en séparation de corps (1).

Au surplus, l'explique qui pourra, cette flétrissure méritée, infligée à l'épouse adultère, rejaillit presque avec une même force morale sur l'époux malheureux. C'est un bien injuste préjugé; mais aucune loi n'aurait la puissance de le faire disparaître. Voilà pourquoi nous devons applaudir à toutes les restrictions apportées par le législateur dans ces regrettables oublis de la foi conjugale.

498. — La viabilité se prouve par le témoignage des médecins, sages-femmes ou autres personnes qui ont assisté à l'accouchement, et surtout par l'inspection du corps de l'enfant décédé. Il appartient aux gens de l'art de déclarer si l'enfant est né en état de vivre, s'il est mort accidentellement ou par suite de l'imperfection de ses organes (2).

499. — Zacchias, jurisconsulte et médecin romain, que l'on peut considérer comme le père de la médecine légale (3), exige que l'enfant, venu au monde par l'opération césarienne, ait vécu au moins vingt-quatre heures pour qu'on le regarde comme viable. Mais, dit Troplong (4):

---

(1) Toullier, t. II, n° 822 ; Picot, sur 314.
(2) Troplong, *Donations*, n° 603 ; *Dict. du Not.*, V. *Viabilité*, n° 8.
(3) *Quest. médico-légales*, lib. 9, t. II, *Quest.* 1, n° 23.
(4) *Donations*, n° 604.

« Cette opinion est exagérée : il suffit que l'enfant ait vécu et manifesté des signes d'existence par des mouvements physiques et naturels ».

500. — Mais que décidera-t-on, si l'organisation de l'enfant n'a pas été constatée et qu'il ne soit plus temps de le faire ? Dans cette hypothèse, dit Merlin (1), les moyens physiques d'éclairer la justice manquant absolument, il faut en revenir aux principes généraux et dire : « Tout individu qui meurt est présumé avoir vécu capable des effets civils ». L'incapacité étant une exception, celui qui s'en prévaut doit en fournir la preuve (2).

Tout ce qui vient au monde avant le 180ᵉ jour n'est qu'un avortement, c'est-à-dire une matière privée du souffle de vie (3).

501. — Le part monstrueux n'est pas compté au nombre des enfants (4). Il ne jouit d'aucune capacité civile : car son existence est contre nature (5). Toutefois, parmi les monstres, il y a une distinction à faire : C'est la tête qu'il faut surtout considérer. Ainsi celui dont les membres seraient semblables à ceux des autres hommes, mais qui aurait la tête d'un cheval ou de tout autre animal, devrait néanmoins être considéré comme monstre (6).

Si, au contraire, un enfant venait au monde avec une tête bien conformée, mais avec des membres de quelque animal, nullement conformes aux membres ordinaires des hommes, il devrait être réputé homme. Car la tête, étant le signe de l'entendement et la plus noble partie de l'homme, en fait aussi le principal caractère (7).

En un mot, celui qui a l'essentiel de la forme humaine est compté au nombre des enfants, bien qu'il ait quelque

---

(1) *Questions de droit*, V. *Vie*, § 1.
(2) *Dict. du Not.*, V. *Viabilité*, n° 9.
(3) Troplong, *Donat.*, n° 601.
(4) D'après la loi 14, D., *De statu homin.*, et la loi 135, D., *De Verbor. signif.*
(5) Troplong, *Donat.*, n° 605.
(6) *Dict. du Not.*, V. *Monstre*, n° 2.
(7) *Ibid.*, n° 3 et les auteurs qu'il cite.

difformité ou qu'il lui manque un ou plusieurs membres (1).

Dans tous les autres cas, ils ne doivent être ni baptisés ni inscrits sur les registres de l'état civil, et on peut les tuer impunément. Toutefois, il est toujours prudent d'avertir l'autorité pour la mettre à même de vérifier la monstruosité (2).

502. — Si l'enfant né dans les 180 jours du mariage n'est pas désavoué, il est de droit légitime, bien qu'il ait été conçu hors du mariage. On n'est pas fondé à prétendre qu'il n'est qu'enfant naturel reconnu : la légitimation qui résulte pour un enfant naturel reconnu du mariage postérieur de ses père et mère a lieu de plein droit et par le fait même du mariage pour l'enfant qui n'est pas encore né (3).

Il en est spécialement ainsi en ce qui touche un donataire dont la donation se trouvait révoquée par la survenance de l'enfant né dans ces conditions. (C. c. 960.)

Pour cette espèce, la Cour d'Agen, le 6 avril 1869 (4), rendit un arrêt parfaitement motivé.

M. Rouède, vieux célibataire sans enfants, fit à sa nièce, à l'occasion de son mariage avec M. Delibes, donation de tous ses biens, le 10 août 1867. M. Rouède se repentit d'avoir fait cette libéralité et, le 29 janvier 1868, il se mariait lui-même avec Mlle Durrieux qui donnait le jour, le 22 juin suivant, 144 jours après le mariage, à un enfant que M. Rouède ne désavoua pas. Bien loin de là, il se fonda sur la naissance de cet enfant pour demander la révocation de la donation du 10 août 1867.

Les époux Delibes offrirent de prouver que Rouède avait chargé une sage-femme de Simorre de lui procurer en mariage une fille qui fût enceinte. Que cette sage-femme lui indiqua d'abord une fille enceinte, déjà mère

---

(1) *Ibid.*, n° 4 ; Duranton, 6, note du n° 75.
(2) *Dict. du Not.*, V. *Monstre*, n° 6.
(3) *Ibid.*, V. *Désav. de patern.*, n° 26 ; Toullier, t. II, n° 100.
(4) *Rev. du Not.*, n° 2557.

de deux enfants que Rouède refusa ; qu'une autre fille enceinte de trois mois refusa les offres de Rouède, parce qu'il était trop vieux ; qu'enfin il épousa Marie Durrieux ; que par suite l'enfant était illégitime.

Le tribunal d'Auch accueillit la demande des époux Delibes, le 30 novembre 1868 ; mais cette décision fut réformée par la Cour d'Agen :

« Attendu qu'aux termes de l'art. 340 du C. N., la recherche de la paternité est interdite et que cette prescription est absolue ; — Attendu que les preuves autorisées par les premiers juges conduiraient d'une manière indirecte à cette recherche et violeraient ainsi le principe d'ordre public que le législateur a posé ;

« Attendu que, si les faits énoncés par les intimés, en admettant qu'ils puissent être justifiés, portent une atteinte profonde à la morale et attestent le mépris de tout sentiment de dignité personnelle, il faut néanmoins reconnaître que la règle de droit doit rester supérieure à des circonstances de fait qui ne sauraient restreindre la plénitude de son action exclusivement déterminée ;

« Attendu que les moyens tirés des manœuvres, qualifiées frauduleuses, qui auraient été employées par l'appelant pour parvenir au mariage qu'il a contracté dans le but d'anéantir les effets de la donation qu'il avait consentie, ne trouvent pas, dans l'espèce, une application utile ; — Que le principe invoqué par le tribunal est repoussé par cette conséquence inadmissible que l'action en désaveu serait ouverte à des tiers, alors que le mari proteste contre son exercice de leur part et demande que la donation soit révoquée précisément par suite de la survenance de l'enfant qu'il déclare issu de son union avec Marie Durrieux, devenue sa femme légitime ;

« Attendu qu'il a fait, à ce titre, inscrire cet enfant sur les registres de la commune de Simorre, et que l'offre de preuves tend à méconnaître la foi due à cet acte de naissance qui n'est nullement attaqué ;

« Attendu que, si le dol et la fraude font exception aux règles ordinaires du droit, et si, pour le découvrir, le juge est autorisé à admettre toutes les présomptions et toutes les preuves, la fraude dont il est excipé au procès, si elle existe, ne peut pas être juridiquement établie en présence de la prohibition légale :

« Attendu, en effet, que, si rien, n'est plus impérieux dans notre législation que ce que l'ordonnance de 1731 et, après elle, le C. N. ont statué sur l'irrévocabilité des donations entre vifs, il a été cependant nécessaire de mettre des bornes à cette irrévocabilité : — Qu'ainsi, sur la survenance d'enfants, la donation est frappée dans son essence, la loi ayant voulu conserver au père de famille les moyens de pourvoir aux besoins des enfants procréés de son union, et retirer des mains du donataire les biens dont il n'est saisi que par le droit résoluble qui lui a été conféré par le donateur ;

« Attendu que, par la survenance de l'enfant inscrit par les soins de Laurent Rouède sur les registres de l'état civil, sa libéralité envers les époux Delibes se trouve ébranlée dans sa cause et doit être arrêtée dans ses effets;

Attendu, dès lors, que c'est mal à propos que les premiers juges ont déclaré pertinentes et admissibles les articulations présentées par les intimés : — que c'est donc le cas de réformer leur décision : — par ces motifs, etc. ».

503. — M. Paul Jozon (1), au sujet de cet arrêt, fait observer avec raison que le principe que la fraude fait exception à toutes les règles, principe invoqué par le tribunal d'Auch, n'est pas exact dans tous les cas.

« Nous croyons », dit-il, « que le tribunal d'Auch n'aurait pas hésité à admettre cette restriction, si, au lieu d'épouser une fille enceinte des œuvres d'un autre, M. Rouède, qui était fort âgé et craignait sans doute de ne plus pouvoir avoir d'enfant, avait épousé, comme il en avait le droit, une femme peu scrupuleuse et qui serait devenue, après son mariage et de l'assentiment de son mari, enceinte d'un autre que de lui (2) ».

---

(1) Avocat au Conseil d'Etat et à la C. de cass., l'un des rédacteurs de la *Revue du Not.*, n° 2557.

(2) En ce sens, Demolombe, t. V, n° 115.

Par conséquent, aucune difficulté ne peut s'élever sur cette application régulière de la loi.

J'ajouterai qu'il devrait en être ainsi alors même qu'il serait prouvé, par exemple, que M. Rouède jusqu'au jour de la célébration de son mariage était, soit pour cause d'absence, soit pour cause d'accident, dans l'impossibilité physique de cohabitation. Le donataire serait sans qualité pour attaquer la légitimité de l'enfant.

Mais que déciderait-on, si cet enfant qui est né 144 jours après le mariage, était mort peu d'instants après sa naissance et que le mari demandât à prouver que l'enfant est né vivant et soutînt que la donation est révoquée en vertu de l'art. 960 ?

La loi ne reconnaît plus viable l'enfant né avant les 180 jours de la célébration du mariage (1), tellement que le mari ne pourrait pas le désavouer (314), puisque, nous venons de le voir, ce désaveu n'aurait pour effet que de flétrir inutilement l'épouse, sans profit pour la morale publique, qui exige, au contraire, qu'on le déclare non viable plutôt qu'illégitime.

Duvergier (2), toutefois, prétend que, dès qu'il est établi que l'enfant est né vivant, on présume, jusqu'à preuve contraire, qu'il est né viable, qu'il n'existe à cet égard aucune exception dans la loi et que, par suite, l'enfant né viable ou présumé tel a été en possession de l'état d'enfant légitime et a pu, à ce titre, recueillir et transmettre des droits.

Cette opinion, qui aurait pour conséquence, dans l'hypothèse, d'autoriser le mari, comme père, à redemander les biens donnés à sa nièce, ne saurait être suivie : Les présomptions légales sont que, si l'enfant est venu vivant, il n'est pas né viable.

Si le père demandait à prouver que l'enfant est né viable et que la conception est antérieure au mariage, la demande devrait également être rejetée. Dans l'un comme

---

(1) Toullier, t. II, n° 98 ; Troplong, *Donat.* n° 601.
(2) Sur Toullier, note a, t. II, n° 98.

dans l'autre cas, je pense que les tribunaux maintien-
draient la donation (1).

Enfin, si nous supposons que la femme soit morte en
couches, les héritiers ne pourraient contester à l'enfant
vivant la succession de sa mère, parce qu'ils n'ont pas le
droit d'attaquer la légitimité de l'enfant. Sa mère n'a pu
leur transmettre un droit qu'elle n'avait pas.

SECTION 2. — ENFANTS CONÇUS ET NÉS DEPUIS LA
DISSOLUTION DU MARIAGE.

§ unique. — CONTESTATION D'ÉTAT OU DE LÉGITIMITÉ.

504. Art. 315. Remarque. — L'enfant né le 301ᵉ jour après le
    décès du mari est présumé illégitime. Acte de naissance
    reconstitué en vertu de la loi du 12 février 1872.
505. Quand, durant le mariage, la maternité se trouve établie,
    la paternité l'est aussi.
506. S'il s'écoule plusieurs jours après le 301ᵉ, l'enfant n'est pas
    illégitime de plein droit.
507. Le juge doit avoir toute liberté d'appréciation sur les con-
    testations.
508. Comment se calculent les 180 et les 300 jours. Arrêt de la
    Cour de cassation.

504. — L'art. 315 porte : « La légitimité de l'enfant né
trois cents jours après la dissolution du mariage pourra
être contestée.

On peut remarquer qu'ici le législateur semble avoir
évité à dessein l'expression de désavouer employée dans
les trois articles précédents. Il ne faut donc pas confondre l'action en désaveu avec l'action en contestation
d'état.

La durée de la plus longue gestation étant, comme nous
venons de le voir, de trois cents jours, l'enfant qui naît
après cette époque, c'est-à-dire le 301ᵉ jour après le décès
du mari, n'a pas été conçu des œuvres de celui-ci.

(1) En ce sens, Toullier, t. II, n° 100.

L'enfant ne peut plus se prévaloir de la présomption légale de paternité. cette règle se retourne contre lui, il y a au contraire présomption d'illégitimité ; il est classé au nombre des enfants naturels.

Toutefois, si personne ne contestait son état, « il vivrait à l'ombre de la légitimité » : mais, comme l'état civil d'une personne ne saurait jamais se prescrire, les héritiers du mari pourraient à toute époque, contester sa légitimité. Il leur suffira, pour triompher, de prouver par l'acte de naissance de l'enfant et l'acte de décès du mari qu'il s'est écoulé plus de 300 jours d'un événement à l'autre.

L'acte de naissance, ne fait preuve que de la filiation. Par suite, l'acte de naissance reconstitué en vertu de la loi du 12 février 1872, ne suffit pas pour établir la légitimité de celui qui l'invoque, sans représenter en outre l'acte de mariage de ses parents ou sans prouver qu'ils ont vécu publiquement comme mari et femme et qu'il a une possession d'état conforme à son acte de naissance (1).

La Cour de Metz, le 2 mars 1870 (2), a établi que le défaut de représentation de l'acte de célébration de mariage ne peut, seul, suffire pour contester la légitimité des enfants qui ont la possession d'état, bien que la mère survivante ne soit décédée que depuis le jugement du 3 juin 1869 du tribunal de Rocroi, qui repoussait la demande parce que l'une des trois conditions manquait, à savoir que les père et mère soient tous deux décédés. (197.)

505. — L'enfant dont l'acte de naissance constate qu'il a pour mère une femme mariée, prouve par cette constatation même, qu'il a pour père le mari de cette femme, bien que cette femme mariée soit désignée dans l'acte de naissance sous son seul nom de fille et comme non mariée, et qu'un individu autre que le mari y ait déclaré être le père de l'enfant, sauf, bien entendu, l'action en désaveu appartenant au mari seul ou à ses héritiers. (312, 319.) La

---

(1) Tribunal de la Seine, 12 nov. 1874, art. 21074 j. n.
(2) Art. 20050 j. n.

maternité se trouvant directement établie, la paternité l'est aussi, en vertu de la présomption légale qui l'attribue au mari.

La déclaration du prétendu père naturel, en ce qui touche la reconnaissance de sa paternité, est radicalement nulle (1).

506. — Que dire si, à l'expiration de ces 300 jours, il s'écoulait encore, avant la naissance de l'enfant, un délai de vingt, cinquante, cent jours ou plus ?

Toullier (2) pense que l'enfant serait illégitime de plein droit. Mais la rédaction de l'art. 315 semble ne pas autoriser une semblable interprétation. En effet, il est dit : *La légitimité pourra être contestée.* Cette disposition exige, à n'en pas douter, un débat contradictoire. Le tribun Duveyrier donne en ces termes les raisons de cette rédaction : « Tout intérêt particulier ne peut être combattu que par un intérêt contraire. La loi n'est point appelée à réformer ce qu'elle ignore ; et, si l'état de l'enfant n'est point attaqué, il reste à l'abri du silence que personne n'est intéressé à rompre (3) ».

Ces raisons sont sans objections. Si les intéressés ne contestent pas, la morale et, par suite, la société ne peuvent que gagner en gardant le même silence.

Toutefois, ajoute M. Duvergier (4). « la présomption n'est pas tellement absolue qu'elle ne puisse fléchir alors que l'enfant, au profit de qui elle est établie, la repousse pour conserver une autre légitimité dont il est en possession ». Cette thèse, continue le même auteur, « que j'ai soutenue dans la célèbre affaire Henry avec mon honorable confrère M. Charrié, avait été repoussée par la Cour royale de Paris ; mais elle a été consacrée sur le pourvoi, par la Cour de cassation et par la Cour d'Orléans, à qui la cause fut renvoyée après cassation (5) ».

(1) Cass., req., 1er fév. 1876, art. 21419 j. n.
(2) T. II, n° 288.
(3) Locré, t. VI, p. 298 et les auteurs qu'il cite.
(4) Sur Toullier, note *a* du n° 828, t. II.
(5) Cass., 23 nov. 1842; *J. du Pal.*, t. II, 1843, p. 12, et Orléans

507. — Le juge doit avoir toute liberté d'appréciation sur une contestation de légitimité. Lorsque la question pécuniaire n'est pas en opposition avec la question de l'honneur de la mère et de la légitimité de l'enfant, la gestation, qui a des temps mathématiques variables, fournira aux médecins des appréciations dont le juge pourra faire dépendre les conséquences de sa décision. Il pourra décider, par exemple, que l'enfant qui est né 298 jours après l'ouverture de la succession, n'était pas alors conçu et que par suite il n'est pas devenu héritier (1) ; comme déclarer légitime un enfant né 302 jours après la dissolution, sauf à n'agir, dans l'un comme dans l'autre cas, qu'avec une extrême prudence (2).

508. — Une question qui n'a pas laissé que d'offrir quelque difficulté a été celle de savoir si les trois cents jours devaient comprendre trois cents périodes de 24 heures, en un mot si le délai de 300 jours devait se calculer *de momento ad momentum* ou *de die ad diem*.

Les cas auxquels cette interprétation pouvait donner naissance devant être excessivement rares, les auteurs ne s'en étaient guère occupés.

MM. Massé et Vergé, sur Zacchariæ (3), comprennent les jours termes au cas de l'art. 312, mais ne les comptent pas au cas de l'art. 315 (4).

M. Demolombe (5) s'exprime ainsi : « Tout bien pesé.... je conclus : « 1° Que le minimum doit être de 179 jours pleins ; 2° et le maximum de 299 jours pleins, le jour de la naissance complétant dans les deux cas, utilement pour l'enfant, le dernier jour du terme ».

---

10 août 1843 ; *J. du Pal.*, t, II, 1843, p. 638. — *Contra :* Paris, 13 juill. 1839 ; *J. du Pal.*, t. II, 1839, p. 450.

(1) Picot, sur 315.

(2) Considérant d'un jugement du trib. de Beaugé, du 24 juill. 1867, n° 2396 *Rev. du Not.*, confirmé en cassation, le 8 fév. 1869, art. 19537 j. n.

(3) T. I, notes 4 et 19, § 161.

(4) Toullier, t. II, n° 792, compte 179 et 301 jours ; son annotateur, M. Duvergier, ne compte ni le jour de la naissance ni le jour de la dissolution du mariage.

(5) T. V, n° 19.

La Cour de cassation (1) a fixé cette jurisprudence en décidant que l'enfant né avant l'heure de minuit, qui clôt le 300e jour, depuis et y compris le jour du décès du mari de sa mère, est légitime, encore qu'il se soit écoulé plus de 300 fois 24 heures entre le moment de la mort et celui de la naissance.

Dans l'espèce, le 19 mars 1866, à 2 heures du matin, mourait Louis Mercier, époux de Marie Louise Marteau. Juste 300 jours après, le 13 janvier 1867, à 8 h. 1 2 du matin, sa veuve accouchait d'une fille. Cette fille ne pouvait être désavouée que dans les cas prévus par l'art. 312, si, par exemple, immédiatement avant la dissolution du mariage, le mari, pour cause d'absence ou d'accident, avait été dans l'impossibilité physique de cohabiter avec sa femme, depuis un temps suffisant pour former avant la naissance de l'enfant le nombre de 300 jours, y compris ceux qui se sont écoulés depuis la dissolution du mariage (2).

Section 3. — DU DÉSAVEU ET DE LA CONTESTATION.

509. Différence entre désaveu, contestation de légitimité ou d'état et réclamation d'état.
510. A quoi s'applique le désaveu. — Sur qui s'étend la contestation.
511. But de la contestation d'état.

509. — Quoique la contestation de légitimité comprenne le désaveu, car celui qui désavoue un enfant conteste sa légitimité, il ne faut pas, comme je viens de le dire (3), confondre l'action en désaveu, qui a ses règles particulières, avec la contestation de légitimité qui n'en a point d'autres que celles qui sont communes à toutes les contestations d'état en général, et il ne faut pas confondre

---

(1) 8 fév. 1869, art. 19537 j. n.; 2396 *Rev. du Not.*
(2) Toullier, t. II, n° 827.
(3) *Supra*, n° 504.

la réclamation d'état qui n'est quelquefois qu'une simple demande en rectification des registres de l'état civil (1), comme cela pourrait être d'un état dont on dépouillerait une personne qui l'aurait même depuis plus de trente ans (2), avec la contestation d'état ou de légitimité dont nous venons de parler.

510. — Le désaveu est formé contre un enfant né dans le mariage, mais dont on soutient que le mari n'est pas le père ; il s'applique, en d'autres termes, aux enfants nés dans le mariage, mais que le mari veut dépouiller de la qualité de fils qu'ils tiendraient, selon lui, au mépris de la vérité, par la seule volonté de la loi, et dont l'action lui est particulière (3), tandis que la contestation de légitimité s'étend aux enfants conçus et nés après la dissolution du mariage, par conséquent nés hors mariage, et dont l'action, par suite, n'appartient pas au mari décédé, mais aux intéressés.

511. — La contestation de légitimité ou d'état a pour but ordinaire la défense contre l'action de celui qui, en cherchant à s'introduire dans une famille où il n'est pas né, pourrait recueillir une succession et porter un nom auxquels il n'a pas droit (4).

Aucun délai n'est fixé pour exercer cette action (5) qui appartient à tous ceux qui ont intérêt de la former, aussi bien aux héritiers, parents ou légataires du mari, qu'à ceux de la femme (6).

---

(1) *Dict. du Not.*, V. *Légitimité*, n° 102.
(2) *Ibid.*, n° 95.
(3) Toullier, t. II, n°° 831, 832.
(4) *Dict. du Not.*, V. *Légit.*, n° 120 ; Toullier, *ibid.*, n° 834 ; Demolombe, n° 325 ; Cass., 25 fév. 1823 : 3 août 1826, 18 mars 1834.
(5) Demolombe, n° 329 ; Toullier, *ibid.*; Delvincourt, p. 86, note 7 ; Duranton, n° 147 ; Proudhon, p. 125 ; *Dict. du Not.*, V. *Légitimité*, n° 124 et comp. Cass., 31 à 1834 ; Sirey, 34, 1, 345.
(6) V. *Supra*. n° 496, les arrêts de la C. de cass., du 28 juin 1860 ; n° 2518 *Rev. du Not.*

Section 4. — DÉLAIS DE L'ACTION EN DÉSAVEU.

512. — Art. 316 : « Dans les divers cas où le mari est autorisé à réclamer, il devra le faire dans le mois, s'il se trouve sur les lieux de la naissance de l'enfant ; dans les deux mois après son retour si, à la même époque, il est absent ; dans les deux mois après la découverte de la fraude, si on lui avait caché la naissance de l'enfant ».

L'incertitude qui existe sur le sort des enfants ne saurait se prolonger sans troubler les familles. La société elle-même est intéressée à ce que le sort de chacun de ses membres soit fixé. C'est pour cela que la loi veut que l'action soit intentée par le mari dans un délai assez court : un mois ou deux mois.

513. — En cas de séparation, cette action doit, à peine de déchéance, être intentée dans les délais ci-dessus; mais cette action ne court contre le mari que du jour où il a eu connaissance certaine, non de la grossesse de sa femme, mais de la naissance de l'enfant.

C'est bien le moins que le mari, avant d'intenter l'action, ait le temps de s'entourer des renseignements qui lui sont nécessaires pour s'assurer de la certitude d'un fait aussi grave pour lui.

La Cour de Nancy, audience solennelle, l'a décidé dans ce sens, le 12 fév. 1861 (1), pour une espèce où le mari reconnaissait avoir eu connaissance de la grossesse :

« Considérant que la loi du 6 déc. 1850 a entendu faire cesser la présomption de paternité, lorsque la séparation de corps a été prononcée contre les époux ; que, dans ce cas, le mari peut désavouer l'enfant dont la naissance a lieu depuis le jugement de séparation ; que son désaveu devient alors péremptoire et que la femme ne peut le combattre qu'en prouvant la réunion de fait qui détruirait tout soupçon d'adultère ;

« Considérant que le mari n'en doit pas moins exercer son action dans le délai fixé par l'art. 316 C. N., applicable à la loi nouvelle ; mais que ce délai ne court que du jour où le mari a eu connaissance certaine de la naissance de l'enfant.... etc.... La Cour, émendant.... ordonne que l'enfant.... inscrit.... sous le nom de Victor Beauchat, ne pourra porter le nom de l'appelant qui n'est pas son père ».

514. — De son côté, la Cour de Dijon a décidé (2) qu'il ne suffisait pas, pour faire courir ce délai, d'établir qu'à une époque antérieure de plus de deux mois à sa demande le mari a reçu des confidences accusatrices ou même manifesté des soupçons sérieux. Le délai ne court que du jour où il a acquis la certitude de la naissance mystérieuse de l'enfant.

515. — De ce que l'art. 316 dit : « *Dans les deux mois après son retour, si à la même époque il était absent* », il ne faut pas induire qu'il s'agit de l'absence déclarée ou présumée, c'est de la non-présence *sur les lieux* qu'il est question (3).

Et par cette expression *sur les lieux*, il faut entendre que le mari doit être hors de la commune (4), hors de pos-

---

(1) Art. 17117 j. n. En ce sens : Angers, 18 juin 1807 ; Rouen, 5 mars 1828 ; Bordeaux, 5 mai 1836 ; Cass., 3 mai 1838.
(2) 17 mai 1870 ; art. 20512 j. n.
(3) Toullier, t. II, n° 839.
(4) *Ibid.*

sibilité de rencontrer sa femme ou d'entendre fréquemment parler d'elle par des personnes qui la voient fréquemment. Il était impossible d'ailleurs de préciser des cas qui dépendent uniquement des circonstances. C'est pourquoi l'appréciation en est laissée au juge.

516. — L'action en désaveu ne peut être exercée que par le mari tant qu'il existe. S'il laisse expirer les délais dans lesquels il peut agir, il est censé avoir reconnu ou adopté l'enfant et son action n'est plus recevable. L'état de l'enfant demeure irrévocablement fixé (1).

Le mari pourrait se faire représenter par un mandataire porteur de sa procuration authentique. (C. pr., 353.)

Néanmoins, si le mari est mort avant d'avoir fait sa réclamation mais étant encore dans les délais utiles pour la faire, l'action passe à ses héritiers qui auront deux mois à compter de l'époque « où cet enfant se serait mis en possession des biens du mari, ou de l'époque ou les héritiers seraient troublés par l'enfant dans cette possession ». (317.)

Mais les héritiers du mari seuls pourraient exercer cette réclamation, les héritiers de la femme auraient un intérêt particulier à faire déclarer l'enfant illégitime pour succéder, lui exclus, aux biens de sa mère. D'ailleurs ils ne peuvent avoir plus de droits que cette dernière (2).

Il convient également de ne pas confondre cette action en désaveu avec l'action en révocation de donation pour cause d'ingratitude fondée sur l'adultère.

Cette dernière action n'appartient qu'au mari, et, s'il est décédé sans l'avoir intentée lui-même, ses héritiers sont non recevables dans cette action (3).

517. — L'action en désaveu n'appartient ni aux créanciers, ni au donataire (4), ni aux parents du mari autres

---

(1) Agen, 6 av. 1869, *Rev. du Not.*, n° 2557 ; *Dict. du Not.*, V. *Désav. de patern.*, n° 27 ; Toullier, t. II, n° 839.

(2) Toullier, t. II, n° 835.

(3) Cass., 21 juillet 1875, art. 21326 j. n.

(4) Agen, 6 av. 1869 ; *Rev. du Not.*, n° 2557 ; *Dict. du Not.*, *ib.*, n° 28 ; Demolombe, n°s 114, 115.

que ses héritiers, ni aux successibles du mari, s'ils avaient renoncé à la succession (1), ni aux légataires à titre particulier (2).

518. — Il faut entendre par héritiers, non-seulement les héritiers légitimes, mais encore les donataires ou légataires universels (3) ou à titre universel (4).

Cette opinion, que la doctrine seule avait généralement résolue dans ce sens, a été consacrée par un arrêt de la Cour de cassation. du 3 mars 1874 (5), qui a décidé que l'héritier légitime non réservataire (spécialement la sœur) ne peut exercer l'action en désaveu dans les termes de l'art. 317 C. c., lorsque le mari laisse un légataire universel.

Cette action appartient, en effet, à celui qui appréhende la succession et non pas à l'héritier du sang qui, en l'absence du testament, eût été appelé à la recueillir.

D'où il faut conclure que, lorsqu'un légataire universel et un héritier non réservataire sont en présence, l'action en désaveu n'appartient qu'au légataire universel (6), c'est-à-dire au représentant du défunt (7) qui peut, pour les mêmes raisons, être un successeur irrégulier (8).

519. — Les héritiers du mari peuvent-ils exercer l'action en désaveu fondée sur le recel de la naissance et l'adultère de la femme ? Le doute naît de ce que l'adultère de la femme ne peut être dénoncé que par le mari (9). (C. pénal, 336.) Mais les héritiers qui prouvent l'impossibilité morale d'attribuer la paternité au défunt ne peuvent être déclarés non recevables, par cela seul que la mort

---

(1) Toullier, t. II, n° 835.

(2) Duranton, n° 80 ; Proudhon et Valette, t. II, p. 65 ; *Dict. du Not.*, V. *Désav. de patern.*, n° 34.

(3) Toullier, t. II, n° 835.

(4) Proudhon et Valette, t. II, p. 68 ; *Dict. du Not.*, *ib.*, n° 33 ; Duvergier sur Toullier, note *b*, t. II, n° 835.

(5) Art. 20922, j. n.

(6) V. la note de l'art. 20922, j. n.

(7) Toullier, t. II, n° 835.

(8) Duvergier sur Toullier, t. II, n° 835, note *b*.

(9) V. *Supra*, n° 516 et l'arrêt de Cass., 21 juill. 1875, art. 21326.

de leur auteur ayant précédé la naissance de l'enfant, il en résultait que cette naissance n'a pas été cachée au mari (1).

520. — Dans tous les cas, si l'action avait été intentée par le mari, ses héritiers pourraient la reprendre (2). Et même, l'art. 317 n'exceptant point le cas de l'adultère et l'art. 316 disant : *Dans les divers cas*, je pense, avec M. Toullier (3), que leur action devrait être reçue et que de plus ils devraient bénéficier du délai de deux mois à compter du jour où l'enfant se serait mis en possession des biens du mari, ou de l'époque où ils seraient troublés par lui dans cette possession (4).

Section 5. — DE L'ACTION EN CONTESTATION.

521. Aucun délai n'est fixé.
522. Si l'enfant né plus de 300 jours après l'absence déclarée peut être désavoué. Controverse. — Arrêt de la Cour de Douai et de la Cour de cassa in.
523. Art. 318. L'acte de désaveu n'est assujetti à aucune forme.
524. Si l'acte reste sans effet, le mari ou ses héritiers peuvent en former un nouveau, s'ils sont dans les deux mois.
525. Tuteur *ad hoc*, nomination.
526. La mère doit être appelée ; le ministère public entendu.
527. En quel cas les parents ne seraient pas admis à contester la légitimité.
528. Suites du jugement qui déclare le désaveu valable. — Ses effets.

521. — Pour cette action, nous n'avons pas à nous occuper des délais, puisque, avons-nous dit (5), il n'y en a aucun de fixé. Nous n'aurons donc à nous occuper ici que de quelques formalités spéciales auxquelles peut donner naissance l'action en contestation d'état.

---

(1) Cass., 8 déc. 1851, art. 14586 j. n.
(2) Toullier, t. II, n° 841 et les auteurs qu'il cite.
(3) *Ibid.*
(4) *Dict. du Not.*, V. *Désav. de patern.*, n° 38.
(5) *Supra*, n° 511.

522. — Examinons d'abord une question qui est vivement controversée : Celle de savoir si l'enfant né plus de 300 jours après l'époque qu'un jugement déclaratif d'absence a fixée, comme celle des dernières nouvelles, peut être désavoué de même que s'il s'agissait de séparation de corps ou de décès du mari, alors même que les héritiers présomptifs auraient été envoyés en possession des biens de l'absent.

Pour la négative un arrêt de la Cour de Douai (1), porte :

« Attendu qu'on ne saurait, sans une confusion de principes, faire réagir sur l'état civil des prescriptions légales conçues dans un autre ordre de prévisions et qui n'ont pour objet que de pourvoir, en cas d'absence, à l'administration de leur fortune : ... que, par une conséquence logique et virtuelle, la légitimité des enfants conçus pendant un mariage non dissous est inattaquable, tant qu'on ne justifie point du décès de l'absent ; qu'autrement il pourrait advenir, en cas de retour du mari, que celui-ci, seul appréciateur de cette question de paternité, la trouverait résolue contre lui par suite d'une action exercée à son insu, et qu'il n'aurait pas même l'intention d'intenter... etc. ».

La Cour de cassation (2) a décidé dans un sens contraire, en jugeant que c'était même à l'enfant à établir sa légitimité, en prouvant l'existence du mari absent.

523. — Art. 318 : « Tout acte extrajudiciaire contenant le désaveu de la part du mari ou de ses héritiers, sera comme non avenu, s'il n'est suivi dans le délai d'un mois, d'une action en justice dirigée contre un tuteur *ad hoc* donné à l'enfant et en présence de sa mère ».

« L'acte de désaveu », est-il dit au *Dictionnaire du Notariat* (3), « n'est assujetti à aucune forme déterminée, pourvu

---

(1) 18 nov. 1861; V. Toulouse, 11 juill. 1827. 29 déc. 1828.

(2) 31 déc. 1834, art. 8733, j. n., et Sirey, 35, 1. 545. En ce sens, Demolombe.

(3) V. *Désav. de patern.*, n° 41.

qu'il ait le caractère de protestation : mais il est nécessaire que sa date soit assurée. Aussi la loi veut-elle une sorte de solennité, lorsqu'elle exige l'intervention d'un tiers, comme l'indiquent les mots *réclamer, réclamation, acte extrajudiciaire*, qui se trouvent dans les art. 316, 317 et 318 C. c. ; n'importe quel sera ce tiers, président du tribunal, juge de paix ou notaire (1) ».

C'est par ce dernier fonctionnaire qu'il est ordinairement rédigé.

524. — Si l'acte de désaveu reste sans effet, faute de poursuite dans le mois, le mari ou ses héritiers peuvent en former un nouveau, pourvu que le délai de deux mois, fixé par l'art. 316, ne soit pas encore expiré (2).

525. — Le tuteur *ad hoc* doit être nommé par un conseil de famille, suivant les règles de la tutelle ordinaire tracées par les art. 406 et suivants du C. c. Cette opinion, qui était controversée en doctrine, a été consacrée par la Cour de cassation (3).

C'est devant le juge de paix du domicile du mineur ou de sa mère, que doit être convoqué le conseil de famille appelé à nommer un tuteur à l'enfant frappé de désaveu, et le domicile de la femme séparée de corps se trouve au lieu de son habitation réelle et prolongée, où elle a rappelé ses enfants pour surveiller leur éducation, et non chez son père où elle s'était provisoirement retirée (4).

C'est contre ce tuteur que l'action est dirigée devant les tribunaux dans les formes ordinaires.

526. — La mère doit être appelée dans cette question, qui est de nature à porter une grave atteinte à sa réputation, mais elle n'est point partie ; et, si elle ne comparaît pas, le jugement n'en sera pas moins contradictoire. Le Ministère public doit être entendu en ses conclusions. (C. pr., 83.)

---

(1) Bedel, *Traité de l'adultère*, p. 157.
(2) Rapport au tribunat, par M. Lahary *(Exposé des motifs)* ; Toullier, t. II, n° 842. En ce sens : Caen, 31 janv. 1836 ; Sirey, 38, 2, 482 ; Cass., 4 av. 1837 ; Sirey, 37, 1, 439.
(3) 9 mai 1864 et 19 août 1872, art. 20497 j. n.
(4) Dijon, 14 janv. 1872, art. 20690 j. n.

527. — Si les parents qui connaissaient le vice adultérin de la naissance de l'enfant, l'ont néanmoins traité
comme enfant légitime, en concourant avec lui à des actes
où il a figuré en cette qualité, et lui ont constamment
laissé cette possession, ils ne seraient pas admis à contester sa légitimité (1).

528. — A la suite du jugement qui déclare le désaveu
valable, l'enfant est rejeté de la famille, et il lui est interdit de porter le nom du mari. Son état est celui d'enfant
naturel, s'il a été conçu avant le mariage ou après la
dissolution du mariage, d'enfant adultérin s'il a été conçu
pendant le mariage. Mais l'arrêt qui admet le désaveu n'a
pas à s'expliquer sur sa qualité (2).

---

(1) Cass., 28 nov. 1849.
(2) Cass., 8 déc. 1851.

CHAPITRE XVIII.

Recrutement.

QUESTIONS MILITAIRES. — EXEMPTIONS. — DISPENSES. ENGAGEMENTS.

529. — L'art. 13 de la loi du 21 mars 1832 ne faisait, pour les exemptions et dispenses. aucune distinction entre l'enfant légitime et l'enfant naturel. Cette question, examinée d'abord par les conseils de révision. fut résolue dans ce sens par l'Administration (1).

Lors de la discussion de la loi du 27 juillet 1872, M. Chaurand proposa, à l'art. 17, qui énumère les dispenses, un amendement pour en exclure les enfants naturels.

Les observations intéressantes auxquelles les débats donnèrent naissance, les circonstances singulières à la suite desquelles cet amendement fut adopté, me font supposer que le lecteur me saura gré de lui placer sous les yeux l'extrait de cette importante séance (2) :

« Art. 17. Sont dispensés du service d'activité en temps de paix :

« 1° L'aîné d'orphelins de père et de mère ;

« 2° Le fils unique ou l'aîné des fils, ou, à défaut de fils

---

(1) V. *Circ. ministér.* du 12 août 1831 ; instr. 18 mai 1840, 2 août et 30 sept. 1847, 6 janv. 1851.
(2) Séance du 26 juillet 1872 ; *Journ. officiel* du 27, p. 5134 à 5136.

ou de gendre, le petit-fils unique ou l'aîné des petits-fils d'une femme actuellement veuve ou d'une femme dont le mari a été légalement déclaré absent, ou d'un père aveugle ou entré dans sa soixante-dixième année.

« Dans les cas prévus par les deux paragraphes précédents, le frère puiné jouira de la dispense, si le frère aîné est aveugle ou atteint de toute autre infirmité incurable qui le rende impotent ;

« 3° Le plus âgé des deux frères appelé à faire partie du même tirage, si le plus jeune est reconnu propre au service ;

« 4° Celui dont un frère sera dans l'armée active ;

« 5° Celui dont un frère sera mort en activité de service ou aura été réformé ou admis à la retraite pour blessures reçues dans un service commandé ou pour infirmités contractées dans les armées de terre et de mer.

« La dispense accordée conformément aux paragraphes 4 et 5 ci-dessus ne sera appliquée qu'à un seul frère pour un même cas ; mais elle se répétera dans la même famille autant de fois que les mêmes droits s'y reproduiront.

« Le jeune homme omis, qui ne s'est pas présenté par lui ou ses ayants-cause au tirage de la classe à laquelle il appartient, ne peut réclamer le bénéfice des dispenses indiquées par le présent article, si les causes de ces dispenses ne sont survenues que postérieurement à la clôture des listes.

« Ces causes de dispenses doivent, pour produire leur effet, exister au jour où le conseil de révision est appelé à statuer.

« Néanmoins, l'appelé ou l'engagé qui postérieurement, soit à la décision du conseil de révision, soit au 1ᵉʳ juillet, soit à son incorporation, devient l'aîné d'orphelins de père et de mère, le fils unique ou l'aîné des fils, ou, à défaut du fils et du gendre, le petit-fils unique ou l'aîné des petits-fils d'une femme veuve, d'une femme dont le mari a été légalement déclaré absent, ou d'un père aveugle, est, sur sa demande, et pour le temps qu'il a encore à servir, renvoyé dans ses foyers en disponibilité, à moins qu'en raison de sa présence sous les drapeaux, il n'ait procuré la dispense de service à un frère puiné actuellement vivant.

« Le bénéfice de la disposition du paragraphe précédent s'étend au militaire devenu fils aîné ou petit-fils aîné de septuagénaire par suite du décès d'un frère (1) ».

M. LE PRÉSIDENT... « S'il n'y a pas d'observations, l'art. 17 restera ainsi rédigé ».

M. Chaurand propose d'y ajouter un paragraphe additionnel ainsi conçu :

« Les dispenses énoncées au présent article ne sont applicables qu'aux enfants légitimes ». (Exclamations et rires ironiques à gauche. — Approbation à droite et au centre.)

M. Chaurand a la parole.

M. LE BARON CHAURAND. « Messsieurs. le paragraphe additionnel que je propose n'a sans doute pas été compris par les membres de l'Assemblée qui l'ont accueilli par des rires.

« J'aime à croire, Messieurs. que quand l'objet de cet article additionnel aura été compris. vous en apprécierez l'importance, et qu'il ne trouvera pas de contradiction sur les bancs de l'Assemblée : car. selon moi, ce n'est là qu'une interprétation vraie de l'article que nous venons de voter.

« En effet, l'art. 17 prévoit un certain nombre de cas de dispenses. Il s'agit de bien préciser en faveur de qui ces dispenses sont établies. Les principales dispenses existent en faveur du fils aîné d'une veuve, du fils d'un septuagénaire ou d'un père aveugle. (Bruit.)

« Permettez, je serai excessivement bref, je n'ai que deux espèces à indiquer à l'Assemblée, pour lui faire comprendre le motif de l'amendement et son importance. Il peut arriver, et ceci n'est pas une hypothèse, ce sont des cas qui se sont présentés plusieurs fois devant les

---

(1) Ce dernier paragraphe, proposé par M. des Rotours et M. le général Robert, ne fut adopté qu'après l'amendement de M. le baron Chaurand. Nous le plaçons néanmoins pour avoir l'article complet.

conseils de révision, et c'est pour cela que je crois nécessaire que la loi soit parfaitement claire à ce sujet; il peut arriver deux choses; voici la première espèce :

« Une femme a un enfant avant son mariage, et ensuite des enfants légitimes de ce mariage; elle devient veuve. Au moment où le fils naturel qu'elle a eu antérieurement à son mariage sera appelé à la conscription, est-ce en faveur de ce dernier que vous entendez appliquer la dispense, ou est-ce en faveur de l'aîné des enfants légitimes issus de son mariage que vous la réserverez? Je crois que poser cette question c'est la résoudre. Il est évident que vous n'avez pas entendu, dans cette circonstance, établir cette disposition en faveur d'un enfant qui n'appartient à la famille que d'une manière incomplète et irrégulière ».

M. Langlois. « Elle est en faveur de la mère » !

M. le baron Chaurand. « Certainement elle est en faveur de la mère.

« Eh bien! je demande sur qui la mère peut le plus spécialement compter pour avoir des secours. Est-ce sur cet enfant naturel qui, le plus ordinairement, a vécu loin de la famille et n'a conservé que fort peu de relations avec sa mère, ou sur l'enfant qui a été élevé dans le sein de la famille et qui y demeure?

« Il y a, Messieurs, une autre espèce plus grave que celle-là et que je vous soumets :

« Une femme veuve, sans enfants, mais ne respectant pas la dignité de son veuvage, se livre à l'inconduite : des enfants naissent, et il arrive un moment où ces enfants qui ne sont pas le fruit d'une union légitime, sont appelés à la conscription. Ils ont un père, ils ont une mère; mais entendez-vous prononcer la dispense en faveur du fils, né d'une veuve qui a cependant avec elle un homme pour la protéger et la nourrir? Est-ce là le résultat que vous voulez faire produire par votre loi? Je ne le pense pas; car ce serait une prime au concubinat, à l'inconduite, à l'immoralité.

« Je crois qu'il suffit de vous avoir signalé ces deux espèces qui se sont présentées plusieurs fois devant les conseils de révision pour que vous jugiez nécessaire d'introduire dans la loi le paragraphe additionnel que j'ai l'honneur de proposer. Je répète que ce ne sont pas des hypothèses que je présente à l'Assemblée. En effet. ces questions ont été examinées par les conseils de révison. et comme les dispositions de la loi de 1832 étaient les mêmes que celles de la loi que nous venons de voter. le Gouvernement a été consulté et les circulaires ministérielles des 2 août 1847. 30 sept. 1847 et 6 janv. 1851. ont reconnu qu'il y avait peut-être quelque chose de fâcheux à interpréter la loi suivant son sens littéral. mais que les dispositions étaient formelles, qu'il n'y avait pas de distinction. et qu'il fallait se conformer au texte de la loi. sans s'arrêter à la considération des regrettables conséquences que pourrait entraîner cette interprétation.

« Je crois. Messieurs. qu'il importe. aujourd'hui. que la loi que nous faisons soit claire : si le texte présente un sens douteux et peut se prêter à une interprétation que réprouvent également la justice et la morale. nous devons y remédier en précisant nettement le sens des dispositions que nous avons votées. C'est le but de l'article additionnel que j'ai l'honneur de vous soumettre. Je n'entends pas insister plus longuement sur la nécessité de ce paragraphe additionnel. et j'ai la conviction qu'il sera compris et voté par l'Assemblée ». (Très-bien ! très-bien !)

M. PAUL BETHMONT. « Messieurs. la Commission repousse l'amendement. En deux mots seulement. je veux dire à l'Assemblée quels sont les motifs de ce refus :

« L'art. 17. tel qu'il a été conçu. est fait dans le sens de la famille et de la moralité. et. laissez-moi vous le dire. l'amendement que vous a présenté l'honorable M. Chaurand atteint le sentiment naturel. le sentiment légitime. le sentiment vrai de la responsabilité de l'enfant vis-à-vis de ses parents.

« Quand l'honorable M. Chaurand nous présentait l'hypothèse d'une femme qui a eu un enfant naturel et qui ensuite se marie, il nous disait : « Mais vous allez ainsi « priver les enfants légitimes d'une protection qui leur est

« due ! » il se trompait étrangement. C'est tout le contraire qui a lieu : les enfants légitimes sont jeunes, et c'est le fils naturel qui, réparant la faute de ses parents (exclamations à droite), viendra, dans la pensée de l'Etat, soutenir la famille légitime.

« Veuillez le remarquer, Messieurs...

M. Paris. « Vous choisissez mal votre espèce ! »

M. Paul Bethmont. « Je prie l'honorable M. Paris de ne pas m'interrompre et de ne pas me dire que je pose mal mon espèce ; ce n'est pas moi qui l'ai faite... (On rit.) Elle a été produite à cette tribune par l'honorable M. Chaurand. Notre honorable collègue a cru y trouver un argument en faveur de sa thèse ; et moi, je dis que cet argument disparaît complétement, si l'on veut bien réfléchir à ceci, que c'est de l'aîné qu'il a parlé, de celui qui donnera la protection à la mère et à ses frères. Par conséquent, ce que M. Chaurand venait vous demander c'était que cet enfant qui a été reconnu cessât d'être le protecteur des autres enfants de la mère. Eh bien ! je vous le demande, est-ce là une hypothèse acceptable? Il n'y a pas un gouvernement, il n'y a pas un ministre, il n'y a pas une loi en France qui ait pu considérer de cette façon la situation et de la mère et des enfants naturels, et quand on voit que le Code civil accorde à l'enfant naturel une part dans la succession, on ne peut que s'étonner de la demande qui a été faite au nom de principes qui ne sont nullement atteints.

« La commission tout entière repousse l'amendement ». (Mouvements divers.)

M. Alfred Dupont. « Je ne viens pas combattre l'amendement de l'honorable baron Chaurand, je le crois inutile; mais je n'admets pas, et c'est pour cela que je monte à la tribune, je n'admets pas l'interprétation qui vient d'être donnée du texte de l'article sur lequel l'Assemblée est appelée à voter. Quelle est, en effet, l'économie de l'article 17? Il parle de la famille régulièrement constituée, de l'enfant d'une femme veuve, de l'aîné d'enfants orphelins de père ou de mère, de l'aîné d'une famille.

« Je n'admets pas que l'on puisse appeler aîné d'une famille l'enfant du désordre et du libertinage ». (Approbation à droite. — Bruit à gauche.)

M. LE GÉNÉRAL PÉLISSIER. « Si la loi le reconnaît ! »

M. ALFRED DUPONT. « La loi ne le reconnaît pas ».

M. LE GÉNÉRAL PÉLISSIER. « Mais elle le reconnaît ! »

M. ALFRED DUPONT. « Elle le reconnaît si peu comme l'aîné de la famille, qu'elle consacre nettement ce principe que l'enfant naturel n'est pas héritier, et qu'il n'y a entre l'enfant naturel et les parents de son père ou de sa mère aucune espèce de lien de famille.

« Eh bien ! la théorie consacrée par l'art. 17 règle la situation respective, non point seulement vis-à-vis du père et de la mère, — cette situation, la loi la reconnaît pour l'enfant naturel, — mais l'article ne s'arrête pas là ; il règle la situation de l'enfant vis-à-vis du grand-père, vis-à-vis de la grand'mère, c'est-à-dire du père ou de la mère légitimes, de la mère ou du père de l'enfant.

« Il n'y a aucune sorte de relation entre le grand-père et la grand'mère, c'est-à-dire entre le père et la mère légitimes du père ou de la mère naturels, et l'enfant naturel de ceux-ci. D'un autre côté, prenant à mon tour l'espèce de M. le baron Chaurand, je suppose un enfant naturel, puis des enfants légitimes suivant, à quelques années près, la naissance de l'enfant naturel, ce qui n'a rien d'impossible ; à qui, dans ce cas, appliquerez-vous la dispense ? L'appliquerez-vous à l'enfant naturel au préjudice de l'aîné des enfants légitimes ? Il n'est pas raisonnable de priver de la dispense l'enfant issu du mariage légitime, parce que, antérieurement à ce mariage, la mère se sera oubliée.

« Priver l'enfant légitime de père et de mère, dans l'intérêt de l'enfant naturel qui ne se rattachera à la famille que par la mère, est-ce possible ? Non ! Il ne faut pas introduire dans la loi des principes trop philosophiques, trop philanthropiques ; il ne faut pas se laisser entraîner par des principes bons en soi peut-être, mais souvent fâcheux dans la pratique. Restons dans la loi ; que dit-elle ?

« Elle parle de l'enfant orphelin de père et de mère dans telles conditions déterminées, du fils de veuve, du frère aîné de plusieurs enfants orphelins de père et de mère ; rien dans ces dispositions ne se rapproche de l'hypothèse de l'enfant naturel ; c'est pourquoi je répète, en terminant, ce que j'ai dit en commençant : Ne touchons pas à l'article, n'acceptons pas un amendement qui paraît subrogatoire, et quand il s'agira d'appliquer l'article, je ne crois pas que la question soit sérieusement soutenue par les jurisconsultes qui auront à s'en occuper ». (Aux voix ! aux voix !)

M. LE BARON CHAURAND. « Je demande pardon à l'honorable collègue qui descend de la tribune : mais dès l'instant où un doute s'est produit sur le sens de l'article et où un membre de la commission a déclaré qu'il l'entendait autrement que l'honorable préopinant, il faut que l'Assemblée se prononce.

Il y a trois circulaires ministérielles qui affirment que la loi doit être entendue dans le sens de la dispense à accorder aux enfants naturels.

Je demande qu'il ne reste pas de doute à ce sujet et que l'Assemblée vote sur mon amendement. Le principe n'est pas inutile à proclamer. Il me semble même qu'il est indispensable de l'introduire dans la loi, à moins que le gouvernement ou la commission ne vienne déclarer que l'article doit être entendu dans le sens de mon amendement. Sur cette déclaration qui ferait corps avec la loi, je serais prêt à retirer cet amendement. Mais, si le doute subsiste, s'il n'y a pas de déclaration du gouvernement ou de la commission, j'insiste et je maintiens que le vote sur mon amendement est absolument nécessaire ». (Très-bien ! — Aux voix ! aux voix !)

M. PAUL BETHMONT. « Je demande à l'Assemblée quelques instants de véritable silence ; je ne serai pas long, mais la question vaut la peine qu'on s'y arrête. (Parlez ! parlez !)

« La commission et le gouvernement ne peuvent pas accepter l'amendement tel qu'il est proposé, voici pourquoi : Si vous examinez attentivement le Code civil, les

règles actuelles de nos lois par rapport à la famille naturelle et à la famille légitime, que voyez-vous? vous voyez...
(Interruptions.) Ne m'interrompez pas, je vous en prie,
c'est une question de droit, et elle mérite de fixer vos
esprits... Vous voyez ceci, c'est que le fils naturel est
héritier ».

M. FOUBERT. « Je vous demande pardon, il n'est pas
héritier ; il a seulement des droits dans la succession du
père ».

M. PAUL BETHMONT. « Il a sa part ».

M. ALBERT DESJARDINS. « Il n'est pas héritier, il est
successeur ».

M. PAUL BETHMONT. « Il est successeur, il n'est pas héritier, si vous voulez. Le fils naturel est successeur, non-
seulement en face des héritiers collatéraux, mais même à
côté des héritiers légitimes.

« Ce n'est pas tout : il lui est dû des aliments, il lui est
dû une éducation. Je parle de l'enfant naturel reconnu,
entendez-le bien ».

UN MEMBRE. « Il ne s'agit pas d'autres ! »

M. PAUL BETHMONT. « S'il ne s'agit pas d'un enfant naturel reconnu, il ne peut exciper de l'art. 17. Que vos
esprits se fixent bien la question. C'est un fils naturel qui
vient réclamer au nom de sa situation. Laquelle? Il faut
qu'elle soit définie. Et par quoi? Par un acte de reconnaissance. Cet enfant naturel a un père âgé de plus de
soixante-dix ans, ou bien il a une mère mariée ou veuve,
peu importe ; il faut que ses relations vis-à-vis de ses
parents soient constatées par un acte de reconnaissance,
c'est évident ; mais quelle est sa situation? La voici : Par
rapport à ses parents, il succède vis-à-vis des collatéraux
et même vis-à-vis des enfants légitimes ; et, par réciprocité, si ses parents deviennent infirmes ou indigents, il
leur doit les aliments qu'il est condamné à leur servir, s'il
les refuse, par les tribunaux compétents.

« Si vous vous reportez vers cette pensée humaine d'une
société qui, en présence de ce malheur social de la natu-
ralité, a voulu rattacher en quelque sorte, par quelque

lien, l'enfant naturel à la famille, en créant la reconnaissance de cet enfant, la reconnaissance des liens entre
celui-ci et ceux qui lui ont donné le jour, vous reconnaîtrez avec tous les ministres, avec tous les gouvernements
qui se sont succédé, depuis que des lois analogues ont été
faites et mises en vigueur, vous reconnaîtrez que cette
pensée a eu pour but de rattacher, sinon par des liens
légitimes, — cela ne se peut pas, — mais par le seul lien
légal qui fût possible, la famille naturelle à la famille
légitime... (Exclamations à droite et au centre. — Assen-
timents sur plusieurs bancs à gauche.) Et vous reconnaîtrez que le législateur a bien agi en admettant que la
dispense de l'art. 17, accordée à la famille légitime, doit
l'être également à la famille naturelle. (Mouvements
divers.)

« Et cette dispense à qui est-elle accordée ? Est-ce au père
naturel ou à la mère naturelle ? Non, messieurs, c'est à
l'enfant qui est atteint dans sa naissance, et par cela
même, on relève, non pas le père, non pas la mère qui
ont commis une faute, mais leur enfant naturel auquel on
permet de soutenir ses parents. Ainsi, en me plaçant dans
l'hypothèse même apportée à cette tribune par l'honorable
baron Chaurand, je ne vois rien de plus moral, comme je
le disais tout à l'heure, que d'élever cet enfant sur qui
pèse, dans la société actuelle, une sorte de défaveur ; je
ne vois rien de plus moral que la situation qui lui est faite
et qui lui permet d'abriter sous ses efforts et sous son
travail son père, sa mère, en même temps que ses frères
légitimes.

« Nous disons donc que, au point de vue légal comme au
point de vue social, cet article étant fait pour protéger le
père et la mère et leur conserver un soutien, il est nécessaire qu'il continue à être entendu comme il l'était sous
l'ancienne législation et sous tous les gouvernements précédents ». (Approbation sur divers bancs à gauche. — Aux
voix ! aux voix !)

M. Alfred Dupont. « Messieurs, la question est grave...
(Bruit. — Aux voix !) Vous reconnaîtrez que je n'abuse

pas de la tribune ; veuillez me permettre de rectifier ce qui me parait complétement erroné dans l'opinion de l'honorable rapporteur ». (Parlez ! parlez !)

« L'art. 17 de la loi, dernier paragraphe, est ainsi conçu : (V. ce paragraphe que nous avons mis en tête de la discussion.)

« Qu'est-ce qu'un petit-fils naturel d'un grand-père aveugle ? »

M. LE MARQUIS DE CHASSELOUP-LAUBAT, *rapporteur*. « La loi ne s'applique pas pour les enfants naturels vis-à-vis des ascendants au second degré ; il n'y a pas entre eux de parenté ».

M. ALFRED DUPONT. « Alors il faut déclarer que certaines des dispositions de l'art. 17 s'appliquent aux enfants naturels comme aux enfants légitimes, et que certaines autres des dispositions de ce même article ne s'appliquent qu'aux enfants légitimes, mais, alors aussi, vous tombez dans le chaos. (Mouvements divers.)

« En effet, si vous le faites, vous allez voir, par un exemple emprunté aux premiers mots de l'article, à quelle absurdité vous êtes conduits par son application littérale.

« Art. 17, § 1er : « Sont dispensés du service dans l'armée « active l'aîné d'orphelins de père et de mère ; § 2, le fils « unique ou l'aîné des fils d'une femme veuve ou d'un père « aveugle ». Eh bien ! je suppose qu'il y a dans une famille, — puisque vous prétendez qu'il en fait partie, — un enfant naturel reconnu par sa mère ; le mari est aveugle, il y a un fils légitime de père et de mère compris dans le même contingent ; lequel des deux partira ? lequel sera exempté ? Comment appliquerez-vous la loi dans l'intérêt de la famille ? Vous forcerez le père aveugle à laisser partir son fils, qui ne pourra pas profiter de l'exemption ; et vous laisserez près du père aveugle, ou plutôt près de celui qui est le mari d'une femme qui s'était mal conduite avant son mariage, l'enfant issu des désordres de celle-ci.

« Ainsi, vous maintiendrez l'exemption au profit du libertinage. (Approbation à droite.) Si votre loi dit cela, elle est inacceptable, inadmissible. Je ne comprendrais pas que ce fût là le sens qu'il faudrait lui donner. (Bruit.)

« On peut aller encore plus loin, et si l'Assemblée était moins impatiente, je lui montrerais, par la succession des paragraphes, que l'art. 17 ne peut pas s'appliquer. Mais ce que j'ai dit me paraît suffire, et, au nom de la morale publique, je demande à l'Assemblée de ne pas donner à cet article une pareille interprétation ». (Approbation à droite et au centre.)

M. PAUL BETHMONT. « Un seul mot de réponse.

« Les ministres qui se sont succédé et qui ont appliqué la loi de 1832, et tous les conseils de révision ont toujours, en ce qui concerne les grands-pères et les grand'mères des enfants naturels, suivi la théorie du Code civil, qui est la seule qu'on doive suivre. Les enfants naturels n'ont pas de liens avec les parents de ce degré ; les exceptions qui sont dans l'art. 17 ne leur ont jamais bénéficié par rapport à ces derniers.

« Laissez-moi ajouter une observation. Le fils naturel sous les drapeaux, — et cela encore par une pensée juste et humaine, — exempte le frère légitime moins âgé qui tire au sort ; de telle sorte que, sous ce rapport, pour faciliter et encourager la reconnaissance des enfants nés hors mariage, reconnaissance qui est utile à la société tout entière, on n'a jamais hésité, au point de vue de la loi militaire, à leur donner la même situation qui leur était accordée par la loi civile ».

M. LE BARON CHAURAND. « Il n'a pas été répondu un seul mot à la seconde hypothèse que j'avais posée. Il n'a pas été répondu un seul mot sur les détestables conséquences que produirait dans la seconde éspèce la loi interprétée dans le sens que voudrait lui attribuer l'honorable M. Bethmont.

« J'ai dit qu'il peut arriver qu'une veuve sans enfants contracte pendant son veuvage des relations coupables et ait un fils appelé à faire partie de l'armée pendant que son père et sa mère naturels continuent à vivre dans le désordre. Si le bénéfice de la dispense appartient à l'enfant naturel, il pourra être réclamé par ce fils, même ayant son père et sa mère, parce que, devant la loi. sa mère est veuve. Mais comme ce privilége lui serait enlevé par le mariage de son père et de sa mère, n'est-il pas à crain^re que ceux-ci. spéculant sur cette situation. ne fassent pas légitimer leur union, afin de ne pas enlever à leur enfant la dispense que leur inconduite crée en sa faveur ?

« J'ai donc raison de dire que la loi, entendue comme le propose la commission, institue une prime en faveur du concubinage et peut porter atteinte à la dignité du mariage. Cette considération est plus que suffisante pour me donner la certitude que l'Assemblée votera le paragraphe additionnel que je lui propose ». ;Approbation sur plusieurs bancs.)

M. LE PRÉSIDENT. « Je mets aux voix l'amendement de M. le baron Chaurand ». (L'amendement est mis aux voix et adopté (1)).

UN MEMBRE au banc de la Commission. « L'Assemblée n'a prononcé qu'une simple prise en considération par suite de laquelle l'amendement doit être renvoyé à la Commission ». (Mais non ! mais non !)

M. LE PRÉSIDENT. « L'amendement avait été imprimé et distribué, et il a été discuté. C'est l'amendement même que j'ai mis aux voix, et non une prise en considération.

« Il faut vous y résigner en silence. l'amendement est adopté ». (Très-bien ! très-bien !)

530. — Nous sommes convaincu que dans un temps prochain cette loi sera modifiée (2).

---

(1) L'art. 17 de la loi du 27 juillet 1872, a été adopté par 380 voix contre 208 sur 588 votants. (V. *Journ. off.* du 28, p. 5181.)

(2) Et déjà l'impression de ce livre n'est pas terminée que nos prévisions se réalisent, du moins en partie.

En effet, la doctrine de l'art. 2 de cette loi que : « dans les troupes françaises il ne doit y avoir ni prime en argent ni prix quelconque d'engagement », était trop absolue.

Dans la séance du 27 mai 1878, le Sénat a adopté à l'unanimité de 289 votants un projet de loi, précédemment adopté par la Chambre des députés, sur le rengagement des sous-officiers.

Il est alloué aux sous-officiers admis à se rengager pour cinq ans, une somme de 600 fr. de première mise d'entretien et 2.000 fr. d'indemnité.

Ce qui me fait croire qu'elle sera révisée, c'est, comme le disait le comte de Douhet (1), que « le privilége créé par la nouvelle loi en faveur des bacheliers et des lauréats de M. le Ministre de la guerre, devient tellement exorbitant, en les libérant en temps de paix du service actif, que bientôt, s'il n'y est pourvu autrement, le soulèvement de tous les instincts opposés, peu lettrés ni savants, comme chacun sait, paralysera le fonctionnement pratique et régulier de la nouvelle loi ».

Le temps a consacré ces prévisions.

Ces explications, nécessaires pour justifier mes espérances, donneront la raison des quelques mots de réponse que je vais faire sur l'amendement de M. le baron Chaurand dont nous venons de lire la discussion.

Comme il a été suffisamment répondu à la première espèce posée, je n'ajouterai que cette réflexion : une rigueur injuste ne profite jamais à la morale, et je passe à la seconde hypothèse à laquelle, l'auteur de l'amendement l'a fait remarquer lui-même, « il n'a pas été répondu un seul mot ».

Telle que l'auteur présente cette hypothèse, c'est-à-dire la veuve étant supposée n'avoir des enfants que depuis son veuvage, autrement dit des enfants naturels, — ce qui est singulier, — je reconnais que la dispense, dans ce cas, serait une prime au concubinage, parce qu'alors la veuve aurait intérêt à ne pas se marier.

Mais si, lors de la dissolution de son mariage, elle avait, — ce qui est plus vraisemblable, — un ou plusieurs enfants légitimes, est-ce que cet enfant ou l'aîné de ces enfants étant dispensé ne fera pas que la mère aura éga-

---

Un deuxième rengagement leur donne droit à une deuxième mise de 500 fr. et à une pension de retraite proportionnelle.

Nous ne tarderons pas à apprécier les effets salutaires de ces sages modifications.

Espérons qu'elles se compléteront encore, tant en ce qui concerne les simples soldats qu'en ce qui concerne le volontariat d'un an et les enfants naturels.

(1) Assemblée nationale, séance du 29 juin 1872 ; V. l'*Annexe*, n° 1257, *Journ. off.* du 28 juill. 1872.

lement intérèt à ne pas se marier et ne gardera pas le concubinat ?

Pour la morale. que le dispensé soit légitime ou naturel. l'effet est le même . et cette rigueur de l'amendement manque son but puisque, 99 fois sur 100. ce serait facile à vérifier. la dispense, dans cette hypothèse. est accordée au fils légitime d'une veuve plutôt qu'à un enfant conçu et né depuis la dissolution de son mariage.

D'ailleurs l'enfant pourrait être né avant le mariage de sa mère, être par conséquent illégitime. la mère avoir eu des enfants durant son mariage. et. veuve. se livrer au libertinage. Dans ce cas le premier né ne sera pas dispensé ; mais . une ou plusieurs années après . l'enfant puiné légitime sera dispensé et prolongera d'autant le concubinat de sa mère.

Cette seconde espèce, de M. le baron Chaurand, n'est qu'une très-rare exception : la prime accordée au concubinat n'est pas là : elle réside en ce que la veuve. ayant un enfant susceptible de dispense. prolongera son inconduite jusqu'à ce qu'elle en ait bénéficié. que l'enfant soit légitime ou non. Or, cet encouragement au vice subsiste toujours, avec une exception de moins. je le reconnais. mais avec une injustice de plus.

Cette espèce méritait, à mon sens. un examen plus sérieux de la part du législateur. Convaincu que la loi doit frapper l'immoralité partout où elle se produit, j'aurais alors désiré qu'on complétât la mesure par cette addition : « Ces dispenses ne s'appliquent pas au fils d'une veuve dont l'inconduite est notoire ».

Quant à l'objection de M. Alfred Dupont : « Vous forcerez le père aveugle à laisser partir son fils et vous lui laisserez le fils du désordre de sa femme » la réponse est facile : le § 2 dit : « *Le fils* unique ou l'aîné des fils d'une femme veuve ou *d'un père aveugle* ». Il n'eût pas été question du fils naturel de la femme encore que ce fils eût été légitime, puisque c'est le fils de l'aveugle qui bénéficiera de la dispense.

En résumé l'adoption de cet amendement n'améliore en

rien l'état moral de la société : elle entrave les salutaires effets des reconnaissances et frappe injustement un innocent de plus. Ou arrêter l'immoralité par toutes les voies possibles, ou subir l'imperfection de nos lois dans leurs plus naturelles conséquences.

531. — Le mineur âgé de 20 ans peut contracter seul soit un engagement volontaire, soit un engagement conditionnel d'un an (1).

L'engagé volontaire doit : 1° s'il entre dans l'armée de mer avoir 16 ans accomplis, sans être tenu d'avoir la taille prescrite par la loi, mais sous la condition qu'à l'âge de 18 ans il ne pourra être reçu, s'il n'a pas cette taille ; 2° s'il entre dans l'armée de terre avoir 18 ans accomplis et au moins la taille de 1 mètre 54 centimètres ; 3° savoir lire et écrire ; 4° jouir de ses droits civils ; 5° n'être ni marié ni veuf avec enfants ; 6° être porteur d'un certificat de bonnes vie et mœurs délivré par le maire de la commune de son dernier domicile ; et, s'il ne compte pas au moins une année de séjour dans cette commune, il doit également produire un autre certificat du maire des communes où il a été domicilié dans le cours de cette année.

S'il a moins de 20 ans, il doit justifier du consentement de ses père, mère ou tuteur. Ce dernier doit être autorisé par une délibération du conseil de famille (2).

---

(1) L. du 27 juillet 1872, art. 46 et 54.
(2) *Ibid.*, art. 46.

CHAPITRE XIX.

Tarif des Droits d'enregistrement.

Nota. — Deux décimes et demi, soit un quart pour franc, sont dus en sus des droits ci-après. (L. L. 6 prairial an vii, 23 août 1871, 30 décembre 1873.)

	DROITS	
	fixes	pp^ls p 0/0
Absent. V. *Donation, Succession.*		
Acte de notoriété......................	3 »	
Acte respectueux......................	3 »	
Acte de tutelle officieuse..............	75 »	
Adoption. Lorsqu'elle est faite devant notaire et par disposition de dernière volonté.........	3 »	
Lorsqu'elle est admise par jugement...........	75 »	
Lorsqu'elle est admise par arrêt...............	150 »	
Jugement qui rejette une adoption.............	7 50	
Arrêt id.	15 »	
Les jugements et arrêts d'adoption donnent lieu à autant de droits fixes qu'il y a d'adoptés (1). V. *Mutations.*		
Aliments. Pensions alimentaires de sommes déterminées et abandons de jouissance d'immeubles, pour en tenir lieu, par les enfants à leurs ascendants.....................	......	0, 20
Déclaration par les enfants qu'ils se soumettent à fournir des aliments à leurs ascendants sans fixation de somme................	3 »	

Les mêmes droits de 0 fr. 20 pour 100 s'appliquent à la constitution d'une pension alimentaire faite par les enfants naturels en faveur de leurs père et mère qui les ont reconnus.

Il n'est dû que le droit de 0 fr. 20 pour 100 sur l'acte par lequel

___

(1) Sol. rég., 15 déc. 1818.

l'héritier du père d'un enfant adultérin s'oblige à payer à ce dernier une somme d'argent pour prévenir toute demande et éteindre tous droits d'aliments ; l'enfant adultérin pouvant réclamer des aliments contre les héritiers soit naturels soit institués de ses père ou mère (1).

Les aliments fournis à l'enfant adultérin ne constituent pas une libéralité ; c'est une obligation imposée par la loi ; c'est une dette des père et mère de leur vivant, et une *dette de leur succession* après leur décès. Par suite, les héritiers ou légataires, quels qu'ils soient, sont obligés de fournir des aliments à l'enfant adultérin. Les donataires entre vifs n'y sont point tenus par la raison toute simple qu'ils ne sont tenus au paiement d'aucune dette de la succession des donateurs (2).

	DROITS	
	fixes	pplᵉ p 0/0
	—	—
Apprentissage (Contrat d'), lors même qu'il contiendrait des obligations de sommes ou valeurs mobilières ou de quittances............	1 50	
Attestations pures et simples...............	3 »	
Autorisations pures et simples...............	3 »	
Avis de parents (ou du conseil de famille).	6 »	
Baux à ferme ou à loyer, sous-baux, cessions et subrogations de baux, conventions pour nourriture de personnes, lorsque la durée est limitée, sur le prix cumulé de toutes les années......................................	......	0 20
Codicilles. V. *Testaments.*		
Compromis, ou nominations d'arbitres qui ne contiennent aucune obligation de sommes et valeurs donnant lieu au droit proportionnel....	4 50	
Concessions de terrains dans les cimetières, perpétuelles ou illimitées......................	......	4 »
Temporaires..............................	......	–0 20
Consentements purs et simples...............	3 »	

Il n'est dû qu'un seul droit sur l'acte par lequel le père et la mère du futur ou de la future donnent leur consentement au mariage (3).

Contrats de Mariage, sans autres dispositions que les déclarations des apports personnels

---

(1) *Dict. du Not.,* V. *Aliments,* et les auteurs qu'il cite.
(2) Chabot, sur 762 ; *Dict. du Not., ibid.*
(3) L. 22 frim. an VII, art. 11.

des futurs et sans aucune stipulation avantageuse entre eux.

Droit gradué d'après le montant net des apports personnels des futurs époux : 5 fr., si les apports sont de 5,000 fr. et au-dessous; 10 fr., si les apports sont supérieurs à 5,000 fr., mais n'excèdent pas 10,000 fr.; et 20 fr., si les apports sont supérieurs à 10,000 fr., mais n'excèdent pas 20,000 fr.; 20 fr. par 20,000 fr. ou fraction de 20,000 fr., si les apports sont supérieurs à 20,000 fr.

	DROITS	
	fixes	pp^{ls} p 0/0
Déclarations. V. *Aliments.*		
Délivrance de legs, pures et simples......	Droit gradué (1)	
L'acte qui contient délivrance de plusieurs legs est sujet à autant de droits fixes qu'il y a de légataires distincts. La délivrance forme une disposition spéciale et indépendante pour chaque légataire.		
Dépôt d'actes et pièces chez les officiers publics...................................	3 »	
Désistements purs et simples.............	3 »	
Dispenses d'âge pour le mariage............	30 »	
Délivrées aux personnes reconnues indigentes	gratis	
Dispenses de parenté pour le mariage.......	60 »	
Domicile, autorisation de l'établir en France.	30 »	
Le gouvernement peut faire remise totale ou partielle de ces droits.		
Dommages-intérêts, prononcés par les tribunaux en matière civile......................	......	2 »
Prononcés par les tribunaux criminels, correctionnels et de police..........................	......	2 »
Dons manuels. V. *Donations entre vifs.*		
Donations entre époux, lorsqu'elles sont soumises à l'événement du décès : par contrat de mariage...............................	7 50	
Pendant le mariage.........................	7 50	

---

(1) Figurant au mot : *Contrat de mariage.*

Donations entre vifs.

			DROITS pp^ls p 0/0	
			meubles	immeubl.
Ligne directe	contenant partage d'après les art. 1075 et 1076 C. c.	la transcription ne donne plus lieu qu'au droit fixe.	1 »	1 50
	non suivies de partage	par contrat..	1 25	2 75
		hors contrat.	2 50	4 »
Entre époux	par contrat	de	1 50	3 »
	hors contrat	biens présents.	3 »	4 50
Frères, sœurs, oncles et neveux	par contrat..		4 50	4 50
	hors contrat.		6 50	6 50
Grands-oncles, petits-neveux, cousins germains	par contrat..		5 »	5 »
	hors contrat.		7 »	7 »
Parents au-delà du 4ᵉ degré jusqu'au 12ᵉ	par contrat..		5 50	5 50
	hors contrat.		8 »	8 »
Non-parents	par contrat		6 »	6 »
	hors contrat		9 »	9 »

La valeur des objets donnés est déterminée, pour le paiement des droits, savoir : pour les meubles, par la déclaration estimative des parties, sans distraction des charges ; pour les immeubles non bâtis, à 25 fois, s'il s'agit de la propriété et à 12 fois 1/2, s'il s'agit de l'usufruit, et, s'il s'agit des immeubles urbains, à 20 fois et 10 fois le produit des biens ou le prix des baux courants, sans distraction des charges.

S'il s'agit de rentes sur l'Etat, fonds publics, actions, obligations, etc., le capital servant à la liquidation du droit est déterminé par le cours moyen de la bourse au jour de la donation.

S'il s'agit de valeurs non cotées, par la déclaration estimative des parties.

La loi ne fait aucune distinction, pour la quotité des droits, entre les *enfants naturels* reconnus et les enfants légitimes (1).

Il n'est pas nécessaire que l'enfant naturel ait été reconnu par un acte spécial ; il suffit que la donation lui attribue cette qualité.

La donation faite par l'aïeul à l'enfant légitime de son enfant naturel reconnu n'est exigible qu'au taux fixé pour la ligne directe (2).

---

(1) Sol. rég., 5 nov. 1834 ; *Dict. du Not.*, V. Donat., n. 484.
(2) Délib. rég., 17 juin 1834 et 27 sept. 1843.

Mais, si la donation était faite à l'enfant naturel reconnu par les parents de son père ou de sa mère, le droit serait dû au taux fixé pour les personnes non parentes. Cependant, comme conséquence de l'art. 766 C. c., il semble que la donation entre frère et sœur naturels ne devrait être assujettie qu'au droit établi entre frères et sœurs.

Les donations aux enfants incestueux ou adultérins sont passibles des droits fixés entre personnes non parentes.

Donations déguisées, sont nulles pour le tout et non pas seulement réductibles, soit qu'elles aient lieu sous l'apparence d'un contrat onéreux ou sous le nom d'une personne interposée, notamment la donation déguisée faite par un père à son enfant naturel (1).

	DROITS	
	fixes	pp^ls p 0/0
Donations éventuelles ou à cause de mort.	7 50	
Donations non acceptées par le donataire..	3 »	
Echange d'immeubles, transcription comprise...	......	3 50
Le droit se perçoit sur l'une des parties : sur la moindre s'il y a retour indépendamment du droit de vente à 5 fr. 50 pour 100 sur le retour ou la plus-value.		
Il n'est dû que 0 fr. 20 pour 100, si les immeubles ruraux sont contigus.		
Exécutoires (Jugements).....................	......	0 50
Engagements, enrôlements. congés, certificats, et tous autres actes pour l'administration militaire	exempts	
Etats joints aux donations.................	3 »	

Expéditions :
On peut obtenir des copies sur papier timbré des actes de l'état civil, en s'adressant :

1° *Aux mairies de Paris,* pour les actes reçus par elles depuis le 1er janvier 1860 ;

2° *Aux archives de la préfecture de la Seine* (actuellement au palais de la Bourse), pour les actes détruits en 1871 et reconstitués. (Loi du 12 février 1872.)

Les communes annexées en 1859 à la ville de Paris, dont les

---

(1) Bordeaux, 12 juin 1876, art. 21515 j. n.

archives ont été détruites dans l'incendie comme celles de Paris sont : *Auteuil, Les Batignolles, Belleville, Bercy, La Chapelle-Saint-Denis, Charonne, Grenelle, Montmartre, Passy, Vaugirard* et *La Villette*.

Des portions de territoire des communes de *Gentilly, Ivry, Montrouge, Neuilly* et *Saint-Mandé*, ont été, en 1859, englobées dans Paris ; mais ces communes, ayant conservé leur existence personnelle, ont gardé tous leurs registres ;

3° *Aux mairies de toutes les communes de France*, ou *aux greffes des tribunaux civils*, pour les actes de Paris et de toutes les communes des départements.

L'expédition d'un acte de mariage coûte :

A Paris....................................	3 30
Dans les villes ou communes de 50.000 âmes et au-dessus....................................	2 80
Au-dessous....................................	2 40

L'expédition d'un acte de naissance ou de décès coûte :

A Paris....................................	2 55
Dans les villes ou communes de 50.000 âmes et au-dessus....................................	2 30
Au-dessous....................................	2 10

(Y compris les décimes, mais non compris le coût de la légalisation.)

En outre, la première expédition des actes contenant mention de reconnaissance d'enfant naturel ou de légitimation est soumise à des droits d'enregistrement, savoir :

	DROITS	
	fixes	pp^{ls} p 0/0
Mention de chaque reconnaissance..........	7 50	
Mention de légitimation	3 »	

Les expéditions d'actes reconstitués à Paris donnent lieu, en sus du prix, à la perception d'un droit fixe de 1 fr. 20.

Les expéditions doivent être légalisées, à la diligence des parties, par le président du tribunal de première instance dans les villes où il s'en trouve, et, partout ailleurs par les juges de paix. Le coût de chaque légalisation est de 0 fr.25 dus au greffier. V. *Reconnaissance d'enfants naturels.*

Inventaires de meubles, objets mobiliers, titres, papiers.

Pour chaque vacation....................	3 »	

	DROITS	
	fixes	pp¹ˢ p 0/0

Les inventaires après faillite ne sont assujettis qu'à un seul droit fixe.

Légitimations. V. *Expéditions* et *reconnaissance d'enfants naturels.*

Légitimation d'enfants d'indigents. V. *Mariage des indigents* et *Reconnaissance d'enfants naturels.*

Lettres missives qui ne contiennent ni obligation, ni quittance, ni aucune autre convention donnant lieu au droit proportionnel............ **3 »**

Licitations de biens immeubles indivis (Parts et portions acquises par) .... **4 »**

Biens meubles........................ ...... **2 »**

Main-levées. Consentements à mains-levées totales ou partielles d'hypothèques............ droit gradué (1)

S'il y a seulement réduction de l'inscription, il n'est dû qu'un droit de..................... **5 »**

Par acte.

Majorats (actes et consentements concernant les) .... **3 »**

Mariages *des indigents. Légitimation de leurs enfants et retrait de ces enfants déposés dans les hospices.* Les actes de notoriété, de consentement, de publication, les délibérations des conseils de famille, les certificats de libération du service militaire, les dispenses pour cause de parenté, d'alliance ou d'âge, les actes de reconnaissance d'enfants naturels, les actes de procédure, jugements et arrêts dont la procédure est nécessaire pour cet objet.............. gratis

Monts-de-piété. Obligations, reconnaissances et tous actes concernant l'administration de ces établissements........................... exempts

Mutations par décès. Meubles et immeubles.

1. En ligne directe..................... ...... **1 »**

2. Entre époux..................... ...... **3 »**

---

(1) Figurant au mot : *Contrat de mariage.*

	DROITS	
	fixes	pp^{ls} p 0/0
	—	—
3. Entre frères et sœurs, oncles et tantes, neveux et nièces	......	6 50
4. Entre grands-oncles et grand'tantes, petits-neveux et petites-nièces, cousins germains.....	......	7 »
5. Entre parents au delà du 4ᵉ degré.........	......	8 »
6. Entre personnes non parentes............	......	9 »

7. L'enfant adoptif étant civilement et par fiction un enfant légitime, les droits de mutation sur les biens que lui ou ses enfants recueillent par le décès de l'adoptant, sont perçus au taux établi pour la ligne directe (1).

Lors même que l'adoption a eu lieu par testament et que l'adoptant est décédé avant la majorité de l'adopté (2).

8. Mais, si l'adoptant ne décédait qu'après la majorité du pupille, sans l'avoir adopté dans les formes ordinaires, le droit serait déterminé par son degré de parenté avec le défunt (3).

9. Le décès d'un enfant posthume, né avant le 180ᵉ jour de sa conception et mort peu d'instants après sa naissance, ne donne ouverture à aucun droit de mutation (4).

10. Mais l'enfant né après le 180ᵉ jour a pu succéder et transmettre, et le droit est dû par suite de son décès (5).

11. Lorsque l'époux survivant est appelé à la succession à défaut de parents au degré successible, il est considéré, quant à la quotité des droits, comme personne non parente.

12. La loi du 22 frimaire an VII tarife aux mêmes droits toutes les successions en ligne directe sans distinction de la succession légitime et de la succession naturelle.

13. Mais, pour le cas où les enfants naturels sont appelés à la succession à défaut de parents au degré successible, l'art. 53 de la loi du 28 avril 1816 les considère comme personnes non parentes.

14. Toutefois il faut faire les distinctions suivantes :

L'enfant naturel qui recueille, en vertu d'un testament, une

---

(1) *Dict. du Not.*, V. *Succession*, n° 853.

(2) *Ibid.*, n° 854.

(3) Sol. rég., 2 oct. 1848 ; tribunal de Saint-Marcellin. 26 av. 1849 ; Seine, 29 juillet 1873; art. 13532, 13823, 21009 j. n.

(4) Délib. rég., 24 nov. 1829 ; inst. rég., 27 mars 1830.

(5) Délib. rég., 7 janv. 1831.

portion de la succesion de ses père ou mère, plus forte que celle qui lui est attribuée par l'art. 757, ne doit pas acquitter le droit de mutation par décès au taux déterminé pour les successions entre personnes non parentes (1).

15. Si l'usufruit était légué à l'enfant naturel et la nue propriété à l'enfant légitime, les droits de mutation sont dus au taux déterminé pour la ligne directe (2).

16. Le même droit est dû, si l'enfant naturel recueille les biens de la succession de son père ou de sa mère, en vertu du testament qui l'institue légataire universel (3).

17. Alors même qu'il ne serait institué que par un testament olographe et n'aurait pas rempli les formalités prescrites par les art. 1007 et 1008 du C. c. (4).

18. Si un étranger était institué légataire universel, la réserve de l'enfant naturel étant de moitié comme celle d'un enfant légitime, c'est au taux de la ligne directe qu'il doit payer le droit de mutation pour la moitié qui forme sa réserve (5).

19. La question de savoir si l'enfant naturel appelé à recueillir la totalité des biens, à défaut de parents au degré successible, doit acquitter le droit de mutation par décès au taux déterminé entre personnes non parentes sur la *totalité* de la succession ou sur un *quart* seulement, et le droit au taux de la ligne directe pour les trois autres quarts, est controversée.

20. Les uns accordent bien que la réserve de l'enfant naturel en concours avec des collatéraux autres que les frères et sœurs de ses père et mère, est des trois quarts et que le droit de mutation n'est dû, sur cette réserve, qu'au taux fixé pour la ligne directe, mais que le législateur n'a augmenté le droit de mutation à payer par l'enfant naturel qu'en considération de ce que l'enfant prenait toute la succession et que, dans ce cas, il a voulu le traiter absolument comme un étranger, sans aucun

---

(1) Délib. rég., nov. 1846, art. 12565 j. n.; *Dict. du Not.*, V. *Succession,* n° 869. — *Contra :* Délib. rég., 18 juill. 1856 ; T. de Meaux, 7 mars 1838, Seine, 27 mars 1844.

(2) Déli' rég., 16 juillet 1847 ; inst. rég., 31 déc. 1847, n° 1796, § 15.

(3) Cass., 5 av. 1852 ; T. Melun, 27 août 1852, art. 14629 et 14759. En ce sens : art. 12315, 12565 et 14009 j. n. — *Contra :* Lyon, 19 fév. 1845, n° 426, *Arch. du Not.;* Seine, 10 janv. 1850 ; Versailles, 17 janv. 1850.

(4) Cass., 28 fév. 1855, art. 15473 j. n.

(5) *Dict. du Not.*, V. *Succession,* n° 874 ; *Arch. du Not.,* observ. sur le n° 426. — *Contra :* Seine, 22 mars 1848, art. 13354 j. n.

égard à son droit de réserve, sans aucun égard à sa qualité d'enfant (1).

21. Mais d'autres, avec raison, selon nous, prétendent que la circonstance du défaut de parents au degré successible n'ajoute qu'*un quart* aux droits de l'enfant naturel ; que c'est déjà beaucoup que, pour ce quart, la loi fiscale lui enlève la qualité de successeur direct et assujettisse cette portion au droit de mutation entre personnes non parentes.

22. En effet, en vertu de l'art. 757 C. c., l'enfant est considéré comme successeur direct des trois quarts de l'hérédité et simplement astreint au paiement du droit de mutation en ligne directe. Garanti de ce côté, l'art. 53 de la loi de 1816 ne peut s'appliquer qu'au quart de la succession (2).

23. Lorsque le fils d'un enfant naturel ou l'enfant naturel d'un fils légitime est institué légataire universel par son aïeul, le droit de mutation n'est dû qu'au taux déterminé pour la ligne directe (3).

24. L'enfant naturel qui recueille la succession de sa mère, enfant naturel elle-même, décédée laissant sa mère et des frères ou sœurs illégitimes, doit acquitter le droit de mutation par décès au taux fixé pour les personnes non parentes. C'est en vertu de l'art. 758 C. c. que l'enfant naturel a recueilli la totalité de la succession de sa mère, qui, enfant naturel elle-même, sans filiation et sans famille légitime, ne laissait aucun héritier, quoiqu'elle eût une mère et des frères illégitimes (4).

25. Lorsque la succession d'un enfant naturel est dévolue, en vertu de l'art. 766 C. c., à ses frères et sœurs soit légitimes soit naturels, le droit de mutation est exigible au taux de 6 fr. 50 pour 100. Ceux-ci recueillent la succession non à défaut de parents au degré successible, mais au contraire comme parents de l'enfant naturel, puisque la loi les qualifie expressément de frères et sœurs et que le mariage est interdit par l'art. 162 C. c. entre les frères et sœurs naturels de même qu'entre les frères et sœurs légitimes (5).

---

(1) Obser. sur le n° 426, *Arch. du Not.*, au sujet du jugement du Trib. de la Seine, du 19 fév. 1845 ; Cassation, 12 av. 1847.

(2) *Dict. du Not.*, V. *Succession*, n° 873.

(3) Délib. rég., 16 juillet 1847 ; Inst. rég., 31 déc. 1847, n° 1796, § 15.

(4) Trib. de la Seine, 12 juin 1850 ; Guéret, 17 oct. 1851, art. 15173 et 14518 j. n.

(5) Art. 19075 j. n.

26. Cependant la Cour de cassation a décidé (1) que c'était à 9 pour 100 que le droit de mutation était dû lorsqu'un fils légitime a institué par son testament son frère naturel reconnu pour son légataire universel.

27. Mais cette décision est vivement critiquée. On ne peut pas dire que le frère naturel et son frère légitime ne sont pas *parents collatéraux*. Il est vrai que le frère naturel n'est pas appelé à la succession de son frère légitime, tandis que le frère légitime a certains droits sur les biens de son frère naturel décédé (art. 766 C. c.) : mais, aux termes de toutes les lois sur l'enregistrement, le droit se détermine d'après le degré de parenté et la non-parenté. Or, bien que l'enfant naturel ne soit pas un successible de son frère légitime, il est son parent ; c'est une vérité que rien ne peut détruire (2).

28. La nue propriété comprend la totalité des droits.

29. L'usufruit comprend la moitié du droit ou mieux le droit sur la moitié du bien.

30. Les alliés sont considérés comme personnes non parentes pour le payement des droits de succession.

31. La valeur des objets transmis par décès est déterminée pour le payement des droits, d'après les mêmes bases que pour les donations entre vifs. (Voy. ce mot.)

Mutations par décès d'inscriptions sur le grand-livre de la dette publique. Mêmes droits que pour les autres biens de même nature.

Le capital servant à la liquidation des droits est déterminé par le cours moyen de la Bourse au jour du décès.

Le transfert ou la mutation au grand-livre de la dette publique d'une inscription de rente provenant de titulaires décédés ou déclarés absents, ne peut être effectué que sur la présentation d'un certificat délivré, sans frais, par le receveur de l'enregistrement et visé par le directeur du département, constatant l'acquittement des droits de mutation par décès. Dans les départements autres que celui de la Seine, la signature du directeur doit être légalisée par le préfet.

Mutations par décès de fonds publics, d'actions, d'obligations, de parts d'intérêts, de créances et généralement de toutes valeurs mobilières.

Etrangères, de quelque nature qu'elles soient, dépendant de

---

(1) 27 nov. 1868, art. 19481 j. n.
(2) En ce sens : Article 19482 j. n.

successions régies par la loi française ou de la succession d'un étranger domicilié en France avec ou sans autorisation.

Mêmes droits que pour les autres biens de même nature.

Le capital servant à la liquidation du droit est déterminé par le cours moyen de la Bourse au jour du décès. S'il s'agit de valeurs non cotées à la Bourse, le capital est déterminé par la déclaration estimative des parties, conformément à l'art. 14 de la loi du 22 frimaire an VII, sauf l'application de l'art. 39, même loi, si l'estimation est reconnue insuffisante.

	DROITS	
	fixes	pp^{ls} p 0/0
Nominations d'experts, hors jugement......	3 »	
Nominations d'arbitres. V. *Compromis*.		
Obligations à la grosse aventure ou pour retour de voyage............................	......	0 50
Obligations pour prix de vente consenties dans l'acte même de vente....................	exempt^{es}	
Obligations de sommes......................	......	1 »
Le droit se perçoit sur le capital exprimé dans l'acte qui en fait l'objet.		
Ordonnances de décharge ou de réduction, remise ou modération d'imposition, les quittances y relatives, les rôles et extraits de ces rôles.	exempts	
Ordres en justice ou devant notaires, lorsqu'ils ne contiennent ni obligation, ni transport par le débiteur............................	......	0 50
Ouvertures de crédit, pures et simples....	......	0 50
Sauf perception du droit complémentaire d'obligation en cas de réalisation constatée.		
Partages de biens meubles et immeubles entre copropriétaires, à quelque titre que ce soit, pourvu qu'il en soit justifié, et sans soulte.....	Droit gradué (1)	
Le droit gradué est déterminé par le montant de l'actif net partagé.		
V. *Retours*.		
Pensions alimentaires de sommes déterminées et abandons de jouissance d'immeubles pour en tenir lieu par les enfants à leurs ascendants	......	0 20

---

(1) V. ce droit gradué au mot : *Contrat de mariage.*

	DROITS	
	fixes	pp^ls p 0/0

Procurations et pouvoirs pour agir, ne contenant aucune stipulation ni clause donnant lieu au droit proportionnel.................... 3

Prorogations de délais lorsque le titre est enregistré. D'après le montant de la créance... Droit gradué (1)

Quittances, remboursements et rachats de rentes et de redevances de toute nature et tous autres actes et écrits portant libération de sommes et valeurs mobilières ou immobilières.... .... 0 50

Le droit proportionnel est établi sur le total des sommes ou capitaux dont le débiteur se trouve libéré, ou d'après le capital constitué de la vente, quel que soit le prix stipulé pour l'amortissement.

Ratifications pures et simples d'actes en forme 3

Reconnaissances de dépôts de sommes chez les particuliers.............................

Reconnaissances d'enfants naturels faites par l'acte de célébration de mariage. — Sur la première expédition délivrée.................. 3

Autrement que par acte de mariage.......... 7 50

La reconnaissance de plusieurs enfants naturels, faite par l'acte de mariage des père et mère, ne constitue qu'une disposition et n'opère qu'un seul droit de 3 fr. (2).

Cette règle est applicable à la reconnaissance de plusieurs enfants naturels par la même personne, dans un seul acte notarié, parce qu'il ne s'agit toujours que de fixer les droits d'hérédité. Il n'est dû qu'un seul droit de 7 fr. 50 (3).

Les reconnaissances d'enfants naturels faites devant l'officier de l'état civil, par l'acte de célébration de mariage ou autrement, doivent être enregistrées sur l'expédition ; et les actes de l'espèce, antérieurs à la promulgation de la loi du 28 avril 1816, dont les expéditions ont été ou seraient délivrées postérieu-

---

(1) V. ce droit gradué au mot *Contrat de mariage.*
(2) Déc. min. des fin., 5 août 1816 et 17 déc. 1819; L. 22 et 28 fév. 1872, article 4.
(3) Déc. min. fin., 8 fév. 1826 ; L. 28 fév. 1872, art. 4.

rement, sont soumis aux mêmes règles de perception (1)

Ces reconnaissances peuvent être mentionnées en marge des actes de naissance, sans avoir été enregistrées, lorsqu'elles ont été faites devant l'officier de l'état civil qui a reçu les actes de naissance auxquels elles s'appliquent ; et, dans ce cas, le droit d'enregistrement se perçoit sur les expéditions des actes de naissance qui doivent faire mention de la reconnaissance (2).

Le droit d'enregistrement sur les reconnaissances d'enfants naturels devant l'officier de l'état civil ne peut être perçu que sur la première expédition qui en est délivrée ; mais l'officier de l'état civil est tenu de faire mention, en marge de la minute de l'acte, de la formalité donnée sur cette première expédition ; il est également tenu de rappeler cette mention dans toutes les expéditions subséquentes qu'il est requis de délivrer (3).

Les reconnaissances d'enfants naturels appartenant à des individus notoirement indigents doivent être enregistrées gratis.

L'indigence est constatée par un certificat du maire, visé par le sous-préfet. Mais, dans ce cas même, elles ne sont pas dispensées du timbre (4).

	DROITS	
	fixes	pp^{ls} p 0/0
Reconnaissances pures et simples, ne contenant aucune obligation ni quittance.........	3 »	
Résolutions par actes amiables de contrat de vente d'immeubles.....................	......	5 50
Retours ou **soultes** de partage.		
Biens meubles...........................	......	2 »
Biens immeubles........................	......	4 »
Ces règles de perception sont applicables à toute espèce de partage et aux donations portant partage faites par actes entre vifs ou testamentaires par les pères et mères ou autres ascendants, en vertu des art. 1075 et 1076, C. c.		
Retours d'échanges de biens immeubles. V. *Échange*..................................	......	5 50

(1) Déc. min. fin., 5 août 1816.
(2) Déc. min. fin., 5 août 1816 et 22 janv. 1819, art. 2840 j. n.
(3) Déc. min. fin., 8 juin 1821.
(4) Déc. min. fin., 10 av. 1817, art. 2202 j. n. — V. *Dict. du Not.*, *Reconn. d'enf. nat.*, § 3.

	DROITS	
	fixes	pp¹ᵉ p 0/0

Rétractations et révocations .... | 3 | |

Retraits de réméré par acte public dans les délais stipulés, ou faits s. s. p. et présentés à l'enregistrement *avant* l'expiration des délais, et avant celui de cinq ans................... | ...... | 0 50

Exercés *après* l'expiration des délais convenus par les contrats de vente sous faculté de réméré ou après celui de cinq ans à compter du jour du contrat......................... | ...... | 5 50

Rétrocessions de biens meubles .... | ...... | 2 »

De biens immeubles...................... | ...... | 5 50

Réunions de l'usufruit à la propriété, lorsque la réunion s'opère par acte de cession, et qu'elle n'est pas faite pour un prix supérieur à celui sur lequel le droit a été perçu lors de l'aliénation de la propriété.................... | 4 50 |

Réunions *d'usufruit* à la propriété par acte de cession, donation ou renonciation (indépendamment du droit fixe de 3 fr.) droit de transcription .... | ...... | 1 50

Société. Actes de formation ou de dissolution de société ne portant ni obligation, ni libération, ni transmission de biens meubles ou immeubles entre les associés ou autres personnes........ | Droit gradué (1) |

Succession (droits de). V. *Mutation par décès.*

Testaments et autres actes de libéralité qui ne contiennent que des dispositions soumises à l'événement du décès et les dispositions de même nature par contrat de mariage entre les futurs ou par d'autres personnes.............. | 7 50 |

Les testaments contenant des legs d'immeubles à charge de restitution indépendamment du droit fixe sont sujets au droit de transcription à | ...... | 1 50

La nomination d'un tuteur ou la désignation d'un conseil donné par le père à la mère en

---

(1) V. ce droit gradué au mot : *Contrat de mariage.*

	DROITS	
	fixes	pp^{ls} p 0/0

vertu de l'art. 391 C. c. n'est sujette à aucun droit particulier.

L'adoption testamentaire. V. *Adoption*........ **3** »

On ne peut exiger, en enregistrant les testaments, les droits dûs pour les legs qu'ils contiennent. Les légataires ont six mois, du jour du décès, pour payer ces droits.

Chaque legs pourra être enregistré séparément (1).

Les testaments déposés chez les notaires ou par eux reçus doivent être enregistrés dans les trois mois du décès des testateurs, à la diligence des héritiers, donataires, légataires ou exécuteurs testamentaires (2).

Le délai de trois mois pour l'enregistrement du testament public d'un militaire décédé, en activité de service, sur le territoire français, mais hors de son département, ne court que du jour de l'inscription du décès sur les registres de la commune de son dernier domicile (3).

Le testament qui a été révoqué n'est pas sujet à l'enregistrement ; mais l'acte de révocation doit être enregistré dans les trois mois du décès.

Les testaments qui n'ont pas été soumis à l'enregistrement dans le délai de trois mois sont sujets au double droit.

Lorsque, après le décès du testateur, un testament olographe est déposé par les parties intéressées dans les minutes d'un notaire, ce qui ne peut avoir lieu qu'après avoir rempli les formalités prescrites par l'art. 1007 C. c., il doit être enregistré avant ou en même temps que l'acte de dépôt, mais au droit simple seulement, quoiqu'il se soit écoulé plus de trois mois depuis le décès du testateur (4).

Le procès-verbal d'ouverture d'un testament olographe ou mystique dressé par le président du tribunal est passible du droit fixe de 3 fr.

---

(1) V. *Supra*, n° 418.

(2) L. 22 frim. an VII, art 24.

(3) Del. rég., 17 oct. 1832.

(4) V. *Dict. du Not.*, *Testament*, n° 828 ; déc. min. fin., 11 mars 1878, art. 20861 j. n., et les observations.

	DROITS	
	fixes	pp^ls p 0/0
Transactions, en quelque matière que ce soit, ne contenant aucune stipulation de sommes et valeurs, ni dispositions soumises à un plus fort droit d'enregistrement.	4 50	
Transferts de rentes sur l'Etat devant notaires	3 »	
Transports. Cessions de créances à terme...	......	1 »
La liquidation et le paiement du droit proportionnel sont déterminés, pour les créances à terme, leurs cessions, transports et autres actes obligatoires, par le capital exprimé dans l'acte et qui en fait l'objet.		
Tuteurs, les procès-verbaux de nomination de tuteurs et curateurs................	6 »	
Tutelle officieuse (acte de)...............	75 »	
V. *Mutation par décès*, n°s 7 et 8.		
Ventes de marchandises avariées, par les commissaires de marine............ ...	Droit gradué (1)	
Ventes totales ou partielles de navires......	......	2 »
Ventes de meubles et marchandises après faillite............	......	0 50
Ventes publiques de marchandises et objets donnés en gage dans le cas prévu par l'art. 93 nouveau du Code de Commerce............	......	0 10
Ventes publiques de marchandises, à la Bourse et aux enchères, d'après l'autorisation du tribunal de Commerce, par les courtiers de commerce, commissaires-priseurs, notaires, huissiers ou greffiers............	......	0 50
Faites par le ministère des courtiers sans autorisation du tribunal dans les locaux déterminés à cet effet............	......	0 10
Faites aux enchères après décès ou cessation de commerce, dans tous les autres cas autorisés par le tribunal............	......	0 10
Ventes de biens immeubles............	......	5 50
de biens meubles............	......	2 »

(1) V. ce droit gradué au mot : *Contrat de mariage.*

	DROITS	
	fixes	pp^{ls} p 0/0
Ventes de biens immeubles au nom de l'Etat par les agents et fonctionnaires de l'autorité publique..	....	2 »
Ventes de marchandises neuves autres que celles assujetties à 0 fr. 50 pour 100...........	....	2 »
Ventes d'immeubles situés en Corse.........	....	3 50

Les actes sous seings privés portant vente de propriété ou d'usufruit de biens immeubles doivent être enregistrés, savoir : dans les trois mois de leurs dates, s'ils sont faits en France ; dans les six mois pour ceux qui sont passés en pays étranger ou dans les îles et colonies françaises où l'enregistrement n'est pas établi, mais qui sont faits en Europe ; dans l'année, s'ils sont faits en Amérique ; et dans les deux années, si c'est en Asie et en Afrique.

A défaut d'enregistrement dans ces délais, ces actes sont soumis au double droit.

TABLE DES MATIÈRES

DANS L'ORDRE OU ELLES SONT EXPLIQUÉES.

TABLE

ALPHABÉTIQUE ET ANALYTIQUE DES MATIÈRES.

N. B. — Les chiffres de renvoi indiquent les numéros de l'ouvrage. Tout ce qui concerne l'enregistrement figure au tarif, chapitre XIX, où toutes les matières sont également classées par ordre alphabétique.

A.

est-elle valable ? 208. — A qui elle est permise ? comment la faire ? quel consentement exigé ? si on doit la faire homologuer ? 209.

Adoption. Peut-on la conférer à l'enfant naturel ? 210. — Historique, 211. — Pour la négative, 212. — Pour l'affirmative. 213 et 214. — Pendant que la jurisprudence est favorable, la doctrine est contraire, 215. — Point important. 216. — N'est jamais permise quand l'enfant est connu pour être *adultérin* ou *incestueux* : quand les validait-on ? 218. — Comment reconnaître l'adultérinité, 219. — Elle peut se faire par la mère sans que les héritiers soient recevables à opposer l'adultérinité, 220. — Un prêtre peut-il exercer la faculté d'adopter ? 221. Opinions de M. Pont, de Mgr Ravinet, arrêt de la Cour de Paris et de la Cour de Cassation, 221. — Un prêtre catholique peut être adopté. 222.

Effets de l'adoption, 223. Confère le nom de l'adoptant à l'adopté. 223. — N'opère aucune transmission de droits de famille, 224. La parenté civile existe à l'égard des descendants de l'adopté, 225. — L'adoption n'est pas révocable pour cause d'ingratitude ni pour cause de survenance d'enfant à l'adoptant ; mais l'adopté peut être écarté de la succession de l'adoptant pour cause d'indignité, 226. — Si elle peut être attaquée, 227. Cas de nullités absolues, 228.

Adultère. Proscrit de tout temps, 13. — Il faut son concours avec le recel de l'enfant pour que l'action en désaveu soit admise, 481. — Inutile qu'il résulte d'un jugement pour qu'il soit constant, 482. — L'adultère public peut établir la non-paternité, 483.

V. *Désaveu de paternité*.

Adultérins (*Enfants*). N'ont jamais joui des mêmes avantages que les enfants naturels simples, 14. — Ne peuvent être reconnus. 174. — Doutes que fait naître l'art. 335 C. c., 174, 175, 176, 178 à 185. — Sur la question de savoir si la reconnaissance est tellement nulle qu'elle ne puisse servir de base à une demande d'aliments, 174 à 185. — Opinions de M. Duvergier. 180. — de M. Troplong, 185. — Jurisprudence de la Cour de Cassation, 177 et 184. — Cet état de choses pourrait placer les incestueux dans des conditions plus favorables que les simples, 186. — Ne peuvent poursuivre judiciairement ni la déclaration de paternité, ni la déclaration de maternité, 142.

V. *Aliments. Adoption.*

Adultérinité. Quand elle est la cause de la donation ou du legs, la disposition peut être annulée. 284.

V. *Aliments.*

Aliénation.

V. *Vente.*

Aliments. D'où résulte la preuve que les enfants sont adultérins ou incestueux, pour avoir droit à des aliments ? 174 à 184. — L'action en aliments ne peut s'exercer que par l'enfant naturel reconnu, 187. — L'enfant naturel non reconnu ne peut exercer aucune action, 187. — L'action ne s'étend pas au delà des père et mère, 188. — L'auteur de la reconnaissance ne peut plus refuser des aliments, 189 ; — même depuis son mariage avec un autre que le père ou la mère de l'enfant, 190. — Le mari, comme maître de la communauté, doit-il des aliments à l'enfant que sa femme a eu avant son mariage? solut. négat., 191. — Controverse; mais solut. affirm.. si la Communauté avait l'usufruit des biens de l'enfant, 192. — L'obligation de celui qui, sans s'avouer père de l'enfant. s'engage à lui fournir des aliments. a été reconnue valable, 193. — *A fortiori* si l'écrit contenait l'aveu de paternité. 194. — Définition de l'art. 209 C. c. — Les aliments restent soumis. quant à la fixation. aux variations des éléments que le tribunal a pris en considération. 195. — Les tribunaux décident si les parents qui offrent de prendre l'enfant peuvent être dispensés de payer une pension alimentaire. 196. — Controverse sur la question de savoir s'ils sont dus à titre de réserve, 197. — Sont réciproquement dus, 248. — Différence entre le père et la mère quant à la question des aliments, 248. — Appréciation que peuvent avoir les tribunaux, 248. — La demande d'aliments peut avoir lieu quand la preuve de l'adultérinité résulte des circonstances de la cause, 185. 282. — Ils peuvent être accordés au donateur qui s'est épuisé en largesses, 402. En cas d'absence le successeur irrégulier peut les demander, 470.

Anglais. Angleterre. La légitimation n'y a pas lieu, 72. — Ce que sont les enfants, 72, 73, 74.

Ascendants.
V. *Réserve, Successions.*

Audiences. Les contestations sur l'état civil doivent être portées aux audiences solennelles. En quel cas elles peuvent être jugées en audience ordinaire. Note 2 du n° 46.

Avancement d'hoirie (Les dons en) sont comptés pour fixer la portion disponible, 420. — Cas où il ne remplirait pas l'enfant naturel de tous ses droits, 410.

Aveu. Celui que fait la mère, après avoir été indiquée telle dans l'acte de naissance de l'enfant, opère une reconnaissance parfaite. 114.

Avis de parents.
V. *Conseil de famille.*

B.

Bénéfice d'inventaire. Le droit de réduction des libéralités existe. même dans le cas où une succession, acceptée sous bénéfice d'inventaire, n'a que des biens insuffisants. 396. — L'héritier à réserve doit accepter sous bénéfice d'inventaire s'il veut exercer son droit sans le voir diminuer, 397.

Biens. Le mineur émancipé peut administrer les siens et faire tous actes d'administration. 268. — Les biens doivent être rendus par le possesseur de l'hérédité évincé à l'héritier légitime, 447. — *Quid* des fruits ? 447.

C.

Caution. Les héritiers ou successeurs irréguliers sont tenus de faire emploi du mobilier et de fournir caution, 438.

Commerce fait par le mineur émancipé, 264. — Formalités, 264. — Peut être limité, 265.

Commissaires de police. N'ont pas qualité pour recevoir un acte de reconnaissance, 118.

Conception. C'est l'époque qui fixe l'état de l'enfant naturel. 12.

40. — Impossible de lui assigner une date certaine, 476. — Se place dans les 120 jours entre la durée de la plus longue et la durée de la plus courte gestation, 477.

Conseil de famille. Celui des enfants naturels peut n'être composé que d'amis, 255. — Nomme le tuteur *ad hoc* pour l'action en contestation et en désaveu : mode, 525.

V. *Domicile.*

Consentement. Celui le la mère n'est pas nécessaire au père pour reconnaître son enfant, 109 et 110. — Et réciproquement, 112. — Raisons qui devraient l'imposer 112, 113.

Consentement de mariage. L'enfant naturel est tenu de produire celui de ses père et mère, 247.

Contestation *de paternité*, 23. 109, 110, 474 et suiv.

Contestation de reconnaissance, de 166 à 173, 248. — Ne doit pas dégénérer en abus, 170.

Contestation d'état ou de légitimité, art. 315 C. c. REMARQUE : L'enfant né le 301e jour après le décès du mari est présumé illégitime. — Si personne ne conteste il est à l'ombre de la légitimité. 504. — Acte de naissance reconstitué en vertu de la loi du 12 fév. 1872, 504. — Le défaut de représentation de l'acte de mariage ne suffit pas pour contester la légitimité, 504. Quand, durant le mariage, la maternité est établie, la paternité l'est aussi, 505. Dans ce cas la déclaration de paternité du prétendu père naturel est nulle, 505. S'il s'écoule plus de 300 jours l'enfant n'est pas illégétime de plein droit. — Opinion de M. Duvergier, 506. — Le juge doit avoir

toute liberté d'appréciation. — Exemple, 507. — Comment se calculent les 180 et les 300 jours. — Arrêt de la C. de cass., 508. — Différence entre désaveu, contestation et réclamation d'état, 509. — A quoi s'applique le désaveu, sur qui s'étend la contestation, 510. — But de la contestation de légitimité, 511. — De l'action en contestation. — Aucun délai n'est fixé, 521. — Si l'enfant né plus de 300 jours après l'absence déclarée peut être désavoué. — Controverse ; arrêt de la Cour de Douai et de la Cour de cass., 522. — Art. 318 C. c. ; l'acte de désaveu n'est assujetti à aucune forme. 523. — Si l'acte reste sans effet, le mari ou ses héritiers peuvent en former un nouveau s'ils sont dans les deux mois, 524. — La mère doit être appelée, le ministère public entendu, 526. — En quel cas les parents ne seraient pas admis à contester la légitimité, 527. — Effets du jugement qui déclare le désaveu valable, 528.

V. *Désaveu.*

Correction.

V. *Puissance paternelle.*

Cotuteur. Quand la mère se marie, le mari devient cotuteur, 254.

Curateur. Son assistance n'est pas nécessaire au mineur pour reconnaître un enfant naturel, 151. — L'enfant naturel doit-il en faire nommer un à la succession vacante ? 435.

Curés. Ceux de Savoie, avant l'annexion, n'avaient pas qualité pour recevoir un acte de reconnaissance, bien qu'avant ils fussent chargés de tenir les registres de l'état civil, 121.

D.

Déclaration d'absence. Si les parents naturels peuvent la poursuivre, 471.

Délivrance de legs ou de part héréditaire. 406. — Doit être demandée par l'enfant naturel aux héritiers légitimes, 407. — Et à défaut ou en cas de dispositions à qui ? 411 et 412. — Définition, 408. — Le légataire peut être dispensé de la demander ; en quel cas ? 409. — L'enfant naturel ne se trouve jamais dans ce cas, 409. — Le légataire universel est dispensé de la demander, quand il n'y a pas de réservataire, 412. — *Quid* s'ils ont renoncé ? 412. — En quel cas le légataire particulier doit la demander à l'enfant naturel, 413. — L'héritier n'est pas forcé à la faire pendant les délais pour faire inventaire et pour délibérer, 414. — L'action en délivrance se prescrit par trente ans, 415. — Comment l'introduire, 417. — Peut être volontairement consentie. — Quand elle est expresse. — Quand elle est tacite, 416. — A la charge de qui sont les frais de la demande en délivrance ? 417, 418. — *Quid* s'il y a résistance ? 417. — La délivrance ne peut être ordonnée par le tribunal que sur demande formée contre les héritiers débiteurs du legs, 418. — Le jugement de délivrance de legs appartient à la juridiction contentieuse, 420.

Dénomination. Celle d'enfant naturel est fort ancienne. — Pourquoi elle est donnée ainsi, 5.

Dépôt *(Acte de)*. L'acte de dépôt d'un écrit privé, portant reconnaissance, valide cette reconnaissance si l'auteur lui-même en fait le dépôt. — Sinon elle est nulle, 133.

Désaveu de paternité. 282. — La mère étant toujours certaine mais non le père, l'action n'appartient qu'à lui. — De la maxime : *L'enfant conçu pendant le mariage a pour père le mari.* 474. — But de cette présomption, 475. — En quel cas l'enfant peut être désavoué, 478. — Ce qu'on entend par : 1° Eloignement. 2° Conception, 479. — Le Code ne le détermine pas ; les tribunaux apprécient, 479. — Le mari ne peut opposer son impuissance naturelle ; admise autrefois ; raisons, 480. — Si le désaveu peut être admis au cas où il n'y aurait pas eu impossibilité de cohabitation, 481. Il faut le concours de l'adultère avec le recel, 481. — Jugement du tribunal de la Seine, 481. Inutile que l'adultère résulte d'un jugement, 482. — L'adultère public peut établir la non-paternité, 483. — Le mari peut former l'action même après le décès de sa femme, 484. — Le recel de la grossesse peut être considéré comme recel de la naissance, 485. — Les lettres peuvent être admises à l'appui de l'action, 486. — La déclaration par la mère qu'un autre que son mari est le père ne détruit pas la présomption de légitimité, 486. — Faiblesse des lois humaines à cet effet, 487. — Ce qu'était, sous le rapport de la séparation de corps, la légitimité sous la loi de brumaire et sous le Code ; arguments qu'elle donnait aux partisans du divorce, 488. — Ce qu'elle est depuis la loi du 6 déc. 1850, 489. — La preuve de la réunion de fait incombe à la

femme. — Arrêt de la C. de cass.
490. — En quel cas le mari ne
peut plus désavouer ; il le peut
s'il n'existe pas 180 jours entre
son mariage et la naissance, 491.
— Trois exceptions ; arrêt de
la Cour de Chambéry qui repousse
l'action du mari ; Iʳᵉ exception : Si
le mari a connu la grossesse.
492. — Cette décision ne saurait
se maintenir ainsi dans tous les
cas ; exemple, 493. — Comparaison
avec un arrêt de la Cour de Rouen
qui admet l'action du mari, 494.
— 2ᵉ exception : S'il a assisté et
signé à l'acte de naissance. 495. —
Raisons, 495. — Si, entre le 300ᵉ
et le 180ᵉ jour avant la naissance.
le prétendu père était engagé dans
les liens d'un précédent mariage.
l'enfant serait illégitime ; deux
arrêts en ce sens, 496. — 3ᵉ exception : Si l'enfant n'est pas déclaré
viable. 497. — Comment se prouve
la viabilité, 498. — Opinion de
Zacchias. père de la médecine
légale ; opinion de Troplong.
499. — Que décider si l'organisation n'a pas été constatée ? 500. —
Ce qui nait avant le 180ᵉ jour n'est
qu'un avortement.

M. *Monstre*.

L'enfant né dans les 180 jours,
qui n'est pas désavoué, est de droit
légitime. — Il révoque les donations antérieures ; Arrêt de la
Cour d'Agen, 502. — Observations
de M. Jozon ; dissertation sur cet
arrêt et sur l'espèce qu'il pose,
503. — Délais de l'action en désaveu, art. 316 ; la loi veut un
délai assez court : un mois ou deux
mois, 512. — Délais en cas de
séparation de corps ; arrêt de la
Cour de Chambéry, 513. — *Quid*
si le mari a reçu des confidences ?

arrêt de la Cour de Dijon, 514. —
Comment doit s'interpréter l'absence dont parle l'art. 316 C. c.?
515. — L'action ne peut être exercée que par le mari tant qu'il
existe ; *quid* si les héritiers sont
dans les délais ? procuration :
distinction entre action en désaveu et action en révocation pour
adultère, 516. — Quelles personnes
ne peuvent exercer l'action en
désaveu ? 517. — Ce qu'on entend
par héritiers, 518. — Si les héritiers du mari peuvent exercer
l'action en désaveu fondée sur le
recel et l'adultère. 519. — Si le
mari avait intenté l'action, ses
héritiers pourraient la reprendre.
520.

V. *Contestation d'état*.

Détournement de fille ou femme.
— L'auteur peut être déclaré père
de l'enfant, 82.

V. *Ravisseur*, *Viol*.

Dettes. La portion attribuée
aux enfants naturels est considérée
comme une dette, 287. 288. — Qui
doit supporter les charges de l'hérédité ? 463. — Les enfants naturels y contribuent au prorata de
leurs droits, 357.

Dispositions en faveur des
adultérins, de 278 à 284.

V. *Réserve*, *Donation*.

Domicile. Où se trouve celui de
l'enfant naturel non reconnu, 255.

Donataire. Le conjoint donataire n'est pas considéré comme
personne interposée par rapport à
l'enfant naturel, 392. — Le donataire est sans qualité pour contester la légitimité. 502, 503.

V. *Donation. Donation entre
époux*.

Donation. La donation à l'enfant adultérin est valable, quand

E.

Enlèvement. L'auteur peut être déclaré père de l'enfant, 82. — Suivi de grossesse, 82.

V. *Ravisseur, Viol.*

Enregistrement.

V. *le chapitre XIX, p. 307.* exclusivement consacré à cet objet.

Envoi en possession. Doit être demandé par l'enfant naturel au tribunal quand il n'y a pas d'héritier légitime, 4C7. 419. — Formalités, 420. 436. — L'ordonnance d'envoi en possession rendue par le président appartient à la juridiction volontaire. 420. — Elle est ordonnée par le président seul. 421. — Ne donne pas à l'enfant naturel la possession définitive de l'hérédité que les héritiers peuvent réclamer pendant trente ans, 423. — Il suffit au successeur irrégulier de l'enfant naturel, 425. — En quel cas il serait inutile, 425.

Envoi en possession provisoire des biens de l'absent. Ne peut pas être demandé par l'enfant naturel, 325.

Epoux survivant. En quel cas il succède à son conjoint, 427, 467. — Doit faire emploi du mobilier ou fournir caution, 439.

Etat. En quel cas il succède, 467, 468. — Est toujours présumé solvable, 439.

V. *Successions.*

Etat civil. Comment doit être jugée la contestation sur l'état civil, 46, note. — Le part monstrueux ne doit pas être inscrit, 501.

Exclusion pour indignité. A qui elle profite, 304, 370, 292, 293. — Controverse, 293.

Exhérédation. Si elle peut exister, puisque les père et mère n'ont pas de réserve, 455.

Expéditions d'actes de l'état civil.

V. *Enregistrement,* chap. XIX, au mot : *Expéditions.*

F.

Famille. Les enfants naturels n'ont d'autre famille que leurs père et mère, 287.

Femme mariée — peut reconnaître un enfant neturel sans l'autorisation de son mari, 154. — id.. si elle est remariée, 155. — Peut consentir seule au mariage de cet enfant, 156.

V. *Enlèvement.*

Filiation. Ce que c'est, 75. — Comment elle se prouve, 75. — N'est pas prouvée par la possession d'état, 116.

Filiation adultérine, peut être établie dans trois cas, 282.

V. *Aliments.*

Fille. Dans l'ancien droit était libre de diriger une action de paternité, 77. — Inconvénients qui en résultaient, 78. — Législation actuelle, 79.

V. *Enlèvement.*

Fruits. Depuis quand le légitimaire les fait siens? 403. — *Quid* si c'est le légataire ou héritier? 418. — *Quid,* l'enfant naturel? 423? — Quand et comment le possesseur évincé les doit à l'héritier légitime? 447.

G.

Garde champêtre.

V. *Commissaire de police.*

Greffier. Peut-il recevoir une reconnaissance d'enfant naturel? 135.

Grossesse. Peut conduire à la preuve de la maternité, 84, 262.

— Avortement. 497 et suiv.
V. *Recel, Enlèvement.*

H.

Héritiers. Peuvent-ils, pour faire annuler ou réduire une donation au profit d'un enfant, être admis à prouver qu'il est adultérin ? 283. — Ou prouver la paternité par d'autres présomptions ? 283. — Les héritiers qui exécutent la disposition par laquelle un legs excessif est fait à l'enfant naturel, se rendent irrecevables à en demander la nullité, 343, 371.
V. *Successions irrégulières.*

Héritiers présomptifs, peuvent demander l'envoi en possession, à la charge de donner caution, 472.

Hypothèque. Celle qui est consentie par l'enfant naturel sur les biens de la succession pour laquelle il a été envoyé en possession est soumise aux mêmes conditions de rescision ou revendication que les biens qui peuvent être réclamés par les héritiers pendant trente ans, 423.
V. *Vente.*

I.

Imputation.
V. *Rapport à succession.*
Inceste. Proscrit de tout temps. 13.
Incestueux.
V. *Adultérin.*
Indignité.
V. *Exclusion, Renonciation.*
Interdit, s'il se trouve dans un intervalle lucide peut reconnaître un enfant naturel, 153. — *Quid* en cas d'interdiction légale ? 153.
Interposition *de personne.* On ne peut se prévaloir d'une reconnaissance pour faire annuler comme faite à une personne interposée un legs à la mère de l'adultérin, 283.

Interruption de prescription en cas de privilège de minorité ou de poursuites judiciaires pour l'action en réduction, 405.

Inventaire. Doit être fait si l'enfant naturel prétend à toute la succession, 424. — Sinon à quoi il s'expose, 424. 446. — L'inventaire doit être fait en présence de l'enfant naturel, quels que soient ceux qui l'ont requis, 428. — Délais. 427.

Irrégulier (*Le successeur*).
V. *Successeur.*
Irrégulières (*Successions*).
V. *Successions.*

J.

Juges de paix. Peuvent-ils recevoir une reconnaissance d'enfant naturel ? 118, 135.

Jugement *d'envoi en possession.* N'est prononcé qu'un an après la demande, 436.

Juridiction. Distinction entre le jugement de délivrance, l'ordonnance d'envoi en possession et le cas où il y a contestation, 420.

L.

Légataires. De ce qu'ils concourent avec un enfant naturel, ne doivent pas trouver dans ce fait un accroissement de leurs propres droits, 348.
V. *Successions, Donation.*
Légitimaire.
V. *Réservataire.*
Légitimation. Introduite par les empereurs romains, 25. —

Adoptée sous l'ancien droit canonique, 26. — Suivie en France, 26. — Rejetée en Angleterre, 27. — Mariage en Angleterre, 72, 73. — Qui présenta le projet de légitimation et quand, 28. — N'est pas un effet nécessaire du mariage, 29. — Opinion de Bœhmer, 30. — Id. de Toullier, 31. — Examen critique, 32. — L'effet de la légitimation n'est pas rétroactif, 33. — S'opère à quelque époque que le mariage ait été contracté, 34. — Mais non plus de plein droit, 35, 61. — Puisqu'il faut la reconnaissance, 35. — Autrement elle s'opère de plein droit, 60, 115. — Elle n'est applicable qu'aux enfants naturels simples, 39. — Quels enfants n'ont pas besoin d'être légitimés, 38. — En quel cas le mariage d'un prêtre a pu légitimer un enfant naturel, 41. — Celle qui s'operait par lettre du Prince, 51. — La légitimation peut avoir lieu même en faveur des enfants décédés, 52. — Difficultés s'il n'y a pas de descendants, 52. — Ne peuvent être légitimés que les enfants naturels reconnus, 53. — La légitimation ne peut avoir lieu après le mariage, 54. — Quand même l'enfant aurait la possession d'état, 55. — Et par les deux époux à la fois, 56. — Elle s'opère sans le consentement des enfants et malgré eux, 62. — Elle est réglée par le Code, 63. — Il faut que les père et mère contractent un mariage valable, 64. — Opinion contraire, 65. — Mais s'il y a bonne foi ? 66. — Les enfants légitimés ont les mêmes droits que s'ils étaient nés de ce mariage, 67. — L'effet n'est pas rétroactif, 69. — La légitimation devient nulle quand la reconnais-

sance est annulée, 170. — La légitimation par un prince étranger d'un adultérin né d'une française, est nulle, 173 *bis*.

Légitimité. La présomption n'est pas détruite quand la mère a déclaré qu'un autre que le mari est le père, 486.

V. *Désaveu de paternité et contestation de légitimité*.

Legs.

V. *Successions, Donation*.

Lettres (*Missives*). Ne sauraient conférer un mandat suffisant pour reconnaître, 107. — Peuvent être admises à l'appui d'une action en désaveu, 486.

V. *Désaveu de paternité*.

Libéralités à l'adultérin, 282.

V. *Adultérin, Donation et Successions*.

Les libéralités excessives qui ont épuisé le donateur ne lui donnent droit qu'à demander des aliments, 402.

Livrets de famille. Prescrits par le Ministre de l'intérieur, recommandés par le Garde des sceaux; utilité, 113 et la note.

M.

Maires (*en fonctions*). Sont compétents pour recevoir l'acte de reconnaissance, 118.

V. *Officiers de l'état civil*.

Majorats, 71.

Mariages *des prêtres*. — Questions soulevées de nos jours. — Prohibitions, 15 (note 1) — Nullités, 15 (note 1).

V. *Prêtre, Adoption*.

Mariage de l'enfant naturel. — L'enfant naturel devient le parent légitime de sa descendance, 18.

V. *Acte respectueux*.

de l'enfant dont le médecin accoucheur lui déclare la naissance. — Distinction, 112 (note 4) ; Signature du père, 126.

Notaires *(Les)*. Spécialement institués pour donner l'authenticité aux conventions et aux actes, peuvent établir la reconnaissance des enfants naturels, 118, 120. — Doivent-ils la délivrer en brevet ? 122. — Feront bien de s'abstenir, 123. — Opinion d'un auteur qui enseigne que, seuls, les notaires peuvent recevoir la reconnaissance quand elle n'a pas été faite dans l'acte de naissance, 34.

Notaires en second. — Leur présence réelle est nécessaire pour la reconnaissance, 120.

O.

Obligation. Réciproque pour les père ou mère et l'enfant naturel de venger la mort l'un de l'autre, 11. — L'obligation de celui qui, sans s'avouer père de l'enfant, s'engage à lui fournir des aliments, a été reconnue valable, 193. — *A fortiori,* si l'écrit contenait l'aveu de paternité, 194.

Officiers de l'état civil. Sont compétents pour recevoir une reconnaissance, 119. — Mais lequel ? 136, 137. — Tort de ceux de ces fonctionnaires qui renvoient les comparants d'une mairie à l'autre, 137. — Formalités qu'ils doivent remplir, 138. — Omission n'entraînant pas nullité, 139, 140.

V. *Médecin.*

Olographe.

V. *Testament.*

Oncle et nièce, tante et neveu, beau-frère et belle-sœur. Si leur mariage subséquent peut légitimer l'enfant incestueux qu'ils auraient eu, 43. — Solution affirm., 44. — Mais controverse, 45 et suiv.

Ordonnance *d'envoi en possession.* Celle qui émane d'un juge étranger est subordonnée au préalable exéquatur du juge français, 422.

Ordres. Les enfants des personnes engagées dans les ordres sacrés étaient autrefois adultérins et incestueux à la fois, 15.

P.

Partage *(Action en).* Peut être intentée par l'enfant naturel, 429.

Paternité. La recherche en est interdite, 79. — Elle ne peut être recherchée par l'enfant, pour réclamer même des aliments, 81. — Ni par la mère pour avoir des dommages et intérêts, 81.

Pension alimentaire.

V. *Aliments.*

Père. Ne peut être forcé à reconnaître son enfant. — Exception, 82. — Cas où il s'est engagé à pourvoir à l'éducation de l'enfant, 127. — Le père peut intenter l'action en reconnaissance, 143. — Il peut contester la reconnaissance à l'égard de la prétendue mère, 167.

Personne interposée.

V. *Interposition.*

Pétition d'hérédité. Ne peut être intentée par l'enfant naturel, 442.

Portion disponible. Le minimum dans le cas de concours d'enfant naturel doit être du quart de l'hérédité, 348. — Quand les donations l'égalent ou la dépassent toutes les dispositions testamentaires sont caduques, 396.

V. *Réserve.*

Portion disponible entre époux quand il existe des enfants naturels. — Définition, 378. — L'art. 1094 C. c. s'applique-t-il aussi bien à l'existence d'enfants naturels qu'à l'existence d'enfants légitimes ? Question neuve, résolue négativement, 379.

Concours : d'un enfant naturel seul en présence du conjoint gratifié, 381. — D'enfants naturels et d'enfants légitimes en présence du conjoint gratifié, 381. — Exemple : un enfant légitime, un enfant naturel, femme gratifiée d'un quart en propriété et d'un quart en usufruit, 381. — Idem. Deux enfants naturels et un légataire universel, 382. — La liquidation est plus compliquée, quand il y a des enfants naturels, des enfants légitimes, un époux bénéficiaire et des étrangers donataires ou légataires, 383. — Exemple donné par les auteurs du *Dictionnaire du Notariat*, 384. — Exemple donné par les mêmes, 385. — Un enfant légitime, un enfant naturel, une veuve donataire d'un quart en propriété, d'un quart en usufruit, un étranger légataire de toute la portion disponible, 384 et 385. — Deux enfants légitimes, un enfant naturel, veuve donataire d'un quart en propriété et d'un quart en usufruit, et, par le même acte, étranger légataire d'un quart en propriété. Exemple sujet à diverses interprétations donné par les mêmes auteurs, 386. — Autres exemples sur le même sujet, 387. — Trois enfants légitimes quel que soit le nombre des enfants naturels, 388. — Ascendants et enfants naturels, 389. — Père et mère, enfant naturel et veuve donataire de toute la quotité disponible, 390. — Les enfants naturels ne font pas nombre pour déterminer les deux quotités, 348.

Portugal. La filiation des enfants naturels peut y être déclarée par jugement, 146 (note 2).

Possesseur d'hérédité*(évince).* Doit rendre les biens, 447. — Ne peut retenir aucun profit, 447. — Exemple, 447.

V. *Fruits.*

Possession d'état. Controverse sur la question de savoir si elle est applicable à l'enfant naturel, 90, 91, 92. — Relativement au nom, 6. — Elle ne prouve pas la filiation, 116. — Peut servir à la mère désignée dans l'acte de naissance, pour obtenir des dommages et intérêts en cas de mort par accident survenue à son fils naturel, 451.

Préfets et sous-préfets. N'ont pas qualité pour recevoir une reconnaissance, 118.

Prénoms. Loi de germinal an ii qui en fixe les limites, 8.

Prescription. Celle pour l'action en réduction ou revendication est de trente, vingt ou dix ans. — Quand et comment court-elle ? *Quid* pour l'interruption ? 405. — *Quid* s'il y a bonne foi ? 431.

Président *du tribunal.* Est seul compétent pour ordonner l'envoi en possession, 421. — C'est à sa juridiction qu'il appartient de statuer sur l'exécution en France d'une ordonnance étrangère, 422.

Prêtre. Il peut reconnaître un enfant naturel, 153. — Peut-il adopter ? 221.

V. *Adoption. — Mariage.*

Preuves. La preuve testimoniale est admise pour prouver la maternité, quand il y a commencemens de preuve par écrit, 148. — Elle n'est pas admise sur une possession d'état et sur une reconnaissance faite pendant le mariage, 149.

Procuration. Le père peut reconnaitre en vertu d'une procuration. — Elle doit être notariée et contenir le nom de la mère, si elle n'a pas accouché. ou de l'enfant, 100. 101. 102. — La procuration sous seing privé est insuffisante. 103. — La procuration notariée est soumise à la présence réelle du notaire en second ou des témoins, 104. — Elle peut être en brevet, 105. — Ne pas la confondre avec l'acte de reconnaissance. 106. — Arrêt de la cour de Bourges portant qu'elle ne peut valoir au même titre que la reconnaissance elle-même, 125. — Critique de cet arrêt, 125. — Peut-on adopter par procuration ? 207.

Le mari peut se faire représenter pour l'action en désaveu, 516.

Promesse de mariage. Inexécution, 145, 194 (note 4).

Protection accordée par la loi à l'enfant naturel comme à l'enfant légitime, 254.

Puberté. Cas où elle donne par son défaut lieu à contester la reconnaissance, 170.

Puissance paternelle. L'enfant naturel y est soumis, 246. — Ce qu'elle était. — Ce qu'elle est de nos jours, 246. — Le père exerce le droit de correction et de détention, 247. — Elle est instituée en faveur des père et mère, 253. —

En quel cas les tribunaux peuvent confier la tutelle à un tiers : exemple, 253.

Pupille.

V. *Tutelle officieuse, Emancipation.*

Q.

Quotité disponible.

V. *Portion disponible, Réserve.*

R.

Rapport à succession. L'enfant naturel ou ses descendants sont tenus d'imputer tout ce qu'ils ont reçu, 317. — Différence entre rapport et imputation. — Ce qu'est le rapport. — Ce qu'est l'imputation, 318. — Quelle est la plus favorable ? 319. — L'enfant naturel ne peut pas le demander, 321. — Et il n'est pas obligé de faire compte des intérêts et fruits perçus depuis l'ouverture de la succession, 320. — Il a le droit de faire comprendre les dons et legs faits à son préjudice, 321. — Quand il y a plusieurs enfants naturels dont un ou plusieurs gratifiés, 323. — Exemple, 322. — Rapport à la succession paternelle par l'enfant naturel des biens recueillis dans la succession maternelle et donnés par le père à celle-ci, 323. — Les frais de noces et présents en sont dispensés à moins de volonté contraire, 324. — Le rapport ne peut s'exercer qu'entre cohéritier, 401.

Ravisseur. Peut être déclaré père de l'enfant, 82. — Sans qu'il y ait violence, 144. — Même si la mineure a consenti, 145. — Et sans que l'époque de l'enlèvement coïncide avec celle de la conception, 145. — Peut se défendre, 83.

V. *Viol.*

Recel (de l'enfant — de la naissance ou de la grossesse).Son concours avec l'adultère peut autoriser l'action en désaveu. 481.

V. *Désaveu.*

Reconnaissance d'enfant naturel. Elle doit précéder le mariage ou être faite dans l'acte même de célébration, 35. — Ses effets après le mariage, 36. 163. — Opinion du premier consul, 37. 111. — Inutile de la mentionner dans l'acte de célébration quand elle a eu lieu avant, 57.— Opinion de Toullier à ce sujet, 57. — Doit être expresse, 58. — Est-elle suffisante par l'indication de la maternité dans l'acte de naissance, indication confirmée ensuite ? 59. — Etait proscrite par le droit romain, 76. — Peut être volontaire ou forcée, 94. — Quand elle est volontaire, 95. — Doit être authentique, 96. — Quand elle a lieu dans l'acte de naissance, 97. — Peut-elle avoir lieu après le décès de l'enfant ? 98. — Controverse. 98.

Effets, 108. — Peut être faite par le père sans l'aveu de la mère, 109. — Mais celle-ci peut l'attaquer, 109. — Quand ne peut-elle plus désavouer le père ? 110. — Il est permis de reconnaître l'enfant naturel absent, 112 (note 3). — Si elle n'a pas eu lieu dans l'acte de naissance ne peut plus se faire que par acte authentique, 117. — Fonctionnaires qui peuvent la recevoir, 118, 119.— Les notaires spécialement, 120. — Peut-on délivrer l'acte de reconnaissance en brevet ? 122. — Il est prudent de s'en abstenir, 123. — Aucune expression sacramentelle n'est exigée pour la constater, 124. — D'où peut-elle résulter ? 124. — Elle ne serait point valable, si le père ne l'avait pas signée de son nom de famille ou si elle était faite sous seing privé. 126. — Quand elle est forcée, 141. — Par qui elle peut être faite, 150. 151. — Doit être libre. 152. — Personnes qui peuvent reconnaître, 153. — Faite pendant le mariage. 149. 157. 298.

V. *Mariage.*

Elle est irrévocable une fois faite dans les formes légales, 131, 164. — Par qui elle peut être contestée, 166. — Il suffit d'avoir un intérêt moral ou d'argent, 167. — Elle peut l'être par : 1° L'enfant ; — 2° Tout autre que celui qui reconnaît ; — 3° La mère ; — 4° Le père ; — 5° Les héritiers légitimes de celui qui reconnaît — même par l'auteur de la reconnaissance, 167. — L'action des plus proches parents est-elle recevable ? 168. — Si deux hommes avaient reconnu. qui serait le père ? 169. — La reconnaissance du prétendu père d'une femme mariée est nulle, 505.

La nullité de la reconnaissance entraîne la nullité de la légitimation, 170. — La reconnaissance faite par crainte est nulle, 171. — Cependant, si des poursuites sont reconnues justes, dégagées de violence ou de dol, elle est valable, 172. — Elle n'est pas attaquable s'il en résulte que l'enfant est adultérin, 173. — La reconnaissance d'un adultérin , en pays étranger, par une française, est

gratuit sont réductibles quand elles dépassent la portion disponible, 397. — Quand ces libéralités excèdent ou égalent la portion disponible, les dispositions testamentaires sont caduques. 397. — La réduction se fait au marc le franc, 398. — Comme elle se détermine, 398. — Exemple : Deux légataires particuliers, un légataire universel. un enfant naturel en concours avec des sœurs du défunt, 399. 400. — L'action en reduction est soumise à la prescription trentenaire ou de vingt ou dix ans, 405. — Quand et comment court cette prescription ? 405.

Renonciation. A qui elle profite, 292, 293, 304, 370. — Controverse, 293. — Cas où l'enfant renonçant aurait laissé des descendants, 293, 314, 315. — La renonciation ne peut avoir lieu par anticipation, 343.

V. *Réduction de la part des enfants naturels.*

Renonciation à succession. Dispense l'enfant naturel de demander la délivrance, 410.

Représentation. Est-elle subordonnée, pour le retour légal, aux décès cumulés du père et de la mère ? Solution affirm.. 462. — La doctrine est contre, mais à tort, 462. — A-t-elle lieu en faveur des descendants de frères ou sœurs pour exercer le droit de retour ? Solution négative, 464. — En quel cas elle pourrait avoir lieu, 305 (note). — A-t-elle lieu en faveur des descendants naturels des frères ou sœurs naturels ? Distinction par M. Ancelot, 465. — Critique, 466.

V. *Retour légal.*

La représentation a lieu au pro-fit des descendants légitimes. 295, 305 (note), 311. — S'étend-elle aux descendants même bâtards de l'enfant naturel ? 312.

Reprise. Autorisée par l'art. 766: comprend même les biens de la succession des parents prédécédés, 463.

V. *Retour légal.*

Réservataire. A droit d'exiger sa reserve en nature, 403.

Réserve légale. L'enfant naturel y a droit. 248, 345. — La reserve peut être exercée sur les biens dont il a été disposé par donation ou testament. 321. — Ce n'est qu'au décès qu'on peut voir si elle se trouve entamée, 401. — La reserve de l'enfant naturel est une espèce de creance réelle in re, 408. — Définition de la reserve légale. 344. — La masse se divise en deux portions : Portion disponible et reserve. — D'où vient le mot reserve. 347.

Cas où il y a des dispositions de la part des père et mère :

1° *Concours d'enfants naturels et d'enfants légitimes*, 349. — Sa reserve est d'un neuvième ; elle conserve les mêmes proportions que dans le cas de succession *ab intestat*, 349. — Exemple : un enfant naturel, un enfant légitime. un légataire universel, 350. — Même procédé si c'était un donataire entre vifs; exemple, 350. — Deux enfants légitimes, un enfant naturel, un légataire universel; exemple, 351. — La réserve est prise également sur la portion disponible et sur la réserve, 351, 362. — S'il n'y avait pas plus de deux enfants légitimes, quel que soit le nombre des enfants naturels. — Même opération. — Exemple, 352.

Part anomale recueillie par les frères et sœurs légitimes . 460. — Qui sont appelés non à titre de retour, mais de *succession anomale*, comme les descendants, 463. — Et doivent supporter les charges de l'hérédité, 463. — Tout le restant est receuilli par les frères et sœurs naturels ou leurs descendants. 460. — Quels que soient leurs père et mère, 461.

Le droit de retour peut être exercé par les père et mère de l'enfant naturel. 456. — Opinion contraire de M. Demolombe, 457. — Mais l'art. 747 C. c. ne distingue pas, 457. — Ce droit de retour ne peut être exercé par l'aïeul. 458.

Revendication (*Action en*). Est soumise à la prescription trentenaire ou de vingt et dix ans, 405.

Révocation de donation. En quel cas le donateur peut la demander ? 402.

S.

Sage-femme.
V. *Médecin.*

Saisine. Le légitimaire est saisi dès le jour du décès du donateur et a droit aux fruits, 403. — *Quid* des enfants naturels ? 404. — La saisine est exclusivement attribuée aux héritiers légitimes en cas de concours d'enfants naturels, 407. — Celle que la loi donne à l'héritier légitime ne l'investit pas du pouvoir d'aliéner, 434.
V. *Successions.*

Savoie.
V. *Curés.*

Scellés. Doivent être apposés si l'enfant naturel prétend à toute la succession. sinon à quoi il s'expose. 424.

Séduction. Suffit pour faire déclarer le séducteur père de l'enfant, 144. — Même au cas où la mineure aurait consenti. 145. — Distinction, 145.

Signature. La reconnaissance de l'enfant naturel ne serait pas valable si le père ne l'avait pas signée de son nom de famille. 126.

Sous seing privé. La reconnaissance qu'il renferme est nulle, 128. — Quand peut-elle être valable ? 133.

Subrogé tuteur.
V. *Tutelle officieuse.*

Substitution. Celle faite en termes généraux aux profits des enfants profite à l'enfant naturel légitime. 68. — La condition opposée à une substitution cesse par la légitimation. 68. — Il en est de même si l'auteur de la substitution avait exprimé que les enfants devraient être nés en légitime mariage pour la faire cesser, 68.

Successeurs irréguliers. Ne sont pas tenus de prouver que le défunt n'a pas laissé d'héritiers, 435. — Sont tenus de faire emploi du mobilier ou de donner caution. 437. — Le successeur irrégulier étant considéré comme administrateur, la vente du mobilier doit avoir lieu aux enchères, 440. — Les successeurs irréguliers ne peuvent intenter l'action en pétition d'hérédité, 442. — Ne sont considérés de bonne foi que quand ils ont rempli les formalités exigées par les art. 770 à 772 C. c., 446. — Sinon à quoi ils s'exposent, 424, 446. — Leurs droits ne s'ouvrent que par la mort du *de*

T.

Pour le testament *mystique*, il y a controverse à ce sujet, 132.

La reconnaissance d'un enfant naturel est valable dans un testament public, 130. — Quand même le testament est révoqué, 131, 164. — Ou déclaré nul, 131.

La Cour de Bastia a jugé que l'enfant pourrait, pendant la vie du testateur, exiger un extrait de ce testament : critique de cet arrêt, 165.

Les dispositions testamentaires sont caduques quand les donations égalent ou dépassent la quotité disponible, 396.

Tutelle légale. Elle appartient aux père et mère de l'enfant naturel, 250. — Qui ont l'administration légale des biens, 251. — Controverse, 252. — Tutelle instituée en faveur des enfants et qui peut être exercée par d'autres que par les parents, 253.

Tutelle officieuse. Définition, 229. — Innovée par le Code, 230. — Est le préliminaire indispensable de l'adoption, 230. — Différence avec la tutelle ordinaire, 232. — N'est pas interdite aux femmes, 233. — Conditions que doit réunir le tuteur, 234. — *Id.*, le pupille, 235. — Le juge de paix dresse procès-verbal des demandes, 236. — Que peut faire le tuteur, s'il craint de mourir avant la majorité du pupille ? 238. — Formalités à la majorité du pupille, 239. — Peut refuser, 240. — Le tuteur aussi, 241. — Mais peut être condamné à des dommages, 242. — Qu'on peut régler d'avance, 243. — L'indemnité est due, quelle que soit la cause, 244. — Un subrogé tuteur n'est point exigé, 245.

— Il n'y a point de déchéance contre le pupille, faute d'avoir requis l'adoption dans les délais, 241 (note).

Tuteur. Doit prendre l'avis du conseil de famille avant de faire la délivrance d'un legs, 414. — Peut-il intenter l'action en reconnaissance ? 143.

V. *Tutelle officieuse*.

Tuteur ad hoc. En quel cas est-il nécessaire pour accepter la donation faite à un enfant naturel mineur ? 391.

Pour l'action en désaveu ou contestation de légitimité, nomination, 525 .

U.

Usufruit légal. Appartient-il aux père et mère de l'enfant naturel ? 249.

V.

Vente. L'enfant naturel ne devient propriétaire, après l'envoi en possession, que par la prescription et ne peut ni vendre ni aliéner les biens, 423. — La vente serait nulle jusqu'à concurrence de la portion attribuée aux enfants naturels, 432. — Opinion de M. Toullier, 433. — Opinion de M. Duvergier, 434. *Quid* pour les aliénations que ferait l'héritier légitime avant la demande en délivrance ? 429. — *Quid* si la vente ou la transmission a eu lieu de bonne foi ? 430. — La vente faite par l'héritier apparent et de bonne foi est maintenue, 443. —

Toullier combat ces principes, mais la Cour de cassation a persisté, 444. — Les tribunaux apprécient souverainement. 445.

La vente du mobilier doit avoir lieu aux enchères, 440.

Viol. L'auteur du viol peut être déclaré père de l'enfant. 82.

Hors le cas de viol, détournement, la recherche de la paternité est interdite, 142.

V. Ravisseur.

FIN.

Bar-le-Duc. — Typographie des Célestins. — Bertrand.

BIBLIOTHÈQUE
NATIONALE

CHÂTEAU
de
SABLÉ

1987